KB217957

고대부터 남북한 교육과정까지

한국 교육과정 변천사

김진숙 · 강명숙 · 김경미 · 김대식 · 김언순 · 박종배 · 박철희 · 신창호
안경식 · 오성철 · 이명실 · 이윤미 · 정미량 · 최광만 · 한용진 공저

A HISTORY OF KOREAN CURRICULUMS FROM ANCIENT ERA TO SOUTH AND NORTH KOREAS

학지사

📖 추천사

축하하고 감사합니다. 교육과정 분야에서 가장 연구가 덜 된 영역이 역사 쪽이었습니다. 해방 이후 국가 교육과정의 역사와 교과서 변천사 등에 관한 연구가 간혹 있었지만, 고조선부터 오늘날에 이르기까지 교육과정 변천의 역사를 통째로 다룬 연구서는 처음이 아닌가 생각합니다.

고대사회의 교육과정을 집필한 안경식 교수님으로 시작하여 해방 이후의 교육과정 역사를 기술한 김진숙 박사님에 이르기까지, 교육사와 교육과정 학계를 대표하는 15명의 전문 연구자가 폭넓은 지식과 정치한 논리로 풀어 가는 각 장의 내용은 한 편 한 편이 뛰어난 학술논문이라고 할 수 있습니다.

이와 더불어 우리나라의 역사를 전통시기, 개화기, 일제강점기, 해방 이후의 4기로 구분하고, 각 시기별로 시대적인 특징이 두드러진 주제를 선정하여 집필한 것은 전에 보지 못한 구성 체계입니다. 특히 조선시대의 여성 교육과정, 일제강점기의 국외 민족학교 교육과정, 남북한 시기 북한의 교육과정은 다른 책에서는 보기 드문 주제로서 이러한 분야에 관심이 있는 연구자에게는 마른하늘에 내리는 단비와 같은 역할을 할 것입니다.

다른 나라와 달리 교육과정에 관한 역사적 자료가 많이 남아 있지 않고, 남아 있는 자료 또한 찾기 어려운 환경 속에서도 일차 사료를 발굴하고 고증을 통하여 교육과정의 역사를 집필해 간 것은 이 책이 지닌 가장 큰 장점입니다.

또한 교육과정을 교육목적, 교육내용, 교육방법, 교육평가라는 도식적인 틀에 가두지 않고, 시대적 맥락에 비추어 유연하게 풀어 간 것도 의미 있는 접근으로 보입니다. 비록 개화기 이후의 집필 내용이 학교사와 제도사 등에 치우친 면이 없지 않지만, 빈곤한 자료와 제한된 지면 속에서 달리 선택이 어려웠을 것으로 생각합니다.

한 나라 교육의 기본틀이 국가 교육과정이며 교육과정을 중심으로 교육기관이 운영되어야 한다는 점에서, 교육과정의 역사를 아는 것은 과거를 통하여 현재를 이해하고 미래 교육을 준비하는 필수적인 과정이라고 봅니다. 많은 연구자가 교육과정 분야에서 활동하고 있으며, 많은 학생이 교육과정 분야를 새로이 공부하고 있습니다. 이 책은 교육과정 분야에 입문하는 학생과 전공하는 연구자뿐만 아니라 교육에 종사하는 모든 교육자와 연구자가 읽어야 할 필독서로 생각되기에, 감히 추천의 말씀을 올립니다.

2024. 9.

김대현(부산대학교, 국가교육과정전문위원회 위원장, 전 한국교육과정학회장)

📖 머리말

이 책은 2009년 모 TV 방송사의 3·1절 특집방송[1]에서 신흥무관학교를 보게 된 나의 충격에서 시작되었다. 교육과정 전공으로 오랜 세월 교육학을 연구해 왔다고 하면서 개화기와 일제강점기 민족선각자들의 교육을 이토록 모르고 있었다는 부끄러움과 함께 조선어, 지리, 역사 교육을 중심으로, 어려운 여건 속에서도 학교 수준 교육과정을 구성하여 인재 양성에 힘쓴 학교가 있었다는 것에 강한 호기심을 느끼게 되었다. 나는 당시 한국교육과정평가원에서 연구책임자로서 우리나라의 교육과정 DB, 세계 교육과정 DB를 구축할 필요성을 느끼고 '국가교육과정정보센터(NCIC; www.ncic.re.kr)'를 기획하던 중이었다. 당장 한국교육사학회 3월 월례학술발표회를 찾아갔는데 마침 히지카다 소노코(도쿄대학교) 교수님의 '근대교육에서 제도, 비제도 교육의 한일비교'라는 의미 있는 발표가 있었다.

우연히도 얻게 된 이러한 경험으로 1945년 이전 국가 수준 또는 민간 수준 학교와 교육과정에 대한 연구의 필요성을 느끼게 되었다. 이후 당시 한국교육사학회장이신 한용진(고려대학교) 교수님과 학회 일을 맡고 계셨던 강명숙(배재대학교) 교수님 등 이 책의 필진이 되신 여러 교수님의 '협동연구' 보고서 및 옛날 자료 DB화를 위한 말로 다할 수 없는 도움 덕에, 그리고 '왜 1945년 이전 것까지 DB화해야 하는가?'라는 평가원 내외의 반대 여론에도 불구하고 이후 열린 여러 번의 세미나에 대한 교육계 종사자들의 열띤 응원 속에 연구의 터전이 마련되었고, 국가교육과정정보센터에는 미진하게나마 1945년 이전 교육의 흔적들이 교육과정 시기별로 자리매김하게 되었다. 특히 개화기와 일제강점기의 경우 민족선각자들이 세운 사학의 교육과정

---

1) SBS스페셜(2009. 3. 2.). 〈한국판 '노블리스 오블리주', 우당 이회영 일가〉

에 대해서도 비록 국가 교육과정은 아니었으나 해당 시기 교육과정 정보의 한 축으로 다룰 수 있게 된 것에 보람을 느낀다. 최근에는 법제처 국가법령정보센터(www.law.go.kr)에서도 근대 법령을 한글화하여 DB를 구축함에 따라 일제강점기 국가 수준 교육과정에 해당하는 조선교육령 법규들을 손쉽게 접할 수 있게 되었다.

이후 『한국교육신문사』의 요청에 따라 다섯 차례 기고하게 되면서 이 책을 기획하게 되었는데, 1945년 이후 시기는 학교 자율화가 물꼬를 트게 된 제6차 교육과정을 기준으로 2개의 시기를 대별하여 구분하기도 하였으며, 2015년부터 3년간 북한 교육과정을 연구한 경험에 터하여 북한의 학제 및 최근 교육과정의 변화도 제19~20장에서 다루게 되었다.

이 책에서 교육과정은 교육내용을 말한다. 국가가 주도한, 또는 시대별로 그 사회에서 보편적이었던, 주로 학교를 중심으로 한 교육내용에 대한 것이다. 전통시기 교육과정은 고조선부터 조선시대, 즉 근대 이전의 교육과정에 대한 것이다. 우리나라 최초의 학교는 372년에 설립된 고구려 태학(太學)이지만, 그 이전에 모종의 교육 형태가 있었을 것으로 추정한다. 이 책에서는 우리나라 국가 수준 교육과정의 첫 출발점을 단군신화에서 보고, 교육과정에 대한 시사점과 함께 고구려, 백제, 신라의 학교와 교육과정을 소개하였다. 고려시대부터 조선시대, 개화기와 일제강점기는 특정 주제로 각 시기의 학교와 교육과정을 구분하였다. 고려시대는 유학 교육과정을, 조선시대에는 아동교육, 전문교육, 여성교육을 중심으로 구성하였고, 개화기는 관학과 사학으로, 일제강점기는 조선교육령, 보통학교, 중등학교, 실업학교, 국외 민족학교로 나누어 각 시대 또는 주제에 맞게 구성하였다. 이 중 개화기와 일제강점기 교육과정은 우리나라에 근대 교육이 시작되어 유치원, 초등학교, 중등학교 교육의 학제가 형성된 시기로, 법령으로서의 교육과정이 시작되어 '법'으로 고시된 시기이기도 하다.

이 책에 수록된 내용은 해당 시기별 교육과정으로 교육내용뿐만 아니라 교육 자체의 특징, 교육기관이나 교수학습방법, 평가방법까지 망라하여, 간단하게 해당 시기 또는 주제별 교육의 대강을 파악하기에 이로운 점이 있다. 과거의 교육이지만 때로는 현대의 교육, 교육과정 이론과 비교하여 서술하였으며, 교수방법이나 평가, 교육내용을 다룬 교재를 소개하였다는 점에서 흥미롭다. 고조선, 고구려, 백제, 신라, 통일신라, 고려, 조선에 이르기까지 각 주제별 교육을 교육과정으로 살펴봄으로써 우리 교육의 뿌리를 확인할 수 있다.

　이 책에 대한 일러두기로 시기 구분, 집필 대상 교육과정, 집필 방식을 소개하면 다음과 같다. 먼저, 시기 구분은 한국교육사학회 교수님들과 협의하여 제1부 전통시기를 고조선에서 조선시대로, 제2부 개화기를 1881년부터 1910년까지로, 제3부 일제강점기를 1910년부터 1945년까지로, 마지막 제4부를 1945년 해방 이후 교육과정 시기로 하였다. 이 책의 기초가 된 1945년 이전 교육과정 연구에서 개화기와 일제강점기가 주가 되다 보니 개화기 이전을 모두 '전통시기'로 하였다. 또한 역사적으로 개화기를 규정하는 시점과 교육과정에서의 시점에서 차이가 있었다. 이는 이 책의 각 장이나 부록의 표에서도 그 관점이 소개된다. 예컨대, 개화기의 시작을 1876년 강화도조약으로, 교육학 분야에서는 1894년의 갑오개혁부터로 보는 것이 일반적이다. 그러나 이 책에서는 제7장에 서술된 바와 같이 1881년 조선 정부가 처음으로 신식 기술 습득을 위해 중국(청, 靑)에 영선사(領選使)를, 일본에 신사유람단(紳士遊覽團)을 파견하고 이후 외국어 통역과 신식군대 양성에 필요한 최초의 근대적 관립 학교를 세웠기에 1881년을 시작점으로 하였다. 그리고 일제의 조선총독부에 의해 국가적 교육권이 완전히 장악되어 제1차 조선교육령이 반포되기 직전인 1910년까지를 개화기로 설정하였다.

　1945년 이후는 교육과정 개정이 시기 구분의 기준이 되나 시기별로 다루기보다 학교를 구분한 후 해당 교육과정의 변화를 다루는 방식을 취하였다. 남한의 경우 학제 및 학교급 교육과정 변화의 개요를 먼저 소개한 후 2019 개정 및 2022년 개정까지 유치원, 초등학교, 중·고등학교 교육과정에서 각 시기별 특징을 다루었다. 유치원은 개화기부터 존재했으나 제2, 3부에서 다루지 않았기에 제16장에서 함께 다루었다. 중학교와 고등학교는 1945년 해방 직후에 일제강점기에서와 같이 한 개의 중등학교 체제를 갖추고 있다가 분화되었기에 제18장에서 함께 다루었다. 북한은 학제의 변화와 학교급별 교육과정의 개요를 소개하고, 총론 편제표나 일부 교과서 사례를 통해 교과 교육과정의 특징을 소개하였다.

　교육과정 변천사의 대상으로서 교육과정은 '실행된 교육과정'으로서 그것이 어떤 교육과정이었는가를 평가하여 기술하는 것이 적절할 것이다. 하지만 남아 있는 문서를 중심으로 교육과정의 변천을 다루다 보니 실제보다 '그 교육과정이 하고자 한 것'을 위주로 기술하게 되는 한계가 있다. 이 책에서는 교육과정 고시 직후 나온, 홍보와 안내를 위한 교육부의 교육과정 해설에서 기록된 방식을 벗어나고자 하였으나 교육과정이 어떻게 실행되었는지에 대한 평가를 충분히 다루지 못한 한계가 있음을 밝힌다.

또한 1945년 이전의 교육과정(제1~3부)은 제4부와는 다르게 구성하였다. 전통시기 교육과정의 경우 국가 교육과정 고시문이 없지만 국가 교육기관이나 사학에서 다루어 온 전통 교과목이 있던 시절이다. 이는 우리나라뿐 아니라 세계적으로도 20세기에 이르러 '교육과정'이 학문적으로 독립하게 되었을 뿐 이전에는 관례적으로 인정받던 고전물이 교육내용으로 인식되었던 시절 교육과정의 특징이기도 하다. 따라서 이 시기 교육과정은 해당 시기에 '어떤 내용이 교육되었는가?'의 질문에 대한 답으로서 교육내용의 측면에서 다루었다.

개화기와 일제강점기는 국가 수준 교육과정이 법령의 형태로 등장하게 되지만, 관학(官學), 즉 국·공립학교들 외에 국가 수준 교육의 영향을 받지 않거나, 자유롭게 그리고 독립의 염원하에 인재 양성에 힘쓴 사학(私學), 즉 사립학교들이 국내 곳곳에서 설립되어 나름대로의 교육과정을 운영하였다. 심지어 외국에서는 민족선각자들이 세운 학교도 있어 이 학교의 교육과정들도 이 책에서는 다루게 되었다.

집필 방식에 있어서는 1945년 이전의 경우 시기별로 유학, 아동교육, 전문교육, 여성교육 등의 주제나 관학, 사학(미선계/민간계) 그리고 초·중·고 학교급별 교육기관에서 실행한 교육과정의 특징을 짧게 개관하였으며, 1945년 이후는 시기별 국가 교육과정 개정의 배경과 교육과정의 구조를 편제표 중심으로 서술하였다. 북한의 학제와 교육과정에 대해서는 최근 개정한 교육과정에 대한 소개와 남북한 비교를 통한 비평을 서술하였다. 1945년 이전 개화기와 일제강점기에 이루어진 근대 학교의 변천의 기초로서 학제의 변화, 일제강점기하 교육과정 편제표의 변화는 제7~14장에서 미처 다루지 못한 부분이기 때문에 따로 모아 북한 학교급별 총론과 함께 부록에 수록하였다.

저자로는 한국교육사학회에서 교육사 전공인 교수님들이 제1~3부까지 집필을 담당하였는데, 제1부 전통시기 교육과정은 고대사회 교육과정, 고려시대 유학 교육과정, 조선시대 유학 교육과정, 조선시대 아동 교육과정, 조선시대 전문교육 교육과정, 조선시대 여성 교육과정에 대하여 안경식(부산대학교), 최광만(충남대학교), 박종배(동국대학교), 신창호(고려대학교), 김대식(경인교육대학교), 김언순(청주교육대학교)

교수님이, 제2부 개화기 교육과정은 관학 교육과정, 사학(미선계) 교육과정, 사학(민간계) 교육과정에 대하여 정미량(한국학중앙연구원), 이윤미(홍익대학교), 한용진(고려대학교) 교수님이, 제3부 일제강점기 교육과정은 일제강점기 조선교육령과 교육과정, 보통학교 교육과정, 중등학교 교육과정, 실업학교 교육과정, 국외 민족학교 교육과정에 대하여 강명숙(배재대학교), 오성철(서울교육대학교), 박철희(경인교육대학교), 이명실(숙명여자대학교), 김경미(전 독립기념관 교육센터실장) 교수님이 순서대로 해당 장을 집필하였다. 제4부 1945년 해방 이후 교육과정에서는 남한의 학제와 교육과정, 유치원, 초등학교, 중·고등학교 교육과정, 북한의 학제와 교육과정, 북한의 교과 교육과정을 7종의 부록과 함께 김진숙(한국교육과정평가원)이 담당하였다.

　이 책이 그동안 연구 대상으로 1945년 이전이나 미군정기 교육에 대해 교육사학 전공자 위주의 연구가 이루어져 왔던 관행이나 제1차 교육과정부터는 교육과정 해설의 수준을 넘지 못한 연구의 한계를 넘어서서 교육사, 그리고 교육과정 학계 양측에서의 교육과정에 대한 사적(史的) 관심을 불러일으키는 자그마한 계기가 되길 바란다. 이 책을 기획한 이후 2015 개정, 2022 개정 교육과정의 개정이 되기까지 기다려 주신 한국교육사학회 집필진 교수님들, 그리고 흔쾌히 출판을 맡아 수고해 주신 학지사 관계자분들께 감사의 인사를 드린다.

2024. 9.

대표저자　김진숙

📖 차례

제17장　초등학교 교육과정 · 261

전통시기(고조선~조선시대) 교육과정

제1장 고대사회의 교육과정

이 장의 목표

1. 고대사회 교육과정을 시대별, 국가별로 구분하여 설명할 수 있다.
2. 고대사회 교육과정의 특징과 의의를 설명할 수 있다.

생각해 볼 문제

1. 고대사회의 교육과 현대사회의 교육을 목적, 내용, 방법 등의 측면에서 비교해 보자.
2. 화랑도 교육과정의 특징과 의의는 무엇이며, 그것이 오늘날 교육에 어떤 시사점을 줄 수 있는지를 생각해 보자.

이 장의 제목은 고대사회의 교육과정이며, 이 책의 첫머리에 해당한다. 그런데 이 장의 의의가 우리나라 교육과정의 역사적 '근원'을 추적하는 데 있다면, 그것은 삼국시대부터 시작되어서는 안 된다. 교육의 역사가 학교교육에 한정될 수 없듯이, 교육과정의 역사 역시 학교교육에 얽매일 수는 없는 것이다. 이렇게 볼 때 교육과정사, 그것이 비록 '국가교육'과 관련된 것이라 할지라도 우리가 지금까지 생각해 온 것 이상의 탐구 영역이 있는 것이다. 사실 고대사회의 교육과정을 학교 중심으로만 한정해 놓고 본다면 우리가 논의할 내용은 매우 제한적일 수밖에 없다. 또 그 시대의 교육과정을 그렇게 학교 중심으로 생각해서도 안 되고, 심지어 '교육과정'이라는 말에 구애되어서도 안 된다. '근원'을 탐구하려 하면서 현재의 모습을 표준으로 삼는다면 그 탐구가 제대로 이루어질 리가 없다. 그리하여 여기서는 고대사회의 교육과정을 형해화(形骸化)된 상태로 남아 있는 고대 학교의 교과목에서부터 찾기보다는 그 너머에서 찾아볼 것이다.

단군신화에 나타난 고조선의 교육과정

그런 점에서 우리 교육과정사의 맨 앞자리를 차지해야 하는 것은 우리가 일반적
으로 생각하듯이 태학이나 경당, 국학과 같은 학교 교육과정이 아니다. 그것은 단군
신화에 담긴 고조선의 교육과정이다. 흔히 신화를 과학의 관점에서 판단하여 가치
절하하는 경우가 있다. 그러나 신화를 과학적·객관적·사실적 안목으로 판단하는
것은 예술 작품을 과학의 잣대로 판단하는 것과 다를 바 없다. 신화는 사실이나 역
사라는 범주로 묶어서는 안 될 근원적 시간(primordial time)과 근원적 모델의 이야
기이다. 종교학자 엘리아데(M. Eliade)는 신화의 첫 번째 기능으로 "모든 의례 및 인
간의 본질적인 활동, 즉 식사, 성행위, 노동, 교육 등에 대한 모범적 모델을 '확립'하
는 것"이라고 하였다(엘리아데, 2005: 109). 여기서 '확립'한다는 말은 신화에서의 각
종 제의와 활동들이 인간 사회의 행동 규범으로 그리고 모범으로 형식화될 수 있다
는 말이다. 단군신화 역시 우리들의 삶에 '근원'으로서 작용해 왔다는 점을 상기할
필요가 있다. 『삼국유사』에 기록된 단군신화의 한 부분을 보기로 하자.[1]

옛날 환인의 아들 환웅이 하늘 아래 인간 세상을 구해야겠다는 뜻을 가졌다. 아버
지가 자식의 이런 뜻을 알고 삼위태백을 내려다보니 널리 인간 세상을 이롭게 할 수
있는지라 천부인 세 개를 주어 가서 다스리게 하였다. 환웅은 무리 삼천 명을 이끌
고 태백산 꼭대기 신단수 아래로 내려와 신시라고 하였으니 이가 곧 환웅천왕이다.
그는 풍백·우사·운사를 거느리고 곡식·수명·질병·형벌·선악 등 인간사 삼
백육십여 가지 일을 주관하면서 세상 속에서 이치로 교화하였다.

신화는 상징이다. 신화를 읽는다는 것은 상징을 읽는다는 것이다. 그러나 앞의
신화에서 우리가 어떤 상징을 읽어야 하는가는 정해진 것이 없다. 상징은 언제나 열
려 있다. 여기서는 교육 혹은 교육과정의 관점에서 상징 해석을 시도해 보고자 한
다. 앞의 이야기는 고조선의 건국 신화다. 그리하여 여기에는 건국의 목적과 건국

---

[1] 『삼국유사』, 고조선.

의 과정, 건국의 방법 등이 상징적으로 서술되어 있다. 건국의 목적은 우리가 잘 알고 있듯이 널리 인간 세상을 이롭게 한다는 홍익인간(弘益人間)이다. 그리고 그 홍익인간의 구체적 내용은 '곡식·수명·질병·형벌·선악 등 인간사 삼백육십여 가지 일'이며, 홍익인간을 달성하는 방법 혹은 방법의 원리로서 '세상 속에서의 이치로 교화'하는 것을 제시하였다. 그런데 이 홍익인간의 이념과 재세이화(在世理化)의 이념은 단지 건국이념으로만 해석할 수는 없다. 그것은 정치이념인 동시에 교육이념이다. 그것이 당시 사회에 교육이념이 될 수 있다는 것은 반만 년이 지난 오늘날 우리가 그것을 교육이념으로 삼고 있는 것과 다르지 않다. 이렇게 홍익인간을 교육이념으로 본다면, 그러한 교육이념을 달성하기 위한 구체적 교육목표로 제시된 것이 농사짓는 일, 질병을 치료하여 수명을 늘리는 일, 형벌을 통하여 선악을 가리는 일 등 인간사 삼백육십여 가지 일이다. 그리고 그 목표를 달성하는 방법적 원리로서 제시된 것이 재세이화, 즉 세상 속에서 사람들을 이치로 교화하겠다는 것이다. 당시 사회가 오늘날과 같이 정치, 종교, 교육 등이 기능적으로 분화된 사회가 아니라 제정일치, 정교일치 사회임을 감안한다면 이것은 오늘날 '국가 수준의 교육과정'을 공포한 것과 다를 바 없다. 그리고 이러한 국가적 '사업'을 달성할 이상적 인간상으로 단군을 내세웠던 것이다.

[그림 1–1] 단군상

입사식에 나타난 삼한의 교육과정

고조선이 한반도의 북쪽에 자리하고 있을 때 한반도의 남쪽은 여러 부족국가가 존재하고 있었다. 그들의 삶과 풍습 가운데 교육적으로 의미가 있는 삼한(三韓)의 성인식 관련 내용이 중국 측 기록인 『후한서(後漢書)』의 '동이열전(東夷列傳)'에 실려 있다. 즉, 삼한 사람들은 씩씩하고 용기가 있었는데, 집을 지을 정도의 힘을 쓸 수 있는 소년들을 밧줄로 등가죽을 뚫어 거기에 큰 막대기를 대고 견딜 수 있으면 튼튼하다고 환호하였다는 것이 기록의 내용이다.[2] 이 기록만으로 성인식의 상세한 내용을 알 수는 없다. 그러나 고대사회의 성인식은 통과의례 가운데 대표적인 것으로 그 교육적 의미가 크다. 엘리아데에 따르면, 인간은 자연적 차원에서의 상태를 '통과'해야만 완전해질 수 있다고 한다. 즉, 진정한 의미의 인간이 되기 위해서는 이 최초의, 자연적인 삶을 통과하여 종교적이고 문화적인 존재, 더 높은 생명으로 다시 태어나야 한다는 것이다(엘리아데, 2005: 170-171). 이 새로 태어나는 의식이 통과의례이다. 그리고 성인식은 아직 그 사회의 구성원으로 입사(入社)하지 않은 청소년들을 그 사회의 구성원으로 받아들이기 위한 공식적 의례, 즉 입사식(initiation)인 것이다. 학교라는 교육기관이 없는 사회에서의 성인식은 매우 중요한 교육 의례이며, 이를 통해 그는 새로운 인간으로서 자기 정체성을 가지게 되는 것이다. 교육학의 측면에서 본다면, 성인식은 매우 구조화된 교육과정이라 할 수 있다. 왜냐하면 성인식의 목적은 청소년을 그 사회의 구성원으로 입사시키는 것, 즉 사회화이며, 교육내용은 그 사회의 문화적 전통이고, 교육방법으로는 일반적으로 시련을 극복하는 것과 같은 독특한 방식이 있기 때문이다. 그리하여 『세계교육사』의 저자인 우메네 사토루(梅根悟)도 삼한의 성인식을 설명하면서 학교라는 제도는 성년식에 그 기원을 둔 것이며, 성년식 가운데 격렬하고 마술적인 측면은 차츰 퇴화하여 지식교육으로 변모하였다는 크리크(E. Krieck)의 주장을 제시하기도 하였다(우메네 사토루, 1990: 32).

---

2) 『후한서』 권85, 동이열전 제75, 한.

[그림 1-2] 소 위에서 네 번을 뛰어야 하는 에티오피아 하마르 부족 성인식

출처: EBS (2013).

고구려의 교육과정

　　기원 전후로 하여 삼국(혹은 가락국을 포함한 사국) 체제가 정립되었고, 4세기 후반, 고구려는 국가체제를 새롭게 정비하는 상황에서 태학(太學)이라고 하는 새로운 인재 양성 방식, 즉 학교제도를 도입하였다. 학교라는 제도는 동아시아 사회에서는 단지 인재 양성 기관으로서의 의미뿐만 아니라 문명의 상징이자 척도이기도 했다. 그런데 고구려의 태학에 대해서 『삼국사기』에는 "立太學 教育子弟"라는 기록밖에 없기에 자세한 내용을 알기 어렵다. 태학을 설립할 당시의 고구려의 대내·외적 상황을 보면, 대내적으로는 백제와 격렬한 전쟁을 벌이고 있었고, 대외적으로는 중국의 전진(前秦), 동진(東晉)과 활발한 교류가 있었다. 소수림왕은 이러한 위기 상황을 맞아 국가체제를 정비해야 할 필요성을 느꼈고 그 일환으로 불교와 유교, 율령과 같은 사상과 제도를 중국으로부터 받아들였던 것이다. 인재 양성 제도로서의 태학의 교육과정에 대해서는 알려진 것이 없다. 그러나 태학은 고구려의 고유한 제도라기보다는 한 무제가 설립한 이래 동아시아의 공통된 인재 양성 제도였다. 당시 교류하던 전진, 동진의 예를 보건대, 태학의 설립 목적은 관리 양성이고, 귀족 자제들이 그 학생들이었던 것으로 추정된다. 또 교육내용은 기본적으로 유교 경전을 중심으로

하여 각종 역사서를 부가하는 형식이었을 것으로 본다. 이러한 관점에서 태학은 우리 역사상 처음 도입한 학교 제도이며, 이듬해(373년) 율령이 공포된 것으로 보아 국가 차원의 교육과정을 상세히 갖춘 교육기관이었을 것으로 추정할 수 있다.

태학과 함께 또 하나의 고구려 학교 제도인 경당에 대해서는 기록이 좀 더 상세한데, 『구당서(舊唐書)』에는 다음과 같은 내용이 서술되어 있다.[3]

> 고구려에는 책 읽기 좋아하는 풍습이 있었으며, 가난하여 누추하고 천한 하인들이 사는 곳까지 길가마다 큰 집을 지어 놓고 경당이라 하였다. 자제들은 혼인하기 전에 여기서 밤낮으로 글을 읽고 활쏘기를 익혔다. 그들이 읽은 책에는 오경(五經)과 『사기(史記)』 『한서(漢書)』, 범엽이 편찬한 『후한서(後漢書)』, 손성이 편찬한 『진춘추(晉春秋)』, 그리고 『옥편(玉篇)』 『자통(字統)』 『자림(字林)』 『문선(文選)』 등이 있었는데 특히 『문선』을 중시하였다.

그런데 이 기록에는 당시 경당의 교육과정이라 할 만한 내용들이 언급되어 있다. 먼저, 경당에서 가르치고 배운 교과목들이 상세히 언급되어 있는데, 이들은 다시 몇 가지 영역으로 분류할 수 있다. 첫째는 경전류로서 오경, 즉 『논어』 『맹자』 『시경』 『서경』 『주역』이 그것이다. 둘째는 사서(史書)류로서 이른바 삼사(三史)라고 하는 『사기(史記)』 『한서(漢書)』 『후한서(後漢書)』를 비롯한 『진춘추(晉春秋)』 등이 그것이다. 셋째는 『옥편(玉篇)』 『자통(字統)』 『자림(字林)』과 같은 문자서이다. 넷째는 『문선(文選)』이다. 이는 중국 남조(南朝) 양(梁)나라의 소명태자(昭明太子) 소통(蕭統, 501~531)이 편찬한 것으로, 역대 명문장들을 모아 놓아 문장 학습은 물론 교양서로서도 의미가 크다. 그런데 경당 교육에서는 이 책을 특히 중시했다고 한다. 수업 연한에 대한 언급이 없어 자세히 알 수는 없지만 학업 연한이 9년인 통일신라의 국학에 비해 보아도 결코 부족한 구성이 아니다. 그런데 경당의 교육과정은 단지 문사(文士)를 기르기 위한 것이 아니며 무(武)의 능력을 기르기 위한 과정이 따로 있다는 데에 그 특징이 있다. 이른바 문무겸전(文武兼全) 교육인 것이다. 이 점이 신라의 국학이나 고려의 국자감, 나아가 조선의 성균관 교육과 근본적인 차이다.

---

3) 『구당서』 권199 상, 열전 149, 고려.

그렇다면 경당이 왜 이러한 교육과정을 구성했는지 알아볼 필요가 있다. 이는 경당의 성격, 설립 주체와 관련이 있다. 앞의 인용문에서 명시적으로 말하지는 않았지만 "가난하여 누추하고 천한 하인들이 사는 곳까지 길가마다 큰 집을 지어 놓고"라는 말에서 경당이 중앙의 학교가 아니라 지방학교라는 것을 추정할 수 있으며, 지방에 학교를 세울 정도로 사회가 발전했다고 하면 그것은 분명 국도에 태학을 설립한 이후일 것이다. 그리고 대만의 사학자 고명사(高明士)가 추정한 바와 같이 경당이 사학이 아니라 관학이라면,[4] 경당은 비록 지방에 설립된 교육기관이기는 하지만 국가에서 필요로 하는 인재 양성을 목적으로 설립되었으며, 교육과정 역시 지방에서 독자적으로 구성한 교육과정이라기보다 국가교육과정으로 보아야 할 것이다. 특히 지방민을 대상으로 한 학교가 문무겸전의 교육과정을 운영한 것, 특히 습사(習射)라는 과정을 부과한 것은 당시의 군사적 상황이라는 현실적 필요에 따른 것으로 추정된다. 그리고 습사와 아울러 그렇게 다양한 전적들을 학습했다는 것은 비록 "고구려에는 책 읽기 좋아하는 풍습이 있었으며"라는 기록으로 보아 이상한 것이 아니라 할지라도 당시 고구려의 일반적 문화 소양이 대단했다는 것을 짐작할 수 있다.

요컨대, 경당의 교육과정은 국가 차원에서 구성된 교육과정으로서 여기서 기르려고 하는 인간상은 문무를 겸한 인간이었다.[5] 여기서 문(文)은 문·사·철의 학식과 유교적 소양을 지닌 교양인으로 정리할 수 있을 것이며, 무(武)는 활쏘기를 비롯한 육체적 단련을 통하여 국가와 지역을 방위할 수 있는 인간이라 할 수 있을 것이다. 그리고 이러한 교육과정은 고구려의 당시 현실을 반영한 것이기도 하지만 동아시아 학교교육의 전통을 계승한 것이라 볼 수도 있다. 동아시아 고대사회에서 문무겸전의 교육과정 전통은 일찍이 공자의 육예(六藝), 즉 예·악·사·어·서·수에서 볼 수 있으며, 문·사·철로 구성된 교육과정은 한(漢)나라의 태학 이래의 전통이기 때문이다.

---

4) 고명사(1995: 30-31)에서는 경당을 국가 교육 발전 사업의 일환으로 시행한 것으로 파악하였다. 물론 경당을 사립학교로 파악하는 견해들도 있다.

5) 경당의 목적이 태학과 같이 관리 양성인지는 분명치 않다. 평민 자제를 입학 대상으로 본다면 관리 양성으로까지 연결하는 것은 무리가 될 수 있다.

백제의 교육과정

다음으로 백제의 교육과정인데, 백제의 학교 제도에 대해서 알려진 바가 없는 상황에서 교육과정을 상세히 말하기는 힘들다. 그러나 지금까지의 연구들에 의하면, 백제 역시 태학과 같은 중앙의 학교 교육제도가 있었다고 추정되며, 그렇다고 할 때 분명 나름대로의 교육과정이 있었을 것이다.[6] 고명사(高明士)는 백제의 학교 설립 시기를 고구려 태학의 설립 시기와 비슷하다고 보았다. 즉, 백제의 중앙집권체제 확립기인 근초고왕이 고흥(高興)을 학관인 박사로 임명한 사실, 고구려가 태학을 설립한 데 받은 영향으로 동진(東晉)에 조공 사절단을 보낸 점(이때 동진의 태학을 견본으로 삼았을 것으로 추정) 등 여러 가지 점으로 미루어 373년(근초고왕 28년) 무렵 학교를 설립했을 것으로 보았다(고명사, 1995: 50). 만일 그렇다면 백제 학교의 교육과정 역시 고구려의 태학과 크게 다르지 않았을 것이고, 동아시아 학교들의 일반적 교육과정과 같이 유교적 교과들을 위주로 구성되었을 것이라 볼 수 있다. 다만, 백제의 경우, 경학뿐 아니라 기술학도 매우 발달하여 오경박사 외에도 노반(爐盤)박사, 와(瓦)박사와 같인 전업(專業)박사와 역(曆)박사·역(易)박사 등의 학관을 두어 왜에 파견한 것으로 보아 이들의 교육을 담당할 별도의 교육과정이 존재했었다고 추정할 수 있다.

신라의 교육과정

신라의 교육과정에 대해서는 크게 통일 전과 통일 후로 구분하여 말할 수 있다. 통일 전의 경우, 신라에는 학교 제도가 없었으며, 인재 양성 제도로 화랑도가 있었다. 여기서는 화랑도로 개칭되고 국가 관리 체제에 접어든 시기 이후를 논의하고자 하는데,『삼국사기』에는 화랑도의 기원, 교육과정 등과 관련된 다음과 같은 내용이

---

6) 최근 중국에서 백제 유민의 묘지명이 속속 발견되면서 백제 교육기관의 명칭을 알려 줄 자료가 발견되었다. 이른바 '陳法子墓誌'가 그것인데, 묘의 주인인 진법자의 증조부가 太學正을 지냈다는 내용이다(박현숙, 2015: 213).

있다.[7]

> 진흥왕 37년 봄, 비로소 원화를 받들게 했다. 처음에 군신이 인재를 알지 못함을
> 유감으로 여기어 사람들을 끼리끼리 모으고 떼 지어 놀게 하면서 그 행실을 보아 거
> 용하려 하여 드디어 미녀 2인을 가리었다. …… 그 후 나라에서 다시 아름다운 남자
> 를 뽑아 곱게 단장하여 이름을 화랑이라 하여 받들게 하니 따르는 무리가 구름같이
> 모였다. 그들은 서로 도의를 닦기도 하고, 가악으로 즐거이 놀며 명산과 대천을 돌
> 아다니어 멀리 가 보지 않은 곳이 없었다. 이에 그들 중에서 나쁘고 나쁘지 않은 자
> 를 알게 되니, 그중의 착한 자를 가리어 조정에 천거하였다. 그런 까닭에 김대문의
> 『화랑세기』에는 "어진 재상과 충성스런 신하가 이로부터 나왔고 어진 장수와 용감
> 한 병졸이 이로부터 나왔다."고 하였다. 최치원의 난랑비 서문에서는 "우리나라의
> 현묘한 도가 있었으니 이를 풍류라 이른다. 그 가르침의 기원은 『선사(仙史)』에 자세
> 히 실려 있는데 실로 유·불·도를 포함하여 뭇사람을 감화시키는 것이다."

　이 기록을 통해 알 수 있는 것은 화랑 제도의 기원, 설치 목적, 교육내용과 방법,
교육평가, 이상적 인간상 등이다. 즉, 화랑 제도는 원래는 풍류라는 현묘한 도였다.
이때 도라는 것은 하나의 사상적 체계라 할 수 있다. 그 초기의 모습에 대해서는 알
수 없으나 진흥왕대에 와서 국가 차원의 인재 양성 및 선발 제도로 정착되었다. 처
음에는 남성 중심의 결사체가 아니라 여성을 지도자로 하는 단체에서 시작되었는
데, 이는 모계 사회적 성격이 반영된 것으로 보인다. 이러한 화랑을 국가가 관장하
게 된 이유는 삼국이 대치하고 있는 상황에서 기존의 청소년 결사체를 재조직하여
국가적 위기에 대응할 필요성을 절감했기 때문이다. 그리하여 지금까지 수련 단체
적 성격에서 군사적 성격이 가미된 단체가 된 것이다.
　화랑도의 교육내용은 "그들은 서로 도의를 닦기도 하고, 가악으로 즐거이 놀며 명
산과 대천을 돌아다니어 멀리 가 보지 않은 곳이 없었다."는 말에서 알 수 있듯이 도
의, 가악, 심신연마 등이다. 이를 요즈음 교과목으로 바꾸어 생각한다면 도의교육
은 인격교육과 사회교육을 포함하는 내용이며, 가악은 예술교육으로 대치할 수 있

---

7)『삼국사기』권4, 신라본기, 진흥왕. 한국사데이터베이스. http://db.history.go.kr

[그림 1-3] 화랑의 유오지–삼일포

을 것이다. 또 명산과 대천을 돌아다니어 멀리 가 보지 않은 곳이 없다는 것은 단지 체육교육의 측면에서만 그 의미를 찾을 수는 없다. 그들이 유오(游娛)한 곳은 명주 (溟州, 강릉), 동해의 정제(汀際), 총석정의 사선봉(四仙峰), 금란굴(金蘭窟), 삼일포의 석감(石龕)과 사선정(四仙亭), 영랑호(永郎湖), 경포대(鏡浦臺), 한송정(寒松亭), 월송정(越松亭) 등지로 알려져 있다. 그리고 이 유오지(遊娛地, 오락 장소가 아니고 심신 수양처임)를 보면 그야말로 명산과 대천, 즉 그들이 가장 신성하게 여기는 장소, 성

소(聖所)였고, 이곳을 찾는 것 자체가 심성수련, 영성교육을 목표로 했다는 것을 알 수 있다.

물론 이들이 찾은 장소가 대부분 당시 신라의 국경지대였다는 점에서 국가 방위 라는 현실적인 측면을 간과할 수는 없다. 또 앞의 기록에서도 나타나지만 화랑들의 교육내용은 원래부터 불교적인 내용과 유교적인 내용, 도교적인 내용 등이 모두 포함된다고 하였으며, 이러한 점은 임신서기석이나 원 광법사의 세속오계 등을 통해서도 알 수 있다. 임신서기석은 두 사람의 화랑이 3년 동안 시(詩, 시경)·상서(尚書)·예기(禮記)·전(傳, 左傳인지 春秋傳인지는 알 수 없음)을 차례로 습득하기를 맹세하고 이를 돌에 새긴 것이다. 또 화랑과 불교와의 관계는 화랑의 스승들 가운 데 고승이 많았으며, 화랑도의 낭도들을 미륵향도(彌勒香徒)라고 할 정도로 밀접한 관련성이 있었다.

[그림 1-4] 임신서기석

화랑의 교육방법은 "고승을 지도법사로 삼기도 하였으나 서로 도의를 닦고[相磨 道義], 서로 가악을 즐겼다[相悅歌樂]"는 것으로 보아 서로 가르치고 배우는 방식이 었을 것이다. 임신서기석의 맹세도 누가 시키거나 누구를 스승으로 두고 유가 경전 을 학습하는 것이 아니라 자발적인 학습을 맹세했던 것이다.

화랑의 교육평가에 대해 살펴보면, "사람들을 끼리끼리 모으고 떼 지어 놀게 하면 서 그 행실을 보아"라는 말에 주목할 필요가 있다. 이는 단체 생활을 통해 드러난 행 동을 보고 평가한다는 말이다. 그리하여 "이에 그들 중에서 나쁘고 나쁘지 않은 자 를 알게 되니, 그중의 착한 자를 가리어 조정에 천거하였다."라고 하였다. 즉, 바른

행동을 하는 사람, 착한 자를 선발했다는 것이다. 여기서 바른 행동, 착한 자란 최치원이 난랑비 서문에서 말한 "집에서 효도하고 밖에서 충성을 다하는 것" "무위(無爲)에 처하여 말없음의 가르침을 행하는 것" "모든 악한 일은 하지 말고 착한 일만 받들어 행하는 것"으로 볼 수 있다. 주목할 것은 화랑도의 학습내용에는 유교경전과 같은 교과도 있지만 이것을 따로 평가했다는 내용은 없다. 화랑도의 평가 기준은 오로지 행실이 바른지 그릇된지에 대한 것이었으며, 이를 실제 생활 속에서 평가했다는 것이다.

그렇다면 화랑에서 기르려고 했던 바람직한 인간상은 무엇인가. 그것은 결국 행실이 바른 사람이며, 공자나 석가, 노자의 가르침을 생활 속에서 실행할 수 있는 사람, 다시 말하면 뭇사람을 감화시킬 수 있는 사람, 접화군생(接化群生)할 수 있는 사람이라고 말할 수 있다. 그리고 김대문이 『화랑세기』에서 말한 "어진 재상과 충성스런 신하가 이로부터 나왔고 어진 장수와 용감한 병졸이 이로부터 나왔다."에서는 어질다는 덕성과 용감하다는 의지력을 갖춘 사람이라고 할 수 있을 것이다.

요컨대, 화랑도는 자발적 수련 단체의 성격에서 출발하여 6세기 후반, 국가적 차원에서 지원되기도 하고 장려되기도 한 인재 양성 및 선발 제도였다. 그러나 모든 것을 국가가 관리 조정하는 것도 아니었고, 단 하나의 조직만 있었던 것도 아니었다. 화랑도에는 여러 조직이 공존하였으며, 낭도 선발과 생활에 자발성도 있었다. 화랑도의 교육과정은 엄격하고 고정된 것이 아니었으며, 그 구성과 운영에 탄력성과 자발성이 있었다는 것이 특징이다.

통일 이후 신라는 국학이라는 국가 교육기관을 설립하였으므로 이 시기의 교육과정은 국학을 중심으로 설명한다. 『삼국사기』에는 국학에 대해 다음과 같이 기록되어 있다.[8]

> 예부에 속했다. 신문왕 2년에 설치했다. 경덕왕 때 태학감으로 바꾸었는데, 혜공왕이 예전대로 회복했다. 경(卿)은 한 명으로 경덕왕이 고쳐 사업(司業)이라 했으나 혜공왕이 다시 경이라 불렀다. 관등은 다른 경과 같았다. 박사를 몇 사람 두었으나 숫자를 정하지는 않았다. 조교도 몇 사람 두었으나 숫자를 정하지는 않았다. ……

---

8) 『삼국사기』 권38, 잡지7, 직관상. 한국사데이터베이스. http://db.history.go.kr

교수하는 방법은 『주역』 『상서』 『모시』 『예기』 『춘추좌씨전』 『문선』으로 나누어 학업 내용으로 삼았다. 박사나 조교 한 명이 『예기』 『주역』 『논어』 『효경』 또는 『춘추좌씨전』 『모시』 『논어』 『효경』 또는 『상서』 『논어』 『효경』 『문선』을 가르쳤다. 학생들이 독서한 내용은 3등급으로 나누어 관직에 나아가게 되는데, 『춘추좌씨전』이나 『예기』나 『문선』을 읽어 그 뜻에 능통하고 아울러 『논어』와 『효경』에 밝은 이를 상으로 하고, 『곡례』 『논어』 『효경』을 읽은 이를 중으로 하였으며, 『곡례』 『효경』을 읽은 이를 하로 하였다. 그러나 만약 오경과 삼사, 제자백가의 글에 모두 능통한 사람은 등급을 넘어 등용했다. 그리고 산학박사나 조교 한 명을 명하여 『철경』 『삼개』 『구장』 『육장』을 가르쳤다. 일반적으로 학생은 관등이 대사 이하로부터 관등이 없는 자에 이르렀고, 나이는 열다섯에서 서른까지 해당되는 사람으로 다 채웠다. 9년이 한도였으나 만일 자질이 노둔하여 교육하기 어려운 자는 퇴학을 시켰고, 만약 재주와 기량은 있으나 아직 익지 못한 이는 비록 9년이 넘어도 재학을 허용하고, 관등이 대내마와 내마에 이른 뒤에는 국학에서 내보냈다.

이 기록에서 말하고 있는 것은 학교의 소속 부서, 학교의 명칭, 학관의 명칭과 관등, 교수와 조교, 교육내용, 분반 내용과 교과목, 학업평가와 관직 임명, 산학의 교수자, 산학의 교과목 구성, 학생 관등, 학생의 나이, 학업 연한, 유급과 퇴학 규정 등이다. 이들은 모두 교육과정을 구성하는 중요한 요소들이다. 먼저, 신라가 이렇게 국학을 설치하게 된 배경부터 보면, 첫째, 통일기를 전후로 하여 당과의 활발한 교류가 있었다. 김춘추가 당에 들어가 당의 국학을 참관하기도 하였으며, 당의 국자감에 신라를 비롯한 삼국의 유학생이 파견되기도 하였다. 둘째, 통일 이후 옛 고구려나 백제 지역에 파견할 관리의 수요가 급증하였으며, 이들을 교육할 기관이 필요했던 것이다. 그리하여 대외적으로는 당시의 국제 정세, 국제 체제에 맞는 인재 등용 방식의 도입이 필요했으며, 대내적으로는 관인의 수요에 대응하기 위해 이전의 인재 등용 방식인 화랑도와 같은 방식이 아닌 학교라는 제도의 도입이 필요했던 것이다.

그리하여 신라 국학의 교육과정은 이와 같은 두 가지 요소, 즉 국제 체제의 부응과 관인으로서의 능력 함양에 맞추어 구성되게 된다. 즉, 교과목 구성은 당시 동아시아 학교교육의 공통 교과였던 유교 경전이 주가 되었고, 교수자 역시 박사와 조교

[그림 1-5] 신라 국학터에 지어진 것으로 알려진 경주 향교

라는 제도를 도입하게 되었으며, 이들에게 관직을 부여하였다. 이렇게 유교 경전 중심으로 교과목을 구성한 것은 정치적으로는 당시 사회가 전제 왕권 사회였으며, 이를 정당화하는 데 가장 적절한 교과목이 사회의 수직적 질서를 정당화하는 유교사상이었기 때문이다. 그런데 이런 유교 경전 중심의 교과목 구성에 대해 단지 정치적 의미만 부여하기는 곤란하다. 주지하듯이 『논어』를 비롯한 유교 경전에는 인간 교육의 텍스트인 동시에 가정과 사회를 살아가는 데 필요한 내용들이 담겨 있고, 그런 점에서 교양 교육적 의미도 크다고 할 수 있다.

국학 교육과정에서 주목할 또 하나의 특징은 능력을 표준으로 하였다는 점이다. 분반도 능력에 따라 세 분과로 이루어졌으며, 관리 임용 역시 학업 능력을 기준으로 상·중·하로 구분하여 이루어졌다. 신라 하대의 최치원과 같은 지식인들이 골품제의 한계로 좌절을 겪지 않은 것은 아니지만 그럼에도 불구하고 이로 인해 신라사회를 변화시키는 데 적지 않은 역할을 한 것도 사실이다. 또 국학에 산학을 설치하여 산학박사가 중국의 산학 교재를 교수하는 등 산학 교육과정을 구성하였다는 것도 신라의 교육이 다양해지고 전문화되었다는 것을 의미한다.

고대사회 교육과정의 특징과 의의

마지막으로 한국 고대사회 교육과정의 내용을 요약·정리하고 그 특징과 의의를 살펴보기로 한다. 한국 고대사회의 교육은 시간적으로 상당히 긴 시간이며, 신라로 통일되기까지 다양한 특성을 지닌 사회들이 존재했었다. 그만큼 교육 역시 사회마다 다양한 방식으로 이루어졌을 것으로 추정된다.

이 글에서는 우리나라 교육과정의 첫 출발점을 단군신화에서 찾았다. 신화의 의미가 전범(典範)을 제시하는 데 있다면 단군신화는 고조선의 이상을 전범으로 제시한 것이다. 그 가운데서 우리는 홍익인간이라는 공존공생의 교육이념을 발견하였고, 이를 위해 초현실적이거나 비현실적인 방식이 아니라 이치로써 교화한다는 교육의 방법적 원리를 발견하였다. 아울러 실생활과 관련된 제반 일들이 공존을 실현할 수 있는 교육내용으로 선정되었다는 것도 찾았다. 삼국으로 국가 체제가 정립되기 전 부족국가 시대에는 각 부족 고유의 통과의례와 같이 각종 사회 내부의 의례나 의식 등을 통해 사회적 제도와 관습에 입문시키는 과정이 있었으며 이 역시 교육과정의 관점에서 볼 때 의미 있는 사회화 과정이라 볼 수 있었다. 이러한 의례나 의식을 통한 사회화는 삼국 체제로 정립된 후에도 지속되었고 화랑도와 같은 고유의 전통에 뿌리를 둔 제도는 국가적 인재 양성 체제로 재정비되기도 하였다.

우리 교육사 혹은 교육과정사에서 무엇보다 주목할 사건은 삼국이 국가 체제 정비의 과정에서 학교라는 제도를 도입하였다는 것이다. 고대의 학교는 비록 오늘날 서양식 학교와는 차이가 있지만 그 자체로 동아시아 문명의 상징이라 할 수 있다. 뿐만 아니라 동아시아 사회를 유지, 전개시키는 데 기여한 으뜸가는 기제이기도 하였다. 그런 만큼 삼국의 학교들은 오늘날 학교 교육과정의 원형이라 할 만한 교육과정을 법령으로 만들고, 그에 따라 정형화된 교육과정을 운영하게 되었다.

물론 고대 학교의 교육과정은 나라마다 공통성도 있고, 차이도 있지만 대체적인 특성을 몇 가지로 정리하면 다음과 같다.

첫째, 교육과정 개발에서 선진국의 제도를 적극 참조하였다. 학교라는 제도, 박사와 조교라는 교수자, 유교 경전이 중심이 되는 교과목 구성에서 시험이라는 방식의 교육평가에 이르기까지 선진국과의 문화교류를 통하여 자기 사회의 실정에 부합하는 교육과정을 개발하였다. 그리하여 이러한 교육과정은 고대 한국·중국·일본 등 동아시아의 공통된 교육과정으로 고대 문화의 동질성을 형성하는 데 크게 기여했으며, 이러한 점은 지금까지 한·중·일 삼국이 문화적 동질성을 갖게 된 밑바탕이 되었다.

둘째, 고대 교육과정에서 제시한 바람직한 교육적 인간상으로 실무형 인간 형성보다는 교양형 인간 형성을 우선하였다. 사실, 고대 학교의 설립 자체가 관리 양성을 목표로 하였음에도 불구하고 교육과정을 실무적 교과 위주로 구성하기보다는 문·사·철을 아우르는 교양교과들로 구성했다는 것은 의미하는 바가 크다. 그것은 그들의 교육과정 철학을 드러낸 것이기도 하며, 이상적 인간상을 드러낸 것이기도 하다. 그리고 그것은 지금 사회에서도 결코 소홀히 할 수 없는 인문적 가치에 대한 믿음을 반영한 것이다. 이처럼 고대사회의 교육과정에 대한 탐구는 한국 교육사에서 교육과정의 원류를 확인하게 하는 가능성을 제공하는 것에서 더 나아가 미래 교육을 기획하는 데도 일정한 시사점을 제시한다고 하겠다.

 활동과제

○ 박물관에 가서 고대사회의 유물을 관람하고, 그것으로부터 고대사회 교육의 목적, 내용, 방법 등을 생각해 보자.
○ 미래사회의 교육 설계에 고대사회의 교육이 어떤 시사점을 줄 수 있는지 생각해 보자.

제 **2** 장 고려시대 유학 교육과정

이 장의 목표

1. 고려시대 유학 교육과정에 대해 설명할 수 있다.
2. 고려시대의 교육을 시대별로 구분하여 설명할 수 있다.

생각해 볼 문제

1. 유학 교육과정에 영향을 끼친 성리학은 무엇이며, 성리학의 특징은 무엇인가?
2. 고려시대 전반기와 후반기 교육과정 각각의 의미와 특징은 무엇인가?

고려시대의 교육은 거의 500년에 걸쳐 발전하였기 때문에, 한 가지 모습으로만 나타나지 않는다. 유학의 학풍과 과거제도가 지속적으로 영향을 미쳤고, 이에 따른 주목할 만한 변화도 몇 차례 있었다. 그중에서 가장 큰 변화는 성리학의 수용에 의해 나타났는데, 유학 교육과정 또한 이 과정에서 새로운 틀을 갖추게 되었다. 따라서 고려시대 유학 교육과정에 대한 논의는 성리학의 수용을 기준으로 시기를 구분하여 진행하는 것이 유용할 것이다.

유학의 교육과정

고려시대 유학 교육과정을 논의하기 전에, 먼저 유학 교육과정의 특징에 대해서 살펴볼 필요가 있다. 그 특징은 다음과 같다.

첫째, 유학 교육과정은 지식의 습득 못지않게 의례(儀禮)의 학습을 강조하였다. 유학 교육기관이 문묘와 학당이 결합된 묘학제(廟學制)로 구성된 것은 이러한 관점에 의한 것이다. 학생들은 이러한 교육 공간에서 경서를 학습하고 의례 절차를 익히면서, 유학자로서의 정서와 행위규범을 익힐 수 있었다.

둘째, 유학 교육과정은 지식교육의 측면에서도 현대와 달랐다. 현대 교육과정은 주요 교과목을 배치해서, 학생들이 자신의 진로에 따라 학업을 진행하는 방식으로 운영된다. 이에 반해서 유학 교육과정은 주요 과목을 선정하여 학생에게 제시하기는 하지만, 학업 진도는 개별 학생마다 다르게 진행되었다. 현대식으로 표현하면 개별화 수업방식을 운영한 셈이다. 이 때문에 유학 교육의 수업장면에서는 여러 학생이 동일한 시간에 동일한 과목을 익히는 모습을 좀처럼 발견하기 어렵다. 학생들은 자신이 공부해야 할 내용에 집중하였고, 교사와 만날 때는 공부한 내용을 평가받고 학습과정에서 생긴 문제들을 질문하였다. 이 점에서 유학 교육과정은 자기주도적 학습을 기본으로 삼았다고 볼 수 있다.

셋째, 유학 교육과정은 현대처럼 학년제나 졸업제가 시행되지 않았다. 이것은 학습과정이 학생별로 진행되기 때문에 나타나는 현상이다. 학생마다 학습 진도가 동일하지 않고, 능력도 다른 상황에서 제한 시간을 설정하여 획일적으로 승급시키거나 졸업시킬 수는 없다. 다만, 학습과정이 무한정 지속될 수는 없기 때문에 9년 정도의 재학기간이 설정되어는 있었다. 이러한 특징들은 유학 교육과정에서 공통적으로 발견되는 것으로 고려시대에도 마찬가지였다. 이러한 점을 염두에 두고 고려시대 전반기의 유학 교육과정을 살펴보기로 하자.

고려 전반기의 유학 교육과정

고려 전반기의 유학 교육과정을 가장 체계적으로 보여 주는 기록은 『고려사』 선거지2에 수록된 「학식(學式)」이다. 이 「학식」은 인종 재위기(1123~1146년)에 식목도감(式目都監)에서 정한 것으로 되어 있지만 정확히 언제인지는 알 수 없다. 주요 내용은 당시 최고의 관학이었던 국자감(國子監)의 운영규정으로서, 국자감의 구성, 입학자격, 학생인원, 교육과정, 교과목별 학습기간이 망라되어 있다. 현재까지 「학식」
의 실행 여부에 대해서 여러 의견이 있으나 인종을 전후로 한 시기에는 「학식」이 시
행되었다고 보아야 할 것이다.

　인종 당시 송(宋)의 사신으로 고려에 왔던 서긍(徐兢)의 『고려도경(高麗圖經)』의
내용도 이 점을 뒷받침해 준다. 현재 이 책은 그림 부분은 전해지지 않고 글로 쓴 부
분만 남아 있는데, 여기에는 고려에 머물렀을 때에 경험한 다양한 문물제도가 수록
되어 있다. 이 가운데 국자감(國子監), 진사(進士), 유학(儒學)의 항목은 고려의 교육
수준을 알려 주는 부분으로서, 비록 세세한 내용은 발견되지 않지만 국자감의 학생
이 많았다는 것, 학문 수준이 높았다는 것, 곳곳에 학교가 설립되어 있고 많은 학생
이 열심히 공부하고 있다는 사실을 전해 준다. 또한 당시 고려의 교육풍토가 송보
다는 당에 가깝다는 평가도 실려 있다. 즉, 그의 눈에는 고려의 교육이 송과 다른 점
이 있고, 오히려 당과 비슷하게 보였던 것이다. 만일 고려의 국자감에서 시행된 교
육이 「학식」과 달랐다면 이러한 평가를 내리지는 않았을 것이다. 따라서 「학식」이
고려 전 시기에 걸쳐 적용되지는 않았더라도, 인종을 전후로 한 시기에는 실행되었
다고 할 수 있다. 이 점에서 「학식」에 규정된 유학 교육과정은 고려 전반기의 상황
을 엿볼 수 있는 중요한 통로가 된다. 「학식」에 규정된 교육과정을 제시하면 다음과
같다.

표 2-1 국자감의 유학 교육과정

구분		과목	학습기간
제술과목		시무책	겸습(兼習)
경학과목	전공 선택	예기, 좌전	각 3년
		주역, 모시, 주례, 의례	각 2년
		상서, 공양전, 곡량전	각 1년 반
	공통	효경, 논어	합쳐서 1년
	병행	국어, 설문, 자림, 삼창, 이아	겸독(兼讀)
실용과목		산습(算習), 습서(習書)	겸습(兼習)

　〈표 2-1〉에 나타나듯이 국자감의 교육과정은 자못 복잡하다.[1] 〈표 2-1〉에서 가
장 먼저 살펴보아야 할 것은 경학과목이다. 가장 핵심적인 교과가 경학과목이기 때

문이다. 경학은 공통과목에 포함되는『효경』과『논어』, 그리고 전공과목에 해당되는 9경으로 구성된다. 국자감 교육의 목적이 유학경전에 밝고 행실을 닦은 선비(經明行修之士)를 길러 내는 데에 있었다는 점을 생각하면 경학이 핵심교과가 되는 것은 당연한 이야기이다.

「학식」에는 공통과목을 1년 정도 공부한 후 전공과목으로 나아가게 한다고 하면 서도, 전공의 운영방식에 관한 내용은 제시되어 있지 않다. 그렇지만 2~3개 정도의 전공이 있었다고 추정해 볼 수 있다. 신라의 국학이 3개의 전공으로 구분되었고, 당의 국자감도 2~3개의 전공으로 구분되었기 때문이다.

또한 이 교육과정에는 학생들이 경학과목을 공부하는 데에 도움을 주는 병행과 목도 포함되어 있다.『설문』『자림』『삼창』『이아』등은 한자의 의미와 연원을 알려 주는 사전류이고,『國語』는『춘추』의 참고서이다. 학생들은 이러한 책들을 함께 공 부함으로써, 경학 공부에 필요한 기초적인 정보나 지식을 얻을 수 있었다.

다음으로 제술과목은 시무책(時務策)을 공부하는 내용이다. 시무책은 과거의 최종단계에서 출제되는 문장 형식이기 때문에 중요하게 다루어질 수밖에 없었다. 이외에 실용과목에 산학(算習)과 서예(習書)가 발견되는데, 산학의 경우는 별도로 전공하는 학교가 설립되어 있음에도 불구하고 경학 전공자가 학습할 과목에 포함시

[그림 2-1] 국자감(현: 개성 고려박물관)의 강당

---

1) 〈표 2-1〉에서 공통과목, 전공과목, 실용과목 등으로 구분한 것은 이해를 돕기 위한 방편이다. 비록 원문에 이러한 구분이 기록되어 있지는 않지만, 내용상 이러한 구분이 가능하다.

킨 것이 흥미롭다. 서예의 경우는 매일 한 장씩 쓰도록 규정되어 있는데, 학생들의 서예 실력을 신장시키려는 목적에서 편입되었다.

그렇다면 이러한 교육과정에 따른 구체적인 수업의 모습은 어떠했을까? 「학식」이 제정되었던 시기에 문하성(門下省)이 인종에게 보고한 기록에서 실마리를 찾아보자. 문하성은 다음과 같이 국자감에서의 수업 상황을 전하였다.

> 국자감 학생들이 각자 고강(考講)할 대·소경을 가지고 강당에 올라가면, 다음에 박사(博士)와 학유(學諭)가 경전을 가지고 고강하러 올라갑니다. 매일 고강하는 인원은 5인을 넘지 않고, 고강하는 사람마다 두 문제 정도를 조용히 논란합니다. 그 과정에 학생들은 공부하다가 생긴 의심스러운 부분을 해소하게 됩니다.[2]

이 기록에는 하루에 5명 이내의 학생이 각자 전공하는 경전을 들고 강당에 올라가 고강하고, 고강할 때에는 두 문제 정도를 질의 응답하는 수업방식이 잘 묘사되어 있다. 나머지 학생들은 친구가 고강하는 장면을 지켜보면서 자신의 공부에 참고하고, 고강시간이 끝나면 각자 방에서 진도대로 경서를 공부하였을 것이다.

이제까지 국자감의 유학 교육과정을 살펴보았는데, 여기에는 두 가지 중요한 특징이 있다. 하나는 조선시대 성균관의 교육과정과 비교하였을 때, 국자감 유학 교육과정의 위상이 상대적으로 높지 않았다는 점이다. 당시 국자감에는 유학을 공부하는 학교 이외에도 율학, 서학, 산학과 같은 전문교육을 담당하는 기관이 같이 소속되어 있었다. 물론 이러한 학교들은 유학을 전공하는 학교와는 별개로 운영되었고, 또 중요도도 떨어졌다. 그러나 성균관으로 개편된 이후에 오직 유학 교육과정만 운영하였던 것과 비교하면 큰 차이가 있다. 결국 성균관이 인문대학 일변도라면, 국자감은 종합대학이 되는 셈인데, 이러한 대학 구조에서 유학 교육과정의 위상은 상대적으로 높지 않았다고 판단된다. 다른 하나는 국자감의 유학 교육과정이 과거에서 가장 인기가 있었던 제술업(製述業)의 시험과목과 일치하지 않는다는 점이다. 오히려 국자감의 교육과정은 제술업보다 약간 선호도가 떨어지는 명경업의 시험과목과 일치

---

2) 『高麗史』卷74, 選擧2, 科目2, 學校, 仁宗 15年 9月, 門下省奏 國學六齋(國子監)諸生 各持所講大小經升堂 博士學諭執經升講 每日不過五人每人不過二問 從容論難悟疑辨惑.

한다. 제술업은 주로 시·부(詩·賦)와 같은 문학적 능력을 평가하는 시험으로서, 국자감의 교육과정에서는 이와 관련된 과목을 찾기 어렵다. 국자감의 학생들도 시·부학습을 하였겠지만, 교육과정상으로는 그러한 종류의 과목을 발견할 수 없다.

제술업과 관련해서 보면, 시·부 학습이 활발하게 이루어졌던 곳은 사학이었다. 이 점에서 사학은 국자감과 다른 독특한 교육과정을 운영하였다고 할 수 있다. 이제 그 사학에 대해서 살펴보기로 하자.

『고려사』는 문종 재위기(1047~1082)에 문하시중으로 은퇴한 최충(崔冲, 984~1068)이 문헌공도(文憲公徒)라고 불렀던 학교를 운영하였던 사실을 집중적으로 전해 주었는데, 그것은 그만큼 이 시기에 사학의 영향력이 컸다는 것을 의미한다. 『고려사』 선거지에 실린 사학조(私學條)나 열전에 포함된 최충전의 기록이 이것이다. 이러한 기록에 의하면 최충의 문헌공도는 문종 대부터 제술업에 응시하려는 자가 쇄도하는 상태, 글자 그대로 문전성시(塡溢門巷)를 이루었던 것 같다. 최충은 고관을 역임하면서 과거를 여러 번 주관하였고, 학문적으로도 '해동공자(海東孔子)'라 존경받던 인물이었다. 그러한 인물이 학교를 열어 후진을 교육하는 일에 전념하였으니, 이 학교의 인기가 높았던 것도 무리가 아니다.

그러나 문헌공도의 인기는 최충이라는 개인의 화려한 이력 못지않게, 그곳에서 운영하였던 독특한 교육과정도 한몫하였다고 볼 수 있다. 문헌공도의 교육과정으로는 9경 3사와 같은 유학 교육과정도 포함되어 있었지만, 제술업을 준비하는 문학 수업도 활발하게 시행하였다. 과거에 막 합격한 선배가 시·부 학습을 지도하였고, 종종 각촉부시(刻燭賦詩)[3]를 실시하여 학생들의 문학적 소양을 함양하였다. 또한 여름에는 귀법사(歸法寺)와 같은 사찰에 사학생을 모아 50여 일 동안 집중적으로 시를 짓고 평가하는 하과(夏課)도 운영하였다. 사학생들은 이러한 교육방식을 통해 많은 효과를 얻었고, 이 때문에 제술업에 상당수 합격할 수 있었다. 이러한 분위기에서 문헌공도를 본뜬 사학들이 연이어 세워졌다. 『고려사』에는 이 가운데 대표적인 12개의 사학(사학 12도)의 명단이 실려 있는데, 이들이 일종의 고려판 아이비리그인 셈이다.

따라서 문헌공도와 같은 사학이 융성하였을 때에는 국자감과 같이 제술업 과목에

---

3) 초에 금을 그어 놓고 제한 시간에 시·부를 짓는 경쟁시험

충실하지 않은 관학은 상대적으로 인기가 떨어졌다. 이러한 상황에서 다시 국자감을 진흥하려는 일련의 정책을 전개한 시기가 바로「학식」이 제정된 인종시대였다.

인종은 국자감 규정을 재정비하고, 이에 따라 사학정책을 새롭게 추진하였다. 사학에 대한 국자감의 영향력을 강화한 것이다. 이 과정에서 이전의 사학들이 시·부 학습을 진행했던 하과를 국자감이 주관하게 하고, 또 사학의 우수한 교관을 국자감의 교관으로 승진시키는 조치를 취하였다. 그리고 이때부터 하과 대신에 도회(都會)라는 명칭을 사용하였다. 이러한 사학정책은 사학을 국자감의 영향권하에 있는 부속학교 정도로 전환시키는 결과를 낳았다.

이처럼 사학에 대한 국자감의 영향력이 높아지는 과정에서 국자감의 교육도 한층 강화되었다. 사학의 우수한 교관이 국자감의 교관으로 임명되었다는 것은 국자감 학생의 시·부 학습에 큰 도움을 받았다는 것을 의미하기 때문이다. 따라서 인종대의 국자감에서 이루어진 유학 교육과정은「학식」에 나타나는 경학이나 역사학과 같은 정규과정 이외에, 시·부를 짓는 문학 교육과정도 함께 포함되어 있었다고 보아야 한다.

성종 11년(992)에 국자감이 설립된 시점을 기준으로 할 때, 국자감 교육이 이렇게 활성화되기까지 100여 년이 걸렸다. 즉, 고려 전반기의 전형적인 유학 교육과정이 마련되고 운영되는 데에는 오랜 변화과정을 거쳐야 했던 것이다. 마찬가지로 고려 후반기에 성리학(性理學)을 중심으로 하는 유학 교육과정이 정립되고 확산되기 위해서는 그만큼의 시간이 필요했다. 이러한 점을 고려하면서, 고려 후반기의 유학 교육과정을 살펴보기로 하자.

[그림 2-2] 안향(1243~1306)

고려 후반기의 유학 교육과정

고려가 처음으로 성리학을 접하게 된 것은 원(元)과 40여 년에 이르는 전쟁이 마무리되고, 화친관계를 맺었던 충렬왕 재위기(1275~1308)였다. 당시 안향(安珦, 1243~1306)은 국자감사업(國子監司業), 유학제거사(儒學提擧司) 등을 역임하면서 전쟁으로 쇠락한 교육을 진흥하기 위해 노력하였고, 이 과정에서 원의 학자들과 접촉하는 일이 많았다. 당시 원의 학풍은 성리학이 주도하고 있었는데, 안향은 이들을 통해 새로운 학문동향을 파악할 수 있었다. 또한 충렬왕을 호종하여 원에 갔을 때에는 직접 그곳의 변화된 모습을 확인할 수 있었다. 이러한 경험을 계기로 안향은 국자감을 복원하고 교육을 진작하는 사업을 전개하면서 성리학의 수용에 깊은 관심을 보였고, 이를 위해 백이정·이제현·이곡 등에게 직접 원에 유학해서 새로운 학문조류를 습득하게 하였다. 안향이 성리학 수용의 1세대라면 이들은 2세대에 해당된다.

이러한 노력을 기울인 결과, 이들 2세대, 특히 이제현(李齊賢, 1287~1367)이 귀국하면서 유학 교육과정을 성리학으로 개편하는 노력이 시작되었다. 이제현은 충목왕(忠穆王, 재위기간 1344~1348)이 어린 나이에 왕위에 오르게 되자, 어린 왕을 위해 『효경』, 4서, 6경으로 진행되는 교육과정을 제안하였다. 여기에 『소학』이 명시적으로 거론되지는 않았지만, 그가 "습관과 더불어서 심성이 완성된다[習與性成]."고 한 것을 보면, 『소학』도 중요 과목으로 포함시켰다고 보아야 한다. 이제현의 이 말은 주자가 『소학』의 서문에서 "습관과 더불어서 지혜가 자라나고, 행동을 순화함과 더불어 마음이 완성된다[習與智長 化餘心成]."고 한 것과 동일한 내용이기 때문이다. 따라서 그가 제시한 새로운 교육과정은 『소학』 → 4서 → 6경(5경)으로 이어지는 성리학의 교육과정을 지칭한 것이다.

이처럼 충목왕에게 성리학 교육과정을 제시한 데에는 왕을 시발점으로 해서 모든 학습자가 성리학을 공부하도록 하겠다는 의도가 반영되어 있다. 이러한 이제현의 의도는 곧이어 과거시험의 과목 개편으로 나타났다. 충목왕이 즉위한 1344년 8월 이제현이 주도하여 과거시험, 특히 제술업 시험의 과목을 개편하였는데 주요 내용은 초장에서 육경의(六經義)와 사서의(四書疑), 중장에서 고부(古賦), 종장에서 책문(策文)을 시험 보는 것이었다.

그러나 과거시험의 과목을 성리학으로 개편하려는 정책은 순조롭게 진행되지 않았다. 얼마 지나지 않아 시험과목을 원래대로 되돌리는 일이 벌어졌는데, 이것은 당시에 새 시험과목에 대한 반대가 만만치 않았음을 보여 준다. 이러한 반발은 이해할 수 있는 일이다. 이전의 과거제도와 교육과정에 익숙한 사람의 입장에서 보면, 시험과목을 성리학으로 변경하는 정책은 개인적으로나 사회적으로 부당한 조치로 비쳐

질 수밖에 없다. 개인적으로 보면, 이제까지 어렵게 공부한 것을 무용지물로 만드는 일이고, 사회적으로 보아도 오랫동안 중시해 왔던 교육과 문화적 전통을 홀대하는 것이기 때문이다.

이러한 긴장감, 즉 전통적인 교육과 새로운 교육의 갈등이 여전한 상황에서, 과거의 시험과목만이 아니라 성균관의 교육과정까지 성리학으로 확실하게 개편하는 일은 공민왕 대에 이색(李穡, 1328~1396)의 주도하에 이루어졌다. 이색은 성리학 수용의 2세대인 이곡의 아들로서, 처음으로 원의 국자감 학생으로 공부한 경력이 있는 인물이다. 이 점에서 그는 이전 세대보다 성균관에서 새로운 교육과정을 운영하는 데에 필요한 정보를 잘 알고 있었다고 보아야 한다. 그는 고려 말에 유학 교육과정의 패러다임을 성리학 중심으로 개편하는 데에 가장 적합한 인물이었다. 그런데 그가 원의 국자감에서 공부할 당시의 교육과정은 주자학(朱子學)이 핵심이었다. 이미 원에서는 1313년 과거 고시정식(考試正式)을 제정하여, 시험과목의 주요 텍스트를 정한 바 있는데, 이 텍스트들은 모두 주자와 관련된 책들이었다. 즉, 당시 과거의 공식적인 시험과목은 주자의 사서집주(四書集註)나 그의 관점에서 재해석된 5경이었던 것이다.

또한 원은 1315년에 국자감공거지법(國子監貢擧之法)을 제정하여 교육과정 운영방식도 개편하였다. 이 규정에 의하면 국자감의 교육단계는 하재(下齋), 중재(中齋), 상재(上齋)로 구분되었다. 하재는 책을 암송하고 강설하는 소학 단계에 해당되고, 중재는 사서를 강설하고 시와 율(律)을 부과하는 중급 단계에 해당되며, 상재는 5경을 중심으로 하되 경의(經義)를 비롯한 과거 문장(程文)을 학습하는 고등 단계에 해당된다. 즉, 당시 원에서는 소학 → 사서 → 오경의 학습 단계를 구분하면서, 각 단계마다 필요한 경학과 문학의 교육을 병행했던 것이다. 이때의 경학이 바로 주자학이었다.

이색이 원에 유학하는 기간 동안에 이러한 교육과정의 운영방식을 알고 있었다는 점, 그리고 귀국해서는 20여 년 동안 판개성부사겸대사성(判開城府使兼大司成)으로 재

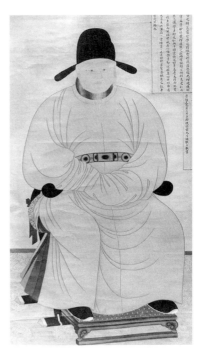

[그림 2-3] 이색(1328~1396)

[그림 2-4] 정몽주(1337~1392)

직하면서 성균관 교육을 실질적으로 주도하고 있었다는 점을 고려하면, 성균관의 운영방식이 새롭게 변화된 것은 우연이 아니다. 이러한 변화는 성균관의 조직개편과 성균관에서 가르치는 교관의 면면에서 확인할 수 있다. 성균관 조직개편과 관련해서는 1367년(공민왕 16)에 성균제주(成均祭酒) 임박이 사서오경재(四書五經齋)를 구분한 것이 주목된다. 이러한 운영방식은 원의 국자감 운영방식과 유사하기 때문이다. 이와 함께 정몽주(鄭夢周), 정도전(鄭道傳), 권근(權近)과 같은 당대 일류의 주자학자들이 교관으로 활동하였던 사례 또한 당시 성균관 교육과정에서 주자학이 중심이었다는 점을 보여 준다. 특히 정몽주(1337~1392)는 이색이 '주자학의 일인자'로 인정하여, 이후에 성균관 대사성을 역임한 인물이었다. 그는 당시 주자학에 대한 해석이 분분한 상태에서 많은 의문을 해소하였고, 그의 해석은 원의 학자인 호병문(胡炳文)의『사서통(四書通)』과 일치한다고 평가받았다. 호병문의 견해가 주자학 독존주의라는 점을 감안할 때, 정몽주가 성균관을 주도한 시기는 주자학이 확고부동한 위치를 차지하였다고 보아야 한다.

이와 같이 유능한 학자들이 모여들고 새로운 교육과정이 시행되는 과정에서, 성균관의 교육은 활기를 띠게 되었다. 같은 시기에 교관을 지냈던 이숭인(李崇仁)이 묘사한 다음과 같은 내용은 성균관의 교관과 학생들이 밤낮으로 토론하고 학습하는 모습을 생생하게 보여 준다.

예전에 정몽주·최언보(崔彦父)·박의중(朴宜中)이 성균관의 교관으로 재직하였을 때, 나도 외람되게 7, 8년 동안 같이 교관으로 있었다. 이때 학생들은 재(齋)에 넘치도록 수학하고 있어서, 다 수용하기도 어려웠다. 교관이 새벽에 일어나 성균관에 들어서면, 학생들은 뜰에 동서로 순서대로 늘어선 후에, 손을 모으고 몸을 굽혀 인사를 하였다. 예(禮)를 마치면, 각기 공부하는 경전을 가지고 전후좌우에 늘어서니, 마치 담장이 막아서고 교관이 그 가운데 있는 것 같았다. 학생들은 수업을 마쳤는데도, 의문 나는 점을 드러내어 절충에 이른 다음에야 흩어졌고, 책 읽는 소리가 종일토록 그치지 않았다. 나와 동료들은 희색이 만면하여 서로 말하기를 '사문(斯文)이 흥하는 구나' 하였다.[4]

이처럼 공민왕 대의 성균관(이전의 국자감)은 성리학 교육과정을 도입하면서 새로운 단계로 진전하고 있었다. 그러나 아직 지방에까지 이러한 변화가 나타나지는 않았다. 지방에서는 예전의 교육방식이 유지되고 있었고, 특히 시·부 학습을 위한 하과가 여전히 빈번하게 시행되고 있었기 때문이다. 공양왕 원년(1389)에 들어서야 대사헌 조준(趙浚)이 지방교육의 관행을 폐지하고, 성리학 교육을 강화하자는 제안을 하였다. 비록 이 제안의 효과를 보기에는 이미 너무 늦었지만, 이후 조선시대의 교육정책으로 이어져서 지방에까지 성리학 교육과정을 확산시킨 원동력이 되었다.

이제까지 살펴본 바와 같이, 고려의 유학 교육과정은 전반기에 당의 국자감 수준까지 발전하였고, 후반기에는 성리학의 영향과 과거제도의 개혁을 통해 교육과정의 패러다임이 근본적으로 변화하였다. 이 점에서 고려시대는 유학 교육과정의 발전 양상을 확실하게 보여 주는 시기라고 할 수 있다.

활동과제

○ 고려시대 시기를 전반기와 후반기로 나누어 각 시대별로 비교하고 시기별 특징을 비교해 보자.

○ 고려시대 교육의 모습을 다양한 문헌을 통해 찾아보고 오늘날의 학교교육과 비교해 보자.

---

4) 『陶隱集』卷4 贈李生序, 昔者 烏川鄭達可·仁山崔丈彦父·密陽朴丈子虛 爲敎官成均 予亦猥厠其列七八年 是時學徒日臻 齋廡殆不能容 敎官晨興入館門 旣升堂 學徒序立庭東西 又手罄躬行禮訖 各執所治經 左右前後如墻進 而敎官中 學徒受業竟 又相發難 有所折衷也而後罷 讀書聲窮日不輟 予數人喜形於色 相謂曰 斯文其興矣.

제**3**장 조선시대 유학 교육과정

이 장의 목표

1. 조선시대 교육의 방향과 원리를 이해한다.
2. 조선시대 유학 교육과정의 흐름과 특징을 설명할 수 있다.

생각해 볼 문제

1. 조선시대 유교식 학교교육의 장점과 단점은 무엇인가?
2. 조선시대의 교육이 현재 우리나라 교육에 시사하는 바는 무엇인가?

조선시대에도 오늘날과 같은 국가 수준의 교육과정이 있었을까? 정답은 '없다' '있다' 모두이다. 예컨대, 조선시대에는 현재와 같은 국가 수준의 교육과정이 '제○차 교육과정'과 같이 단일한 별도의 문서로 공포되지 않았다. 하지만 조선시대에도 국가적 차원에서 유학 교육과정의 대강(大綱)을 제시한 법규나 공적 규정들이 적지 않게 존재한다. 이 장에서 주요하게 검토하게 될 성균관의 〈학령(學令)〉이나 『경국대전』의 교육 · 과거 관련 조항, 향교의 학령, 서원의 학규(學規)를 비롯하여 기타 학교교육에 관한 각종 사목(事目)과 절목(節目) 등이 그것이다. 비록 국가 수준의 유학 교육과정을 단일한 체계로 공포한 문서들은 아니지만, 이들 자료에는 국가적 차원에서 입안하고 적용한 유학(儒學) 교육과정에 관한 중요한 아이디어들이 담겨 있다. 이 장에서는 이러한 자료들을 중심으로 조선시대의 유학 교육과정에 대해 개괄해 보고자 한다.

조선이 유교사회였다고 하여 오늘날의 인문·교양 교육에 해당하는 유학 교육만 실시하였던 것은 아니다. 실제 조선의 경우 무관 양성을 목적으로 병서와 무예를 교육하는 무학(武學), 여러 분야의 전문 기술관을 양성하는 잡학(雜學) 분야에도 국가적 관심을 기울였고, 과거제도상에서도 문과(文科)와 함께 무과(武科), 잡과(雜科)를 설치하여 해당 분야의 인재를 선발하였다. 그렇지만 조선시대의 교육에서 가장 중요한 위상을 차지하던 것은 역시 유학이었고, 무학이나 잡학 교육에서도 해당 분야의 전문 지식·기능과 함께 유학을 기초 소양으로 학습하게 하였다. 이에 따라 이 장에서는 우선 조선시대 유학 교육과정의 큰 얼개를 그려 보는 데 초점을 맞추고, 4·5·6장에서는 각각 아동·전문교육·여성 교육과정으로 나누어 조선시대 교육과정의 이모저모에 대하여 좀 더 자세히 살펴보게 될 것이다.

학령: 신유학 교육과정의 기본 방향과 원칙 제시

조선 전기는 고려 말부터 이루어져 온 신유학(新儒學) 교육으로의 전환이 일차적으로 완결되는 시기이다. 당연히 이 시기에 신유학 교육과정의 얼개가 갖추어지는데, 이에 관한 공식적 문헌 자료로 가장 중요한 것은 성균관의 〈학령(學令)〉이다. 〈학령〉의 제3조 독서 조항에서는 다음과 같이 조선시대 유학 교육과정의 기본 방향을 제시하였다.

> 유생들이 독서할 때에는 먼저 의리를 분명히 하여 만 가지 변화에 통달하도록 해야 하며, 헛되이 장구(章句)를 숭상하거나 문의(文義)에 얽매여서는 안 된다. 항상 《사서오경》과 여러 역사서와 같은 책들을 읽고, 노장에 관한 책이나 불경, 잡류, 제자백가의 책과 같은 것들은 끼고 다니지 않아야 한다. 위반하는 자는 벌한다.

여기에서는 먼저 '장구(章句)'나 '문의(文義)'가 아니라 '의리(義理)'의 강명(講明)이 독서의 기본 목적이 되어야 함을 강조하여, 기존의 훈고·사장학적 유학에서 성리학적 유학으로의 학풍의 전환을 강조하였다. 아울러 이 조항에서는 《사서오경》과 역사서 중심의 새로운 교재 체계를 명시하였다. 주지하는 바와 같이, 고려 말 신유학이 도입되면서 발생한 유학 교육과정상의 가장 큰 변화는 기존의 《오경》(『시경』
『서경』『주역』『예기』『춘추』) 중심 유학 교육과정이 《사서》(『논어』『맹자』『대학』『중용』)
중심 유학 교육과정으로 전환한 것이다. 고려 말에 시작된 이러한 유학 교육과정의
변화가 〈학령〉에 명시됨으로써 《사서오경》 교재 체계를 핵심으로 하는 신유학 교
육과정이 공식화된 것이다. 그리고 신유학 도입 이전에는 삼사(三史)(『사기』『한서』
『후한서』)가 주된 역사서로 읽혔지만, 조선시대에 들어서는 주희가 편찬한 『자치통
감강목』이나 강지의 『통감절요』가 유학 교육과정에서 대표적인 역사서의 위상을 차
지하게 된다. 이와 함께 〈학령〉의 독서 조항은 유학 정통주의 교육과정을 표방하였
다. 《사서오경》과 역사서로 대표되는 유학만을 정통으로 삼고, 도교와 불교, 제자백
가 등은 이단으로 규정하여 교육과정에서 배제한 것이다. 〈학령〉이 제시한 이러한
방향과 원칙들은 조선시대 내내 일관되게 유지된다.

　성균관을 비롯한 조선시대 교육기관에서의 수업은 오늘날과 같은 일제식(一齊式)
으로 이루어지지 않았다. 유생들마다 자신의 능력과 학문 수준에 따라 여러 경서 ·
역사서를 일정한 기한 안에 각자의 진도에 따라 학습해 나가는 것이 학습의 일반적
방식이었다. 그리고 유생들은 일강(日講) · 월강(月講) 등의 형태로 학습의 진척에
대한 평가를 받도록 되어 있었는데, 이때의 평가 기준이 〈학령〉의 제5조 강경(講經)
조항에 대통(大通) · 통(通) · 약통(略通) · 조통(粗通) · 불통(不通)이라는 다섯 가지
평가 척도로 제시되어 있다. 과거 시험의 강경 과목에도 적용되었던 이 다섯 가지
평가 척도와 그 준거를 정리하여 제시하자면 〈표 3-1〉과 같다.

표 3-1 강경의 평가 척도와 준거

척도	준거
대통	구두가 자세하고 논의에 막힘이 없으며 한 책의 강령과 취지를 모두 아우르고 여러 책을 종횡으로 드나들며 융회관통(融會貫通)하여 매우 극진한 곳에 이른 경우
통	비록 매우 극진한 곳에 이르지는 못하였으나 구두가 자세하고 논의에 막힘이 없으며 한 책의 강령과 취지를 모두 아울러 융회관통한 경우
약통	비록 융회관통하는 데에는 이르지 못하였으나 구두가 자세하고 뜻풀이에 막힘이 없으며 위아래를 연결하여 한 장(章)의 대지(大旨)를 파악한 경우
조통	구두가 자세하고 뜻풀이가 분명하며 비록 한 장의 대지는 파악하였으나 논의에 미진함이 있는 경우
불통	'조통' 이하의 수준에 머무는 경우

한편, 성균관의 유학 교육과정에서는 제술(製述), 즉 여러 시문(詩文)에 대한 작문도 중요한 부분을 차지하였다. 이에 대해 〈학령〉의 제4조 제술 조항에는 다음과 같이 규정되어 있다.

> 매월 제술하되, 초순에는 의(義)·의(疑) 또는 논(論)을 짓고, 중순에는 부(賦)·표(表) 또는 송(頌)·명(銘)·잠(箴)을 짓고, 종순에는 대책(對策) 또는 기(記)를 짓는다. 그 체제는 반드시 간결하고 엄격하며 정밀하고 절실해야 한다. 뜻이 잘 전달되면 될 뿐, 험벽하고 기괴한 것을 일삼지 말 것이며, 혹시 시체(時體)를 변경하거나 부박하고 화려한 것을 선동하는 자는 쫓아낸다. 글씨를 해서체로 반듯하게 쓰지 않는 자 또한 벌한다.

매 10일마다 짓도록 규정하고 있는 것은 과문(科文), 즉 과거 시험의 여러 단계에서 제술하는 일정한 격식을 갖춘 시문들로서, 과문의 제술은 성균관의 유학 교육과정에서 경사(經史)에 대한 독서와 함께 중요한 부분의 하나를 차지하였다. 제술 성적은 대체로 상지상(上之上)에서 하지하(下之下)에 이르는 9등급으로 평가가 이루어졌다. 그리고 여러 시문들의 제술에는 『문선』이나 『고문진보』 『당송팔가문』과 같은 시문 선집들이 교본으로 널리 활용되었다. 물론 과거 시험 준비 위주의 제술 공부에서는 예상문제와 모범답안을 추려 모아 만든 초집(抄集)이나 과문집(科文集)이 애용되곤 하였다.

여기서 〈학령〉에 규정된 조선시대 유학 교육과정의 기본 얼개와 함께 한 가지 더 언급할 필요가 있는 것은 『소학』과 『가례』, 그리고 『경국대전』이다. 『경국대전』의 과거 관련 규정에 따르면, 문과의 예비시험인 생원·진사사의 복시 응시자들은 본시험 전에 『소학』과 『가례』에 대한 학습 여부를 평가받는 학례강(學禮講)이라는 예비시험을 통과해야만 하였다. 그리고 문과의 회시 응시자들 또한 『경국대전』과 『가례』에 대한 학습 여부를 확인하는 전례강(典禮講)을 통과해야 본시험을 치를 수 있었다. 따라서 과거에 응시하고자 하는 모든 유생들은 평상시 『소학』과 『가례』 『경국대전』을 필수적으로 학습해야만 하였다.

과거 시험 준비가 아니더라도 『소학』은 성리학적 수양론에 입각한 일상적 수기(修己)의 지침서로서, 일찍이 1407년(태종 7)에 권근(1352~1409)이 작성한 〈권학사목〉에서부터 '선강(先講)'의 원칙이 강조되었다. 그리고『가례』는 이미 여말 신진 사대부들을 중심으로 보급되기 시작하였고, 조선시대에 들어서는 관혼상제의 유교적 예속의 보급을 통한 유교적 사회 질서의 구축을 위해 국가적으로 그 학습과 실천이 강조되었다. 그리고『경국대전』은 조선의 기본 법전이었으므로, 조선 사회의 지도적 인재가 되고자 하는 이들에겐 필수적으로 학습해야 할 대상이었다. 이렇게『소학』과『가례』그리고『경국대전』은 유교적 삶의 실천과 유교적 예속의 보급, 출사(出仕) 모두에 관계된 가장 기초적이고 필수적인 학습 교재로 간주되었다. 특히『소학』과『가례』는 조선시대 각급 교육기관의 유학 교육과정에서, 마치『논어』와『효경』이 신라의 국학과 고려의 국자감에서 공통 필수과목이었던 것과 같이, 기초 필수 과목의 위상을 차지하였다고 할 수 있다.

학례: 유교식 학교교육의 한 축으로서의 의례

조선시대의 유학 교육기관, 특히 문묘(文廟)를 갖고 있던 성균관과 향교에서는 석전(釋奠) · 작헌(酌獻) · 분향(焚香) 등 각종 향사(享祀) 의례가 거행되었다. 그뿐만 아니라 시학례(視學禮)와 입학례(入學禮)는 물론 대사례(大射禮), 양로례(養老禮), 향음주례(鄕飮酒禮), 향사례(鄕射禮) 등의 다양한 의례가 학교에서 거행되었다. 이들 의례는 특별히 학교라는 교육의 장소에서 거행되는 교육적 성격의 의례라는 점에서, 가정의례 · 향촌의례 · 왕실의례와 대비하여, 학교의례[약칭 '학례(學禮)']라 할 수 있다. 이렇게 학교의 의례 제도가 완비된 것이 조선시대 유교식 학교교육의 특징 중의 하나인데, 사실상 학교의례는 조선시대 유교식 학교교육의 중요한 한 축을 이루고 있었다고 할 수 있다. 예컨대, 조선시대의 학교의례 중 여러 문묘 향사 의례와 시학례, 입학례는 조선시대 유교식 학교교육의 이상 그 자체를 의례로 표현한 것으로, 학교교육의 실제에 근원적 의미를 부여하고 이상적 기준을 제시하였다. 그리고 대사례와 양로례, 향음주례, 향사례 등의 의례는 학교교육이 추구하는 명인륜(明人倫)의 이상을 실현하는 중요한 교육 프로그램의 하나로 활용되었다.

물론 오늘날 학교에서도 각종 의식 · 행사 활동이 이루어지고 있지만 그것들은 특별히 교육의 장소인 학교만의 의식 · 행사 활동이라 할 수 없는 경우가 많다. 그리

고 그러한 의식·행사 활동이 교육과정의 일부를 이루고 있기는 하지만 학교교육
에서 교과 교육에 비견될 만한 중요한 위상을 갖고 있다고 평가하기도 어렵다. 하
지만 조선시대의 학교의례는 특별히 학교에서 거행하는 국가적 의례로 제도화되
어 있었고, 학교에서 이루어지는 의례 활동은 경사의 학습에 못지않은 중요한 교육

표 3-2 '학교고'와 『태학지』 수록 학례 관련 목록

	『증보문헌비고』 '학교고'		『태학지』
제3권 문묘 (文廟)	-정위(正位)와 배향(配享), 전내 종향(殿內從享), 무 종사(廡從祀) 등의 향사 위차	제1권 건치 (建置)	반궁도(泮宮圖), 묘우(廟宇), 학사(學舍)
	-문묘 향사 의례 관련 사실 -제법(祭法), 축문(祝文), 축식(祝式), 재관(齋官)	제1권 향사 (享祀)1	향사도(享祀圖), 위차(位次), 종사(從祀), 승출(陞黜)
	-친행석전(親行釋奠), 왕세자석전(王世子釋奠) 등 석전 의식	제2권 향사2	성현 성명 작호(聖賢姓名爵號)
	-석전(釋奠)·고유제(告由祭)·작헌(酌獻) 찬품지식(饌品之式) -석전의(釋奠儀) *부: 계성사(啓聖祠)	제2권 예악 (禮樂)1	봉안규제(奉安規制), 향사반차(享祀班次), 찬실존뢰도설(饌實尊罍圖說), 예기도설(禮器圖說)
제4권 행학 (幸學)	-역대 행학(幸學) 사실 -향문선왕시학의(享文宣王視學儀), 작헌문선왕시학의(酌獻文宣王視學儀) 등 시학 의식 *부: 대사(大射禮): 역대 대사(大射) 사실, 사기(射器), 사의(射儀) *부: 입학례(入學禮): 역대 입학 사실, 입학의(入學儀)	제3권 예악2	악기도설(樂器圖說), 악무도설(樂舞圖說), 예복도설(禮服圖說), 묘사솔속(廟司率屬), 변사(辨祀), 시일(時日), 축식(祝式), 악장(樂章), 석전시학(釋奠視學)[부: 유사석전(有司釋奠)]
		제4권 예악3	왕세자석전(王世子釋奠), 작헌시학(酌獻視學), 왕세자작헌입학(王世子酌獻入學), 고유제(告由祭)[부: 이안(移安), 환안(還安)], 위안제(慰安祭), 예성제(禮成祭), 분향(焚香)[부: 수소(修掃)], 대사(大射)[부: 대사 악장(大射樂章)], 대포(大酺), 양로(養老)
제8권 향학 (鄕學)	-향학 종사지식(鄕學從祀之式), 제법(祭法), 향학 석전지식(鄕學釋奠之式) -향음주의(鄕飮酒儀), 향사의(鄕射儀)	제13권 부편 (附編)1	향학(鄕學)[주현석전의(州縣釋奠儀), 고유제(告由祭), 주현양로연의(州縣養老宴儀), 향음주의(鄕飮酒儀), 향사의(鄕射儀)]

적 의미를 갖고 있었다. 성균관의 〈학령〉이 "매월 초하루에 모든 유생은 관대를 갖추고 문묘로 가 성현을 배알하고 4배례를 행한다."라는 조항으로 시작하는 것은 그 사실을 단적으로 보여 준다. 조선시대 교육사에 관한 가장 기초적인 자료 총서라 할 수 있는 『증보문헌비고』의 '학교고'와 『태학지』가 많은 분량을 할애하여 성균관과 향교에서 이루어진 다양한 의례 활동에 관해 기술한 것도 조선시대의 유교식 학교교육에서 차지하던 학교의례의 위상을 잘 말해 준다. 참고로 『증보문헌비고』의 '학교고'와 『태학지』에 실려 있는 성균관·향교의 의례 관련 내용을 정리하여 제시하면 〈표 3-2〉와 같다.

이와 같이 다양한 의례를 통해 이루어지는 교육은 '교이예악(教以禮樂)', 즉 예악으로 교육하는 유교 사회의 오랜 전통에 따른 것으로, 일종의 '의례적 방법(ritual approach)'에 의한 교육이라 할 수 있다. 이것은 서책을 중심으로 이루어지는 '교수적 방법(didactic approach)'과 좋은 대비를 이룬다. 예컨대 '교수적 방법'이 교사가 강의와 설득, 토론 등의 언어적 수단으로 학생의 지적 능력에 호소하여 어떤 가치나 덕목의 의미를 이해시키는 데 중점을 두는 교육방법인 데 비해, '의례적 방법'은 서책이 아니라 일련의 규범화된 행위절차인 의례를 통해 다양한 수준으로 행례(行禮)의 과정에 참여하는 가운데 직접 보고 듣고 느끼며 흥기하는 것을 통해 특정 가치나 덕목을 체험적으로 배우도록 하는 교육방법이다. 조선시대의 성균관과 향교에서 이루어진 다양한 의례 활동은 이러한 '의례적 방법'의 좋은 예로서, 《사서오경》과 여러 역사서, 문학서 등의 유학 교재를 통해 이루어지는 '교수적 방법'과 상보적 관계를 이루며 조선시대 유학 교육과정의 한 축을 형성하고 있었다고 할 수 있다.

학교모범: 본격적인 성리학 교육과정의 표준화

조선 중기에 이르면, 주자학에 대한 이해의 심화와 함께 퇴계학파의 주리론과 율곡학파의 주기론을 중심으로 조선 성리학이 본격적으로 발달한다. 이에 따라 유학 교육과정에서도 이전과 다른 특징이 나타나는데, 그것은 한마디로 본격적인 성리학 교육과정의 등장이라 말할 수 있다. 이 시기 새로운 유학 교육과정의 표준을 제시한 가장 중요한 자료는 이이의 〈학교모범(學校模範)〉이다. 〈학교모범〉은 1582년

(선조 15)에 이이가 임금의 명으로 이전의 〈학령〉을 보완하기 위하여 작성한 것으로, 총 16개 조항 중 제3조 '독서' 조항에 조선 중기 이후의 표준적 성리학 교육과정이 다음과 같이 제시되어 있다.

> 셋째는 독서이니, 배우는 자가 이미 유자(儒者)의 행실로 몸을 단속하였으면 반드시 글을 읽어야 함을 이르는 것이다. 강학을 통하여 의리를 규명한 연후에야 진학(進學)의 공정(工程)이 그 나아가야 할 길을 잃지 않게 되는 것이다. 스승을 따라 수업할 때에는, 배움은 반드시 넓어야 하며, 물음은 반드시 자세해야 하고, 생각은 반드시 신중해야 하며, 분별은 반드시 명확해야 하며, 깊이 잠겨 들어가 노닐고 반드시 마음으로 체득하기를 기약해야 한다. 매번 글을 읽을 때에는 반드시 엄숙한 자세로 꿇어앉아 마음을 전일하게 하고 뜻을 다해야 한다. 한 권의 책이 이미 익숙하게 된 뒤에야 다른 책을 읽고, 많이 보기를 힘쓰지 말며, 억지로 외우려 일삼아서도 안 된다. 그 독서하는 순서는 먼저 『소학』으로 근본을 배양하고, 다음으로는 『대학』과 『근사록』으로 그 규모를 정하고, 다음으로 『논어』와 『맹자』 『중용』 《오경》을 읽고, 사이사이에 역사서와 선현들의 성리서를 읽어 의취를 넓히고 식견을 정밀하게 하되, 성인의 글이 아니면 읽지 말고, 무익한 글은 보지 말라. 독서하는 여가에 때때로 기예를 익히되, 탄금 · 습사 · 투호 같은 일들은 각기 의식과 법도가 있으니 때가 아니면 하지 말며, 바둑 · 장기와 같은 잡희에 눈을 돌려 실공(實功)을 방해해서는 안 된다.

이와 같이 〈학교모범〉의 제3조 '독서'에서는 이전의 〈학령〉에서 '《사서오경》과 역사서를 읽는다.'는 정도의 언급에 그쳤던 유학 교육과정을 『소학』에서 『대학』과 『근사록』으로, 그리고 다시 『논어』와 『맹자』 『중용』 《5경》으로 나아가며, 그 사이사이에 여러 역사서(『자치통감강목』 등)와 선현의 성리서(『심경(心經)』 『이정전서(二程全書)』 『주자대전(朱子大全)』 『주자어류(朱子語類)』 등)를 읽도록 하는 것으로 보완하였다. 소략하나마 표준적 성리학 교육과정을 구성하는 여러 교재의 독서법과 교육내용상의 가치를 잘 정리하고 있다. 전체적으로 〈학교모범〉의 '독서' 조항은 중종~명종 연간 이후 간행 · 보급되어 온 여러 성리서를 유학 교육과정의 교재 체계에 공식적으로 편입시킨 것이 가장 큰 특징이다. 이렇게 하여 조선 전기와는 다른 본격적인 성리학 교육과정이 공식화된 것이다.

이와 함께 〈학교모범〉에서는 성리학적 유학 교육과정이 추구하는 교육 이상(理想)도 분명히 천명함으로써 유학 교육과정에 대한 논의 수준을 한 단계 고양하고 있다. 예컨대, 〈학교모범〉의 제1조 '입지(立志)'에서는 다음과 같이 말하고 있다.

　　첫째는 입지이니, 배우는 자는 먼저 뜻을 세워 도(道)로써 자임해야 함을 이르는 것이다. 도는 고원한 것이 아니며, 사람이 스스로 행하지 않는 것일 뿐이다. 온갖 선이 나에게 갖추어져 있으니 딴 곳에서 찾기를 기다릴 일이 아니다. 다시는 [이에 관하여] 의심을 품고 기다리지 말 것이며, 다시는 어려울까 두려워하며 주저하지 말라. 바로 천지를 위하여 마음을 세우고, 백성을 위하여 표준을 세우고, 옛 성인을 위하여 끊어진 학문을 잇고, 만세를 위하여 태평의 시대를 여는 것을 [나의 학문의] 목적으로 삼아야 한다. 물러나 스스로를 한계 지우려는 생각과 일시적 편안함을 추구하려는 습성이 가슴 속에 털끝만큼도 싹트게 해서는 안 된다. 훼예와 영욕과 이해와 화복이 일절 그 마음을 흔들지 못하게 하며, 분발하고 채찍질하여 반드시 성인(聖人)이 된 뒤에 그쳐야만 한다.

이처럼 〈학교모범〉의 '입지' 조항에서는 유생들의 공부가 도를 자임하는 도학(道學)이자 성인이 된 뒤에야 그치는 성학(聖學)을 지향해야 한다는 점을 특별히 강조한다. 이것은 유학 교육과정, 그리고 그것을 구성하는 여러 교재들의 학습이 갖고 있는 교육적 가치와 의의를 말한 것이기도 하다. 그것은 바로 도(道), 즉 '인간이 인간답게 되는 길'이 어떤 것인지를 탐구하고 꾸준히 실천함으로써 성인(聖人), 즉 '인간다움의 최고 경지'에 도달하는 것이다. 이렇게 〈학교모범〉에서 유학 교육과정이 추구해야 할 궁극적인 교육 이상이 도학이자 성학임을 천명한 것은 이황·이이를 비롯한 조선의 성리학자들이 공통적으로 강조하던 위기지학(爲己之學)의 정신과 맞닿아 있다.

복천향교 학령: 향교의 유학 교육과정

조선시대의 지방 관학이었던 향교의 유학 교육과정에 관한 자료로는 1585년(선조 18)에 전라도 동복현(일명 '복천')의 현감이었던 김부륜(1531~1598)이 작성한 복천향교 〈학령〉을 주목할 필요가 있다. 먼저, 복천향교 〈학령〉의 제7조 '독서' 조항에는 다음과 같이 향교의 교육과정이 제시되어 있다.

> 교생들의 독서에서는 먼저 의리를 분명히 하여 만 가지 변화에 통달하도록 해야 하며, 헛되이 장구를 숭상하거나 문의에 얽매여서는 안 된다. 항상 『소학』과 『가례』 《사서오경》 『근사록』 『성리대전』 및 여러 역사서 등의 책을 읽고, 도교나 불교, 제자백가 등의 책을 끼고 다니지 않도록 한다. 또한 항상 『동몽수지』를 학습하여 이로써 언행을 단속한다. 어기는 자는 벌한다.

성균관의 〈학령〉이 '《사서오경》과 여러 역사서를 읽어야 한다.'고만 했던 것에 비해, 복천향교의 〈학령〉에는 《사서오경》은 물론 『소학』과 『가례』 『근사록』 『성리대전』까지 중요한 독서 교재로 명시되어 있다. 〈학교모범〉과 마찬가지로 본격적인 성리학 교육과정을 표방한 것이다. 또한 성균관과 달리, 향교는 초·중등 수준의 교육기관에 해당하는 점을 고려하여 주희가 지은 아동교육용 교재인 『동몽수지』의 학습과 실천을 특별히 강조하였다. 이렇게 복천향교의 〈학령〉에서는 성리학 중심의 초·중등 수준 유학 교육과정의 모범을 제시하였다고 할 수 있다.

아울러 복천향교의 〈학령〉 제10조 '제술' 조항에서는 성균관의 〈학령〉과 마찬가지로 향교의 유학 교육과정에서 제술, 즉 과문(科文)의 작성이 중요한 일부분임을 다음과 같이 명시하였다.

> 매월 보름 전에는 고시(古詩)와 의·의, 논, 부, 표 중 두 가지로, 보름 후에는 명, 잠, 송, 기, 대책 중 한 가지로 문제를 출제하여 제술하도록 한다. 그 체제는 반드시 간결하고 엄격하며 정밀하고 절실해야 한다. 뜻이 잘 전달되면 될 뿐 험벽하고 기괴한 것을 일삼지 말 것이며, 혹시 시체를 변경하거나 부박하고 화려한 것을 선동하는 자는 벌한다. 글씨를 해서체로 반듯하게 쓰지 않는 자 또한 벌한다.

성균관의 〈학령〉과 전체적으로 유사하지만, 매 10일마다가 아니라 보름 전후로 시기를 구분한 점이 다르고, 제술하도록 규정한 문장의 종류 중에서도 성균관의 〈학령〉에는 없는 '고시(古詩)'가 포함되어 있는 점이 특징이다. 소과 진사시의 시험 과목이 부 1편, 고시·명·잠 가운데 1편으로 규정되어 있었기 때문에, 장차 소과를 치러야 할 향교 교생들에게 평상시 제술 과목의 하나로 '고시'를 부과하고 있는 것이다.

배타적인 주자학 중심 유학 교육과정

조선시대의 유학 교육과정과 관련하여 한 가지 검토하지 않으면 안 되는 문제는 양명학 또는 육상산과 왕양명의 심학(心學)이 배제된 점이다. 조선에 양명학이 전래된 시기에 대해서는 여러 설이 있으나, 박상(1474~1519)과 김세필(1473~1553)이 1521년에 왕양명의 『전습록』을 시로 화답하며 변척(辨斥)한 사실에 비추어 볼 때 대체로 1521년(중종 16) 이전이라 할 수 있다. 1521년은 명에서 『전습록』이 초간된 1518년과 불과 3년 차이밖에 나지 않는데, 이후 이황이 1566년(명종 21)에 〈심경후론〉과 〈전습록논변〉을 통해 이단사설(異端邪說)로 배척하기 이전까지 45년 동안은 비교적 자유로운 분위기 속에서 육상산과 왕양명의 학문에 대한 연구와 토론이 가능했던 것으로 보인다. 예컨대, 1517년(중종 12)에 홍문관 부제학이었던 한효원이 왕의 아들을 지도하기 위한 글에서 육상산의 말을 인용하고 있으며, 이듬해에는 김안국이 사은사로 명나라에 다녀오면서 『상산집』을 가져와 간행한 바 있다. 그리고 1558년(명종 13)에는 홍인우와 남언경이 양명학에 대해 토론한 기록도 있다. 이러한 사례들은 양명학 또는 육·왕의 심학에 대한 당시의 자유로운 수용 태도를 잘 보여 준다. 그런데 1566년에 이황이 〈심경후론〉과 〈전습록논변〉을 통해 육·왕학을 배척한 이후에는 전혀 다른 상황이 전개된다. 즉, 이황이 주자학 정통주의의 입장에서 육상산과 왕양명의 학설을 선학(禪學)으로 배척함으로써 육·왕학은 조선조 말까지 이단사설이라는 낙인을 지우지 못하게 되는 것이다. 당연히 조선시대의 공식적 유학 교육과정에서 육·왕학은 노·불의 사상과 마찬가지로 완전히 배제된다. 육·왕학, 특히 양명학의 배제라는 측면에서 보면, 조선 중기에 등장한 본격적인 성리학 교육과정은 다른 한편으로는 '배타적인 주자학 중심주의'라는 성격도 갖게 되었다고 할 수 있다.

자찬 교재: 우리나라 학자들이 편찬한 교재의 유학 교육과정 편입

　조선 후기는 성리학 교육과정이 심화되는 시기로서, 이 시기에는 우리나라 학자들에 의하여 편찬된 이른바 자찬(自撰) 성리서나 강학 교재들이 유학 교육과정에 정식으로 편입되는 주목할 만한 현상이 나타난다. 자찬 성리서나 강학 교재들이 널리 활용되는 것은 조선 중기 이래 발전한 조선 성리학의 성과가 유학 교육과정에 반영된 것으로 해석할 수 있다.

　먼저, 서원의 유학 교육과정에서 이러한 변화를 공식화한 것은 1693년(숙종 19)에 작성된 박세채(1631~1695)의 〈자운서원원규〉이다. 〈자운서원원규〉는 이이의 〈은병정사학규〉의 '독서' 조항을 그대로 채용하면서도 주석을 통하여 서원 유생들이 읽어야 할 '성현의 글'에 《사서오경》『심경』『근사록』 등과 함께 이황의 『주자서절요(朱子書節要)』와 이이의 『성학집요(聖學輯要)』를 포함시키고, '성리의 설'에는 정·주 성리학자들의 문집과 함께 우리나라 선유들의 문집을 추가하여 예시하였다. 조선 성리학을 대표하는 두 학자의 자찬 성리서와 우리나라 학자들의 문집이 서원 유생들의 독서 목록에 정식으로 편입된 것이다.

　관학의 유학 교육과정에도 자찬 성리서나 강학 교재가 포함되었다는 사실은 1732년(영조 8)에 반포된 조현명(1690~1752)의 〈권학절목〉에서 확인할 수 있다. 총 14개 조항으로 된 〈권학절목〉의 제8조에는 다음과 같이 유학 교육과정에 대해 규정되어 있다.

　　(향교의) 거재 유생과 각 면(面)의 학도를 막론하고 읽는 책자는 하나 같이 경서와 여러 유현(儒賢)의 의리(義理)에 관한 글[《사서삼경》『소학』『가례』『심경』『근사록』 『절작통편(節酌通編)』『성리대전』『이정전서』]을 중심으로 하고, 외가서(外家書)[『통감강목』『좌전』『당감(唐鑑)』『팔대가(八大家)』] 등을 공부하고자 하는 자도 금지하지 말되, 노·불의 이단서는 금지한다. 회강(會講) 때에는 구두(口讀)의 생숙(生熟)을 평가할 필요는 없으며, 반드시 문의에 관통하고 몸소 실천하는 데 뜻을 둔 자를 우등으로 삼는다.

여기에서 노 · 불을 이단으로 규정하여 유학 교육과정에서 배제하는 것은 성균관의 〈학령〉 이래 일관되게 지켜 온 원칙이다. 그리고 경서와 여러 유현의 의리에 관한 글을 중핵으로 삼고 여기에 역사서(『통감강목』『좌전』『당감』)와 문학서(『팔대가』)를 결합하는 교육과정 구성 방식 또한 이전부터 내려오던 원칙을 계승한 것이다. 그런데 여기서 한 가지 주목할 필요가 있는 것은 『절작통편』이 교육과정에 포함되어 있는 점이다. 『절작통편』은 『주자대전』의 요점을 정리한 것으로, 송시열(1607~1689)이 이황(1501~1570)의 『주자서절요(朱子書節要)』와 정경세(1563~1633)의 『주문작해(朱文酌海)』를 통편(通編)하여 만든 강학 교재이다. 조선 후기의 지방 교육에 지대한 영향을 끼친 조현명의 〈권학절목〉에 『절작통편』이 유학 교

육과정의 핵심 교재 중 하나로 명시된 것은 자찬 교재의 활용이 관학과 사학을 막론하고 조선 후기의 유학 교육과정이 갖고 있던 보편적 특징 중의 하나였음을 잘 보여 준다. 물론 이와 같은 자찬 교재의 편찬과 활용은 권근(1352~1409)의 『입학도설』 이래 조선 전기부터 이어져 온 오래된 전통이었다. 하지만 조선 후기에 가면 조선 성리학의 성숙과 함께 유학 교육과정에서 차지하는 자찬 교재의 위상이 더욱 높아졌다. 특히 이황의 『성학십도』와 『주자서절요』, 그리고 이이의 『격몽요결』과 『성학집요』는 여러 교육기관의 유학 교육과정에서 여느 경서나 성리서 못지않게 중요한 위상을 차지하는 경우가 많았다.

[그림 3-1] 『절작통편』 표지

 활동과제

○ 조선시대 교육에 활용되었던 교재들을 찾아보고, 주요한 내용이 무엇인지 정리해 보자.

○ 조선시대의 교육목표, 교육내용, 교수·학습방법을 정리하여 현행 교육과정과 같은 형태로 재구성해 보자.

제4장

조선시대 아동 교육과정

−『동몽선습(童蒙先習)』을 중심으로−

이 장의 목표

1. 조선시대 아동교육의 배경과 목적에 대해 설명할 수 있다.
2. 『동몽선습』의 구조와 특징을 설명할 수 있다.

생각해 볼 문제

1. 조선시대의 아동교육의 의미와 한계는 무엇인가?
2. 『동몽선습』의 의의와 그 한계는 무엇인가?

과거의 전통적 아동교육의 과정을 현대의 교육과정과 동일한 차원에서 재구성하는 작업은 거의 불가능하다. 과거의 교육양식이 현대 학교교육과 여러 측면에서 다르기 때문이다. 왕실이나 특정한 계층을 제외하고, 일반 백성들을 대상으로 하는 아동교육의 경우, 1895년 「소학교령」이 제정·공포되기 이전까지는 설립 주체가 국가인 공식 교육기관이 존재하지 않았다고 볼 수 있다. 따라서 아동교육은 주로 가정이나 민간의 힘에 의해 설립된 서당에 의존하였다.

조선시대의 유교와 아동교육

조선시대의 아동교육, 이른바 '동몽(童蒙)'교육은 현대의 초등 수준의 교육과 동일시된다. 지금까지 전통교육을 연구하는 학자들은 동몽의 교재 분석에서 교육적 특징에 이르기까지 다양하게 고찰하였다. 그것은 주로 서당(書堂)이라는 교육기관과 가숙(家塾)을 중심으로 분석되었다. 또한 교육내용으로서 문자 학습서인 『천자문』을 비롯하여 『유합』 『훈몽자회』 『신증유합』 등에 대한 연구도 상당히 진척되었고, 유학의 입문서인 『동몽수지』를 비롯하여 『동몽선습』 『소학』 등에 이르기까지 세밀한 분석과 내용상 특징을 구명하는 작업이 지속적으로 진행되어 왔다.

유교를 이데올로기로 내세운 조선의 경우, 아동교육이든 성인교육이든 연속적 차원에서 보면 학문의 궁극적 지향점은 동일하다. 다만, 단계별 목적과 내용, 방법에서 차이가 있다. 따라서 교육과정을 구성할 때도 대동소이한 절차를 밟는다. 이런 점에서 이 장의 주제인 『동몽선습』에 어떤 아동교육의 과정이 담겨 있는지 논의할 여지가 있다. 그러나 문제는 다시 주어진다. '교육과정을 어떻게 정의하느냐'에 따라 『동몽선습』이 의도하는 교육과정을 고찰하는 방식도 달라지기 때문이다.

'교육과정'의 의미는 매우 광범위하다. '교과목의 모음'이라는 협의의 의미에서 '학교 안에서 일어나는 모든 경험'이라는 광의의 의미에 이르기까지 다양하다. 그것은 '교과내용' '학습경험' '학습계획' '학습결과'로서의 교육과정으로 나누어 설명되기도 한다. 그럼에도 불구하고 교육과정(教育課程, Curriculum)은 학습자의 더 나은 학습과 삶을 열어 주기 위해 '무엇을 가르치고 배울 것인가?'에 집중된다(홍후조, 2011).

물론 조선시대 아동교육의 핵심 기관으로 볼 수 있는 '서당'과 '가숙(家塾)'의 경우, 현대적 의미의 교육과정으로 분석하려면 다양한 장치를 마련해야 한다. 이 장에서는 교육과정을 '무엇을 가르치고 배울 것인가?'와 동일한 차원에서, 그 핵심을 담고 있는 교과서의 내용으로 이해한다. 허친스(R. M. Hutchins)를 비롯한 20세기 미국 항존주의(恒存主義, 永遠主義) 교육운동가들이 주장한 바에 따르면, 진리는 참이기에 어디에서든 동일하다. 따라서 교육과정은 영구불변의 교과로 구성되어야 한다. 유교는 수기치인(修己治人)이라는 절대 가치를 추구한다는 차원에서 영구불변의 진리를 지향하는 항존주의와 닮아 있다. 그러기에 교과내용으로서 교육과정 자체도 큰 변화 없이 지속되었다.

조선에서 그런 온전한 형태의 아동 교육과정을 간직하고 있는 것이 『동몽선습』이다. 『동몽선습』은 조선 중기 신진사류(新進士類)들이 정치적 참여와 사회 개혁의 의

지가 좌절된 상태를 맞게 되고, 이전에는 매우 중시되었던『소학』을 금기시하는 경향과 분위기가 연출되는 상황에서 그것을 대체할 새로운 교재의 필요성에 의해 저술되었다. 송시열의 발문과 영조의 서문 등을 통해 볼 때,『동몽선습』은 조선사회 아동교육 교재의 으뜸으로 자리매김 되었다. 1930년대 일제강점기까지 서당의 주요 교재로 사용될 정도였다.

이 장에서『동몽선습』을 선택한 이유는, 조선사회 아동교육에서 최고 권위를 자랑하는 교재로, 조선시대 아동 교육과정의 한 모델이 될 수 있기 때문이다.『동몽선습』은 그 내용의 우수성을 인정받아 국왕이 어제문을 붙여 간행할 정도로 아동교육을 위한 '국가 수준의 필수교재'로 공인되었다(박영태 외, 2009: 288).

이 장에서는 교육내용으로서『동몽선습』의 교육과정을 분석하기 전에 유교의 아동 교육과정을 간략하게 제시하고, 조선의 아동교육과 유교의 특징을 담은『동몽선습』에 담긴 교육과정을 교육내용의 선정과 조직 측면에서 검토하며, 현대 교육적 차원에서 재해석한다.

유교의 아동 교육과정

동몽 교육의 구체적 내용과 방법은 조선시대 유교이론서 가운데 핵심 중의 하나였던『소학(小學)』에 잘 담겨 있다. 일반적으로 '소학'은 15세 이후의 성인이 대학(大學)에 들어가기 이전, '8~15세 정도의 아이가 입학하여 다니는 학교'라는 의미와 '그 학교에서 어린아이가 배우는 내용[책]'이라는 이중적 의미로 쓰인다. 현대의 학교에 비유한다면, 초등학교나 중등학교 수준에 해당할 것이다. 물론 8세 이하의 유치원 수준에 해당하는 아이들에게도 일상에 필요한 교육은 실시되었다.

여기에서 간과해서는 안 되는 부분이 있다. 조선사회의 교육은 시대별로 편차가 있겠지만, 모든 백성을 교육할 수 있는 상황이 아니었다. 17~18세기, 조선 후기에 오면 서당교육이 상당히 팽창하기는 하지만 현대와 같은 보편교육의 차원에 이르지는 않았다. 이 점이 민주주의 시대의 의무교육이나 대중교육과 차이 나는 것이다. 그뿐만 아니라 서당교육이나 가숙(家塾)이 활발히 이루어졌다 할지라도 그 방법과 내용이 다양할 수 있기에 통일된 교육과정을 제시하기에 난점이 존재한다.

유교의 교육은 크게 '소학(小學)'과 '대학(大學)'으로 구분된다. 이 중에서도 아동교육에 해당하는 소학은 발달 단계에 따라 가정교육과 서당교육으로 대별된다. 대개 5세 미만의 아동은 특별한 경우를 제외하고는 유아로서 보육의 단계에 머무른다. 이때 교과를 중심으로 하는 지식교육은 거의 이루어지지 않은 듯하다.

그러나 6세가 되면 구체적인 가정교육의 모습이 드러난다. 6세가 되면 숫자와 동서남북의 방위를 가르쳤다. '동쪽에서 해가 뜨고 서쪽에서 해가 진다. 남쪽은 따스하고 북쪽은 음산하다.'는 등의 내용을 통해 자연의 순환과 음양의 조화, 그것을 본받는 삶의 이치에 대한 맛보기가 주어졌다. 7세가 되면 남자와 여자가 같은 자리에 앉지 않으며 같은 그릇에 먹지 않는다는 사회 법칙을 배운다. 흔히 '남녀칠세부동석(男女七世不同席)'이라는 고리타분한 사유를 익힘으로써 그들은 성역할을 인식하기 시작한다. 요즘의 학령기로 볼 때, 초등학교에 들어가는 시기인 8세가 되면 문을 드나들고 자리에 나아가며 마시고 먹을 때에 반드시 어른보다 나중에 하여 양보하는 법을 가르치고, 9세가 되면 날짜 헤아리기를 가르친다. 서서히 인간관계가 무엇이고 인간에게 중요한 것이 무엇인지 알아 가게 된다. 이제까지는 순수하게 집안에서 이루어졌던 가정교육이다.

초등학교 고학년 수준에 해당하는 10세가 되면 가정을 벗어나 스승을 찾아가 밖에 거처하는 서당교육 시기로 접어든다. 서당에서 자고, 글을 배우고, 헤아리는 법을 배운다. 옷은 명주로 지은 좋은 적삼과 바지를 입지 않고, 예절을 가르치며, 아침저녁으로 어른을 섬기는 예의를 배우되 자주 익혀서 몸에 배게 한다. 앞에서 살펴보았듯이 '글[文]'이라는 지식교육은 기본 예절을 익힌 이후의 문제이다. 문자를 익히고 문장을 통해 사물을 깨우치며 세상의 다양한 사물의 관계를 헤아려 세상의 법칙을 터득한다. 이때 좋은 옷을 입지 말라고 권고한다. 13세가 되면 음악을 배우고 시를 외우며 15세가 되면 활쏘기, 말 부리기를 배운다. 음악은 화합과 분별의 의미를 일러 주는 공부이고, 활쏘기와 말 부리기는 정신집중과 군사훈련, 현대적 의미의 체육 활동과 전략적 기획 능력의 터득에 기여한다. 이제 아동은 가정을 넘어 사회성을 획득하는 차원의 공동체 교육을 마치게 되었다. 그리고 고등교육인 '대학(大學)'으로 향한다.

발달 단계에 따른 교육은 유교의 아동 교육과정 차원에서 보편성을 띠는 것 같지만, 아동이 처한 사회경제적 배경과 상황에 따라 다양하게 이루어졌을 것으로 추측

된다. 그것은 조선시대 동몽 교재의 내용이 시대별·지역별·학자별로 편차가 있다는 점에서도 알 수 있다. 교재에서도 주희의 『소학』으로부터 『천자문(千字文)』 『훈몽자회(訓蒙字會)』 『신증류합(新增類合)』 『계몽편(啓蒙編)』 『동몽선습(童蒙先習)』 『격몽요결(擊蒙要訣)』 『사소절(士小節)』 『아희원람(兒戱原覽)』 『아학편(兒學編)』 『몽어류훈(蒙語類訓)』 등 다양한 내용이 상황에 따라 달리 사용되었다는 점도 고려할 수 있다.

이 모든 내용은 어떤 기간에, 누구에 의해, 어떤 내용을 중점적으로 혹은 체계적으로 가르쳐졌을까? 이를 구명하기에는 여러 가지 한계가 있다. 중요한 것은 문자 익히기 교재에서 자연의 이치와 법칙, 유교의 윤리와 학문, 수신과 예절 등 일상생활의 법칙과 삶의 원리를 깨우치는 내용까지로 가득했다는 점이다. 그것은 조선시대 아동 교육과정의 핵심이 유교적 질서 구축을 위한 공부라는 것을 방증한다.

『동몽선습』의 아동 교육과정: 교육과정 구성

『동몽선습』의 교육과정과 그 특성을 이해하기 위해서는 『동몽선습』의 구조와 체제를 알 필요가 있다. 『동몽선습』의 내용은 크게 두 가지 교육과정으로 나누어진다. 하나는 오륜(五倫)으로 대변되는 유교 생활윤리의 핵심이요, 다른 하나는 중국 역사와 조선 역사로 나누어지는 역사(歷史) 부분이다. 이는 '경학(經學)'과 '역사(歷史)', 즉 유교적 의미의 경사(經史)를 아동 수준에 맞게 정돈한 것이다(강명숙, 1998; 김경미, 2003; 장정호, 2006). 전반부에서는 경(經)에 해당하는 오륜의 내용을 서술하고 후반부에서는 사(史)에 해당하는 중국 및 조선의 역사를 기록하는 형식을 취하여 경학과 역사를 순차적으로 배열하였다. 이는 유교의 도덕적 원리를 구체적 실례를 들어 실증하는 방식이다. 이때 경(經)은 역사의 기본 원리이고, 사(史)는 그 원리가 인간의 삶 속에서 구체적으로 표현된 것으로, 경(經)−사(史)는 체(體)−용(用)의 관계로 비유할 수 있다. 이런 구조는 교육에서 학생들에게 경학과 역사의 교육내용을 순차적으로 전달하면서 모종의 교육적 효과를 기대하는 특별한 교육적 의도를 담고 있다.

보다 세밀하게 분석하면, 『동몽선습』은 서문과 총론을 제외하고 윤리교육과 역사교육이라는 두 개의 영역으로 대별된다. 그것은 윤리교육에서 오륜을 자세하게 설

표 4-1 『동몽선습』의 교육과정 구성

주요 영역별		세부 영역별 내용		현대적 의미	비고
서문		인간의 존재 이유-五倫		인간학, 인문학, 도덕정신	
윤리교육	오륜	父子有親	부모-자식	雙務 倫理 秩序	經(體)
		君臣有義	지도자-구성원		
		夫婦有別	남편-아내		
		長幼有序	어른-아이		
		朋友有信	친구-동지		
총론		孝	오륜의 근원	사람에게서 가장 중요한 것	
		學問	通古今 達事理	역사와 철학	
역사교육	중국 역사	通古今	명나라 이전	과거의 현재화-전통	史(用)
		達事理	명나라 당대	현재의 인식-시대정신	
	조선 역사	通古今	조선 이전	과거의 현재화-전통	
		達事理	조선 당대	현재의 인식-시대정신	

명하면서 다섯 부분으로 나뉜다. 역사교육에서는 명나라 때까지의 중국 역사와 단군 이래 조선까지의 조선 역사 두 부분으로 나누어 검토할 수 있다. 이는 교육과정의 차원에서『동몽선습』을 어떻게 읽어야 하는지, 하나의 지침을 제공한다.

다시 〈표 4-1〉을 경사(經史)의 차원에서 보면, 서문과 윤리교육 부분은 경(經)에 해당하고, 역사교육 부분은 사(史)에 배치할 수 있다. 그러나 〈표 4-1〉에서 볼 수 있듯이, 경사(經史)로 구분을 하지 않더라도 서문에서 역사교육에 이르기까지『동몽선습』의 내용은 매우 체계적으로 정돈되어 있다. 이는 교육과정 이론으로 볼 때 윤리교육과 역사교육의 상호 보완이나 균형성의 차원에서 이해할 수도 있다. 거시적으로 보면 일종의 교육과정 계열화의 원리를 담고 있다.

교육과정 이론에 대비해 보면 본문의 내용은 크게 오륜과 총론의 2대 단원으로 구성되어 있고, 오륜은 다시 순서에 따라 부자유친, 군신유의, 부부유별, 장유유서, 붕우유신을 소단원으로 하여 종적 계열(sequence)과 횡적 영역(scope)을 구성한다. 이 각각의 소단원에는 일정한 형식으로 개념의 요지, 실천방법 내지는 활동 경험, 이상적 인간상, 성현의 교훈 등을 순서에 어그러짐이 없이 배열하여 횡적 영역으로 삼았다. 총론의 단원에서도 오륜의 종합, 중국사, 한국사 등 세 개의 소단원을 종적 계열로 담고 있으며, 개념의 요지나 이상국가, 최고의 윤리를 횡적 영역으로 넣고 있다. '오륜' 단원과 '총론' 단원의 내용 구성상 차이는 다음과 같다. 오륜 단원에서는 성현의 교훈을 횡적 영역으로 넣고 있는 데 비해 총론에서는 생략하고 있고, 중국사나 한국사는 모두 그 내용의 성격이 단순히 역사의 시대적 조류나 사실만을 기술한 까닭에 일상의 실천행동이나 활동 경험이 횡적 영역으로 포함될 수 없었다(박덕원, 1983: 40-41).

『동몽선습』의 아동 교육과정: '서문'의 교육과정적 의미

『동몽선습』의 첫 대목인 '서문'에서는 윤리교육의 당위성을 구명하였다. 서문은 "天地之間 …… 方可謂之人矣" 부분인데, 그것은 '모든 사물 가운데 사람이 가장 귀중하다.'는 인간의 자의식을 담고 있다. 그 이유는 모든 사물 가운데 인간만이 지닌 도덕 질서, 오륜(五倫) 때문이다.[1] 『동몽선습』에서는 그 근거를 맹자(孟子)에서 찾는다.[2] 맹자는 인륜(人倫; 五倫)의 교육적 필요성을 다음과 같이 언급했다.

> 후직은 백성들에게 농사일을 가르쳐서 오곡을 심게 하였다. 이 오곡이 여물어 백성들이 먹고 살게 되었다. 그런데 배부르게 먹고 따스하게 입고 편안하게 살면서 사람의 길이 무엇인지 가르치지 않는다면, 백성들은 새나 짐승에 가깝게 될 것이다. 성인이 이를 근심하여 설에게 교육 담당 관리를 맡기고 인륜을 가르치게 하였다. 부모와 자식 사이에는 친함이 있고, 임금과 신하 사이에는 의리가 있으며, 남편과 아내 사이에는 분별이 있고, 어른과 아이 사이에는 차례가 있으며, 벗과 벗 사이에는 믿음이 있게 해야 한다. 예전의 기록에도, 방훈이 "위로 하고 오게 하며 바르고 곧게 하며 돕고 도와서 백성들 스스로 사람의 길을 깨닫게 하고, 사람의 길을 따라 백성들을 구휼하고 은혜를 베풀어라."고 하였다. 성인이 백성을 근심함이 이와 같다. 이렇게 바쁜 일정 가운데 언제 밭 갈고 농사지을 겨를이 있겠는가?[3]

---

1) 『동몽선습』, "天地之間 萬物之衆 惟人 最貴 所貴乎人者 以其有五倫也."
2) 『동몽선습』, "孟子曰 父子有親 君臣有義 夫婦有別 長幼有序 朋友有信."

　맹자가 오륜을 제시하는 정황에서 눈여겨볼 대목이 있다. 그것은 왜 맹자가 오륜을 가르쳐야 하는지, 그 이유에 대한 진지한 탐구가 요청된다는 말이다. 맹자가 오륜을 제시하는 상황은 허행(許行)의 농가(農家)를 비판하는 가운데, 분업(分業)의 논리를 강조하면서이다. 이는 인간의 개성과 직업에 따라 인간의 기능이 달라질 수 있다는, 사회성이 담긴 언표이다. 즉, 육체노동자인 노력자(勞力者)와 정신노동자인 노심자(勞心者)의 역할 분담 가운데, 교육의 주관자가 노심자임을 규정하고, 노력자들을 교화하는 차원이다. 짐승 수준으로 떨어질 가능성이 있는 백성들을 사람다운 사람으로 바른 자리에 놓기 위한 노력이다. 요컨대 오륜을 알고 그 실천 방법이 몸에 배어야 금수(禽獸)와 구별된 인격체로서의 사람이라고 말할 수 있다(장희구, 1994: 201)는 '사람다움'의 의미 상정이다.

　『동몽선습』의 저자는 이런 사상적 정황을 염두에 두고 어린 시절부터 금수와 다른, 사람다운 사람을 형성하기 위한 교육을 지향했다고 판단된다. 그것은 마연하게 오륜을 던져 두고 인지적(認知的) 차원에서 아동들에게 일방적으로 주입하거나 암송하는 교육양식을 넘어서 있다. 서당의 교육방법적 특성상 스승을 통해 교육내용을 전달받고 스스로 체득하는 과정에서 금수와 인간의 차이가 확연하게 인지되고, 일상생활에서 실천하는 마음가짐이나 태도 형성을 추구했을 것으로 판단된다. 그것은 맹자의 의도, 즉 유학이 지향하는 바가 무엇인지 확인하는 배움의 근원 역할을 한다.

『동몽선습』의 아동 교육과정: 윤리교육의 강조

　이렇게 강조된 오륜은 다음 부분에서 하나씩 구체적으로 풀이된다. 그 구조를 보면 각각의 윤리가 만들어진 원리와 근거가 설득력 있게 제시되어 있다. 마지막 부분에는 역사적으로 그에 합당한 구체적 사례나 전거를 유교의 성현들인 공자(孔子)와 자사(子思), 맹자(孟子)의 언표를 들어 설명한다. 즉, 오륜의 각론을 진술해 가는 방

---

3) 『맹자』 「등문공」 上, "后稷敎民稼穡. 樹藝五穀 五穀熟而民人育. 人之有道也 飽食 煖衣 逸居而無敎 則近於禽獸. 聖人有憂之 使契爲司徒 敎以人倫 父子有親 君臣有義 夫婦有別 長幼有序 朋友有信. 放勳曰 勞之來之 匡之直之 輔之翼之 使自得之 又從而振德之. 聖人之憂民如此 而暇耕乎."

식이 기(起)-승(承)-전(轉)-결(結)의 논리적 흐름을 유지하면서 내용 하나하나를 용기(用器)에 적절하게 압축하는 것이었다. 문제의 제기에서 그것의 실천 이유, 이전의 사례, 성현의 말씀으로 이어지는 구조이다(장희구, 1994: 202-203). 아동의 발달 수준에 맞게 상당히 자세하고 친절하며, 논리와 체계를 갖춘 내용으로 구성되어 있다. 부자유친의 경우를 예로 들어 보자.[4]

① 부모와 자식은 자연이 정해 준 친밀한 관계이다. 때문에 부모는 자식을 낳아 기르고 사랑하고 가르쳐야 한다. 자식은 부모를 받들어 그 뜻을 이어 가고 효도하며 봉양해야 한다.

② 부모는 자식을 올바른 도리로 가르쳐 부정한 곳에 발을 들여놓지 않게 해야 한다. 자식은 부모에게 부드러운 목소리로 말려서 마을에서 죄를 짓지 않게 해야 한다.

③ 부모가 자기 자식을 사랑하지 않고 자식이 자기 부모를 사랑하지 않으면 어떻게 세상을 떳떳하게 살아갈 수 있겠는가. 세상에 착하지 않은 부모는 없다. 어떤 상황으로 인해 부모가 자식을 사랑하지 않은 일이 생기더라도, 자식은 효도하지 않아서는 안 된다.

④ 옛날에 위대하신 순(舜) 임금의 경우, 아버지는 완악하고 어머니는 모질어 늘 순을 죽이려고 했다. 그러나 순은 효도로 화합하고 끊임없이 선(善)으로 인도하여 악한 일을 하지 않게 하셨다. 여기에서 효자로서 최고의 모습을 볼 수 있다.

⑤ 공자께서 말씀하셨다. "다섯 가지 형벌에 해당하는 죄목이 삼천 가지이다. 하지만 그중에서 불효(不孝)보다 더 큰 죄는 없다."

이러한 구성은 유교 윤리의 세부 내용인 오륜을 적시하여 현실성을 더할 수 있는 장점이 있다.

---

4) 『동몽선습』, "父子 天性之親. 生而育之 愛而敎之 奉而承之 孝而養之 是故 敎之以義方 弗納於邪 柔聲以諫 不使得罪於鄕黨州閭. 苟或父而不子其子 子而不父其父 其何以立於世乎. 雖然 天下 無不是底父母. 父雖不慈 子不可以不孝. 昔者 大舜 父頑母嚚 嘗欲殺舜 舜克諧以孝 烝烝乂 不格姦 孝子之道 於斯至矣. 孔子曰 五刑之屬 三千而罪莫大於不孝." 이하, 君臣有義에서 朋友有信에 이르기까지 내용의 체계는 거의 유사하다. 번호 ①②③④⑤는 이 책에서 편의상 붙인 것이다.

①의 경우, 부모와 자식 사이의 관계가 자연적이고 선천적이라는 질서의 부여이다. 이는 그 아래에 나오는 다른 윤리에서도 동일하게 드러난다. 군신(君臣)은 천지지분(天地之分), 부부(夫婦)는 이성지합(二姓之合), 장유(長幼)는 천륜지서(天倫之序), 붕우(朋友)는 동류지인(同類之人)으로서 사람다운 구실을 한다. 이는 사람 사이의 쌍방적 윤리 질서로, 상호 권리와 의무를 반영한다. 모든 사람은 부자, 군신, 부부, 장유, 붕우 중 어느 하나의 위치에 존재한다. 이 다섯 가지 자리가 자신에게 중첩적으로 동시에 부여되어 있을 수도 있다. 예컨대 부모인 동시에 자식일 수도 있고, 부부인 동시에 사회의 어른일 수도 있다. 사람은 각자의 위치에서 무엇을 실천해야 하는가? 그것에 대한 자각을 통해 인간 삶에 도덕 질서를 불어넣는 작업이『동몽선습』이 요청한 아동 교육과정의 필수 내용이었다.

①에서 파악한 부모−자식 간의 쌍무 윤리 질서를 바탕으로 ②에서는 부모의 역할과 자식의 역할을 분명하게 제시한다. 특히 교육적 차원의 삶이 강조된다. 부모의 자식 교육과 자식의 부모를 향한 충언이 부각된다. ③에서는 '사랑'으로 맺어진 부모−자식 사이의 관계의 당위성을 통해 삶을 영위하는 원칙과 지혜를 일러 준다. 특히 부모−자식 사이에 문제가 생겼을 때, 자식의 양보를 유도한다. 이는 부모 우위의 입장을 반영하는 봉건적 질서라는 오해를 받을 수도 있다. 그러나 부모의 자식에 대한 '내리 사랑'이라는 기본 원칙을 전제로, 피치 못할 사정이 발생했을 경우, 최후에 제시하는 삶의 지혜로 판단된다. ④의 경우, 유교에서 효의 상징으로 대변되는 순임금에 관한 이야기를 설정한다. 사례를 들어 학문하는 방법은 유교의 오랜 전통이다. 특히 주제에 맞는 구체적 사례인 대효(大孝)를 제시하여 아동들이 이해하기 쉽게 배려하였다는 점에서 의미심장하다. ⑤는 글의 마무리이자 총 결론에 해당하는 언표다. 유교의 성인인 공자의 말, 이른 바 "불효가 가장 큰 죄"라는 역설을 인용하여, 효의 중요성을 다시 강조한다.

이 다섯 가지로 구성된 교육과정은 교육내용을 '계열적'으로 조직한 것으로 판단된다. 부모−자식 간의 '효도'와 '자애'를 바탕으로 이루어진 '부류개념 관련 계열성'으로 이해할 수 있다. 부류개념이란 "일련의 사상 혹은 사건들이 공통적인 속성을 지니고 있다는 이유에서 동일한 부류의 사례로 묶어 놓은 개념이다."(홍후조, 2011: 234). 그뿐만 아니라, 학습 관련 계열화의 차원에서 '효도'라는 가치를 내면화하기 위해 내용을 순차적으로 조직한 것으로 생각된다.

『동몽선습』의 아동 교육과정:
총론의 효도 근원성과 학문의 의미 제시

총론(總論)은 앞부분인 '윤리교육'과 뒷부분인 '역사교육'을 연결하는 '관절 고리' 역할을 한다. 내용은 분명하고 구체적이다. '효(孝)'가 모든 행실의 근원임을 강조하고, 동시에 효는 그것을 실천한 다양한 사례들을 통해, 배우고 묻는 학문의 과정을 통해서만 체득할 수 있다는 점이다.

먼저, 효를 백행지원(百行之源)으로 본 것은 오륜의 원리적이고 거시적인 차원에서 논의한 동시에 실천적이고 미시적인 차원에서도 논의될 수 있다는 점을 보여 준다. 거기에서 효자와 불효자의 구체적 행동 지침이 어떠해야 하는지 설명된다.

> 효자는 부모님을 이렇게 모신다. 첫닭이 울면 세수하고 양치질하고, 부모님이 계신 곳으로 가서 기운을 낮추고 목소리를 부드럽게 하여 옷이 더운지 추운지를 여쭈며, 무엇을 잡수시고 마시고 싶은지를 여쭌다. …… 거처할 때에는 최선을 다해 공경하고, 봉양할 때는 최선을 다해 즐겁게 해 드리며, 병환이 드셨을 때는 진심으로 근심하며 낫기를 바라고, 상(喪)을 당해서는 진심으로 슬퍼하며 초상을 치르고, 제사 지낼 때는 엄숙하게 해야 한다. …… 불효자는 부모님을 이렇게 대접한다. 자기 부모는 사랑하지 않고 다른 사람을 사랑하며, 자기 부모는 공경하지 않고 다른 사람은 공경하며, 부지런히 일하지 않고 게으름을 피우며 부모 봉양을 하지 않으며, 장기나 바둑, 술 마시는 것 등, 유흥에 빠져 부모 봉양을 하지 않고, 재물을 좋아하고 처자식만을 사랑하여 부모 봉양을 하지 않으며, 감각적 욕망을 좇아 부모를 욕되게 하며, 힘자랑이나 하면서 사람들과 싸우고, 포악하게 행동하여 부모 속을 태우게 한다.[5]

---

5) 『동몽선습』, "孝子之事親也 鷄初鳴 咸盥漱 適父母之所 下氣怡聲 問衣燠寒 問何食飲 冬溫而夏淸 昏定而晨省 出必告 反必面 不遠遊 遊必有方 不敢有其身 不敢私其財. 父母愛之 喜而不忘 惡之 懼而無怨 有過 諫而不 逆 三諫而不聽 則號泣而隨之 怒而撻之流血 不敢疾怨 居則致其敬 養則致其樂 病則致其憂 喪則致其哀 祭則 致其嚴. 若夫人子之不孝也 不愛其親 而愛他人 不敬其親 而敬他人 惰其四肢 不顧父母之養 博奕好飲酒 不 顧父母之養 好貨財 私妻子 不顧父母之養 從耳目之好 以爲父母戮 好勇鬪狠 以危父母."

74

총론의 의도는 효도의 실천을 현실화하는 데 있다. 때문에 아동을 대상으로 한 교육내용을 실천 중심의 행위 도덕으로 나열하였다. 그런데 그 구성이 매우 체계적이고 조직적이다. 하루 중에 부모님 모시는 방법의 경우, 새벽에서 저녁까지의 행동 지침을 제공한다. 그뿐만 아니라 계절별로 모시는 방법, 집안 내외에서 활동할 때의 행동 요령, 부모님을 대하는 방식의 내용도 담았다. 또한 인생 전체를 통해 부모님이 처한 상황에 따라 어떻게 모시고 섬겨야 하는지 그 대강을 일러 준다. 그리고 효도의 중요성과 그것의 실행이 어려운 일이 아님을 강조한다.

다음으로 교육과정의 내용을 조직하는 차원에서 총론이 제기한 주요한 사안이 있다. 그것은 바로 학문의 길, 교육의 목적 제시이다. 쉽게 말하면, '아동들이여 왜 공부하는가?'에 답변한 것이다.

> 태어나면서부터 이치를 아는 사람이 아니라면 반드시 배우고 묻는 과정에서 알게 된다. 그러므로 학문의 목적은 다른 데 있는 것이 아니다. 옛날과 지금의 일에 두루 통하고, 사물의 이치를 꿰뚫는 작업을 통해, 이를 마음에 보존하고 몸으로 실천하는 데 있다. 그러므로 아동들이여 학문에 힘쓰라![6]

맹자는 학문의 길을 "구방심(求放心)"으로 정돈했다.[7] 그것은 고등교육 차원의 형이상학적 특성을 띤다. 그러나 『동몽선습』은 학문의 길을 "통고금 달사리(通古今 達事理)"로 정돈하여 시간과 공간을 아우르는 역사성과 현대성, 현실적 실천성을 제시한다. 그 속에서 발생한 구체적 사건들의 이해와 분석, 독해와 적용의 문제를 제기한 것이다. 여기에서 당시 세계의 중심이던 중국과 구체적 삶의 터전인 조선의 역사를 이해하는 교육과정으로 이어진다.

'통고금 달사리'는 철학이나 사상적 지식은 물론 역사적으로 중국 역대 왕조의 흥망성쇠를 기술함으로써, 인간 사회의 흐름에 대한 지식과 그것의 실천적 사례를 강조하였다. 또한 고조선 성립 이후 조선 역사를 구체적으로 기술하여 아동들에게 독

---

6) 『동몽선습』, "自非生知者 必資學問而知之 學問之道 無他 將欲通古今 達事理 存之於心 體之於身 可不勉其學問之力哉."

7) 『맹자』 「고자」 상, "孟子曰 仁 人心也 義 人路也. 舍其路而弗由 放其心而不知求 哀哉. 人有雞犬放 則知求之 有放心 而不知求. 學問之道無他 求其放心而已矣."

자적 역사 인식을 할 수 있도록 자국 역사교육의 시발점이 되었다. 그뿐만 아니라 그런 지식을 바탕으로 모든 인간의 사태에 대해 그것의 이치를 통달하고 이해하는 데까지 나아갈 것을 요구한다. 그런 차원에서『동몽선습』의 교육과정은 '통찰적 지식'과 '이해적 지식'을 겸비하고 있다(문태순, 2003: 38-43). 그 지식은 당연히 실천적 지식으로 나아가고, 실천을 전제로 습득되는 성질의 것이다.

『동몽선습』의 아동 교육과정: 역사교육의 중요성

왜 아동 때부터 역사를 가르치고 배워야 하는가? 그것은 '통고금 달사리'의 길을 통해, 인간이 어떤 삶을 영위해 왔는지 확인하는 작업이다. 즉, 앞서 배운 오륜의 원칙이 인간 삶의 역사 속에서 관철되고 있음을 발견하는 일이다(김경미, 2003: 12). 그 핵심 내용은 효도를 필두로 하는 오륜이다. 즉, 인간관계의 쌍무 윤리 질서는 역사적으로 어떻게 진행되어 왔는가?

『동몽선습』은 세계 질서로서 문명의 기준을 중국 역사에서 찾았다. 따라서 '통고금 달사리'에서 '통고금'의 경우, 중국을 중심으로 하는 왕조의 변천과 유교사상의 발전이 역동적으로 투영된다. 우주의 탄생에서 인간의 역사로 이어지는, 내용은 태극(太極)에서 음양(陰陽), 오행(五行)으로 그리고 만물의 탄생과 성인의 탄생으로 구체화한다. 이후 복희씨(상고시대 전설속 동이족의 수령)에서 하·은·주 삼대, 춘추전국, 진한, 수당, 송원에 이르기까지 주요 사안을 간추려 기록하였다.

한편, 조선 아동들의 문명 질서는 중국 역사와 견주어 본 조선 역사에서 찾았다. 이 또한 '통고금'의 입장에서는 단군에서 삼한, 삼국, 고려 때까지의 역사를 국가 건설의 순서로 정돈하였다. 여기에서 조선은 명나라를 문명국가의 기준으로 하여 그 적통임을 내비친다.

'달사리'의 입장에서 중국 역사는 당대의 역사인 명나라에 집중된다. 동시에 조선 역사는 중화(명)의 문화를 따르고 있다는 소중화(小中華)의 자부심으로 표출된다. 그것에는 최고 문명국가로서 교육적 자긍심과 사명을 스스로 부여하고 문명의 지속을 염원하는 교육내용이 담겨 있다.

이와 같은 역사교육은 현대적 의미에서 다양한 목적을 지닌다(양호환 외, 2009:

31-32; 정선영 외, 2001: 34-40).

첫째, 역사교육은 역사를 이해한다는 자체만으로도 아동들의 세계관 혹은 역사 인식에 해당하는 내재적 가치를 지닌다. '통고금 달사리'에서도 확인되듯이, 조선의 입장에서 현재 문제의 기원과 발달에 대한 지식, 과거와 현재 사회에 대한 비교 인식, 현재와 미래의 문제를 해결하는 데 의미 있는 도움을 제공한다.

둘째, 아동들은 역사교육을 통해 교훈을 얻을 수 있다. 역사를 배우면서 인간의 집단적 경험을 활용하고 과거의 잘못을 반성하며 현재나 미래의 활동과 생활에 필요한 도움을 얻을 수 있다. 그것은 중국과 조선의 역대 왕이나 선현들의 정치·사상적 활동을 이해하는 과정에서 해소된다.

셋째, 역사를 아는 것은 교양인으로서의 자질, 일종의 상식을 갖추는 작업이다. 윤리·도덕적 지식과 역사적 지식을 통합하는 가운데, 조선인으로서 삶의 자세를 가다듬는 데 도움을 준다.

넷째, 역사교육은 타민족과 구별되는 고유한 유산이나 역사상을 통해 민족의 동질감, 민족적 주체성을 확립할 수 있게 한다. 즉, 민족 공동체 의식을 고취하는 데 도움을 준다. 『동몽선습』의 경우, 후반부에 '조선 역사'를 추가하여 민족 정체성을 확보하는 동시에 소중화(小中華)로서 문화 민족의 자존감을 드러낸다.

다섯째, 역사교육은 아동의 역사의식 함양에 도움을 준다. 역사교육의 궁극적 목적은 존재의 변화와 발전, 자아와 시간에 대한 의식을 역사에서 가르치는 일이다. 『동몽선습』의 경사(經史) 논리는 인간으로서 존재감, 인간 사이의 관계망, 학문의 목적, 문화 민족으로서의 자부심 등 다차원적 역사의식을 제공한다.

이런 점에서 역사학습의 궁극적 의의는 역사의 구체적 사실에 대한 지식보다 역사를 통해 유교적 가치를 확인하고 실천할 수 있는 용기를 불어넣는 일이다. 역사교육은 개인으로서 현존재의 의미를 역사적으로 설명하여 개인의 자기 정체성을 인식시킨다. 요컨대 『동몽선습』의 역사교육은 유교의 도덕 핵심인 오륜이 인간이 지켜야 할 보편적 윤리임을 증명함과 동시에 학습자에게 소중화 의식을 형성하여 유교적 이상을 자발적으로 실천할 수 있도록 개인적·사회적 책무성을 부여하는 작업이다.

지금까지 논의한 『동몽선습』은 그 내용의 특성상 일상에서 아동들이 실제로 경험하고 있는 생활 장면들이 많다. 때문에 교육과정의 분류상, '경험 중심 교육과정'으로 볼 수 있다. 어떤 경험이 개인의 성장을 건전하게 이끌 수 있는가? 그것은 유교를 중심으로 전개되어 온 역사적 경험의 결과에서 나온 윤리적 실천이다. 그러나 이는 기본적으로 아동의 흥미와 욕구를 고려한 교육내용이 아니다. 그렇기에『동몽선습』의 내용 자체를 경험 중심 교육과정으로 보기에는 난점이 있다.

반면, '교과 중심 교육과정'에서 강조하는 교육의 목적인 '문화유산의 전달' 차원에서 보면,『동몽선습』의 내용은 이와 유사한 측면이 많다. 교과 중심 교육과정의 교육내용은 문화적 유산으로부터 선정된다. 인류에게 알려진 것 가운데 가장 영구적이고 확정적이며 객관적인 사실, 개념, 법칙, 가치, 기능들이 이에 속한다.『동몽선습』의 교과내용 핵심인 유교의 오륜과 중국 역사, 조선 역사는 영구적이고 확정적이며 객관적 사실을 담고 있는 문화의 총체다. 오륜에 담긴 친의별서신(親義別序信)의 개념이나 실천, 가치, 인간관계의 기능들 또한 그러하다. 이런 점에서『동몽선습』은 '교과 중심 교육과정'을 닮아 있다.

또한 현대 교육과정 이론에 비추어 보면, 다음과 같은 해석도 가능하다. 교육내용의 선정 차원에서 보면, 조선사회가 유교를 중심으로 이행되었다고 가정할 때,『동몽선습』의 내용은 매우 유의미적이고 타당하며, 학습자의 요구를 존중하는 사회적 효용성이나 학습 가능성, 실행 가능성을 내포하고 있다. 그것은 아동교육의 차원에서도 현재성을 띤다. 현대 아동교육의 과정은 인간의 존엄성을 강조하고, 인간관계를 강조하며, 인간의 자질과 역할을 강조한다.『동몽선습』의 교육과정도 서문과 오륜의 인간관계망, 부자와 군신, 부부, 장유, 붕우를 다루는 부분에서 인간의 역할과 기능을 구체적으로 지시한다.

이 외에도『동몽선습』의 교육과정은 다양한 교육과정의 모습을 포함하고 있다. 금수에서 벗어나 사람다움을 지향한다는 점에서 타고난 본성을 보존하고 사회적 모순으로 인해 비뚤어진 인간성을 회복하고 치유하려는 '인본주의 교육과정'의 모습이 보이기도 한다. 아동들이 오륜을 습득하고 의미를 만들어서 지식을 구성하여 생활에 적용한다는 차원에서는 '구성주의 교육과정'의 측면도 엿보인다. 나아가 아동들이 스스로 생활을 영위하면서 사회의 일원으로 유익한 일을 할 수 있도록 준비시키는 측면에서 '생활 적응 교육과정'으로 볼 수도 있다.

요컨대『동몽선습』의 교육과정은 〈표 4-1〉에서 본 것처럼, 아동을 대상으로 유교의 윤리 도덕과 역사를 중핵으로 하는 복합적 교육과정이다. 그 특징은 다음과 같이 정돈할 수 있다.

첫째, 인간의 자기 확인과 정체성 확립을 위한 기준과 요건을 제시하여, 사람의 존재 의의를 구명하였다. 그 표준에 해당하는 덕목이 '오륜(五倫)'이다.

둘째, 오륜 가운데 핵심을 '효(孝)'로 자리매김 하였다. 부모-자식 간의 쌍무 윤리 질서를 온전하게 이행할 때, 사회의 모든 윤리는 자연스럽게 제자리를 찾을 수 있다.

셋째, 학문(學問)의 목적과 방향을 구체화하였다. 그것은 '통고금 달사리'로 시간과 공간, 종적·횡적 사태를 아우르며 전통과 현대를 가로지르는 통섭(統攝)의 배움이다.

넷째, 윤리 도덕과 역사를 통합하는 경(經)-사(史) 통일의 인간학이다.

 활동과제

○ 현재 우리나라의 교육과정과 비교하여 조선시대 아동 교육과정이 주는 시사점을 논해 보자.

○ 『동몽선습』 외에 아동교육을 위한 교재를 찾아보고 『동몽선습』과 비교하여 논의해 보자.

제5장 조선시대 전문교육 교육과정

이 장의 목표

1. 조선시대 전문교육의 운영 형태에 대해 현재의 전문교육체제와 비교하여 설명할 수 있다.
2. 조선시대 전문교육 교육과정의 변천 주기와 요인에 대해 설명할 수 있다.

생각해 볼 문제

1. 조선시대에 전문교육 교육과정이 제시되고 운영되는 방식은 무엇인가?
2. 조선시대 전문교육 교육과정에서 이론적 영역과 실무적 영역의 비중은 어느 쪽이 높았는가?

　　조선 태조는 즉위 교서에서 문무(文武)의 두 과거(科擧) 시험의 중요성을 강조하였다. 문과의 경우는 사서와 오경 등 유학의 경전에 능한 유학자를 선발하는 것을 강조하였고, 무과의 경우는 무경칠서(武經七書)를 시험 내용으로 삼아 병법에 밝고 무예에 능한 인물들을 선발할 것을 선언하였다. 이 조치는 고려시대까지 유학에 비해 교육제도상에서 상대적으로 경시되던 무학 분야에 대한 중요성을 선언한 것으로 평가할 수 있다. 조선 개국 세력들은 기본적으로 성리학적 사유와 세계관에 근거한 사회제도를 구축하고자 하였지만, 성리학에만 매몰되어 국가 운영에 필수적인 다양한 영역의 인재를 교육하고 선발하는 것까지 소홀히 하지는 않았다. 이 글에서는 조선 초 이래, 유학교육에 비해 종종 경시된 것으로 평가되는 전문 분야의 교육에 대해 살펴본다. 이를 통해 조선시대 전문 분야 교육의 영역과 각각의 교육과정이 어떻게 변화하는지 소개하고자 한다.

조선시대의 전문교육을 논하기에 앞서, 고려시대 전문교육의 여건을 고찰해 보자. 고려시대의 전문교육은 당시 최고 학부인 국자감을 중심으로 이루어졌다. 국자감에서는 유학 분야 외에 율학(律學), 서학(書學), 산학(算學)의 영역을 교육하였다. 그 외의 전문 분야의 경우는 과거를 통해 전문가를 관리로 선발함으로써 이 분야 교육을 유지하였다. 과거시험 제도가 곧 해당 분야 교육을 지속하게 장려하는 역할을 했던 것이다.

한편, 고려 후기에 이르러 이런 방식에 변화가 생겨났다. 모든 전문 분야의 교육을 성균관과 각 전문 분야의 실무관청에서 교육하는 제도를 마련한 것이다. 공양왕은 전문 영역 교육을 열 개로 구분하여 십학(十學)이라 칭하였다. 그리고 이 분야의 교육을 성균관 및 관련 실무관청에서 담당하도록 하였다.

> 공양왕 원년 십학 교수관(敎授官)을 두고 다음과 같이 나누어 소속시키게 하였다. 즉, 예학(禮學)은 성균관(成均館)에, 악학(樂學)은 전의시(典儀寺)에, 병학(兵學)은 군후소(軍候所)에, 율학(律學)은 전법시(典法寺)에, 자학(字學)은 전교시(典校寺)에, 의학(醫學)은 전의시(典醫寺)에, 풍수음양학(風水陰陽學: 천문학·풍수학·음양학) 등은 서운관(書雲觀)에, 이학(吏學)은 사역원(司譯院)에 각각 속하게 하였다.[1]

이때 십학교수관(십학을 가르치는 관리)이란 이름으로, 각 영역의 교관이 실무관청에 배치되었던 것으로 보인다.

조선에 들어와서는 태종 대에 전문 분야 교육에 관한 조치가 마련되었다. 1406년(태종 6) 유학 및 다른 전문교육 분야를 교육하기 위해 십학(十學)이라는 교육제도가 마련되었고, 각 전문 분야의 교육 책임자가 임명되었다. 이때 제정된 십학에는 유학(儒學), 무학(武學), 이학(吏學), 역학(譯學), 음양풍수학(陰陽風水學), 의학(醫學), 자학(字學), 율학(律學), 산학(算學), 악학(樂學) 등이 포함되었다. 태종 대의 십학은 기본적으로 고려의 십학과 유사한 영역들을 포함하고 있었다. 이런 십학의 체제는 이후 이학(吏學)과 자학(字學)이 폐지되는 변화 외에는 계속 유지되었다.

이런 조선시대 전문교육 교육과정이 법전 수준에서 체계화된 것은 『경국대전』 반

---

1) 『고려사』 권77, 지31, 백관2.

포 이후였다. 조선 초기 법전인『경국대전』에서는 무학과 역학 등을 비롯한 각각의 전문교육 분야에 대해 해당 학문을 학습하는 전담 생도들을 지정하였다.『경국대전』을 근거로 중앙관청과 지방 향교에 전문교육을 학습하는 생도들이 배치되고 이들에 대한 교육이 이루어졌다. 예를 들면, 외교 및 통역 업무를 담당하는 사역원에는 당시 역학이라 불리던 한학(중국어), 몽학(몽골어), 여진학, 왜학(일본어) 생도를 배정하는 방식이 있었다. 특히 일부 향교에도 역학, 율학, 의학 분야의 생도가 편제되었다.

『경국대전』이래 조선시대 법전 체제에서 드러나는 전문교육 영역 및 교육 관련 기관의 교육과정은 다음과 같다.

교육 영역: 무학(武學), 역학(譯學)[한학(漢學)·몽학(蒙學)·여진학(女眞學), 왜학(倭學) 포함], 음양학(陰陽學)[천문학(天文學), 풍수학(風水學), 명과학(命課學) 포함], 의학(醫學), 산학(算學), 율학(律學), 화학(畫學), 도학(道學), 악학(樂學) 등

『경국대전』에 규정된 이 전문 분야들은 조선 중기 도교(道敎)와 관련된 도학이 소격서가 폐지되면서 쇠퇴한 외에는 대체로 그 틀을 유지하였다.

조선은 현대와 달리, 국가 차원에서 학생들이 배워야 할 내용이나 단계를 정한 교육과정 문서를 고지하지 않았다. 현재의 교육과정이 교육부의 고시와 이후 시행 단

표 5-1 조선시대 전문교육 영역

학교별(교육 관장기관별)	교과별(학문분야별)	
병조(兵曹)	무학(武學)	
사역원(司譯院)	역학(譯學)	한학·몽학·왜학·여진학
관상감(觀象監)	음양학(陰陽學)	천문학·풍수학·명과학
전의감(典醫監), 혜민서(惠民署)	의학(醫學)	
호조(戶曹)	산학(算學)	
형조(刑曹)	율학(律學)	
도화서(圖畫署)	화학(畫學)	
장악원(掌樂院)	악학(樂學)	
소격서(昭格署)	도학(道學)	

계를 거치는 것과 상이한 형태를 취하였다. 조선은 과거 및 취재(取才: 실무관리 선발 시험)라는 관리 선발 시험에서 특정 과목을 추가하거나 변경하는 형태의 교육과정 개정 원칙을 유지하였다. 이하 전문교육 교육과정의 내용은 각 분야의 과거 혹은 취재 시험에서 중시한 경전과 평가 기준을 근거로 작성한 것이다.

전문교육 세부 교육과정 및 변천: 무학(武學)

무학은 무반직(武班職) 관리를 양성하는 전문교육 분야로서 역할을 하였다. 무학 분야 교육에서 강조된 내용은 당시 무과시험의 평가 항목을 통해 추론할 수 있다. 조선시대 무과 시험에서는 무예 수준과 병법서의 이해, 그리고 유학 경전에 대한 이해 정도를 시험하였다. 무예의 내용으로는 목전(木箭), 철전(鐵箭), 편전(片箭), 기사(騎射), 관혁(貫革), 기창(騎槍), 격구(擊毬), 유엽전(柳葉箭), 조총(鳥銃), 편추(鞭芻) 등이 있었다.

한편, 임진왜란 등을 겪은 후에 무예 영역 평가내용에 조총이 포함된 것은 주목할 만하다. 사회적 필요에 따라 교육과정을 개편한 사례로 볼 수 있을 것이다. 또한 이 시기에는 중국 명나라의 척계광(戚繼光)이 지은 무예서 『기효신서(紀效新書)』가 소개되어 활용되었다. 이후에는 『무예제보(武藝諸譜)』『무예도보통지(武藝圖譜通志)』 등 조선의 독자적 무예서가 보급된 것도 중요한 변화였다.

이론 교과와 관련해서는 병법서인 무경칠서(武經七書)와 유교 경전인 사서(四書)와 오경(五經) 등을 시험하였다. 무경칠서란 『사마법(司馬法)』『삼략(三略)』『손자(孫子)』 『역대장감박의』『오자(吳子)』『울요자』『육도(六韜)』『이위공문대(李衛公問對)』를 가리킨다. 이들 서적은 모두 중국의 병법서들이었다. 이처럼 무예서와 유학서적을 평가함으로써 군사학에 대한 지식과 유학에 대한 소양을 고루 갖춘 이들을 관리로 선발하고자 한 것으로 보인다. 태조는 무관으로 적합한 사람을 "모계(謀計)는 도략(韜略)에 깊고 용맹은 삼군(三軍)에 으뜸가서 장수가 될 만한 사람"으로 천명한 바 있다.[2] 태조도 무관에게 신체적 능력이나 무예와 함께 지적인 역량까지 중시했던 것이다.

---

2) 『태조실록』 1년(1392) 9년 24일.

전문교육 세부 교육과정 및 변천: 역학(譯學)

역학은 오늘날의 외국어 교육에 해당한다. 당시 조선과 교류하고 있던 중국, 일본 등의 언어 외에 몽골어, 여진어 등을 학습하였다. 주로 역관(譯官)을 양성하는 차원에서 교육이 이루어졌으며, 교육 담당 기관은 중앙의 사역원(司譯院) 및 국경 인근 지역 향교(鄕校)였다. 역학 분야에서 활용한 교재를 분야별로 보면 〈표 5–2〉와 같다.

표 5–2 법전 편찬 시기별 역학의 교육내용

	경국대전 시기	속대전 시기	대전통편 이후
한학 (漢學: 중국어)	사서(四書), 노걸대(老乞大), 박통사(朴通事), 직해소학(直解小學)	사서(四書), 박통사(朴通事), 노걸대(老乞大), 오륜전비(五倫全備: 추가)	사서(四書), 박통사(朴通事), 노걸대(老乞大), 역어해류(譯語解類: 추가), 경국대전(번역 공통)
몽학 (蒙學: 몽골어)	왕가한(王可汗), 수성사감(守成事鑑), 어사잠(御史箴), 고난가둔(高難加屯), 황도대훈(皇都大訓), 노걸대(老乞大), 공부자(孔夫子), 첩월진(帖月眞), 토고안(吐高安), 백안파두(伯顔波豆), 대루원기(待漏院記), 정관정요(貞觀政要), 속팔실(速八實), 장기(章記), 하적후라(何赤厚羅), 거리라(巨里羅)	노걸대(老乞大), 첩해몽어(捷解蒙語: 추가)	노걸대(老乞大), 첩해몽어(捷解蒙語), 몽어유해(蒙語類解: 추가)
왜학 (倭學: 일본어)	이로파(伊路波), 소식(消息), 서격(書格), 노걸대(老乞大), 동자교(童子敎), 잡어(雜語), 본초(本草), 의론(議論), 통신(通信), 구양물어(鳩養物語), 정훈왕래(庭訓往來), 응영기(應永記), 잡어(雜語), 잡필(雜筆), 부사(富士)	첩해신어(捷解新語: 추가)	
여진학 (女眞學: 여진어)	천자(千字), 천병서(天兵書), 소아론(小兒論), 삼세아(三歲兒), 자시위(自侍衛), 팔세아(八歲兒), 거화(去化), 칠세아(七歲兒), 구난(仇難), 십이제국(十二諸國), 귀수(貴愁), 오자(吳子), 손자(孫子), 태공(太公), 상서(尙書)	팔세아(八歲兒), 소아론(小兒論), 노걸대(老乞大: 추가), 삼역총해(三譯總解: 추가)	

이 중에서 초기부터 중시된 중국어 교재인『노걸대(老乞大)』『박통사(朴通事)』『직해소학(直解小學)』등은 중국에서 개발된 교재를 번역한 것이 아니다. 이 책들은 고려와 조선을 거치면서 독자적으로 개발된 중국어 교재라는 점이 주목할 점이다. 이미 오래전부터 외국어를 가르치는 우리 자체적인 교재가 개발되어 있었던 것이다.

물론 우리나라에서 유럽국가의 교육을 시작한 것은 조선 후기인 고종 대 이후 유럽 국가들과의 교류가 시작된 이후였다. 그러나 이전에도 우리나라가 인접한 거의 모든 나라의 언어(심지어 몽골어까지)를 학습하는 체제를 가지고 있었다는 점은 간과해서는 안 될 부분이다.

전문교육 세부 교육과정 및 변천: 의학(醫學)

현대의 한의학에 해당하는 의학 분야 교육은 중앙의 전의감(典醫監), 혜민서(惠民署), 그리고 지방의 향교에서 이루어졌다. 그 제과와 제학 취재를 통해 알 수 있는 세부 교육과정은 〈표 5-3〉과 같다.

표 5-3 법전 편찬 시기별 의학 분야 교육내용

	경국대전 시기	속대전 시기	대전통편 이후
의학 (醫學)	찬도맥(纂圖脈), 동인경(銅人經), 직지방(直指方), 득효방(得效方), 부인대전(婦人大全), 창진집(瘡疹集), 태산집요(胎産集要), 구급방(救急方), 화제방(和劑方), 본초(本草), 자생경(資生經), 십사경발휘(十四經發揮), 경국대전	찬도맥, 동인경, 직지방, 본초(本草), 소문(素問), 동원십서(東垣十書), 의학정전(醫學正傳)	동인경, 직지방, 본초, 소문, 의학정전(醫學正傳: 추가), 동원십서

대체로 의학 분야의 교재는 중국에서 개발된 교재를 활용하였다. 아마도 이는 기본의서로 분류할 수 있을 것이다. 주지하듯이 조선 후기에『동의보감』과 같이 우리나라의 체질과 환경에 맞는 의학서적이 발간 보급된 것도 고려하면 좋을 것이다.

전문교육 세부 교육과정 및 변천: 음양학(陰陽學)

음양학은 천문학, 지리학, 명과학으로 구성되었다. 중앙 관청인 관상감(觀象監)에서 교육하였다. 이 중 지리학은 주로 풍수지리에 관한 내용을, 명과학은 점술(占術)과 관련한 교재류를 가르쳤다. 특히 명과학의 경우 교육대상자 중 일부가 시각장애인이었다[3]는 점은 조선시대에도 소수자들에 대한 배려가 있었음을 보여 준다.

표 5-4 법전 편찬 시기별 음양학의 교육내용

	경국대전 시기	속대전 시기	대전통편 이후
천문학	보천가(步天歌), 경국대전	보천가(步天歌), 경국대전, 천문역법(天文曆法: 추가)	신법보천가(新法步天歌: 추가), 시헌기요(時憲紀要: 추가)
풍수학/ 지리학	청오경(靑烏經), 금낭경(金囊經), 호순신(胡舜申), 명산론(明山論), 지리문정(地理門庭), 감룡(撼龍), 착맥부(捉脈賦), 의룡(疑龍), 동림조담(洞林照膽), 경국대전	청오경, 금낭경, 호순신, 명산론, 동림조담, 탁옥부(琢玉斧: 추가)	청오경, 금낭경, 호순신, 명산론
명과학	원천강(袁天綱), 서자평(徐子平), 응천가(應天歌), 범위수(範圍數), 극택통서(剋擇通書), 경국대전	원천강, 서자평, 응천가, 범위수, 시용통서(時用通書: 추가)	협길통의(協吉通義: 추가)

전문교육 세부 교육과정 및 변천: 산학(算學)

현재의 수학에 해당하는 산학의 경우는 재정 부서인 호조에서 생도들을 교육하였다. 이 내용들은 서구의 기하학이나 대수학과는 다르지만 동양의 고유한 수학 체계로 구성되어 있었다.

---

3) 『성종실록』 5년 11월 27일.

표 5-5 법전 편찬 시기별 산학의 교육내용

구분	경국대전 이전	경국대전 이후
산학	상명산(詳明算), 계몽산(啓蒙算), 양휘산 (揚輝算), 오조산(五曹算), 지산(地算)	산학 취재 계산: 상명(詳明), 계몽(啓蒙), 양휘(揚輝)

『경국대전』 이후 산학 분야의 핵심적 교육과정은 변화되지 않고 지속된 것으로 보인다. 『속대전』의 경우도 산학 분야는 『경국대전』 내용을 준용한다고 되어 있기 때문이다.

전문교육 세부 교육과정 및 변천: 율학(律學)

법률을 교육하는 율학은 중앙의 형조(刑曹)와 지방의 향교에서 교육을 담당하였다. 율학 분야 과거 시험과목을 근거로 정리하면 율학 분야 교육과정은 〈표 5-6〉과 같다.

표 5-6 법전 편찬 시기별 율학의 교육내용

구분	경국대전 이전	경국대전 이후	속대전 이후	대전통편 이후
율학	대명률(大明律), 당률소의(唐律疏義), 무원록(無冤錄)	대명률, 당률소의, 무원록, 율학해이(律學解頤), 율학변의(律學辨疑), 경국대전	대명률, 무원록, 경국대전 * 나머지 책 폐지	대명률, 무원록, 경국대전

대체로 중국의 법전류와 법률 이론서, 그리고 조선의 법전인 『경국대전』이 주요한 교과서로 편성되어 있다. 특히 이 외에도 법의학서에 해당하는 『무원록(無冤錄)』이 율학 교육과정에 포함되어 있다는 점도 이채롭다.

전문교육 세부 교육과정 및 변천: 화학(畫學: 회화)

미술 분야 중 회화 분야인 화학은 도화서(圖畵署) 생도들을 교육대상으로 삼았는데, 인물이나 산수, 화초, 동물을 그리는 실기 능력을 중시하였다. 실기 교육은 대체로 실습위주로 이루어진 것으로 추정된다. 별도로 미술이론서를 교육과정에 포함했다는 기록은 찾을 수 없었다.

전문교육 세부 교육과정 및 변천: 도학(道學)

도교의 내용을 교육하는 도학은 소격서(昭格署)에 소속된 생도들을 대상으로 한 것이었다. 교육내용은 대체로 도교와 관련된 경전류로서 다음과 같은 서적이 포함되었다.

> 금단(禁壇), 영보경(靈寶經), 연생경(延生經), 태일경(太一經), 옥추경(玉樞經),
> 진무경(眞武經), 용왕경(龍王經)

조선 중기 이후 소격서의 기능이 약화되면서 이 분야 교육과정은 자연스럽게 공적 영역에서 도태되었다.

전문교육 세부 교육과정 및 변천: 악학(樂學)

악학은 음악을 내용으로 한 교육 영역이다. 음악교육을 담당하는 관련 기관은 장악원(掌樂院)이다. 특히 악학의 경우는 악생(樂生)을 대상으로 하는 교육내용과 악공(樂工)을 대상으로 하는 교육내용으로 구분된다. 또한 음악도 중국의 당악(唐樂)과 조선의 향악(鄕樂)으로 구분하여 가르쳤다. 이들이 다루어야 할 연주 악기로는 편종(編鍾)·편경(編磬)·생(笙)·우(竽)·화(和)·훈(塤)·호(箎)·금(琴)·슬(瑟)·

용관(龍管) 등이며, 가무(歌舞)도 포함하였다. 대체로 중국의 음악과 조선의 음악을 병행하여 교육하는 체제였다고 볼 수 있을 것이다.

결론

조선 정부는 건국 초부터 유학 이외의 전문 분야의 교육에도 관심을 가지고 있었다. 다만, 유학을 특별히 강조하면서 전문 분야의 교육이 상대적으로 낮게 평가되었을 뿐이었다. 국가에서는 이들 전문 분야에 생도(生徒)를 배정하고 이들을 교육함으로써 각 분야 전문가를 길러 내었고, 과거시험을 통해 이들 중 우수한 인재를 선발하여 관련 업무를 담당하도록 하였다. 이를 통해 국가 운영에 필요한 전문 영역 전문가들을 확보할 수 있었다. 특히 외국어의 경우 유럽국가 언어교육은 이루어지지 않았지만, 우리나라가 인접한 모든 나라들의 언어를 교육했다는 점도 간과해서는 안 될 것이다.

조선시대 전문 분야 교육이 이루어지는 체제는 국가가 공식적으로 각 분야의 교육과정을 직접 고시하는 방식이 아니었다. 대신 국가에서는 과거시험과 취재라는 선발시험을 통해서, 그 대상자들이 실질적으로 무엇을 공부해야 하고, 어느 수준까지 공부해야 하는지 관리하였다. 이는 오늘날 우리나라의 교육과정 운영방식과는 매우 상이한 부분이다. 이런 교육과정 체계는 법전에 의해 규정되었고, 500여 년의 기간 동안 전문 분야 교육과정은 큰 변화 없이 지속되었다.

우리나라에서 자체적으로 개발한 교재가 아닌 중국에서 개발된 교재를 대부분의 전문 영역에서 사용하였다는 점은 한계로 지적할 수 있을 것이다. 하지만 모든 분야에서 그런 것은 아니었다. 일부 분야에서는 시대적 상황 변화에 따라 독자적으로 개발한 교재를 개발하거나 활용하는 양상도 나타났다. 그 대표적인 것이 무학과 의학 분야이다.

또한 전문교육이 성균관이 아닌, 향교와 실무관청 등을 통해서도 이루어졌다는 점은 현재 우리나라의 전문교육이 대학을 통해서 주로 이루어지는 것과 대조되는 부분이다. 실무관청에서 실무 전문가가 교수자가 되어 후배 실무 전문가를 교육하는 방식은 마치 유럽의 도제교육과도 흡사한 부분이다.

　　이처럼 조선시대 전문교육 교육과정은 현재와는 다른 운영 방식과 내용, 평가 기준을 가지고 있었다. 하지만 당시의 시대 상황에 맞는 합리성을 추구했다는 점도 간과해서는 안 될 것이다. 현재의 기준에서 당시 교육의 한계를 조명하는 것 못지않게, 당시 사람들이 전문교육을 하기 위해 기울인 관심과 노력도 평가하는 것이 온당할 것이다.

활동과제

○ 조선시대 전문교육이 이루어지는 방식과 오늘날 이루어지는 방식을 비교하고, 각각이 갖는 장점에 대해 논의해 보자.

○ 조선시대에도 전문교육에서 이론적 소양을 중시하였다. 이런 이론적 소양이 방법적 지식과 함께 중요한 이유가 무엇인지 생각해 보자.

제6장 조선시대 여성 교육과정

이 장의 목표

1. 조선사회에서 여성교육(교화)이 중시된 이유를 알아본다.
2. 조선시대 여성교육이 이루어진 메커니즘을 이해한다.
3. 조선시대 여성교육서의 주요 내용을 알아본다.

생각해 볼 문제

1. 조선시대의 여성교육은 조선 여성의 삶을 어떻게 변화시켰으며, 조선 여성과 그 이전 시대 여성의 삶은 어떻게 다른가?
2. 조선시대 여성교육의 담당자로서 사대부가 큰 비중을 차지하는 이유는 무엇인가?
3. 조선시대 여성교육이 유교 사회 형성에 어떻게 기여했으며, 현대에 어떤 영향을 미쳤는지 생각해 보자.

조선 사회의 유교화와 여성교육의 필요성

"조선시대에는 여성교육이 없었다."

근대 여성교육을 강조하는 문헌에서 쉽게 볼 수 있는 표현이다. 이때 '교육'은 학교교육을 의미한다. 근대 학교와는 다르지만, 조선시대에도 성균관, 향교, 사학, 서원 등의 교육기관이 존재하였다. 그러나 이러한 기관에서의 교육은 남성에게만 허용되었고, 여성에게는 기회조차 주어지지 않았다. 남녀유별의 내외법이 엄격하게 적용된 까닭에 여성은 집 밖 교육기관에서 교육을 받는 것이 애초에 불가능하였다. 그럼에도 불구하고 조선은 정책적으로 여성교육을 매우 중시하였다. 그 이유는 유교의 이념적 속성상 여성은 사회 구성의 핵심적 존재이며, 보다 직접적으로는 유교

문화와 거리가 먼 조선의 현실적 조건 때문이었다.

유교는 음양(陰陽)의 상보적(相補的) 관계로 만물의 생성을 설명하는데, 이러한 음양론에 근거해 혼인을 통한 남녀의 결합, 즉 가정의 구성을 사회 질서의 출발점이라고 보았다. 자연히 여성은 사회 구성에서 필수불가결한 핵심적인 위치를 차지하게 된다. 더욱이 음양론이 '안이 잘 다스려져야 바깥이 안정된다'는 내치론(內治論)과 만나면서 여성의 사회적 중요성은 더 강화된다. 내치론에서 안-밖의 관계는 아내-남편, 여성-가정, 또 가정-국가로 해석된다. 이러한 발상은 가정과 국가의 흥망이 여성에게 달렸다는 논리로 발전해, 결국 여성이 제가(齊家)와 치국(治國)의 열쇠를 쥐게 된다. 여성이 혼란을 가져오는 화의 근원이라는 여화론(女禍論)은 바로 이런 맥락에서 활용된 통치 이데올로기이다.

유교의 여성관은 유향이 지은 『열녀전(列女傳)』 속에 잘 나타나 있다. 『열녀전』에는 아내, 어머니, 딸로서 헌신적인 내조와 지혜로 남성(남편, 아버지, 아들)을 완성시키고 가문과 나라를 위기에서 구한 덕녀(德女)들의 이야기가 수록되어 있다. 반면에 중국 고대의 하 · 은 · 주나라가 모두 악녀(惡女)들 때문에 멸망했다는 기록도 싣고 있다. 왕의 총애를 받은 말희 · 달기 · 포사는 아름다웠지만 음란함과 무도(無道)함으로 왕의 판단을 어지럽혀 결국 나라를 망하게 했다는 것이다. 절세미인을 가리키는 경국지색(傾國之色)이라는 표현은 바로 여기서 나온 말이다. 여기서 덕녀와 악녀를 가르는 기준은 바로 유교적인 부덕(婦德)을 지녔는가이다. 따라서 가정과 국가의 안정적 유지를 위해서는 유교적 부덕을 여성에게 교육하는 것이 필수적이라는 논리가 성립된다.

한편, 조선의 현실적 특성으로 인해 여성교육은 중요한 정책으로 부각되었다. 고려와 조선은 단순히 왕조의 교체를 넘어서 질적으로 매우 다른 사회였다. 고려가 오랜 전통으로서 불교문화의 지배를 받아온 반면, 조선은 정치체제는 물론 풍속과 윤리가 모두 유교식으로 작동하는 사회를 추구하였으며, 그 핵심은 삼강오륜(三綱五倫)과 종법(宗法)이었다. 그런데 종법제는 기존의 친족 질서와는 매우 달라서 대대적인 사회구조의 변화가 불가피했다. 고려와 조선 모두 가부장제 사회였지만, 고려의 경우 제사와 재산이 친손과 외손 모두에게 상속될 수 있는 양계친(兩系親) 사회였던 반면, 조선이 지향한 종법제는 철저하게 외손을 배제하는 남성 중심의 부계친(父系親) 사회를 지향했다. 특히 예를 중시하는 유교 사회에서 부계친 중심의 친족 질서인 종법제는 관혼상제(冠·婚·喪·祭)라는 가정의례(家禮)를 통해 일상을 지배하게 된다. 조선사회의 종법질서 구축은 주희가 편찬한『주자가례』에 기초해 진행되었는데, 전통과 마찰을 일으키며 서서히 정착되어 갔다. 이와 같이 유교 이념에 입각한 의식과 풍속의 변화를 위해 조선은 개국 초부터 교화를 통치전략으로 중시하였으며, 신분 불문하고 남녀노소 모든 사회 구성원들을 교화의 대상으로 여겼다. 따라서 조선시대 교육은 지배 이념을 전파하는 교화 차원에서 진행되었다고 할 수 있다.

　　종법제의 도입은 조선 여성의 사회적 지위와 삶의 조건에 큰 변화를 가져왔다. 남녀 동등하게 이루어지던 균분상속(均分相續)이 여성에게 불리한 차등상속으로 바뀌었으며, 족보에서 여성의 이름이 서서히 사라졌다. 그리고 무엇보다도 혼인 후 친정에 머물던 친정살이가 시집살이로 바뀌면서 여성의 삶은 질적으로 큰 변화를 겪게 되었다. 이러한 변화를 여성들이 순순히 받아들이지 않으면 유교 사회질서는 안정적으로 확립될 수 없었다. 즉, 조선사회의 유교화(儒敎化)를 위해서는 여성들의 절대적인 협조가 필요했던 것이다. 따라서 유교를 지배 이념으로 삼은 조선사회에서 여성교육은 절실한 사안이었다.

조선시대 여성교육의 메커니즘

『성종실록』에는 여성교육과 관련해 흥미로운 기록이 보인다. 성종이 예조에『삼강행실열녀도』를 부녀자들에게 널리 강습시킬 절목을 만들도록 명하자, 여성교육의 현실적 조건을 환기시키면서 올린 답변 내용이다.

　　신 등이 참작하여 헤아려 보건대, 경중(京中)에서는 비단 종친(宗親)·재추(宰樞)와 벌열(閥閱)의 집안뿐만 아니라, 비록 가문(家門)이 한미(寒微)한 자라도 모두 온 가족이 모여서 거주하므로, 가장(家長)으로 하여금 각각 스스로 가르치게 할 것이요, 외방(外方)에서는 궁벽(窮僻)한 시골에 흩어져 거주하여 혹은 친척이 없으므로 가르치기가 어려울 것이니, 마땅히 촌로(村老) 가운데 명망(名望)이 있는 자를 골라서 여리(閭里)에 두루 행하게 하소서. 가장(家長)이나 혹은 여노(女奴)로 하여금 서

로 전(傳)하고 전해서 깨우쳐 가르쳐서, 사람들로 하여금 훤하게 알게 하되, 이로 인
하여 깨달아서 절행(節行)이 남보다 뛰어난 자에게는 특별히 정문(旌門)하는 은전
(恩典)을 더하고, 그 가르치는 일을 맡은 자도 아울러 논상(論賞)하도록 하소서. 하
니, 임금이 그대로 따랐다.[1]

이 기록은 조선시대 여성 교육의 메커니즘을 보여 준다. 국가에서 교화서를 간행
해 보급하면, 실제 교화는 사대부가 맡는다. 주로 가정에서 가장에 의해 교화가 이
루어지며, 가정 교화가 여의치 않은 궁벽한 지역의 경우에는 명망 있는 촌로가 이
역할을 맡는다. 그리고 교화서의 내용을 모범적으로 실천에 옮긴 자를 표창하고, 가
르치는 자도 포상한다. 이것은 여성 교화가 교화서의 보급과 정표정책(旌表政策)을
통해 이루어졌음을 보여 준다.

여기서 눈여겨볼 것은 국가 주도의 여성 교화가 실제로는 사대부와의 공조 속에
서 이루어졌으며, 가정 교화에 기반하고 있다는 점이다. 내외법에 따라 여성 대부
분이 집 안에 머물고 있으며 남녀 접촉을 엄격히 제한하는 사회 속성상, 여성교육의
장은 가정이 될 수밖에 없었기 때문이다. 또한 가정 교화의 조건이 갖추어지지 않은
경우에는 향촌 교화의 방법을 제시하고 있는데, 이것은 국가 주도의 여성 교화가 사
실상 사대부 남성에 의해 실제 수행되었음을 의미한다. 그리고 교육 담당자로서 언
급된 여노에 대한 구체적인 기록은 거의 찾아볼 수 없지만, 예외적인 경우로서 신분
이 강등된 학식이 있는 여성으로 추정된다.

조선시대 여성교육서와 주요 내용

국가 편찬의 여성 교화서

국가 차원에서 유교적 여성관을 보급하기 위한 노력은 중국 여훈서(女訓書)를 수
입하는 것으로 시작되었다. 1403년에 명나라에서 간행된『고금열녀전(古今列女傳)』

---

[1]『성종실록』12년(1481) 4월 21일, "예조에서『삼강행실열녀도』를 강습시킬 절목을 아뢰다."

은 그다음 해(태종 4) 조선에 도입되었다. 이 책은 해진(解縉)이, 전한(前漢)시대 유향(劉向, B.C. 776)이 지은『열녀전』에서 얼폐전을 삭제하고, 원명대(元明代)의 자료를 보충해 수정 보완한 것이다. 유향의『열녀전』은『고금열녀전』과 비교해『古열녀전』이라고 불리기도 하였으나, 조선에서는 이 둘을 구분하지 않고『열녀전』이라고 명명하였기 때문에, 조선시대 문헌에서 자주 언급되는 열녀전이 어느 것인지는 분명치 않다. 유향의『열녀전』이 우리나라에 언제 들어 왔는지는 명확하지 않으나, 고려말에는 도입되었을 것으로 추정된다(이혜순, 김경미, 2002). 그리고『여계(女誡)』『여사서(女四書)』2)『여훈(女訓)』『여칙(女則)』등이 수입되었으며, 여성들이 쉽게 읽을 수 있도록 한글로 번역되었다.

　또한 1472년(성종 3)에는 역대 후비의 선행과 악행을 정리해『후비명감(后妃明鑑)』을 편찬하였으나, 김종직이 지은 서문만 전해지고 있다. 그리고 왕실 여성도 여훈서를 직접 저술하였는데, 인수대비로 더 많이 알려진 성종의 어머니 소혜왕후가『내훈(內訓)』(1475)을, 사도세자의 친모인 영빈 이씨가『여범(女範)』을 지었다.

　여훈서는 혼인 이후 일상 속에서 실천해야 할 유교적 여성 윤리를 다룬 이론서와 모범적 여성 사례를 담은 열전(列傳) 형태로 나뉜다.『여계』『여훈』『여논어』, 인효문황후의『내훈』은 전자에 속하고,『후비명감』『삼강행실열녀도』『열녀전』『여범』『여칙』이 후자에 속하며, 소혜왕후의『내훈』과『여범첩록』은 두 가지가 결합된 형태이다.

　한편, 대중 교화서로『삼강행실도(三綱行實圖)』(1434)가 편찬되고 정표정책3)이 추진되면서 여성 교화가 본격화되었다.『삼강행실도』는 세종이 삼강윤리의 대중 교화를 위해 편찬한 책으로서, 〈효자도〉〈충신도〉〈열녀도〉 3책으로 구성되었으며, 효자, 충신, 열녀 110명씩 330명의 모범사례가 수록되었다. 이 가운데 〈열녀도〉가 가장 먼저 번역(1481)되었는데, 1480년(성종 11)에 일어난 종실 부인 어우동의 음행사건이

---

2)『여사서』는 청나라의 왕상(王相, 1662~1722)이 기존에 널리 읽히던 여훈서인『여계』(후한),『여논어』(당),『내훈』(명, 인효문황후),『여범첩록』(청)을 하나로 묶어 주석을 붙인 책이다. 여성들이 반드시 읽어야 할 책이라는 의미로 사서(四書)에 견주어 여사서라고 이름 지었다. 영조 때 언해본이 출판되었으며, 영조가 직접 서문을 쓰기도 하였다.『여사서』가운데『여계』가 독립적으로 가장 많이 유통되었다.

3) 정표정책은 선행을 칭찬하여 널리 알리는 것을 뜻하며, 효자, 충신, 열녀들이 살던 집 앞이나 동네에 정문(旌門)을 세워 표창하고[정려(旌閭)], 부역과 조세 등을 일부 면제해 주기도[복호(復戶)] 하였다. 이러한 정표정책은 신라 때부터 시작한 제도로서『삼강행실도』의 보급과 더불어 더욱 활발하게 기능하였다(박주, 1990).

표 6-1 『삼강행실도』 편찬의 역사

간행 시기		책명	내용 구성	비고
세종 16년(1434)		『삼강행실도』	효자 110(23), 충신 110 (17), 열녀 110(15)	3책
성종	12년(1481)	『삼강행실열녀도』(언해)	열녀 110(15)	
	21년(1490)	『삼강행실도 산정본』 (언해)	효자 35(4), 충신 35(6), 열녀 35(6)	1책
중종 9년(1514)		『속삼강행실도』(언해)	효자 36(33), 충신 6(3), 열녀 28(20)	조선과 명의 개국 이후 발생한 사례를 수록함
광해 9년(1617)		『동국신속삼강행실도』 (언해)	효자 726, 충신 94, 열녀 787 (백제 1, 신라 1, 고려 26, 조선 759)+속부 72	17권(국내 사례만 다룸)+속부1권(산정본+속삼강행실도)
정조 21년(1797)		『오륜행실도』(언해)	효자 33(4), 충신 35(6), 열녀 35(6), 장유 31, 붕우 16	삼강행실도산정본+이륜행실도

* 내용 구성에서 ( ) 안의 숫자는 등장인물 중 우리나라 사람 숫자임.

직접적인 계기가 되었다. 그러나 재가금지법(再嫁禁止法)(1477)을 제정한 성종은 불경이부(不更二夫)의 유교 윤리를 정착시키고 여성의 정절을 강조하기 위해 여성들이 『삼강행실열녀도』를 쉽게 읽을 수 있도록 번역한 것이다(김훈식, 1996: 154-155).

1490년(성종 21)에는 『삼강행실도』를 보다 쉽게 대중에게 보급하기 위해 1책으로 내용을 간추린 산정본(刪定本)을 간행하였다. 이후 1514년(중종 9)에는 조선 개국 이후의 사례를 따로 모은 『속삼강행실도』가 편찬되었다. 광해군은 임진왜란 이후 민심 수습 차원에서 우리나라의 사례만을 모은 『동국신속삼강행실도(東國新續三綱行實圖)』(1617)를 간행하였다. 『동국신속삼강행실도』는 〈효자도〉 8권, 〈충신도〉 1권, 〈열녀도〉 8권, 속부(續附) 1권, 총 18권으로 구성되었다. 〈열녀도〉의 경우 임진왜란 이후 발생한 열녀를 중심으로 787명을 싣고 있으며, 산정본과 『속삼강행실도』에 소개된 열녀 26명을 속부에 재수록하였다. 1797년(정조 21)에는 『오륜행실도』가 편찬되는 등 『삼강행실도』는 형태를 변형하면서 조선 후기까지 지속적으로 간행되었다. 이와 같이 국가 차원에서 형성하고자 했던 여성상은 열녀였다. 열녀를 강조한 것은 종법 질서를 구축하기 위해 여성이 남편에게 온전하게 종속되는 것이 선결요건이었기 때문이다.

『열녀전』과 『삼강행실도』 그리고 『소학』의 관계

여성 교화서로서 가장 많이 간행된 책은 『삼강행실도』이다. 이 책이 만들어진 과정을 유향의 『열녀전』과 비교해 보면, 국가가 형성하고자 했던 여성상이 무엇인지를 알 수 있다. '열녀전(列女傳)'은 여러 유형의 여성 전기를 의미하는 말로서, 『열녀전』은 모의(母儀), 현명(賢明), 인지(仁智), 정순(貞順), 절의(節義), 변통(辨通), 얼폐(孽嬖)의 7개 전(傳)으로 구성되었다. 모의전은 남편의 내조를 잘했거나 모범적인 어머니, 현명전은 사리에 밝은 현명한 아내, 인지전은 지혜로운 여성, 정순전은 남편에 대한 예와 신의를 중시한 여성, 절의전은 남편에 대한 절개를 지키기 위해 자신을 희생한 여성, 변통전은 언변이 뛰어나거나 사리에 밝은 여성, 얼폐전은 음란한 언행으로 나라와 가문을 망친 여성들의 전기를 실었다. 『열녀전』은 가부장제를 전제로 여성의 내조를 강조하였으나, 능동적이고 적극적인 여성상을 제시하였으며, 일부 여성들은 남성보다 지적·도덕적 우위를 드러내기도 하였다.

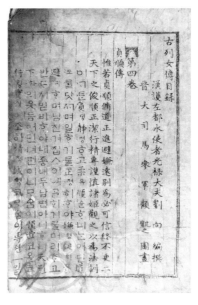

[그림 6-1] 유향의 『열녀전』

세종 대에 간행된 『삼강행실도』 효자, 충신, 열녀의 3권 중 『삼강행실열녀도』에서는 부덕을 지킨 여성, 즉 태교에 힘쓰고 투기하지 않으며, 분수에 자족하고 여공(女功 또는 女工)에 충실한 여성, 그리고 남녀유별의 예를 지킨 여성 등 다양한 여성상을 담고 있어 『열녀전』의 흔적을 볼 수 있다. 그러나 산정본에서는 이러한 여성들을 배제하고, 정순전과 절의전만을 바탕으로 열녀상을 구축하였다. 주로 남편에 대한 절개를 지키기 위해 개가(改嫁)를 거부하고 신체를 훼손하거나 죽음을 택한 여성들이 채택되었다. 심지어는 왜적으로부터 실절(失節)의 위험을 피

[그림 6-2] '열부입강(烈婦入江)' 『삼강행실열녀도』

하기 위해 젖먹이 아이를 언덕 위에 두고 강에 뛰어들어 죽은 무정한 어머니를 열녀

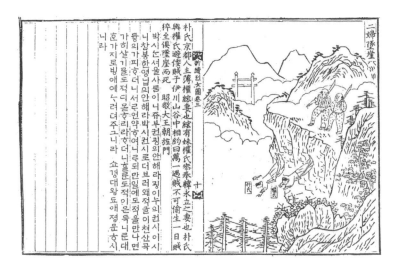

[그림 6-3] '이부추애(二婦墜崖)', 『동국신속삼강행실도』〈열녀편〉

권핑의 처 박씨와 한영립의 처 권씨(권핑의 누이)는 왜적을 피해 깊은 산골에 숨어 지내다가 왜적을 만나자 절벽 아래로 뛰어내려 절개를 지킴. 소경대왕(선조) 때 열녀로 정문(旌門)함.

로 꼽았다([그림 6-2] 참조). 부모 봉양과 자식 양육보다 남편에 대한 절개를 최고의 가치로 여겼던 것이다. 이런 상황은 『동국신속삼강행실도』에 이르러서 더 강화되어 열녀가 종사(從死)로 압축되었다. 즉, 열녀는 곧 죽음을 의미하였다. 남편이 죽은 후 개가를 하지 않으려고 죽음을 택하는 여성뿐만 아니라, 전쟁과 같은 변고를 당해 절개를 지키려고 저항하다가 살해되거나 스스로 자살하는 여성들이 열녀로 불렸다([그림 6-3] 참조). 수백 명의 열녀 행렬에는 사족 여성은 물론 노비까지도 참여하였다. 『삼강행실도』는 『열녀전』을 토대로 하였지만, 임진왜란 이후 열녀(列女)를 열녀(烈女)로 바꾸어 놓았다. 이로 인해 列女傳과 烈女傳이 혼용되기도 하였다.

『열녀전』이 마치 조선시대 여훈서의 전형인 것처럼 언급되지만, 국가 수준에서 여훈서로 채택되었다고 보기는 어렵다. 앞서 살펴보았듯이 『삼강행실열녀도』가 『열녀전』의 영향을 받았으면서도 점차 다양한 여성상을 배제하고 정절만을 부각시켰으며, 『삼강행실도』가 판본을 달리하며 조선시대 내내 간행되었고 전국적으로 반포된 반면, 『열녀전』의 간행과 보급에는 소극적이었다. 심지어 여훈서로서 『열녀전』이 자주 회자된 것은 태교의 중요성을 담은 출처였기 때문이다. 『열녀전』〈모의전〉에 태임이 문왕을 임신했을 때 태교를 중시한 내용이 수록되어 있는데, 이 내용이 『소학』의 첫머리 〈입교편〉에 소개된 것이 그 원인으로 작용한 듯하다.

　유교적 여성관의 확립을 위해서는 『열녀전』보다 오히려 『소학』이 더 적극적으로 활용되었다. 『소학』은 교화서 겸 수신서로서 조선 사대부들의 필독서였으나, 유교적 여성관을 내포하고 있어 여훈서의 모본으로 활용되었다. 조선에서 간행된 대부분의 여훈서들은 『소학』을 반드시 읽어야 할 중요한 책으로 지목하였으며, 『소학』에 기반해 작성되기도 하였다.[4] 즉, 『소학』을 통해 유교적 여성관을 수용한 남성들이 여성교육을 위해 여훈서를 작성한 것이다.

　『열녀전』이 덕녀와 악녀의 구체적 실천 사례를 소개했다면, 『소학』은 유교의 여성관을 지지하는 이념적 토대로 기능하였다. 『소학』의 여성관은 주로 『예기(禮記)』에 그 기반을 두고 있는데, 남녀유별의 원리, 혼인의 의미, 일부종사(一夫從事)와 불경이부(不更二夫), 삼종지도(三從之道)와 칠거지악(七去之惡), 부녀자의 행실[부덕(婦德), 부언(婦言), 부용(婦容), 부공(婦功)] 등 유교적 여성관의 근간이 되는 이론들이 집대성되어 있다. 더욱이 재가금지와 열녀의 논리적 근거가 된 "충신은 두 임금을 섬기지 않으며, 여자는 두 남편을 섬기지 않는다."와 "굶어 죽는 일은 지극히 작은 일이고, 절개를 잃는 일은 지극히 큰일이다."라는 내용이 담겨 있다. 『소학』의 대중성을 고려할 때 『예기』보다는 『소학』을 통해 조선 사회에 유교적 여성관이 확산되었을 가능성이 더 높다. 더욱이 『소학』이 남녀 공용 텍스트라는 사실은 『소학』이 성역할 교육서로 활용되었을 가능성을 의미하며, 남성들이 유교적 여성상을 내면화하는 데 큰 역할을 하였을 것으로 보인다. 따라서 사대부의 여성관은 바로 『소학』에 근거해서 형성되었다고 볼 수 있다.

사대부의 여훈서와 열녀전

　국가 차원의 여성 교화는 여훈서의 보급과 모범 여성에 대한 정표정책을 통해 조선시대 내내 지속되었다. 그러나 실제로 국가에서 편찬한 여훈서는 소량이었으며, 주로 왕실 여성 중심으로 보급되었다. 반면에 대중 교화서를 지향한 『삼강행실도』는 간행 빈도가 높았으며 전국적으로 배포되었다. 한자를 모르는 여성과 일반 백성

---

4) 『계녀서』, 『규중요람』, 『사소절』, 『내정편』, 『여자초학』, 『한씨부훈』, 『규범』 등은 『소학』을 여성교육서로 거론하였으며, 소혜왕후는 『소학』을 주요 텍스트로 하여 『내훈』을 편찬하였다.

을 위해 그림을 그려 넣고 언해도 덧붙였지만, 실제로는 주로 사족층에게 보급되었다. 종친, 중앙과 지방 관리, 사학과 향교 교생이 그 대상이었는데, 이것은 교화의 실제 주체가 사대부로서 이들이 먼저 내용을 숙지한 후 여성 및 향촌의 교화를 담당했기 때문이다.

이렇게 여성 교화의 실제를 담당한 사대부는 가문의 여성을 상대로 여훈서를 작성하기도 하였다. 조선 최초의 사대부 여훈서는 송시열(1607~1689)이 결혼을 앞둔 큰딸을 위해 지은 『우암계녀서』로 알려져 있다. 『우암계녀서』의 내용은 '부모 섬기는 도리'를 제외하고는 모두 혼인 이후 시집살이에서 요구되는 관계 윤리와 생활태도에 관한 것이다. 시부모와 남편 섬기기, 남편의 형제 및 친척과 화목하기, 자식 교육, 봉제사 접빈객, 노비 부리기, 근면절약, 언행, 음식의복 등 일상에 필요한 지침을 담고 있다. 그런데 『우암계녀서』에는 중국 여훈서에서는 찾아볼 수 없는 출가외인의 논리가 등장하고 있으며, 투기에 대한 경계를 거듭 강조하였다. 종법 질서가 정착되면서 시집살이가 본격화되자, 남성 중심의 시집살이에서 겪게 될 갈등을 염두에 두고 현실적인 조언을 한 것이다.

『우암계녀서』 이후 사대부들은 가문의 여성들을 상대로 여훈서를 작성하였다. 이러한 여훈서는 조선 초기부터 존재했던 가훈서에서 파생된 것으로 볼 수 있다. 김수증(1624~1701)이 손녀 영빈 김씨가 숙종의 후궁으로 간택되어 입궐할 때 써 준 글, 한원진의 『한씨부훈』(1712), 권구(1672~1749)의 『내정편』, 이덕무의 『사소절』 부의

[그림 6-4] 『우암선생계녀서』[5]

---

5) 송시열의 『우암계녀서』를 후대인이 필사한 것이다.

(1775)와 매훈(妹訓), 김종수의『녀즈초혹(女子初學)』(1797), 박문호의『여소학』(1882) 등 다수의 여훈서가 존재한다. 18세기 들어 종법제적 친족 질서가 정착되면서 여성의 시집살이는 거부할 수 없는 삶의 형식이 되었고, 이를 무난하게 수용하도록 하는 것이 여훈서의 주요 기능이었다. 국가가 열녀를 절대화함으로써 남성 중심의 종법 질서를 구축하는 데 집중했다면, 사대부들은 종법 질서가 실질적으로 작동할 수 있도록 남편 가문에 충실하면서 내조하는 여성상을 형성하는 데 주력하였다.

한편, 사대부들도 국가의 열녀 정책에 부응해 열녀전을 저술하였다. 대부분의 사대부들은 자신의 문집에 …烈婦傳, …節婦傳, …烈行이라는 이름으로 글을 수록하였다. 일상 속에서 내조를 강조할 뿐만 아니라 열녀를 이상적으로 여겼던 것이다. 물론 열녀가 지나치게 목숨을 가볍게 여기고, 부모 봉양과 자식 양육도 뒷전으로 하는 폐단에 대해 문제 제기를 하는 경우도 있었지만, 기생도 열녀를 표방할 정도로 사회적 분위기는 열녀를 압도적으로 지지하였다. 즉, 조선시대 여성교육의 목적은 종법제적 가부장제를 유지하는 것이었으며, 이를 위해 열녀와 내조가 강조된 것이다.

이 밖에도 작자와 간행연도를 알 수 없는 여훈서가 다수 존재하는데,『규중요람(閨中要覽)』『규범(閨範)』『곤범(壺範)』등이 있다.『규중요람』은 퇴계선생의 저작으로 알려져 있지만 근거가 희박하다. 그리고 한국학중앙연구원 장서각에 보존된『곤범』은 1~2권에서는 유교 경전의 내용을 발췌해 담았으며, 3권은 모범 여성 12명의 전기를 다루었다. 이 책은 유교 경전에 대한 해박한 지식을 여성에게도 요구했다는 점

[그림 6-5]『곤범(壺範)』

에서 다른 여훈서와 질적인 차이를 보여 준다.

이와 같이 조선시대 여성교육은 조선사회가 종법에 기반한 유교사회로 안정적으로 전환하는 데 필수적인 장치였다. 유교가 음양사상에 기반하고 있지만, 현실적으로는 남성을 중심으로 한 가족 질서와 부계친 사회를 정착시키기 위해 여성의 내조가 필요했다. 또한 남편에 대한 정절을 극대화한 열녀를 이상적 여성상으로 강조함으로써 남녀의 수직적 · 차별적 질서가 공고해졌다. 조선의 여훈서들은 이러한 가치를 충실히 담아냈다. 즉, 조선시대 여성교육의 목적은 종법제적 가부장제를 유지하는 것이었으며, 이를 위해 여훈서는 열녀와 내조를 강조한 것이다.

 활동과제

○ 고려시대 여성교육과 조선시대의 여성교육의 양상을 찾아 비교해 보자.

○ 남편에 대한 정절을 지키기 위해 부모 봉양과 자식 양육을 포기한 여성을 열녀로 표창하는 것이 조선사회가 지향한 유교적 가치에 부합하는지 토론해 보자.

○ 남녀유별에 기초한 내조의 관념이 조선 사회 변화에 어떤 영향을 미쳤으며, 오늘날에도 영향을 미치고 있는지 토론해 보자.

○ 조선시대 여성교육과 현대의 여성교육을 비교해 보자.

제2부

개화기(1881~1910) 교육과정

제**7**장　개화기 관학 교육과정

"허명(虛名)의 학문을 버리고 실용(實用)의 학문으로 나아가자"

이 장의 목표

1. 개화기 관학 교육과정의 교육과정 체제 및 흐름에 대해 설명할 수 있다.
2. 개화기 관학 교육과정과 시기별 흐름에 따른 학교급별 특징들을 열거하여 설명할 수 있다.

생각해 볼 문제

1. 개화기 관학 교육과정의 추진 목적과 그 의의는 무엇이며, 한계는 무엇인가?
2. 우리나라 교육과정 역사의 흐름 속에서, 개화기 관학 교육과정의 양상이 현재 우리나라 교육과정에 주는 의의는 무엇인가?

　개화기는 일반적으로 조선 정부가 문호를 개방하기 시작한 1876년(강화도조약)부터 일제에 의해 국권을 상실한 1910년(조선왕조의 종말)까지의 시기를 지칭한다. 이 시기에 조선은 서세동점의 위기 속에서 근대적 제도가 시행되었고, 전통적인 생활양식이 변모되었다. 그리고 이러한 변화는 조선의 교육에서도 마찬가지였다. 개화기 조선의 교육은 '근대교육의 수용과 거부' 속에서 교육의 목적, 체제, 내용, 방법의 개선을 위한 실험, 노력, 갈등, 왜곡이 진행되었다.

　구체적으로 근대적 교육 질서의 확립을 위한 정부 차원의 노력은 1881년부터 시작되었다. 1881년 조선 정부는 처음으로 신식 기술 습득을 위해 청(靑)에 영선사(領選使)를, 일본에 신사유람단(紳士遊覽團)을 파견하였다. 그 후 외국어 통역과 신식군대 양성에 필요한 최초의 근대적 관립 학교를 세웠으며, 이러한 노력의 정책적 연장선으로서 1894년 갑오개혁을 단행하였다. 조선 정부는 갑오개혁을 통해 근대적 신교육에 대한 사상과 이념을 구체적 교육제도로 수렴하여 오늘날 한국 공교육 체계의 근간이 되는 각종 교육 법규와 제도적 장치인 신학제를 마련해 나가기 시작하였던 것이다.

따라서 전통교육에서 근대교육으로의 교체기인 개화기에 국가가 주도하는 근대적 교육이 진행되었던 것은 1881년부터이며, 1894년의 갑오개혁으로 그 성격과 체제가 제도적으로 가시화되어 일제 강점 이전까지 추진되었다. 이에 이 장에서는 개화기 관학 교육의 시기적 범주를 근대 교육이 시작된 1881년부터 일제 조선총독부에 의해 국가적 교육권이 완전히 장악되어 제1차 조선교육령이 반포되기 직전인 1911년까지로 설정하고,[1] 하위 시기별과 학교별로 그 교육과정의 특징을 살펴보고자 한다.

개화기 각 시기별 교육과정

새로운 교육을 향한 정부 주도의 시도는 갑오개혁 이전에 시작되었고, 갑오개혁 이후에는 정치적 변화에 따라 교육과정의 목표와 내용이 수정되었다. 이에 개화기 교육과정의 시기를 갑오개혁 이전 시기, 갑오개혁 시기, 광무개혁 시기, 통감부 시기로 구분하고자 한다. 개화기의 하위 시기별 교육과정의 특징을 알아보면 다음과 같다.

갑오개혁 이전 시기(1881~1893)

1882년 정부는 외국과의 교섭이나 해관의 사무처리를 위한 외국어 교육기관이자 통상아문(通常衙門)의 부속기관으로 제동(齊洞)에 동문학(同文學)을 설립하였다. 동문학에서는 어학생 40여 명을 뽑아 영어와 일어, 사국필산(四國筆算)을 교육하였

---

1) 한용진(1994: 163-187)은 기존의 개화기 한국교육 시기 구분 이론들을 검토하면서 개화기 교육 시기를 1881년부터 1911년 8월까지로 보았으며, 교육 관련 법령 반포 시기를 고려하여 세부적으로 ① 신교육의 태동기(1881~1885), ② 신교육기(1885~1895. 3.), ③ 관제기(1895. 3.~1906. 8.), ④ 학교령기(1906. 8.~1911. 8.)로 구분하였다.

다.[2] 그 후 1886년 정부는 최초의 신식학제인 육영공원절목(育英公院節目)[3]을 제정하고, 동문학을 확대 개편하여 육영공원을 설립하였다.[4] 또한 근대적 사관양성기관으로서 1888년 연무공원(鍊武公院)과 1893년 해군사관학교를 설립하였다.[5] 즉, 갑오개혁 이전 시기에는 근대적 교육 관련 법령이 반포되지는 않았지만 정부의 노력으로 외국어 통역과 신식군대 양성에 필요한 최초의 근대적 관립 학교가 세워졌으며, 이를 통해 근대적 학문을 수용하려는 노력이 그 싹을 틔우게 되었다.

갑오개혁 시기(1894~1896)[6]

1895년 2월, 고종은 「교육입국조서(敎育立國詔書)」를 공표했다. 1894년 8월부터 갑오개혁을 주도했던 군국기무처가 전통적인 관리 선발 체계인 과거제를 폐지하고, 근대교육 행정 기구인 학무아문(1895년 4월 이후 '학부'로 명칭 변경)을 설립한 후 고종은 근대교육의 이념을 분명히 하는 조칙을 발표하였던 것이다. 고종은 과거 경서 중심의 유교 교육에서 새로운 지식에 의한 근대교육으로 나아갈 것을 밝혔으며, 교육목표의 3개 강령으로서 덕육, 체육, 지육을 향상시켜 국가 중흥의 강력한 인재를 양성하고자 한다는 뜻을 분명히 하였다.[7] 이에 따라 정부는 근대적 교사 양성기관인 사범학교와 초등교육 기관인 소학교를 출범시켰다.[8] 이미 전부터 있었던 일

---

2) 『한성순보』 제15호, 1884. 3. 18.
3) 육영공원은 헐버트(Hulbert, Homer B.)가 정부측 修文司堂上과 협의 검토한 후 1886년(고종 23) 9월 17일 육영공원설학절목(育英公院設學節目)을 제공하여 왕에게 올림으로써 설립된 학교이다. 이 절목은 외국에서 초빙된 교사들과 정부의 협의하에 제정된 것이기에 서구식 교육제도에 근거한 근대적 학교 운영 전반에 관한 제 규칙을 담고 있다.
4) 『고종실록』 고종 23년(1886. 8. 1.);『고종실록』 고종 23년(1886. 8. 10.); 「육영공원절목」(1886. 9. 17.): 이광린(1974)에서 재인용.
5) 『고종실록』 고종 24년(1887. 12. 25.)
6) 그동안 교육사학계에서는 갑오개혁의 진행과정을 두고 갑오교육개혁의 성격이 자주적인 것인가 아니면 외세의존적인 것인가에 대한 논의가 있어 왔다. 이에 대해 갑오개혁은 일본의 요구에 의해 시작되었지만 그 내용에 있어서는 개화파 관료들에 의해 이루어졌으며(유영익, 1990: 1-21), 일본의 제도를 모방하되 고유의 전통을 존중하는 태도를 견지하였다(윤건차, 1987: 114-115)는 의견이 주를 이루고 있다.
7) 『관보』(국립중앙도서관 구한국 관보 DB, 이하에서는 이를 생략), 1895. 2. 20.
8) 「소학교령」(칙령 제145호, 1895. 7. 19.), 『관보』, 1895. 7. 22.;「소학교교칙대강」(학부령 제3호, 1895. 8. 12.), 『관보』, 1895. 8. 15.;「한성사범학교관제」(칙령 제79호, 1895. 4. 16.), 『관보』, 1895. 4. 19.;「한성사범학

어학교와 영어학교에 뒤이어 법어(法語, 프랑스어), 아어(俄語, 러시아어), 한어(漢語, 중국어), 덕어(德語, 독일어) 등의 외국어 학교도 세웠다.[9] 근대적 사관 양성기관으로서 훈련대사관양성소와 무관학교를 설립하였으며, 그리고 법관양성소와 종두의양성소도 설립했다.[10]

각종 학교 관제가 제정되어 근대 학교 교육 체제가 법제화되면서,[11] 근대적 관공립 학교가 앞 다투어 문을 열었다.

광무개혁 시기(1897~1904)

1897년 10월 12일 고종은 대한제국 성립을 선포하였다. 이 시기 외세의 각축 속에서도 정부는 어떤 특정 국가적 세력을 배제한 채 나름대로 독자적 교육 개혁을 추진하였다. 점차 관공립 학교는 확장되면서 근대적 학제가 정착되어 갔다. 정부는 근대적 부국강병의 토대인 사관 양성을 위해 기존 무관학교 관제를 개정한 뒤 육군무관학교를 설립하였고,[12] 상공업 및 의학을 육성시키고자 실업교육기관 및 의학교를 설립하였다.[13] 한편, 갑오교육 개혁의 성과를 확대하고자 초등교육인 소학교와 사범교육을 확충하였으며, 중등교육인 중학교를 신설하였다.[14] 아울러 기존의 일

교규칙」(학부령 제1호, 1895. 7. 23.), 『관보』, 1895. 7. 24.

9) 「외국어학교관제」(칙령 제88호, 1895. 5. 10.), 『관보』, 1895. 5. 10.

10) 「훈련대사관양성소관제」(칙령 제91호, 1895. 5. 16.), 『관보』, 1895. 5. 20.; 「무관학교관제」(칙령 제2호, 1896. 1. 11.), 『관보』, 1896. 1. 15.; 「무관학도모집령」(군부광고 제2호, 1896. 1. 15.), 『관보』, 1896. 1. 15.; 「법관양성소규정」(칙령 제49호, 1895. 3. 25.): 송병기 외 편저(1970)에서 재인용; 종두의양성소규정 (칙령 제180호, 1895. 11. 7.), 『관보』, 1895. 11. 9.

11) 교육 관련 법제의 형식은 크게 두 시기로 구분된다. 즉, 갑오개혁기와 광무개혁기는 교육 관련 법형식이 소학교령을 제외하고 '관제(官制)'로 반포되었으며, 통감부 시기에는 학교 단계별로 '학교령(學校令)'으로 반포되었다.

12) 「무관학교관제」(칙령 제11호, 1898. 5. 14.), 『관보』, 1898. 5. 14.

13) 「농상공학교관제」(칙령 제16호, 1904. 6. 8.), 『관보』, 1904. 6. 11.; 「광무학교관제」(칙령 제40호, 1900. 9. 4.), 『관보』, 1900. 9. 6.; 「우무학도(郵務學徒)규칙」[통신원령(通信院令) 제6호, 1900. 11. 1.], 『관보』, 1900. 11. 5.; 「전무학도(電務學徒)규칙」(통신원령 제7호, 1900. 11. 1.), 『관보』, 1900. 11. 5.; 「의학교관제」(칙령 제7호, 1899. 3. 24.), 『관보』, 1899. 3. 28.

14) 「중학교관제」(칙령 제11호, 1899. 4. 4.), 『관보』, 1899. 4. 6.

어, 영어, 법어(法語, 프랑스어), 아어(俄語, 러시아어) 이외에 한어(漢語, 중국어), 덕어 (德語, 독일어)를 교수하는 외국어 학교를 설립함으로써[15] 근대적 교육과정의 수준 과 내용을 다양화하였다.

통감부 시기(1905~1911)

통감부 시기(1905~1911)는 세부적으로 3개의 시기를 포함한다. 첫째, 학부의 제 1차 한일협약(1904. 8. 22.)에 따라 1905년 2월 일본인 학정참여관이 한국에 온 것을 계기로 일본의 국가권력이 한국 교육의 행정에 간여한 때부터 1906년 8월 보통학교 령이 공포되기 전까지의 시기(1905. 2.~1906. 7.)이다. 둘째, 제2차 한일협약(1905. 11. 17.)에 따라 통감부가 설치되고 일제의 통감부와 일본인인 학정 참여관 및 학부차 관에 의해 한국 교육이 좌우되어 1906년 8월 보통학교령이 공포, 시행되었던 제1차 학교령 시행기(1906. 8.~1909. 3.)이다. 셋째, 통감부가 1909년 4월 19일 제 학교령을 개정하고 같은 해 7월 5일에 각 학교령 시행규칙을 개정하여 동년 9월 1일부터 새 학 교령에 따라 교과과정을 적용시켰던 때부터 조선총독부에 의한「제1차 조선교육령」 시행(1911. 8. 22.) 직전까지의 제2차 학교령 시행기(1909. 4.~1911. 7.)이다.

이러한 통감부 시기에는 갑오개혁 시기, 광무개혁 시기에 비해 양적인 면에서 가장 많은 교육 법제와 규정이 반포되었다. 1906년 4월 4일「법관양성소규칙」[16]과 5월 24일「관립한성사범학교 교원임시양성과규칙」[17] 정비를 시작으로 1906년 8개, 1907년 3개, 1908년 24개, 1909년 21개, 1910년 5개의 교육 법제와 규정이 제정 또 는 개정되었다. 그러나 교육과정 체제의 외적 형식 완비와 달리 본질적인 근대적 교 육 개혁의 방향과 내용은 후퇴하였다. 일제는 통감부 설치 이후 1906년 4월 11일 학 부의 업무로서 학교검열권과 1907년 7월 3일 교과용도서 검열 규정을 통한 교과서 의 편집, 검열 업무를 추가, 강화함으로써 학교 운영 및 교과서에 대한 학교의 철저 한 통제와 감독이 가능하게 하였다.[18] 특히 1906년 소학교를 보통학교로, 중학교를

---

15)「외국어학교규칙」(학부령 제11호, 1900. 6. 27.),『관보』, 1900. 7. 2.

16)「법관양성소규칙」(학부령 제1호, 1906. 3. 30.),『관보』, 1906. 4. 4.

17)「관립한성사범학교 교원임시양성과규칙」(학부령 제18호, 1906. 5. 17.),『관보』, 1906. 5. 24.

고등학교로 개정하고 수업 연한을 대폭 줄임으로써 고등교육의 기회를 차단하고자
하였으며,[19] 실업학교의 확충을 통해 하급 실무자 양성에 박차를 가하였다.

개화기 학교별 교육과정 편제

개화기 학제는 유·초·중·고등교육의 단계별 학제가 아니라, 개별적 학교의
나열 형식이다. 초등과 고등 교육의 이분법적 구조이며, 중등교육의 개념이 따로 없
었고, 고등교육의 개념이 정립되어 있지 않았다. 또한 전문과 실업 교육기관의 구분
도 명확하지 않았다. 게다가 초등교육 수준의 교육기관인 소학교를 제외한 다른 교
육기관들은 시기에 따라 교육 수준과 교육내용이 달라지기도 하였다.

소학교(보통학교)

1895년 소학교는 '국민정신의 기초와 그 생활상 필요한 보통지식과 기능'을 교육
하고자 설립되었다. 만 7~15세까지 지원할 수 있었다. 교과목은 수신, 독서와 작
문, 습자, 산술, 체조, 본국 역사, 도화(圖畵), 외국어(여학생을 위한 재봉 1과 추가 가
능) 등이었다.[20] 이후 1905년부터는 교원을 일본인으로 임용하기 시작하였으며,
1906년에는 소학교의 명칭이 보통학교로 개칭되었다. 더불어 '도덕교육 및 국민교
육을 실시하고 일상생활에 필요한 보통지식과 기예를 기르는 것'을 설립 목적으로
함으로써 도덕교육이 국민교육과 나란히 설립 목적으로 추가되었다. 수업 연한을
5~6년에서 4년으로 단축하였고, 임시로 설정된 2년제의 속성과정인 보습과를 두
었다. 교과서는 학부가 편찬한 국정교과서를 사용하여야 했으며, 교과목은 외국어

18) 「학부관제중개정건」(칙령 제18호, 1906. 4. 11.), 『관보』, 1906. 4. 10. ; 「학부편찬보통학교교과용도서발매
　　규정」(학부령 제7호, 1907. 7. 3.), 『관보』, 1907. 7. 9.

19) 「보통학교령」(칙령 제44호, 1906. 8. 27.), 『관보』, 1906. 8. 27. ; 「고등학교령」(칙령 제42호, 1906. 8. 27.),
　　『관보』, 1906. 8. 27.

20) 「소학교령」(칙령 제145호, 1895. 7. 19), 『관보』 1895. 7. 22. ; 「소학교교칙대강」(학부령 제3호, 1895. 8.
　　12), 『관보』, 1895. 8. 15.

를 삭제하고 일어를 필수과목으로 하여 1학년부터 (수업 시수를) 매주 6시간씩 배당함으로써 국어, 산수에 달하는 비중을 차지하게 하였고, 한문, 실업과목인 농업, 상업 교과를 새로이 추가하였다.[21]

중학교(고등학교, 고등보통학교, 고등보통여학교)

소학교가 확대되어 감에 따라 1899년에는 중학교 관제가 공포되었다. 중학교는 '실업에 나가고자 하는 사람에게 정덕이용후생(正德利用厚生)하는 중학교육을 보통으로 교수하는 곳'으로, 심상과 4년, 고등과 3년을 합하여 7년의 수업 연한을 규정하였다. 심상과는 윤리, 독서, 작문, 지지, 산술, 경제, 박물, 물리, 화학, 도화, 외국어, 체조의 교과를, 고등과는 독서, 산술, 경제, 박물, 물리, 화학, 법률, 정치, 공업, 농업, 상업, 의학, 측량, 체조의 교과를 운영하도록 하였다.[22] 그러나 중학교는 1906년 8월 27일 고등학교로 개칭되었고, 1908년 「고등여학교령」을 반포함으로써 여성을 위한 고등여학교가 따로 탄생하였다. 중학교의 명칭이 고등학교로 변경됨에 따라 고등학교가 최종학교로서 기능하게 되었다. 수업 연한은 본과 4년, 예과와 보습과 각 1년의 5년으로 축소되었으며, 1909년에는 예과와 보습과를 없애고 4년제 단과로만 운영되었다. 고등여학교는 본과 이외에 예과와 기예전수과(技藝傳受科)를 둘 수 있었으며, 수업 연한은 3년으로 고등학교보다 일 년이 짧았다.[23]

한성사범학교

한성사범학교는 '교관을 양성하는 처(處)'로서 입학생의 신분은 아무런 규제가 없었으며 3년 과정의 본과(입학연령 20~25세), 6개월 과정의 속성과(입학연령 22~35세)

---

21) 「보통학교령」(칙령 제44호, 1906. 8. 27.), 『관보』, 1906. 8. 27.; 「관립보통학교보습과규정」(학부령 제11호, 1908. 4. 7.), 『관보』, 1908. 4. 10.; 「보통학교령」(칙령 제55호 1909. 4. 19.), 『관보』 1909. 4. 20.

22) 「중학교관제」(칙령 제11호, 1899. 4. 4.), 『관보』, 1899. 4. 6.; 「중학교규칙」(학부령 제12호, 1900. 9. 3.), 『관보』, 1900. 9. 7.

23) 「고등학교령」(칙령 제42호, 1906. 8. 27.), 『관보』, 1906. 8. 27.; 「고등학교령개정」(칙령 제52호, 1909. 4. 19.), 『관보』, 1909. 4. 20.; 「고등여학교령」(칙령 제54호, 1909. 4. 19.), 『관보』, 1909. 4. 20.; 「고등여학교령」(칙령 제22호, 1908. 4. 2.), 『관보』, 1908. 4. 4.

로 나누어 뽑았다. 본과와 속성과의 교과목은 수신, 교육, 국문, 한문, 역사, 지리, 수학, 물리, 화학, 박물, 습자 및 체조로 하되, 사정에 따라 이러한 과목 중에서 한 과목 또는 몇 과목을 감할 수 있게 하였다.[24] 이후 1906년에는 일본어 수업시수가 주당 4시간으로 오히려 국어(3시간)보다 많아졌으며 교육내용에 대한 각종 통제가 강화되었다.[25] 또한 1908년 관립한성사범학교는 보통학교의 교원만을 양성하는 것으로 그 설립 목적을 한정하였다.[26]

외국어학교(일어, 영어, 법어, 아어, 한어, 덕어)

외국어학교는 동문학과 이를 계승한 육영공원의 후신이다. 육영공원은 대부분 양반고관의 자제들에게 책 읽기, 글쓰기, 수학, 자연과학, 역사, 정치학 등을 가르치고, 3년마다 치는 대고(大考) 시험에 급제하면 관직에 부임할 수 있게 하였다.[27] 육영공원은 이후 관립영어학교로 개편되었다. 외국어학교는 '여러 외국의 어학을 교수'하고자 수업 연한 3년의 본과와 수업 연한 2년의 연구과의 편제로 운영되었다. 외국어학교는 1891년 일어학교, 1894년 영어학교, 1895년 법어학교, 1896년 아어학교가 설립되었다. 교육과정은 각국의 어학이 중심이 되었으나 점차 수학, 지리 등의 일반 과목과 상업총론, 우편사무 같은 상업총론, 체조 등이 추가되었다.[28] 이후 1911년에 외국어학교는 일제의 식민지 학제 개편에 따라 폐지되었다.

---

24) 「한성사범학교관제」(칙령 제79호, 1895. 4. 16.), 『관보』 1895. 4. 19.; 「한성사범학교규칙」(학부령 제1호, 1895. 7. 23.), 『관보』 1895. 7. 24.; 「한성사범학교규칙개정」(학부령 제8호, 1899. 4. 21.), 『관보』 1899. 4. 25.

25) 「사범학교령」(칙령 제41호, 1906. 8. 27.), 『관보』, 1906. 8. 31.; 「사범학교령시행규칙」(학부령 제20호, 1906. 8. 27.), 『관보』, 1906. 9. 1.

26) 「관립한성사범학교강습과규정」(학부령 제17호, 1908. 9. 14.), 『관보』, 1908. 9. 16.

27) 「육영공원절목」, 1886. 9. 17.: 이광린(1974)에서 재인용.

28) 「외국어학교관제」(칙령 제88호, 1895. 5. 10.), 『관보』, 1895. 5. 10.; 「외국어학교규칙」(학부령 제11호, 1900. 6. 27.), 『관보』, 1900. 7. 2.; 「외국어학교령」(칙령 제43호, 1906. 8. 27.), 『관보』, 1906. 8. 31.; 「외국어학교령시행규칙」(학부령 제22호, 1906. 8. 27.), 『관보』, 1906. 9. 3.; 「외국어학교령」(개정)(칙령 제53호, 1909. 4. 19.), 『관보』, 1909. 4. 20.; 「외국어학교령시행규칙」(개정)(학부령 제5호, 1909. 7. 5.), 『관보』, 1909. 7. 9.

실업학교(농상공학교, 광무학교, 전무학당, 우무학당, 실업보습학교, 여자양잠강습소, 공업전습소 등)

실업학교는 1899년 상공학교를 시작으로[29] 1908년까지 〈표 7-1〉과 같이 분화되었다. 1909년에는 실업학교령(1909년 2월 칙령 제29호)이 반포되면서 농업학교(농업, 잠업, 임업, 축산, 수산 포함), 상업학교, 공업학교, 실업보습학교로 나뉘어졌다. 수업 연한은 3년, 2년 이내의 속성과가 설치되었다. 교육과정은 본과의 경우 실업에 관한 교과 이외에 수신, 국어, 한문, 일어, 수학, 이과를 공통으로 듣게 하였다. 그 중 수학과 이과는 제외할 수 있으며, 지리, 역사, 도화, 법규, 통계, 측량, 제조, 기타 과목을 추가할 수도 있다.[30] 또한 1910년 여성의 직업교육을 위한 여자잠업강습소가 설치되었다.[31]

표 7-1 실업학교 분화(1899~1908)[32]

상공학교(1899) → 농상공학교(1904) → 농과: 수원농림학교(1906), 수원농림전문학교(1908)
　　　　　　　　　　　　　　　　　 → 공과: 경성공업전습소(1907)
　　　　　　　　　　　　　　　　　 → 상과: 선린상업학교(1906)
광무학교(1900), 우무학당(1900), 전무학당(1900)

29) 「상공학교관제」(칙령 제28호, 1899. 6. 24.), 『관보』, 1899. 6. 28.

30) 「실업학교령」(칙령 제56호, 1909. 4. 26.), 『관보』, 1909. 4. 27.; 「실업학교령시행규칙」(학부령 제1호, 1909. 7. 5.), 『관보』, 1909. 7. 9.; 「상공부소관농림학교규칙개정」(농상공부 제2호, 1909. 6. 1.), 『관보』, 1909. 6. 3.; 「공업전습소관제」(개정)(칙령 제22호, 1910. 3. 12.), 『관보』, 1910. 3. 14.「실업보습학교규정」(학부령 제1호, 1910. 4. 1.), 『관보』, 1910. 4. 4.

31) 「여자잠업강습소관제」(칙령 제6호, 1910. 1. 29.), 『관보』, 1910. 1. 31.; 「여자잠업강습소규칙」(농상공부령 제1호, 1910. 2. 23.), 『관보』, 1910. 2. 24.

32) 「상공학교관제」(칙령 제28호, 1899. 6. 24.), 『관보』, 1899. 6. 28.; 「농상공학교관제」(칙령 제16호, 1904. 6. 8.), 『관보』, 1904. 6. 11.; 「관립농상공학교규칙」(학부령 제16호, 1904. 8. 8.), 『관보』, 1904. 8. 22.; 「광무학교관제」(칙령 제40호, 1900. 9. 4.), 『관보』, 1900. 9. 6.; 「우무학도(郵務學徒)규칙」통신원령(通信院令) 제6호, 1900. 11. 1.], 『관보』, 1900. 11. 5.; 「전무학도(電務學徒)규칙」(통신원령 제7호, 1900. 11. 1.), 『관보』, 1900. 11. 5.; 「농상공부소관(所管)농림학교관제」(칙령 제39호, 1906. 8. 27.), 『관보』, 1906. 8. 27.; 「농공상부소관(所管)공업전습소관제」(칙령 제6호, 1907. 2. 1.), 『관보』, 1907. 2. 7.

의학교(대한의원부속의학교)

1895년 11월 7일 '종두의양성소규정'이 마련되면서 의학교육이 시작되었다.[33] 그 후 1899년 '내외 각종의술을 전문으로 교수하는 곳'으로 의학교가 설립되었다. 수업 연한은 3년이며 경비를 국고로, 교육은 외국인이 담당하였다.[34] 그 후 의학교는 1907년 3월 폐지되었고, 내부 산하의 대한의원 안에 부속 의학교가 설립되었다. 대한의원 부속 의학교는 의학과 4년, 약학과, 산파과, 간호과는 각 2년의 교육과정으로 구성되어 있었다.[35]

법학교(법관양성소)

1895년 설립된 법관양성소는 '졸업 후에 사법관으로 채용할 자격을 기르는 곳'으로서 교과목은 법학통론, 민법, 형법, 민사소송법, 형사소송법, 기타 현행법률, 연습 등으로 구성하였으며 3개월 후에 졸업시험을 쳐서 합격하는 자를 사법관에 채용하였다.[36] 1904년부터 수업 연한이 3년으로 연장되었고, 교과목은 현행법률, 법학통론, 헌법, 행정법, 형법, 민법, 상법, 형사소송법, 민사소송법, 국제법, 외국율례(律例), 작문, 산술 등으로 확대하였다.[37] 그 후 1909년 법관양성소는 법부 소속 법학교로 재편되었으며 교육과정도 법학통론, 민법, 민사소송법, 형법, 형사소송법, 상법, 국제법, 행정법, 국제공법, 국제사법, 명률(明律), 이재학(理財學), 실무연습, 일본어, 한문, 수학, 부기, 체조 등으로 확대되었다.[38]

이상과 같이 갑오개혁 시기 교육에 있어서 정부의 노력은 두 가지 방향으로 추진

33) 「종두의양성소규정」(칙령 제180호, 1895. 11. 7.), 『관보』, 1895. 11. 9.

34) 「의학교관제」(칙령 제7호, 1899. 3. 24.), 『관보』, 1899. 3. 28.; 「의학교규칙」(학부령 제9호, 1899. 7. 5), 『관보』, 1899. 7. 7.

35) 「대한의원관제」(칙령 제9호, 1907. 3. 10.), 『관보』, 1907. 3. 13.; 「대한의원부속의학교규칙」(내부령 제5호, 1910. 2. 1.), 관보, 1910. 2. 7.

36) 「법관양성소규정」(칙령 제49호, 1895. 3. 25.): 송병기 외 편저(1970)에서 재인용.

37) 「법관양성소규칙」(법부령 제2호, 1904. 7. 30), 『관보』, 1904. 8. 5.

38) 「법학교관제」(칙령 제84호, 1909. 10. 28.), 『관보』, 1909. 10. 29.

되었다. 그 한 가지는 국민 대중을 위한 근대적 초등교육을 광범위하게 실시하는 것이고 또 한 가지는 국가의 근대적 개혁을 위한 인적 자원을 시급히 육성하는 것이었다. 전자의 목적을 위해 정부는 관립한성사범학교와 13개의 관립소학교, 전국 각지에 1,090개의 관공립소학교를 설립하였으며, 후자의 목적을 위해 6개의 외국어학교와 무관학교, 의학교, 상공학교, 광무학교, 법관양성소 등을 설립함으로써 근대적 교육과정 마련의 발판을 마련하였다.

이러한 갑오개혁 시기의 교육 개혁 의지는 광무개혁 시기에 들어와 초등교육인 소학교와 사범교육의 정착과 중등교육인 중학교의 신설로 이어졌다. 특히 근대적 부국강병을 목표로 무관학교를 확충하고, 상공업학교 및 의학교와 더불어 기존의 일어, 영어, 법어(法語, 프랑스어), 아어(俄語, 러시아어) 이외에 한어(漢語, 중국어), 덕어를 교수하는 외국어학교를 설립함으로써 근대적 교육과정의 수준과 내용을 다양화하였다.

그러나 통감부 시기에는 종래의 교육과정이 식민지 교육 체제로 재편되었다. 초등교육과 중등교육의 수업 연한은 줄어들었고 '중학교'를 '고등학교'로 명칭을 변경함으로써 중등교육 수준의 고등학교를 종결 교육기관으로 상정하였다. 동화를 위해 종래에는 수의(隨意) 과목(오늘날의 선택과목)에 불과했던 일본어를 모든 학교의 필수과목으로 정하였으며 국어, 수학과 비슷한 비율로 시수를 증가시켰다. 국사와 지리 과목의 경우, 보통학교에서는 교과과정에 편성해 놓고도 수업시수를 배정하지 않았고, 고등학교에서도 외국의 역사와 지리 교과에 비해 1/3 정도로 수업시수를 줄였다. 한국지리 내용에서도 외국지리, 특히 일본지리와의 관계를 강조함으로써 일본에의 예속 의식을 조장하였다.

개화기 관공립학교에는 신분제 타파 이후 다양한 신분 출신자들이 입학하였으며 근대 학교에 입학한 학생들의 학교생활은 학사 일정을 중심으로 이루어졌다. 대개 학교는 9월에 신학기가 시작되었고 수업시간은 하루 5시간 내외였다. 당시 교과별 영역은 수신, 언어(국어, 한문, 일어), 수학, 사회(역사, 지리), 과학(물리, 화학, 박물, 이과), 예체능(도화, 음악, 체조) 등 여섯 가지로 편성되었다. 그 과정에서 1895년부터 1905년까지 총 106종의 교과서가 발간되었다.

그러나 개화기 말기, 즉 통감부 시기에는 사범학교와 외국어학교의 입학대상을 남성으로 한정하거나 고등여학교의 수업 연한을 고등학교보다 적게 하는 등, 성별에 따른 교육과정상의 시대적 차별 의식을 드러내는 한편, 고등여학교, 여학생 대상 교과, 여학생 교수 시 유의사항 등을 별도로 설정함으로써 성별에 따른 차이가 강화되었다.

 활동과제

○ 개화기 관학 교육과정과 관련된 당시의 신문기사를 찾아 그 흐름을 정리해 보자.

○ 2개 이상의 관학 교육과정을 선택하여 각 학교에서 작성한 교수세목을 찾아 오늘날의 교수학습지도안과 비교해 보자.

○ 개화기 관학 교육과정과 같이 오늘날의 시대 흐름에 따라 국가교육과정을 재구조화한다면, 국가 수준에서 어떠한 교육과정을 규정하거나, 학교 형태를 지향하는 것이 적절한지 근거를 들어 논의해 보자.

제**8**장 개화기 사학(미션계) 교육과정

이 장의 목표

1. 개화기 미션계 교육과정을 중심으로 한 교육과정 체제 및 흐름에 대해 설명할 수 있다.
2. 개화기 미션계 교육과정의 주요 특징과 일반학교 교육과정 간의 특징을 비교·분석할 수 있다.

생각해 볼 문제

1. 개화기 미션계 교육과정의 성립 배경과 의의는 무엇이며, 그 한계는 무엇인가?
2. 교육과정 역사의 흐름에서, 개화기 미션계 교육과정이 현재 우리나라 교육과정에 주는 의미와 영향은 무엇인가?

서양 선교사들의 입국과 교육활동의 전개

'근대학교' 하면 많은 사람들이 기독교 선교사들이 세운 학교를 먼저 떠올린다. 이 장에서는 이 학교들을 미션계 또는 선교계 학교로 칭한다. 서양 개신교 선교사들이 행했던 교육활동은 우리 근대교육에서 중요하게 간주되어 왔다. 선교사들이 조선에 처음 입국한 1884년 이래 그들에 의한 교육활동은 1885년부터 본격적으로 전개된 것으로 알려져 있다. 당시 서양의 학문뿐 아니라 서양인 자체에 대해 배타적이었던 사회적 분위기에서 영어를 가르치는 신식학교의 설립은 매우 급격한 변화였다. 1940년대 초 제2차 세계대전 과정에서 본격적인 선교활동이 중단되기까지 서양 선교사들에 의한 교육활동은 한국 근대교육사에서 중요한 계기를 제공했음에 이론의 여지가 없다.

미국 북감리회 아펜젤러(Appenzeller) 목사가 세운 배재학당과 스크랜턴(Scranton) 여사가 세운 이화학당은 정식 학교로 공인된 최초의 교육기관들이었다. 이들은 국가로부터 현판을 받아(賜額) 시작한 정식 학교들이었지만 출발이 순탄했던 것은 아니다. 아펜젤러 목사는 정동의 한 한옥을 구입하여 두 명의 청년에게 영어를 가르치며 첫 수업을 시작한 것으로 알려져 있고, 이화학당을 시작한 스크랜턴 여사도 당시 사회문화적 정황상 여학생을 구하기 어려워 큰 시련을 겪은 것으로 알려져 있다. 이화학당 설립 초기에 스크랜턴 여사가 한 학생의 어머니에게 "귀하의 허락 없이는 단 십 리도 데리고 나가지 않겠다."고 써 준 서약서는 당시 선교사학교에 대해 일반대중이 가지고 있었던 의구심을 잘 드러내 준다. 설립 후 2년이 지나도록 이화학당의 학생 수는 7~8명에 불과했다.

서양인이 운영하는 학교에 자제를 보낸다는 것은 당시 사회에서 비주류적 지위에 있거나 개화사상에 관심을 가진 집안이 아니고는 쉽게 결정할 수 있는 문제가 아니었다. 배재학당은 1887년에 학생 수가 60여 명으로 늘어났으며 왕실로부터의 위탁교육도 수행하게 되었지만, 개화론이 본격적으로 관심을 끌게 된 1890년대에 들어서야 선교사학교들이 늘어나고 입학자 수도 증가했다.

1890년대까지 설립된 학교들을 살펴보면 배재학당(1885), 이화학당(1886), 경신학교(1886), 광성학교(1894), 숭덕학교(1894), 정신여학교(1887), 일신여학교(1895), 정진학교(1896), 공옥학교(1896), 숭실학교(1897), 신군학교(1897), 배화여학교(1898), 맹아학교(1898) 등이 있으며 주로 서울, 평양, 부산 등지에 세워졌다.

이들 학교에서의 초기 교육과정은 학교가 자리를 잡기까지 안정적으로 이루어졌다고 보기는 어렵다. 배재학당의 경우 초기에는 영어를 직접 사용하는 수업이었으나 러일전쟁 이후 한국어로 수업을 하기 시작했다. 이화학당 등 여학교는 서양인에 대한 편견과 여성교육에 대한 편견이 겹쳐 정상적 교육을 할 수 있는 여건이 매우 제한적이었다. 초기에는 '내외(內外)'를 지키기 위해 학생과 교사 사이에 장막이나 휘장을 치고 수업을 하거나 예배를 보았다. 또 이화학당에서는 '한문을 가르쳐야 학교'라고 하는 여론에 의해 연로한 한문선생을 두기도 했다. 여학교에서는 내외를 지키기 위해 교사는 칠판만 보고 학생은 고개를 돌려 교사를 외면하고 앉을 정도였고, 운동회나 졸업식 등의 행사 때도 학부모들의 기피로 곤란을 겪었다.

이 장의 목표

미션계 사립 학교에서의 일반교육

선교사들에게 교육은 선교를 보조하는 수단이기도 했지만 선교의 주요 목적이 되기도 했다. 한국에 들어온 선교사들은 그들이 주로 종사하는 활동의 유형에 따라 복음, 교육, 의료 선교사로 구분되었다. 1907년 당시 외국인 선교사 수와 그들이 설립한 학교 수는 〈표 8-1〉과 같다(The Korea Mission Field, 1908: 64. 통계 조사자는 C. G. Hounshell). 선교사들의 활동을 유형별로 살펴볼 때 교파별로 다소 차이가 나타나는데, 〈표 8-2〉는 1927년 현재 교파별로 활동유형상의 차이가 나타나고 있음

표 8-1 교파별 외국인 선교사 수와 설립 학교 수 및 학생 수(1907)

선교회	외국인 선교사 수				교파별 설립 학교 및 해당 학교급의 학생 수(괄호 안)				
	남성	부인	미혼 여성	합계 (여성)*	신학교	중등학교	기타 학교**	학생 총수	자립 학교***
미국 북장로회	37	33	9	79(42)	1(58)	13(764)	344(6742)	7564	334
미국 북감리회	15	13	14	42(27)	1(480)	3(249)	103(3538)	4267	103
미국 남장로회	12	8	4	24(12)	0(6)	1(20)	34(481)	507	16
미국 남감리회	7	6	8	21(14)	0(0)	4(251)	3(82)	333	2
캐나다 장로회	6	4	4	14(8)	0(3)	0(0)	17(305)	308	14
호주 장로회	3	2	5	10(7)	0(1)	1(7)	7(301)	309	0
합계	80	66	44	190(110)	2(548)	22	508(11449)	13288	1479

* 여성 선교사 수 합계는 필자가 추가.
** 주일학교 제외(주일학교 통계는 별도로 제시되어 있음).
*** 선교자금의 지원을 받지 않는 학교. 단, 북감리회 자립학교의 일부는 선교자금의 지원을 받기도 함.
출처: 이윤미(2017: 160-161).

표 8-2 교파별 선교사 활동유형 현황(1927)

	남장로회(미)	호주 장로회	북장로회(미)	캐나다 장로회	남감리회(미)	북감리회(미)
복음	66%	61%	54%	42%	33%	32%
교육	15%	17%	21%	27%	43%	42%
의료	17%	22%	21%	27%	24%	23%
기타	2%	–	–	4%	–	3%

출처: The Korea Mission Field (1928: 15).

을 보여 준다. 장로회에 비해 감리회가 교육에 상대적으로 큰 비중을 두고 있었음을 알 수 있다.

　기본적으로는 복음이 주된 목적이었지만 교육이나 의료 또한 선교를 위해 중요하게 간주되었다. 복음과 교육의 관계에 대해서는 선교사들 내부에도 입장 차이가 있으며, 일반교육의 중요성에 대한 인식 문제는 일제강점기에 들어가서 종교교육 문제로 감리교와 장로교 간에 입장 차이가 크게 나타나기도 했다.

　그러한 입장 차이에도 불구하고 선교사들은 대체로 일반교육을 중요하게 생각하고 있었다. 특히 자유교육(liberal education)을 기본으로 하는 일반교육이 선교계 학교의 교육방향이었다고 할 수 있다. '복음화'를 궁극적 목적으로 하였지만 선교계 학교의 교육이 종교교육에 편협하게 흐르지 않고 일반교육을 지향한 점은 주목할 만하다. 이는 종교교육의 기초가 되는 기초적 문화소양의 중요성을 강조했기 때문이라 할 수 있다.

　선교사학교의 주요 교육내용과 방법은 적어도 기존의 유학 교육과는 크게 다른 것이었다. 1895년 이후 각급 학교에 대한 법령을 공표하기 전까지 교육과정에 대한 제도적 기준이 없었기 때문에 1880년대부터 설립되기 시작한 선교계 학교들의 교육과정은 다양했다. 그 이후에도 교과목 구성은 다양하게 나타나는데, 대부분의 학교에서 해당 과목을 가르칠 수 있는 교사 확보가 쉽지 않아 교육과정이 달라질 수밖에 없었다. 몇몇 주요 학교들의 교과목을 살펴보면 〈표 8-3〉과 같다(한규원, 2003: 64-68의 학교사 자료 참조).

　이 교과목들을 볼 때 선교계 학교의 교육과정은 학교별로 유사하면서도 다양했음을 알 수 있다. 성경, 영어 외에 산수, 과학, 지리, 역사, 음악, 체조, 공작 등의 교과들을 가르쳤고 사서(四書), 한문 등을 가르치기도 했다. 교육의 방법도 실물교육이나 학생활동을 중시하는 방식이 도입되었다. 이러한 교과목 구성은 구한말 관공립학교들과도 크게 다르지 않은 것이 사실이지만, 시기적으로 선교계 학교에서의 일반교육이 빨랐던 점을 감안할 때 선교계 학교가 선구적 역할을 한 측면은 인정될 수 있을 것이다.

　선교사 자료에 따르면(The Korea Mission Field, 1906: 205-206), 장로회와 감리회 연합으로 선교계 초등학교 교사들에 대한 연례 연수가 1897년부터 실시되었던 것으로 나타난다. 선교사들의 주관으로 남녀 교사들을 대상으로 지리, 수학, 한문, 교

표 8-3 개신교 선교계 학교의 교과목

학교	교과목
배재학당	초창기: 성경, 한문, 영어, 지리, 수학, 생물, 공작, 체육 등 → 1903년 이후: 세계역사, 한국역사, 일본역사, 중국역사 등 편성 → 1908년 이후: 국어, 미술, 교련 등(역사와 지리를 구분하여 편성)
이화학당	초창기: 성경, 영어 위주 → 1889년: 국어, 생리학 → 1891년: 성악, 오르간 등 추가 → 1892년: 반절, 한문, 수학, 지리, 역사, 과학, 체조 → 1896년: 가사 추가 → 1908년: 중등과에서는 성경, 한문, 대수, 기하, 삼각, 천문학, 지리학, 교육학, 물리, 화학, 영문학, 만국지지, 고등생리, 경제, 역사(만국역사, 근세사, 상고사, 영국사, 미국사) 등
경신학교	1900년대: 성경, 교회사, 국어, 한문, 영어, 산술, 대수, 화학, 물리, 천문학, 박물, 지리, 한국사 등 → 1908년: 중등과 성경, 사서, 동서양역사, 만국지지, 지문학, 중등생리, 중등물리, 중등화학, 국가학, 부기, 교육사, 작문, 분수지기하초 등, 도화, 영일어, 체조 등 → 대학과 성경, 한문, 고급문선, 영미사, 교회사, 고등생리, 고등박물, 고등물리, 고등화학, 천문, 지리, 경제, 법학, 심리, 논리, 교육법, 고등대수, 기하, 삼각측량, 음악, 도화, 영일어작문 등
정신여학교	1903년: 성경, 한문, 역사, 지리, 산술, 습자, 체조, 음악, 가사, 침공, 과학, 물리, 생물 등 → 1909: 성경, 한문, 가사, 침공, 수예, 음악, 체조, 지지, 역사, 습자, 이과, 어학(영어), 수학, 동물, 식물, 생리, 미술, 작문 등
숭의여학교	성경, 한문, 산학신편(산수), 지리, 역사, 생리, 동물, 식물 등
한영서원 (개성)	소학과: 수신, 국어, 한문, 역사, 일어, 산술, 이과, 도화, 창가, 체조 등 / 중등과: 도덕, 국어, 한문, 역사, 일어, 수학, 영어, 음악, 체조, 지리, 도화, 작문 등 / 반공과(半工科): 중등교과에 실업 추가

수방법 등에 대한 연수가 실시되었다.

선교계 학교들에서는 새로운 교과서를 제작, 편찬하여 사용하였는데 이들 학교에서 사용된 교과서 중 선교사들이 직접 제작한 것들도 있다. 예컨대『국문독본』(George H. Jones, 1902),『대한력ᄉ, 상』(Homer B. Hulbert, 1908),『ᄉ민필지(士民必知)』(Homer B. Hulbert, 1889),『초학디지(初學地誌)』(E. H. Miller, 1907) 등은 선교사들에 의해 제작되어 사용된 교재들로 국어, 역사, 지리 등의 분야에 걸쳐 있다. 이 밖에 각 학교에서 공동검수를 거쳐 사용한 교재들도 있는데, 여성 수신서인『녀ᄌ소학슈신셔』(1909)가 그 예이다. 이 교재는 노병희가 한글로 저술하고, 이화학당 교장(Lulu E. Frey), 진명여학교감, 양명여학교장 등의 교열을 거쳐 발행한 것이다([그림 8-1] 참조).

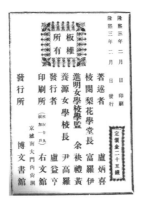

[그림 8-1] 녀ㅈ소학슈신셔(1909)

1905년 이후 학교설립운동이 자강운동 차원에서 활발하게 전개되자 일제는 1908년에 사립학교령, 학회령, 과용도서검정규정 등을 통해 사립학교들을 위축시키는 조치를 취하게 된다. 이때 선교계 학교에서 사용한 다수의 교과서들도 사용금지처분을 당했고, 배재학당, 이화학당, 경신학교를 제외한 다수의 선교계 학교에서는 1910년까지도 검인정 여부와 무관하게 교과서들을 그대로 사용하여 주의를 받았다. 1905년 이후 한국인의 근대교육에 대한 욕구와 자강의지에 맞물려 개신교가 빠른 속도로 교세 확장을 하고, 선교계 사립학교들에서 민족주의적 교육이 이루어지고 있음을 우려한 통감부는 선교사들의 교육사업에 대해 의구심을 보이기도 하였다.

선교계 학교 교육의 성격

선교계 학교에서의 교육은 한국 근대교육사 전개과정에서 뚜렷한 의미를 지닌다. 특히 개화기에는 새로운 학교의 전형으로 선구적 역할을 하였고 일제강점기에는 민족교육의 거점을 제공했다는 평가도 받는다.

전통적 유학교육이 문화적으로나 정치적으로 중화주의이고 봉건주의적인 세계관과 연계되어 있었다면 선교계 학교에서는 이와는 다른 세계관을 중시했다. 한글이나 역사교육을 강조한 것도 새로운 사회관과 역사관이 필요하다고 보았기 때문이다. 선교사들의 세계관은 기본적으로 기독교적이고 서구문화 중심적인 것이었다. 선교사들은 종교적으로나 사회문화적으로 당시의 전통적 교육이나 사회 질서에 대해 비판적 견해를 가지고 있었고, 이러한 관점은 변화를 추구하던 한국인들의 자강의지와 만날 수 있었다.

이러한 점에서 선교사 교육이 민족교육의 발전에 기여했다는 주장은 논란거리가 될 수 있다. 기독교 수용과정에서 한국인들의 사회변화의지와 교육욕구가 강하게 작용했고 선교사들이 한국인들의 자립의지에 우호적 지원을 했던 것은 사실이다. 그러나 선교사 교육이 민족교육을 지향했다는 점에 대해서는 보다 엄밀한 평가가 필요하다. 선교사들은 실제로 강한 '서구문화 중심성'을 지니고 있었고 기독교/이교(유교)의 구분이 매우 강했다. 그들은 일반교육을 통해 한국인들이 기독교적 교양인이 되기 위한 기초를 지녀야 한다고 보았고, 이것이 당시 한국인들의 '근대화의지'와 맞닿아 있었다고 봐야 할 것이다. 또한 1880년대 이후 1940년대 초까지 교파연합의 주도에 의해 지역별로 거점을 지니고 왕성한 활동을 전개한 서양인 선교사들의 존재는 식민지하에서 '출구'를 찾고 있던 다수의 한국인들에게 일본에 대한 견제세력이자 정치적·문화적으로 '숨통'을 터 주는 의미를 지닌 것이었다고 할 수 있다.

그러나 선교사들의 일차적 존재 이유는 종교적인 것이었기에 그들의 기독교적 서구문화중심주의는 때때로 일본식민주의자들의 문명관과 결합되기도 하고 충돌하기도 했으며, 한국인들의 민족주의와 결합되기도 하고 충돌하기도 하였던 것이다. 선교사들의 일차적 관심이 선교이지 한국인의 독립이 아니었음은 놀라운 사실이 아니다. 그럼에도 불구하고 일제 말기에 이르기까지 선교사들은 한국인, 일본인 외의 제3의 세력 혹은 제3의 문화를 대표하는 측면이 있었고, 이는 식민지하의 한국인에게 '선택지'를 제공했다는 의의가 있다.

현재까지도 선교계 학교의 공과(功過)는 논쟁의 대상이 되고 있다. 이는 일제강점기까지의 선교 역사를 전체적으로 고려하여 판단해야 하는 문제이다. 선교사 교육 활동과 관련한 여러 논란에도 불구하고, 분명한 것은 개화기 당시의 전통적 교육과는 근본적으로 다른 교육 형태가 시도되는 계기가 되었다는 점이고, 결과적으로 개화기 한국인들의 자강의지와 사회변화 의지를 높이는 데에 촉매역할을 했다는 점이다.

활동과제

○ 개화기 미션계 학교 설립자의 생애와 교육관에 대하여 탐구해 보자.

○ 미션계 학교들의 교육활동과 한국인 지역사회의 관계에 대해 조사해 보자.

○ 미션계 학교의 교과서를 찾아보고, 그 특징을 분석해 보자.

○ 일제강점기 사립학교 정책과 그에 따른 미션계 학교 교육과정의 변화에 대해 알아보자.

○ 미션계 학교가 현대 한국 교육에 미친 영향과 한계에 대해 논의해 보자.

제**9**장 개화기 사학(민간계) 교육과정

이 장의 목표

1. 개화기 민간계 교육과정을 중심으로 한 교육과정 체제 및 흐름에 대해 설명할 수 있다.
2. 개화기 민간계 교육과정의 주요 특징과 관학 및 미션계 교육과정 간의 특징을 비교·분석할 수 있다.

생각해 볼 문제

1. 개화기 민간계 교육과정의 성립 배경과 그 의의는 무엇이며, 그 한계는 무엇인가?
2. 교육과정 역사의 흐름에서 개화기 민간계 교육과정이 현재 우리나라 교육과정에 주는 의미와 영향은 무엇이 있는가?

개화기 사립학교의 설립을 시기별로 나누어 보면 1895년 갑오개혁 전후, 1900년 전후 그리고 1905년의 을사늑약 이후 등 크게 세 시기로 나누어 볼 수 있다. 또한 이를 교육과정상으로 살펴보면 직업 전문교육을 실시하는 학교와 애국계몽운동의 일환으로 중등 수준의 민족계 사학, 그리고 초등교육 수준의 일반 사학 등 세 유형으로 구분할 수도 있다.

갑오개혁 전후의 사학

먼저, 갑오개혁 이전의 학교로 직업 전문교육 수준의 학교로는 근대적인 사립학교의 효시로 알려져 있는 원산학사(元山學舍)를 들 수 있다.[1) 원산학사는 1883년 8월

정부에 보고하여 정식으로 승인을 받아 설립되었으며, 설립 초기에는 정원 250명으로 문예반(50명)과 무예반(200명)으로 편성된 전문교육기관의 범주에 든다. 교과목은 공통과목(수학, 물리, 기기, 농업, 채광 등 실학에 치중한 과목)과 특수과목(문예반은 經義, 무예반은 兵書)을 가르쳤는데, 이 밖에도 일본어 등의 외국어와 법률, 국제법, 지리 등 광범위한 근대 학문을 가르쳤다. 원산학사는 전통 서당을 개량하여 근대학교로 발전시켰다는 특징을 지니며, 특히 별군관(別軍官) 양성을 위한 무예반을 두었다는 점에서 지방 관료 양성과 무관하지 않았다. 갑오개혁 이전 시기 근대적 학교 설립은 대부분 정부에 의한 관학이거나 사학이라 하더라도 선교사들에 의해 세워졌다는 사실에 비추어 볼 때, 원산학사는 교육사적으로 특별한 의미를 갖는다.

갑오개혁 이후에는 과거제도가 폐지되고 신분계급이 타파되면서 널리 교육기회가 확대되었다. 특히 고종의 「교육조서(교육입국조서)」는 전 국민에게 교육입국의 뜻을 밝히며 교육이 국가보존의 근본으로, 실용적이고 과학적인 학문을 추구하며 덕양(德養)·체양(體養)·지양(智養)의 3대 강령을 제시하였다. 이로 인해 서울과 지방에 많은 사립학교들이 설립되었는데, 갑오개혁 이후 1905년 통감부가 설치되기 이전까지 각종 신문에 관련 기사가 보이는 사립학교는 총 158교이다(정재걸 외, 1994: 32).[2] 또한 이 시기에 설립된 사립학교들 중에는 서양 선교사뿐만 아니라 일본의 각종 단체나 민간인들이 설립한 학교들[3]도 있었는데, 이러한 학교들 중에는

---

1) 함경남도 원산은 1880년 4월 개항과 동시에 일본인 거류지가 만들어지고 일본 상인들의 상업 활동이 시작되어 덕원·원산의 지방민들은 일본 상인의 침투에 대한 대응책으로 새로운 세대에게 신지식을 교육하여 인재를 양성함으로써 외국의 도전에 근본적으로 대응하고자 자발적으로 서당을 개조하여 운영하고 있었는데, 1883년 1월 새로 부임한 덕원부사 정현석(鄭顯奭)에게 학교설립기금을 모을 뜻을 밝히고 새로운 근대학교를 설립해 줄 것을 요청하였다고 한다(신세체 외, 1999: 130: 안귀덕 외, 1995에서 재인용).

2) 지역별로는 서울 53개교, 경기 25개교, 평남 21개교, 함남 10개교, 함북 8개교, 충남 7개교, 전남 5개교, 경북과 경남 각 6개교, 평북과 충북 각 4개교, 황해도 3개교, 강원과 전북 각 2개교 등이다. 그러나 실제로는 이보다 더 많은 사립학교들이 있었던 것으로 추정되며, 그 근거로 『황성신문』 1902년 3월 4일 기사에는 학부대신이 한성부 내 사립소학교 30여 처를 시찰하였다는 기록이 있는데, 이 시기까지 신문 기록에 나타나는 사립소학교는 13교에 불과하기에 설립된 모든 사립학교들이 실제로 신문에 게재된 것은 아님을 알 수 있다.

3) 일본 민간단체가 설립한 학교로는 대일본해외교육회(大日本海外教育會)의 경성학당(京城學堂: 1896), 삼남학당(三南學堂: 1899), 용산학당(龍山學堂: 1903), 수원학당(1903)의 기독교주의 학교와 대아시아주의에 입각한 동아동문회(東亞同文會)가 세운 성진학당(城津學堂: 1899), 평양일어학교(1900) 및 불교종단으로 오타니파본원사(大谷派本願寺=東本願寺)와 본파본원사(本派本願寺), 정토종(淨土宗), 일련종(日蓮

일본인과 한국인이 함께 세웠다고 하여 공립(共立)이라는 표현을 사용하기도 하였으며, 주로 일본어를 가르쳤다(한용진 외, 2010). 이를 교육내용상으로 나누어 보면 크게 두 유형으로, 하나는 외국어를 전문으로 하는 사립학교이며, 다른 하나는 보통과를 둔 사립 소학교이다.

전자에 속하는 학교로는 1895년 민영환에 의해 세워진 홍화학교가 있으며, 이 밖에도 을미의숙, 한성의숙(뒤에 낙영의숙으로 개명), 민영기의 시무학교(1896, 뒤에 중교의숙), 박례병의 광흥숙(1898, 뒤에 광흥학교),[4] 서광세 외 수 명이 공동으로 세운 낙연의숙(1901, 뒤에 보광학교), 그리고 우산학교(1902, 뒤에 자법학교)와 상동 청년학원(1904) 등이 있었는데, 이들 학교에서는 주로 영어와 일어를 가르쳤고 한문도 가르친 것으로 되어 있다.

특히 홍화학교는 민영환이 34세의 나이로 특명정권 공사를 맡아 미국과 영국, 네덜란드, 오스트리아, 독일과 러시아를 거쳐 돌아온 이후 외국어교육의 필요성을 통감하여 설립한 학교였다(손인수, 1998: 254-255). 처음의 교육내용은 영어와 일어였는데, 1899년부터 양지(量地) 속성과를 두어 측량 전문인력을 양성하였고, 낙영학교는 1900년 5월부터 철도학과를 부설하고 10월에는 공업제조과를 부설하고 있다. 또한 광성학교는 1900년 2월부터 아예 교명을 사립 광성상업학교로 바꾸어 상업전문학교로 특화하고 있다(정재걸 외, 1994: 33). 1898년 11월 3일자『황성신문』에는 사립 광흥학교가 학교 이전을 하면서 학생모집 광고를 내고 있는데, 교육과정으로는 일어, 산술, 역사, 지지, 법률, 경제, 행정학, 강연, 작문, 체조 등이고, 시험과목은 국한문 독서와 작문이었다. 을미의숙은 일본인 아유카이 후사노신(鮎貝房之進: 1864~1946)이 청일전쟁 이후 늘어나는 일본어 통역관 양성을 위하여 일본어 교습을 위한 목적으로 설립한 학교이다.[5]

宗), 임제종(臨濟宗) 등에서 일본어교육과 조선포교, 조선인 승려 양성 등의 목적으로 세운 20여 개 학교, 그리고 한·일 유지가 공동으로 세운 공립학교(共立學校)로 을미의숙(1895), 부산개성학교(1895), 달성학교(1899), 보통학교(1903), 의성학교(1904), 함흥학교(1905), 보명학교(1905) 등이 있다(한용진, 2005).

4)『황성신문』1898. 9. 24. 잡보.

5) 이 학교의 일부 설립비용에는 조선 정부의 보조금이 지급되었으며, 기록에 따르면 중부의 본교 이외에 남대문, 정동, 동현(銅峴), 주동(鑄洞), 종로, 동대문, 북장동 등 7개소에 분교가 있었다고 하나, 학교설립자들이 을미사변에 연루되어 이 학교의 교육활동은 사실상 중단되고 말았다(야후 백과사전).

1900년 전후의 사학

1900년대 들어와 설립된 사립학교로는 서울의 삼개, 동막, 감은돌에 설립된 영어 사립학교나 한성 직조학교(1900. 3. 25.), 장동 철도학교(1900. 5. 18.), 운수회사에서 설립한 사립 양성학교(1900. 11. 27.) 등이 대표적인 사례라고 할 수 있다(정재걸, 이혜영, 1994: 33). 한편, 상동교회의 전덕기 전도사가 시작하고 후에 대한민국 초대 대통령이 된 이승만이 교장을 역임하였던 청년학원(1904)에 대하여 안재홍은 "개화기에 진정한 국민교육을 지향했던 유일한 사립 중등학교"라는 평가를 내리고 있는데(이정식, 2002: 213),[6] 이 학교의 강의과목과 교사진을 보면, 성경에 전덕기, 국어학 주시경, 영어 스크랜턴 부인과 남궁억, 세계사 헐버트, 국사 장도빈과 최남선, 수학 유일선, 체육 김창환, 교련 이필주, 후에 한문 조성환 등이며 이승만은 성경, 영어, 산술, 지지(地誌), 국문, 역사 등을 가르쳤다고 한다(이정식, 2002: 211). 민경배(1974: 39-40)는 『한국민족교회형성사론』에서 "상동학원이 수립한 모델은 그 유명한 평양의 대성학교와 같은 다른 사립학교들에 의해 모방되었다."라고 하여, 을사늑약 이후 일어난 신교육운동에 지대한 영향을 준 학교로 상동 청년학원을 들고 있다.

1898년 11월 3일의 『황성신문』 논설은 여성도 학문을 닦아야 할 필요성에 대하여 논하며, "일세(一世)의 개명은 교육에 있고 교육은 어린이를 양성함에 있는데, 어린이의 교육은 학식을 갖춘 어머니가 잘 담당할 수 있다."라 하여, 여성교육의 절실함을 요구하고 있다. 이러한 시대적 요구를 바탕으로 1899년 2월 24일의 『황성신문』에는 양성당(養成堂) 이씨가 사립여학교를 어의동(於義洞)에 설립하고 학생을 뽑아 음력 정월 17일에 개학하였다는 기사가 실렸다. 동년 5월 4일 잡보에는 여학도 수십 명과 찬성원(贊成員) 김소사(金召史)가 학부에 여학교의 신속한 설립을 청원하였는데, 같은 달 24일에는 학부에서 여학교 설치를 위해 정부회의에 여학교령 칙령안을 청의하고 있다는 기사가 보도되었다.

---

6) 이는 안재홍의 평가로, 이정식은 민영환에 의해 설립된 흥화학교와 같은 사립학교들은 언어교육과 측량 같은 전문 분야에 제한되어 있었다는 가정에 기초하고 있다고 하며 이에 동조하는 사람들로 이광린과 오천석을, 그리고 반대의견자로 강재언을 들고 있다(이정식, 2002: 213의 각주 36).

이 시기 사립 소학교로는 1895년 서문 밖 외합동에 설립된 사립 조안의숙[7]을 비롯하여 대묘동, 순동,[8] 공동, 홍문동, 공덕리, 연동 등 각처에 설립되었는데, 이들 소학교에서는 관공립 소학교와 같은 교육과정을 운영하였으며, 학부에서 서책을 공급하였다(정재걸, 이혜영, 1994: 32)고 한다. 한편,『황성신문』기사를 보면, 평안남도 관찰사 조민희는 평양부에 있는 전통교육기관인 서재 29개를 사립학교로 개칭하고 교칙을 새로 정하였는데, 각 학교 교사를 공립 소학교로 모이게 하여 조씨가 교칙책 1권과 역서 1권씩을 나누어 주었다(1899. 1. 11.)고 하며, 전라도 관찰사 이완용은 사립학교를 네 곳에 설립하고 각 엽전 100냥씩 분급하였으며, 관하 각 군(26개 군)에도 각기 사립학교를 설립케 하여 각기 300냥씩 분급하였다(1899. 2. 25.)고 한다. 이 밖에도 도산 안창호가 고향인 강서지방에 1899년에 세운 점진학교는 우리나라에서 처음으로 남녀공학을 실시한 학교로 유명하다.

을사늑약 전후의 사학

마지막으로 1905년 을사늑약을 전후하여 국내 상황은 국권상실의 절박함 속에서 국력배양과 부국강병을 강조하며, 학교와 학회 설립을 통한 애국계몽과 교육구국운동을 범사회적으로 전개하였다. 애국계몽운동 시기에는 사립학교의 설립이 학회와 맥을 같이하기도 하였다. 즉, 학회는 교육구국운동의 일환으로 설립되어 일반 민중들을 계몽할 뿐만 아니라 학교를 설립하는 일에도 앞장섰다.[9] 특히 1907년에서

---

7) 『황성신문』1899년 3월 9일 잡보 기사를 보면, 서문 밖 합동(蛤洞) 사립 소학교는 학부 인허를 거쳐 을미년(1895)에 설립되었는데, 경비 부족으로 운영이 곤란하나 학부에서 관립·사립을 막론하고 교비와 과책(課册)을 일괄 보조한다는 기사가 보인다. 외합동의 조안의숙과는 구분되는 것으로 보이나, 서문 밖에도 1895년에 이미 여러 학교가 생겨나고 있으며, 1899년 시점에 정부의 공사립 구분 없는 지원을 알 수 있다.

8) 전 교원 정운호가 서서(西署) 반석방(盤石坊) 순동(巡洞)에 사립 소학교를 세우고 10세부터 20세까지의 학도를 모집.『황성신문』1899년 1월 31일 광고; 국립중앙도서관 대한민국신문아카이브. www.nl.go.kr/newspaper.

9) 학회의 구체적인 활동은 크게 둘로 나뉘는데, 하나는 학교의 설립경영이며, 다른 하나는 회보 등 학회 기관지의 발행이다. 대표적인 학회로는 서우학회(1906)가 서우사범학교(1907)를, 기호흥학회(1908)가 사범학교인 기호학교(1908)를, 그리고 교남교육회(1908)도 회칙에 사범대학 설립을 규정하는 등 시급히 교사를 양성하여 양성된 청년교사를 전국 각지에 파견하여 교육 보급을 꾀하였다[우마코시(馬越徹), 2001:

1910년 사이에는 보다 본격적으로 전국의 서당이 학당(學堂), 의숙(義塾)으로 재출발하거나 사학들이 활발하게 설립되었는데, 1908년 사립학교령의 반포에 의해 많은 사학들이 통합되거나 폐쇄되었음에도 불구하고 1909년 말 통계에 의하면, 전국의 학교 수는 인가와 미인가를 합하여 5,727교이며 그 가운데 인가된 사립교 2,250교, 미인가된 사립교도 약 700여 교에 이르러 대략 사립학교의 수는 3,000여 교에 이른 것으로 보인다(국사편찬위원회, 2002).

당시 사립학교에서 사용된 교과서의 대부분은 민간에서 편찬한[10] 것이었는데, 그중에서도 역사, 지리, 국어, 수신 교과서는 철저하게 민족주의 사상을 내용을 한 것이었다(안귀덕 외, 1995:174-175). 이 시기 설립된 사립학교들도 크게 고등전문교육과 중등교육, 그리고 보통교육을 실시하고 있었는데, 고등교육기관이 제대로 성립되지 않은 상황에서 교과내용이나 학교 이름만으로는 고등전문과 중등교육을 구분하기 어렵다. 일단 학교 이름에 중학교나 고등학교라는 명칭을 붙인 학교 이외에도 의숙, 학원, 학교라는 명칭으로 교육을 실시하거나, 중등과, 중학과, 고등과 등의 중등교육과정을 설치하여 중등교육을 실시하는 학교,[11] 그리고 표면상으로는 중등교육기관으로서의 특성을 가지고 있지 않으면서도 중등교육을 실시하는 기관도 있었다.[12]

민족사학으로 출발한 휘문의숙(1904: 광성의숙에서 교명 변경), 양정의숙(1905), 보성학교(1905), 보성중학교(1905), 서우학교(1907), 양산학교(1907), 오산학교(1907), 융희학교(1908) 등의 교육과정은 기본적으로 유교 경전 중심의 교육과정에서 벗어나 서양식 자연과학 과목(물리, 화학, 생물, 수학, 산술 등)과 사회과학 과목(법학, 경제학, 지리, 역사, 정치학 등)을 도입하였고, 거의 모든 학교에서 체조 과목을 비롯하여

94-95 참조.

10) 당시 교과서 편찬의 대표적 인물로는 현채, 장지연, 신채호, 정인호, 안국선, 류근, 원영의, 안종화, 정교, 신해영 등을 들 수 있다(강윤호, 1973: 19-242).

11) 이러한 학교로는 공주 육영학원, 김천 동명학교, 한성 봉명학교, 진남포 삼승학교, 의주 극명학교와 보명의숙(중등과), 창성 기창학교(중등과), 박천 박명학교(중등과), 원산 보문학교(중학과), 평남 봉명학교(중학과), 용천 보성학원(중학부), 평남 중원학교(중학과), 충남 홍주 호명학교(중학과) 등의 학교가 있었다(안귀덕 외, 1995: 178).

12) 이러한 기관으로 황성기독교청년회학관, 보광학교, 강북협성학교, 기호학교, 중교의숙, 협성안흥학교, 개천학교, 광동학교, 영변 유신학교, 평남 광달학교, 가산 육영학교 등이 있었다(안귀덕 외, 1995: 178).

표 9-1 을사늑약 전후 대표적 사립학교의 교육과정[13]

학교＼학년	양정의숙(1905)	휘문의숙(1906)	
1학년	국가학, 법학통론, 경제원론, 민법총론, 형법총론, 만국역사, 산술, 일어	수신, 한문, 역사, 지지, 지문, 물리, 산술, 작문, 어학(영어), 번역, 도화, 체조	
2학년	형법각론, 민법, 행정법, 상법, 재정학, 일어	수신, 한문, 역사, 지지, 지문, 물리, 수학, 작문, 어학(영어), 법제, 생리, 광물, 체조	
3학년	국제공법, 국제사법, 화폐론, 은행론, 근세외교사, 일어	만국역사, 한문, 만국지지, 대수, 기하, 물리, 화학, 생리, 식물, 작문, 어학, 법제, 상업, 용기화, 체조	
4학년	—	서양역사, 외국지지, 대수, 기하, 물리, 화학, 생리, 동물, 어학, 경제, 창가, 체조	
보성중학교(1906)	대성학교(1907)	오산학교(1907)	융희학교(1908)
수신학, 국어, 한문, 작문, 역사, 지지, 물리 및 화학, 박물학, 지문학, 법학, 수학, 도학, 창가, 체조, 외국어, 농업학, 상업학, 부기학 등 18개 과목	수신, 국어, 한문, 작문, 역사, 지리 및 천문, 수학, 박물, 이화학, 법제, 상업, 공업, 외국어, 도화, 음악, 체조 등 『대한매일신보』1908. 10. 6. 광고	수신, 교육학, 지지, 역사, 물리, 박물, 산술, 어학, 체조 『대한매일신보』1908. 11. 30. 광고	수신, 국어, 지지, 역사, 물리, 화학, 박물학, 법학통론, 경제학, 작문, 심리학, 수학, 부기, 소학교수법, 도화, 창가, 체조, 외국어, 토론 등 『대한매일신보』1908. 8. 13. 광고

음악, 미술 등을 가르쳤다(김선양, 1999: 57 참조). 또한 사회과목 중에서는 특히 역사와 지리 과목을 강조하였는데, 이들 대표적인 사립학교의 교육과정을 표로 정리해 보면 〈표 9-1〉과 같다.

　먼저, 휘문의숙은 민영휘에 의해 1904년 9월 광성의숙으로 개교하였는데, 휘문의숙이라는 이름은 고종이 지어 준 것이다. 3개년의 고등소학과와 4개년의 중학과를 두었다. 또한 1905년 2월 군부협판으로 있던 엄주익은 안종원, 박용숙 등 뜻을 함께하는 사람들과 양정의숙(養正義塾)을 세우고 숙장에 취임하였는데, 양정의숙에

13) 안귀덕 외(1995: 174-179)의 내용을 재인용 참고하여 표로 정리하였다.

는 1913년 전공학과가 폐지될 때까지 법률학과와 경제학과를 두는 등 국가에서 시급히 필요로 하는 전문교육 인력을 양성하였다.

이 밖에도 보성전문학교의 설립자 이용익이 세운 보성중학교는 1906년 9월 5일 대한제국 학부의 설립인가를 받아 9월 21일에 신입생 246명으로 개교식을 가졌는데, 중학교의 설립목적은「중학교 규칙」(학부령 제12호)에 따라 "장래 실무에 종사하고 또는 전문학교에 입학하고자 하는 자에게 보통교육을 교수함을 목적으로 교수"하는 기관으로 수업 연한 4년에 입학연령은 15세 이상 25세 이하로 규정하였다.

한편, 신민회의 이념을 구현하는 방법으로 도산 안창호가 평양에 세운 대성학교와 남강 이승훈이 고향 정주에 세운 오산학교, 그리고 흥사단에서 세운 융희학교 등은 모두 민족 간부 양성을 목표로 설립된 학교들이다. 오산학교의 역사 과목은 단재 신채호가 담당하였는데,『한국통사(韓國痛史)』를 쓴 박은식은 많은 미션계 학교, 관학, 민족사학 중에서 민족사학의 구국 전개에 대해 높이 평가하였고, 그중에서도 도산의 대성학교와 남강의 오산학교를 가장 높게 평가(김선양, 1999: 79)하였다. 이는 앞에서 살펴본 상동 청년학원의 인맥이 비밀 결사 독립운동단체인 신민회 및 흥사단으로 연결되면서 자주독립의 민족주의적 사학이 당시 설립된 학교 중에서도 중요한 위치를 차지하고 있음을 알게 한다.

그러나 다른 한편으로는 러일전쟁에서 일본이 승기를 잡은 1904년 후반기부터 친일단체인 일진회에서 설립하는 학교들과 일본 불교단체에서 세운 학교들이 급증하였다(정재걸 외, 1994:35). 일진회가 설립한 학교로는 1904년 9월 1일 어의동의 일진의숙이 처음인데, 일진회는 황해도를 중심으로 학교를 설립하여 1905년 10월까지 24개 군에 학교를 설립하였으며, 학생 수는 2,255명에 달하였다(『대한매일신보』1904. 9. 1.,『황성신문』1905. 10. 5. 등). 한편, 일본 불교단체인 정토종(淨土宗)에서도 황해도를 중심으로 많은 학교를 설립하였는데, 1905년의 기록에는 황해도의 12개군에 학교를 설립(『황성신문』1905. 5. 29.)한 것으로 되어있다. 신학제 전환기(1906~1910)의 사립 여학교로는 1905년의 영명학교, 1906년의 진명여학교, 숙명여학교(당시는 명신여학교), 중동학교, 현산학교, 계성학교, 신성학교, 보성여학교 등, 1907년에는 대성학교, 오산학교, 청주 경성중학교, 수피아여학교, 신명여학교, 1908년에는 동덕여자의숙, 보인학교, 소의학교, 안악의 양산중학교, 기전여학교, 신송학교, 1909년의 창신학교 등 기독교계의 여학교를 포함하여 왕실과 민족계 인사들의 학교 설립이 이어졌다(안귀덕 외, 1995: 177).

마지막으로 이 시기 사학에서 빼놓을 수 없는 흐름의 하나는 바로 보수 유림의 학교 설립에 관한 노력이다. 갑오개혁 이후 공립 소학교의 운영비를 충당하기 위하여 기존의 향교와 서원의 부속 토지 수입의 절반을 공립 소학교가 사용하도록 하였기에 유림이 근대학교에 보인 반응은 부정적일 수밖에 없었다. 특히 영남지역의 보수 유림의 저항이 심하였는데, 1899년 7월에는 사인(士人) 노영만 등 130여 명이 연명하여 향교 부속 재산을 소학교에 귀속시키는 데 대한 반대 상소를 하고(『시사총보』 1899. 7. 22.), 1903년에는 전 학부대신을 역임하였던 신기선 등 33인의 유림들이 발기하여 한양에 보인사(輔仁社)라는 전통 유학 교육기관을 설립하였다(정재걸, 이혜영, 1994: 36-37). 보인사의 강학절목에 나타난 교육과정은 경전 4경(시경, 서경, 역경, 예기), 사서(논어, 맹자, 대학, 중용), 주례, 의례, 춘추, 효경, 소학, 성리대전, 근사록, 강목, 심경 등의 서적으로 되어 있다.

결국 사립학교를 통한 신교육의 급속한 보급을 낳게 한 시대적 배경에는 한민족 자체가 갖고 있는 숭문(崇文)주의적 교육중시관을 비롯하여, 당시 개항으로 인한 새로운 문물의 수용과 이에 따라 요구되는 외국어 및 개물성화(開物成化)의 서구적 신학문에 대한 사회적 수요, 그리고 20세기에 들어와서는 국가적 위기감에서 생겨난 애국계몽과 교육구국이라는 민족의식의 발로 등을 들 수 있다. 그리고 이 시기에 세워진 사립학교는 단순히 민족주의적 학교뿐만 아니라 외국인이 세운 사립학교 및 외국인과 한국인이 함께 세운 공립(共立) 학교들도 있었으며, 1899년의 점진학교에서 시작된 여성에 대한 교육기회의 제공은 1905년부터 사립 여학교의 설립이 시작되면서 점차 여성에 대한 교육기회가 확대되었다.

활동과제

○ 갑오개혁 전후의 학교교육과 관련한 자료를 바탕으로, 당시 학교교육의 목표를 추론해 보자.

○ 을사늑약 전후의 교육과정의 흐름을 교육과정이 지향하는 '교육받은 인간상'에 기초하여 비교해 보자.

○ 오늘날의 4차 산업혁명에 부합하기 위한 교육계의 움직임을 바탕으로 국가 교육과정의 목적과 역할은 무엇이 되어야 하는지를 개화기 민간계 교육과정과 비교하여 논의해 보자.

일제강점기(1910~1945) 교육과정

제10장

일제강점기 조선교육령과 교육과정

−법령준거주의와 교수요목제의 도입

이 장의 목표

1. 일제강점기 각급 학교 교육과정의 법적 근거 및 교육과정 체제에 대해 설명할 수 있다.
2. 일제강점기 교육과정과 관련된 용어들을 열거할 수 있고, 그 차이점을 설명할 수 있다.
3. 교수요목의 제정과 교과서 편찬의 관련성을 설명할 수 있다.

생각해 볼 문제

1. 교육과정 법령준거주의가 성립된 것의 의의는 무엇이며, 그 한계는 무엇인가?
2. 일본 본국과 식민지 조선의 교육과정을 동일하게 하는 것과 달리하는 것이 학교급에 따라 각각 어떠한 장점과 단점이 있는가?
3. 체조, 교련, 직업, 재봉 등의 교과목에서 교수요목 제정이 갖는 의미는 무엇인가?

전통시대에는 가르치고 배울 내용, 이른바 교육과정을 교재로 사용하는 책 이름을 열거하는 방식으로 제시하였다. 학교의 교육목적과 교과목, 교과목에서 다루어야 할 내용 영역과 교과 운영의 주의사항 등을 포함한 일련의 체계로 제시하는 것, 그것도 법으로 국가 수준에서 제시하는 것은 그리 오래거나 널리 이루어지는 일은 아니다.

근대교육이 도입되고 학교교육 관련 법제가 정비되기 시작한 개화기에는 각급학교 또는 개별학교에 대한 법령에서 국가 수준 교육과정을 제시하기 시작했다. 일제강점기에는 교육에 관한 종합 법령인 「조선교육령」에서 각급 학교의 교육목적을 규정한 다음, 교육과정에 관한 것은 조선총독이 정한다는 위임 조항을 두었다. 위임 규정에 따라 교육과정은 조선총독부령인 「보통학교규칙」「보통학교규정」「소학교규정」「국민학교규정」이나 「고등보통학교규칙」이나 「고등보통학교규정」「중학교 규칙」 등에서 제시하였다. 이로서 교육과정이 「조선교육령」, 조선총독부령이라는 법적 근거에 의해 체계적으로 제시되는 교육과정 법령준거주의가 성립하게 되었다.

표 10-1 일제강점기 교육과정 제시 체제 및 법적 근거

수준		내용	법적 근거 및 관련 조항			
			제1차 조선교육령기	제2차 조선교육령기	제3차 조선교육령기	제4차 조선교육령기
국가 수준	총론	교육의 목적	조선교육령 제1장 강령 제2조	–	–	–
		보통교육의 목적	조선교육령 제1장 강령 제5조	–	–	–
	학교 급별	학교교육의 목적	조선교육령 제2장 학교 제8조	조선교육령 제4조	소학교규정 제1조	–
		교과목 및 과정 사항 조선총독 위임	조선교육령 제2장 학교 제33조	조선교육령 제23조	–	–
		교과목의 종류	보통학교규칙 제7조	보통학교규정 제7조	소학교규정 제13조	국민학교규정 제1조
		교수 주의사항	보통학교규칙 제8조	보통학교규정 제8조	소학교규정 제16조	국민학교규정 제2조
		각 교과의 교수요지	보통학교규칙 제9조~19조	보통학교규정 제9조~23조	소학교규정 제17조~29조	초등학교규정 제3조~25조
		교수 정도 및 매주 교수 시수	보통학교규칙 제20조 및 별표	보통학교규정 제24조 및 별표	소학교규정 제30조 및 별표	국민학교규정 제28조
		교육과정 운영 재량	보통학교규칙 제21조	보통학교규정 제24조	소학교규정 제14조, 제15조	초등학교규정 제27조, 제30조
	과목별	학교체조 교수요목	조선총독부 훈령(1914)	조선총독부 훈령(1924)	조선총독부훈령	조선총독부훈령
단위학교 수준		개별 단위 학교의 과목별 교수세목	보통학교규칙 잡칙제33조	보통학교규정 제35조	소학교규정 제37조	국민학교규정 제33조

일제강점기의 교육과정 제시 체제 및 법적 근거를 초등교육기관을 중심으로 정리하면 〈표 10-1〉과 같다(강명숙, 2010: 6-7의 표를 재구성).

제1차 조선교육령기의 교육과정 제시 체계는 기본적으로 제4차 조선교육령기까지 유지되었다. 다만, 제2차 조선교육령기에는 「조선교육령」의 조항 구성이 변하여 조선의 교육, 보통교육의 목적 규정이 생략되고, 각급 학교교육의 목적만 제시되었다. 제3차 조선교육령기 이후부터는 「조선교육령」에서 각급 학교교육의 목적이나 교육과정에 대한 위임 규정이 사라져 교육과정은 칙령이 아니라 부령에 근거하게 되어 법적 지위는 격하되었다. 제4차 조선교육령기에는 교육과정의 획기적 개편이 일어났지만 교육과정 제시 체계나 법적 근거 등에서 3차 조선교육령기와 크게 다르지 않았다.

법령에서 교과목의 종류, 교수상 주의사항, 교과목별 교수요지가 제시되는 구체적인 모습을 1911년 10월 20일 조선총독부령 제100호로 공포된 「보통학교규칙」을 사례로 살펴보면 다음과 같다.

〈보통학교규칙〉

제6조. 보통학교의 교과목은 수신, 국어, 조선어 및 한문, 산술, 이과, 창가, 체조, 도화, 수공, 재봉 및 수예, 농업초보, 상업초보로 한다. 단, 이과, 창가, 체조, 도화, 수공, 재봉 및 수예, 농업초보, 상업초보는 토지의 상황에 따라서 당분간 결(缺)할 수 있다. 수공은 남아에게, 재봉 및 수예는 여아에게 가르치며, 농업초보, 상업초보는 그중의 한 과목을 남아에게 부과한다.

제7조. 보통학교는 교수상 다음 사항에 주의해야 한다.

1. 아동의 덕성을 함양하고 충량하고 근면한 국민을 양성하는 것이 보통학교의 주요한 목적이 될 수 있도록 어떤 교과목에서나 항상 이에 유의하여 교수해야 한다.

2. 항상 질서를 중시하고 규율을 지키는 기풍을 양성하는 것이 교육상 중요한 것이 될 수 있도록 어떤 교과목에서나 항상 이에 유의하여 교수해야 한다.

3. 국어는 국민정신이 담겨 있는 것으로서, 또한 지식·기능을 획득하는 데 필요불가결한 것이 될 수 있도록 어떤 교과목에서나 국어를 정확하게 사용하고 그것을 자유자재로 응용할 수 있도록 해야 한다.

    4. 지식·기능은 항상 생활에 필수적인 사항을 선택하여 가르쳐야 하며, 반복연습을 통해서 자유자재로 응용할 수 있도록 한다.

    5. 어떤 교과목에서도 교수는 아동의 심신발달의 정도에 따를 수 있도록 해야 한다.

    6. 교수는 그 목적 및 방법을 잘못하지 않고 상호간에 연락하여 보익하게 하여야 한다.

    7. 남녀구별은 물론 개인의 특성에 주의하여 각각 적당한 교육을 실시할 수 있도록 힘써야 한다.

제8조. 수신은 교육에 관한 칙어의 취지에 기초하여 도덕상의 사상 및 정조를 양성하고 구래(舊來)의 미풍양속(美風良俗)을 상실하지 않는 것에 주의하여 실천궁행을 권장하는 것을 요지로 한다. 수신은 근이(近易)하고도 적절한 사항에서 시작하여 인륜 도덕의 요지를 가르치며, 점차 나아가서는 국가 및 사회에 대한 일반적인 책무를 알도록 한다. 또한 국법을 준수하며 공덕을 숭상하며 공익에 힘쓰는 기풍을 조성하며, 동시에 보통의 예의·예법일반을 가르쳐야 한다. 여아를 위해서는 특히 정숙의 덕을 기르는 것에 힘써야 한다.

제14조. 체조는 신체의 각 부분을 골고루 균형 있게 발육시켜서 자세를 단정하게 하고 정신을 쾌활하게 발전시키며, 또한 규율을 준수하고 절제를 숭상하는 습관을 기르는 것을 요지로 한다. 체조는 유희, 보통체조를 가르쳐야 한다. 체조는 교수시간의 일부 혹은 교수시간 이외에도 적절한 야외유희를 실시하도록 하며, 또는 수영, 빙상을 부과할 수도 있다.

    오늘날 흔히 교육과정이라 일컫는 것을 일제강점기에는 어떻게 불렀을까? 「조선교육령」과 학교 규칙 혹은 규정에서는 '교과목 및 그 과정' '교칙(教則)' '교과와 과목'이라는 용어를 사용하여 교과목의 종류와 과목별 교수요지, 교과별 시간 배당을 지칭하였다. 이 중에서 특히 '교칙'이라는 용어가 오늘날 일반적인 의미의 교육과정에 해당하였다. 또 학교급별·교과목별로 '교수요지'를 정하고 있는데 이는 교과의 목표와 성격을 다룬다. 교수요지에 따라 교과서를 편찬하도록 하였지만, 교수요지는 무엇을 어떻게 가르칠 것인가에 대한 구체적인 방향이나 내용을 지도하기에는 미흡하였다. 교수요지의 이러한 특성 때문에 교과에 따라서는 교과 수준에서 '교수요목'을 제정하거나 혹은 학교 수준에서 교수세칙을 만들어 교과목별로 '교수세목'을 작성하도록 하였다.

    교수요목은 교과별로 가르쳐야 할 교육내용을 선정하여 조직한 것으로, 구체적으로는 교육 재료의 편성과 배당을 항목별로 제시한 것이다. 특히 교과서 편찬이 어

[그림 10-1] 학교체조 교수요목(조선총독부령 제27호, 1914)

렵거나 조선의 특수한 사정을 고려해서 지도해야 하는 일부 과목에 한해 조선총독부훈령으로 교수요목을 제정하여 교과서 없이도 교과 지도가 가능하도록 하였다. 예를 들어, 1914년「보통학교규칙」을 개정하여 "체조는 체조, 교련 및 유희를 가르친다."고 하여 교련 내용 영역을 체조 교과에 포함시키고, '체조과 교수요목'을 제정 공포하였다.[1] [그림 10-1]은 당시 조선총독부 관보에 게재된 것이다.

교수요목은 체조과 외에도 '직업과 교수시설요항 및 교수요목'와 같이 직업과 등의 과목에서도 훈령으로 제정되어 고시되었다. 하지만 모든 교과목에서 교수요목이 제정된 것은 아니었다. 그리고 중등교육이나 실업교육은 일본 본국의 교수요목에 의거하여 가르치는 교과가 많았다. 일제 후기로 갈수록 교수요목이라는 이름으로 교육과정을 세세하게 제시하였다. 예를 들어, 1914년의 '체조과 교수요목'은 10쪽 남짓의 분량이나, 교련 과목이 신설되고 또 일제 후기로 갈수록 체조와 교련 교과목이 중시되어, 1944년 제정 고시된 '국민학교 체련과 교수요항 및 실시세목'은 무려 391쪽 분량의 별도 책자[2]로 만들어졌다.

교수요목은 훈령, 즉 국가 수준에서 제정하여 내리는 지침이라면 교수세목은 학교장이 교수요목에 의거하되 학교 상황을 고려하여 정한 후 보고하는 것이다. 교수세목은「보통학교규칙」33조에서 "보통학교는 일지, 일과표, 교수세목, 학교일람표,

1)「보통학교규칙」(훈령 제93호),『관보』(1914년 6월 10일자).

2) 朝鮮總督府學務局 編(1941).國民學校體鍊科教授要項立實施細目.朝鮮公民教育會.

교과용도서 배당표, 교지 교사의 도면 등의 서류를 갖추어야 한다."는 규정에 근거한 것으로 "교과과정표에 의하여 한 학년간의 교수시수에 따라 교수 재료를 매학기 매월 또는 매주에 배정하는 것"[3]이다. 즉, 교수세목은 한 교수 단위시간 내에서 무엇을 어떻게 가르쳐야 하는가에 대한 것을 자세히 기록한 계획서로서 교수세목의 작성과 비치는 조선총독부령에서 학교장에게 부과한 의무사항이었다. 따라서 개별 학교장은 각 학년의 과정표 및 각 교과목의 '교수세목(수업세목 또는 교수세칙)'을 학년별, 학기별, 월별 혹은 주별로 정하여 보고하였다. 교수세목 작성 사례인 [그림 10-2]는 1914년 '경성여자고등보통학교 부속보통학교 재봉과 교수세목'이다.

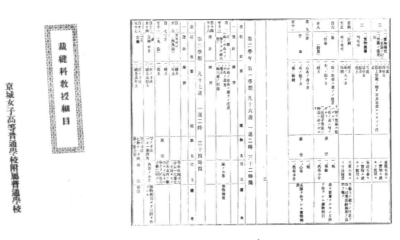

[그림 10-2] 재봉과 교수세목[4]

정리하면 일제강점기 문서상의 교육과정은 〈표 10-1〉과 같이 국가, 학교급, 교과목, 단위학교 수준에 따라 교칙, 교수요지, 교수요목, 교수세목으로 각각 작성되었다. 이렇게 네 가지 수준으로 교육과정을 구성한 것은 교육과정 정책의 성립과 교육과정 체계화의 계기를 마련했다는 점에서 의미가 있다.

일제강점기 교육과정 논의에서 전환점이 되는 계기는 1938년 제3차 「조선교육령」 개정을 전후하여 소학교, 중학교, 고등여학교 등으로 조선인 학교와 일본인 학교의

---

3) 學部(1910). 普通教育學. 韓國政府印刷局, p. 25.

4) 조선총독부 학무국 학무과(1914). 경성여자고등보통학교 부속보통학교 재봉과 교수세목의 건, 중등학교 학칙 변경.

표 10-2 일제강점기 교육과정 관련 용어

수준	용어	사용례
국가 수준	교과목 및 그 과정, 교과, 교칙, 과목	보통학교 교과목 및 교칙(教則)
학교급별	교수요지	보통학교 수신과 교수요지
교과목 수준	교수요목, 교수요항	학교 체조 교수요목 국민학교 체련과 교수요항 직업과 교수요목
단위학교 수준	교수세목, 수업세목, 교수세칙	○○보통학교 교수세목

학교 명칭을 통일하면서이다. 일제강점기 초기에는 학년별, 월별 교수세목 작성법에 대한 학교 수준 혹은 교사 개인 수준의 연구 결과가 『문교의 조선』과 같은 교육 잡지에 종종 발표되었을 뿐, 국가 수준 교육과정에 대한 논쟁이 활발하지 않았다. 식민지 조선에만 적용되는 「조선교육령」과 학교 규칙 및 규정의 제정은 기본적으로 식민 본국인 일본과 식민지 조선이 별도의 교육과정으로 운영한다는 것을 전제하는 것이나, 조선총독부 학무국은 조선 독자의 체계적인 교육과정 성립에 대한 거시적 논의보다는 시급한 당면 과제였던 교과서 제작에 주력하였다. 그러나 제3차 「조선교육령」 개정으로 조선의 학교 및 학교제도를 일본의 학교 및 학제와 동일화함에 따라 일본 본국과 교육과정도 동일하게 할 것인가 아니면 차이를 둘 것인가, 차이를 둔다면 왜 어떻게 둘 것인가가 쟁점으로 부각되었다. 당시 신문은 이례적으로, 교수요목 제정 및 교육과정 변화에 대한 쟁점 논의를 상세히 보도하였다.

> 각 중등학교 교장을 소집하고 교수요목 개정과 제정 방침에 관한 것을 토의하는 동시에 금번 문부성에서 개정한 교수요목에 관한 것을 철저히 실행토록 하게 되었다 한다. 즉, 교수요목 개정이라 함은 현재 조선에서 교수하고 있는 것 중 공민, 조선어급한문, 실업, 체조 등 4과목은 특수과목이므로 이것만은 제외하고 그 외의 것은 1931년(소화 6) 문부성령에 의하야 교수하여 왔는데 금번 문부성령이 개정되었으므로 조선에서도 이것을 개정한 새문부성령에 의하야 실시하게 된 까닭에 학교관계자를 소집하야 이 회합을 하는 것이라 한다.[5]

---

5) 『동아일보』, 1937. 7. 2.

> 조선 교육계의 획기적인 「조선교육령」 개정은 지난 4월 1일부터 이를 실시하였거니와 이에 따라 중학교 규정과 고등여학교 규정도 한가지로 변경되었는데 이 개정의 취지를 철저히 함과 동시에 이를 교육정신의 실제로 옮기는 데 만일의 유감이 없도록 하고자 이번에 새로이 실업과, 도화과, 가사과, 음악과의 교수요목도 제정 실시하게 되었다. 이상의 네 과목은 교육상으로 중요성을 지녔을 뿐만 아니라 종래에는 비교적 부진한 상태에 있었던 실정에 비추어 이번에 이것을 실시함에 있어서 각 학교 실정에 적합하도록, 또 그 실효가 많도록 하기 위해서 이에 대한 연구회를 개최하게 되었다.[6]

교육과정의 동일화 혹은 조선의 일부 과목의 특수화 쟁점은 다양한 측면에서 논의될 수 있다. 조선의 특수성을 고려하여 별도의 교육과정을 운영하면 상급학교 진학이나 취업 등을 위한 자격이나 학력 인정에서 조선인 졸업생이 불리하게 되고, 일본 본국과 동일하게 하면 조선인으로서의 민족 정체성 형성 및 고유성을 유지하기 어렵게 된다. 따라서 학제와 교육과정의 동일화는 복잡하고 미묘한 문제이므로 역사적 평가에서 주의를 요한다.

결론적으로 보면 제3차·제4차 조선교육령기에는 과목별 교수요목 제정이 늘어나, 오늘날로 보면 교육과정 총론에 해당하는 것은 조선총독부령인 각종 학교 규정으로 제시하고, 교육과정 각론은 훈령으로 과목별 교수요목을 제정하여 제시하는 체계가 도입되기 시작했다. 즉, 일제강점기는 교과별 교수요목 제도가 도입되어 가는 과정이었다.

근대 공교육의 역사에서 무엇을 어떻게 가르칠 것인가의 문제는 국가 및 사회가 학교를 설립하고 교육을 기획하면서부터 중요한 사회적 문제였다. 학생이나 교사 혹은 학부모 개인에게 결정을 맡기지 않고 국가 수준에서 법령으로 교육과정을 만들어 따르도록 하는 교육과정 법령준거주의를 실시하였다. 일제강점기에는 학교 설립 인가과정에서 가장 중요한 기준이 조선총독부에서 정한 교육과정을 준수하는지 여부였다. 준수하지 않을 경우 학력이 인정되지 않은 각종학교로 두거나 폐쇄하였다. 국가에서 금지한 성경 교과목을 운영하는 기독교계 학교나 조선어 및 조선 역사를 가르치는 사립학교의 경우 인가받지 못하거나 탄압을 받았다.

6) 『매일신보』, 1938. 5. 27.

　국가 수준에서 혹은 공공단체 수준에서 교육과정을 정하고 교과서를 편찬하여 사용하도록 강제하는 것은 교사의 교육과정 편성권 및 개별 학교교육의 독특한 교육이념 추구를 방해하는 측면도 있다. 따라서 오늘날 교육과정 법령준거주의를 지속하더라도 다문화사회, 지식정보사회에서 문화적 다양성과 교사의 가르칠 권리, 학교교육의 다양성을 위해 국가의 교육과정 개입 정도와 수준에 대한 사회적 합의가 새롭게 전개될 필요가 있다.

 활동과제

○ 일제강점기 「조선교육령」 및 각급학교 규정에 나타난 국어(일본어)와 조선어 교과목의 교수요지를 찾아 비교표를 작성해 보자.

○ 2개 이상의 교과목을 선택하여(예: 수신, 산술) 일제시기 각 학교에서 작성한 교수세목을 찾아 오늘날의 교수학습지도안과 비교해 보자.

○ 오늘날의 다문화사회, 지식정보사회에 부합하기 위해 교육과정을 다양화한다면 국가 수준에서 법률로 교육과정을 규정하거나 교과서를 편찬하는 범위와 수준은 어떻게 하는 것이 적절한지 국가별 혹은 시대별로 비교 논의해 보자.

제**11**장 일제강점기 보통학교(소학교, 국민학교) 교육과정

이 장의 목표

1. 일제강점기 시기별 보통학교(소학교, 국민학교) 교육과정의 변화를 「조선교육령」의 흐름에 따라 설명할 수 있다.
2. 일제가 제정한 보통학교(소학교, 국민학교) 규정의 특징을 시대순으로 열거할 수 있다.

생각해 볼 문제

1. 일제강점기 보통학교(소학교, 국민학교) 교육과정은 일제의 조선 통치 체제의 변화와 어떠한 관련이 있는가?
2. 일제강점기 초등학교 명칭의 변화는 어떤 의미를 갖는가?

일제강점기 조선에서 조선인을 위한 초등교육기관은 '보통학교'라는 명칭으로 불리었으며 일본인을 위한 초등교육기관은 '소학교'라 하여 민족별로 분리되어 있었다. 1938년 제3차 「조선교육령」 이후 양자의 명칭이 '소학교'로 통일되었고 1941년 이후에는 '국민학교'로 개칭되었지만 민족별 분리는 1945년까지 기본적으로 지속되었다. 1910년대에는 4년제 학교였지만 1920년대 이후 기본적으로 6년제로 바뀌었다(그러나 4년제 또는 5년제 보통학교 역시 적지 않은 규모로 잔존했다). 보통학교는 무상 의무제가 아니었으며 학생들은 수업료를 부담해야 했고, 심지어 입학하기 위해 시험을 치러야만 했다.

보통학교는 식민지 교육기관이었다. 1910년대에 조선인들은 보통학교에 취학하기보다는 오히려 서당과 같은 전통적인 교육기관을 선호하였지만, 1919년 3·1 독립운동 이후 조선인의 교육행위가 극적으로 변화된다. 조선인들은 이 시기 이후 적

극적으로 보통학교에 취학하기 시작하였으며 보통학교가 부족하여 만성적인 입학 경쟁이 지속되었다. 조선총독부는 조선인의 취학 요구를 수용할 수 있을 만큼 충분하게 학교를 증설하지 않았으며, 입학난 문제를 해결하기 위하여 조선인들은 보통학교 설립 운동을 자발적으로 전개하여 부족한 교육기회를 확충하기 위해 노력했으며 그 결과 보통학교 취학률은 1940년이 되면 약 50% 정도까지 상승한다.

일제강점기 보통학교 교육과정 편제의 변화

보통학교 안에서 이루어지는 교육과정은 조선총독부에 의해 독점적으로 장악되어 있었다. 과목 구성을 보면 보통학교 교육과정은 오늘날의 초등학교와 유사하게 기본적으로 언어, 수리, 사회, 과학, 예체능, 실과 등의 전 영역에 걸쳐 있다. 그러나 놓쳐서는 안 될 점은 당시 가장 중요한 국어 교과가 다름 아닌 일본어였다는 것이며, 국사와 지리 역시 일본역사와 일본지리를 내용으로 하고 있었다는 점이다. 조선어 교과가 존재하기는 했지만 일본어(국어)에 비해 시수 면에서 크게 부족했을 뿐만 아니라 시간이 흐르며 그 비중이 더욱 줄어들었고 심지어 1938년 이후에는 수의과목(隨意科目: 오늘날의 선택과목)으로 전락했고 마침내 1941년에는 폐지되었다.

보통학교의 교육과정은 「조선교육령」의 개정에 따라 〈표 11-1〉과 같이 크게 다섯 차례에 걸쳐 변화되었다(시기별 교육과정 편제표는 〈부록 4〉에 제시됨).

첫째는 1910년부터 1922년까지로서 제1차 「조선교육령」 실시 시기이다. 둘째는 1922년부터 1929년까지로서 제2차 「조선교육령」 발포에서 이른바 '교육실제화' 정책에 따른 '직업과' 도입 이전까지의 시기이다. 셋째는 1929년부터 1938년까지로서, 직업과 도입 이후부터 제3차 「조선교육령」이 실시되기 이전까지의 시기이다. 넷째는 1938년에서 1941년까지로서 제3차 「조선교육령」 실시 시기이다. 다섯째 시기는 1941년 「국민학교규정」 실시 이후부터 해방까지의 시기이다.

1910년대 4년제 보통학교 교과는 수신, 국어(일본어), 조선어·한문, 산술 등 네 개의 필수 과목과 이과, 창가·체조, 도화, 수공, 재봉·수예, 농업초보, 상업초보 등 일곱 개의 가설과목(加設科目)으로 되어 있었다. 가설과목이란 학교에 따라 선택적으로 부과할 수 있는 과목을 의미했다. 일본어의 비중이 전체 시수의 약 38%

표 11-1 일제강점기 보통학교 교과목 구성의 변화

1차 조선교육령	2차 조선교육령	1930년대 전반	3차 조선교육령	국민학교규정
修身	修身	修身	修身	修身
國語*	國語	國語	國語	國語
朝鮮語及漢文	朝鮮語	朝鮮語	朝鮮語	
算術	算術	算術	算術	算數
	日本歷史	國史	國史	國史
	地理	地理	地理	地理
理科	理科	理科	理科	理科
農業初步		職業	職業	農業
商業初步				工業
				商業
				水産
				武道
唱歌・體操	體操	體操	體操	體操
	唱歌	唱歌	唱歌	音樂
				習字
圖畫	圖畫	圖畫	圖畫	圖畫
手工	手工	手工	手工	工作
裁縫及手藝	裁縫	家事及裁縫	家事及裁縫	家事
				裁縫

* 일제강점기에 일본어는 국어로, 한국어는 조선어로 칭함.

에 달하여 가장 많으며, 그다음이 산술(전체의 약 23%) 그리고 조선어・한문(전체의 약 21%) 등의 순서를 이루고 있었다. 역사와 지리 등의 인문 지식 교과는 없으며, 나머지 교과의 대부분은 직업 관련 교과와 예체능 교과였다. 한마디로 '간이・실용'의 식민 교육 방침이 적나라하게 반영된 교과 과정이라 할 수 있다.

　3・1 운동 이후, 조선총독부는 이른바 '내지연장주의(內地延長主義)'를 표방하면서 「조선교육령」을 개정하여 보통학교를 6년제로 만들었으며, 그와 함께 「보통학교규정」을 개정하여 교과 과정을 개편하였다. 6년제 보통학교 교과 과정에서의 가장 뚜렷한 변화로 역사(일본역사)와 지리 교과가 5, 6학년에 새롭게 도입된 것을 들 수 있다. 인문적인 성격의 교과가 가까스로 도입된 것과 함께 수공, 농업, 상업 등의 직

업 교과가 선택 과목이 된 것에 주목할 필요가 있다. 이로 인해 보통학교에서 실용교육의 성격은 1910년대에 비해 다소간 약화되었다. 한편, 조선어와 한문이 분리되고 한문이 수의 과목으로 되었다. 조선어의 비중은 남자의 경우 6년 전 과정에 걸쳐 20시간으로 전체 161시간의 약 12%가 되었다. 1910년대에 조선어 및 한문이 전체의 21%에 달한 것에 비교해 보면 그 비중이 크게 줄어들었음을 알 수 있다.

　보통학교 교과 편성은 1929년 이후 또 한 차례 크게 변화하게 된다. 1920년대 말의 '교육실제화' 정책을 계기로 보통학교 교육목적과 교과 편성이 재편되었다. 1920년대 교과 과정과 가장 크게 다른 점은 「직업과」라는 교과가 필수 과목으로 새롭게 도입되었다는 점이다. 1920년대에는 한문과 함께 수공, 농업과 상업이 수의 과목으로 되어 있었으나 1929년 「보통학교규정」 개정 이후 농업과 상업 교과가 폐지되는 대신, 직업과가 신설되어 필수 교과가 되었다. 6년제 보통학교의 경우 4학년 이상에 부과하며 전체 교수 시간은 8시간이었다. 그 외에 종전에 여학생 교과였던 재봉이 가사급재봉(家事及裁縫)으로 개편되었다. 또 다른 변화로 종래에는 수의과목이던 한문이 1930년대에는 완전히 사라졌다는 점을 들 수 있다.

　1938년 제3차 「조선교육령」 개정에 따른 교육과정 변화에서 가장 중요한 것은 「조선어과」가 가설 과목으로 전락하였다는 점이다. 동시에 교수 시수 역시 종래의 6년 전 학년에 걸쳐 매주 20시간에서 16시간으로 축소되었다. 그 외에도 수신 교과의 비중이 2배로 증가하였다. 1938년 이전까지는 전 학년에 걸쳐 매주 1시간이었으나 1938년 이후 6년제와 4년제 공히 매주 2시간으로 늘어났다. 이는 '황국신민화(皇國臣民化)' 교육의 강화를 위한 조치였다. 한편, 수공 과목이 이전까지는 가설 과목이었지만 1938년 이후에는 필수 과목으로 되었다. 단, 직업과에서 공업을 가르치는 경우에는 다른 과목으로 대치할 수 있도록 하였다. 이데올로기 교화와 직업 훈련이 1930년대 전반에 비해 한층 강화되는 방향으로 교과 과정이 변화된 것이다.

　1941년 「국민학교규정」이 실시되며 기존의 소학교가 국민학교로 개편되었다. 단지 명칭만 바뀐 것이 아니라, 교과 과정에 적지 않은 변화가 일어났다. 종래에 단순 병렬적으로 편성되어 있던 각 교과들이 4개 교과로 통합 재편되었다. 수신, 국어, 국사, 지리 등 인문적 성격의 교과를 국민과로 통합하였고, 산수(산술의 개칭)와 이과를 이수과로 통합하였으며, 체조와 함께 무도라는 새로운 교과를 도입하여 체련과로 통합하였고, 음악(창가의 개칭)과 습자(새로운 교과), 도화, 공작(수공의 개칭), 가사・재봉(가사급재봉을 두 교과로 분리) 등을 예능과로 통합하였다. 국민학교에서는 조선어가 교과 과정에서 폐지되었다. 학교에서 조선어를 배울 수 있는 기회가 완전히 사라진 것이다. 반면에 직업과의 비중은 종전에 비해 커졌다. 종전에는 6년제 남학생의 경우 전체적으로 8시간이었으나 1940년대에는 11시간으로 늘어났다. 또한 무도라는 새로운 체련 교과가 도입되면서 체육 훈련의 비중이 크게 늘어났다. 종래에는 매주 26시간(남학생)이던 창가와 체조 시간이 국민학교에서는 37시간으로 되어 무려 11시간이나 증가되었다.

보통학교에서 가르쳐진 교과서는 조선총독부가 저작한 것이었다. 총독부의 교과서 정책은 기본적으로 국정 교과서 제도였다. 「소학교규정」 제65조 3항에 "소학교 교과용 도서 중에서 수신, 국어, 산술, 국사, 지리, 이과, 가사, 도화를 제외한 기타 도서에 한하여 문부성에서 저작권을 지닌 것 및 조선총독부 또는 문부대신의 검정을 거친 것에 관해 …… 도지사가 이를 채정할 수 있다."고 규정함으로써 직업, 수공, 창가, 체조, 가사급재봉의 교과에 관해 부분적으로 검인정제도가 인정되었다. 그러나 직업과와 4학년 이상의 창가에만 교과서 사용이 부분적으로 이루어졌을 뿐이므로 사실상 거의 모든 교과가 국정교과서제에 의해 조선총독부가 편찬한 교과서를 사용하게 되어 있었다.

교수용어 역시 일본어였다. 보통학교 1학년 첫 시간부터 모든 교과의 수업이 일본어로 이루어졌다. 심지어 보통학교 교사의 절반 이상을 차지하는 조선인 교사들 역시 일본어로 수업을 진행해야만 하였다.

「보통학교규정」(또는 1938년 이후의 「소학교규정」과 1941년 이후의 「국민학교규정」)에는 보통학교 교육의 목적과 교수상의 방침, 교과목 및 매주 교수 시수, 각 교과목의 교수상의 요지와 교과서에 관한 법적인 규정이 담겨 있었다. 이른바 '지방의 실제에 적절한 내용을 취하도록 한' 직업과의 교과 내용을 제외한 다른 모든 교과의 내용은 조선총독부에 의해 통일적으로 통제되었다. 보통학교 교장에게는 교과 교육의 교수세목을 결정하는 의무가 있었다. 「소학교규정」 제38조에는 "학교장은 그 소학교에서 교수해야 할 각 교과목의 교수세목을 정해야 한다."고 규정되어 있다. 교수세목이란 법령에 제시된 교육 방침과 교수상의 요지 등에 기초하여 '실제상의 한 교수 단위 시간 내에서 무엇을 어떻게 가르쳐야 하는가에 대한 명세한 계획서이다.[1] 단위 학급의 교사가 자율적으로 교과 내용을 선택, 결정할 수 있는 여지는 없었다. 식

[그림 11-1] 보통학교 국어(일본어) 교과서

민지 시기에는 고도로 중앙 집권적인 교육과정 행정을 통하여 보통학교에서 가르
치는 교육 내용과 방법에 관한 획일적인 통제 체제가 구축되어 있었다.

아울러, 일제강점기 보통학교에는 조회, 운동회, 원족(遠足: 오늘날의 소풍), 수학
여행, 신체검사, 복장검사, 소지품검사, 주번제도, 반장제도, 교훈-급훈 제도 등 해
방 이후의 초등학교에서 실시된 각종 교과 외 활동 역시 주된 교육활동으로 계획되
고 전개되었다는 점을 간과할 수 없다. 이러한 교과 외 활동은 보통학교를 통해 조
선인을 일본제국의 '신민'으로 길러 내는 데 있어서 교과 교육 못지않은 중요성을 지
니고 있었다.

📖 활동과제

○ 일제강점기 「조선교육령」하에서 사용한 교과서를 찾아 오늘날 교과서와 비교해 보자.

○ 「조선교육령」에서 제시하는 교과 및 비교과 교육과정을 오늘날의 교육과정과 비교해 보자.

○ 일제강점기 보통학교 교육과정의 시기별 변화의 흐름과 원인 및 영향을 비교해 보자. 이
와 관련하여 교육과정 변화의 시대적 요청과 근거의 타당성을 어떻게 확보하는지 탐구해
보자.

---

1) 岡久雄(1940). 朝鮮敎育行政, p. 72.

제**12**장 **일제강점기 중등학교 교육과정**

이 장의 목표

1. 일제강점기의 동화와 차별의 요소가 중등학교 교육과정에서 어떻게 드러나는지 설명할 수 있다.
2. 일제강점기 중등학교 입시위주교육의 원인과 양상을 분석할 수 있다.

생각해 볼 문제

1. 일제강점기의 중등학교 교육의 요소 및 특징이 현재 우리 교육에 어떠한 영향을 끼치고 있는가?
2. 우리나라의 교육사의 시대별 특징에 따른 '교육열'의 흐름은 어떠한 양상으로 전개되고 있는가?

일제강점기의 중등학교 교육과정에 대해서 얘기하기에 앞서 우리나라에서 중등교육이 등장한 시점에 대하여 간단히 언급해 두고자 한다. 보는 시각에 따라서 중등교육의 등장 시점에 대하여 다양한 의견이 있지만, 중등교육이라는 것이 개념적으로 초등교육과 고등교육을 연결해 주는 중간 허리의 위치에 있는 교육을 지칭한다고 본다면 초등, 중등, 고등 교육이라는 학력체계가 갖추어진 시기에 중등교육이 등장한 것으로 보는 것이 타당할 것이다. 이런 시각에서 본다면 우리나라에서 중등교육이 등장한 시기는 대략 1920년대로 볼 수 있다. 1910년대까지는 중학교, 고등보통학교와 같은 이름의 학교가 있었지만, 제대로 된 고등교육기관이 없는데다가 수업 연한이 비정상적으로 짧고, 교육과정이 실업교육 중심으로 이루어져 있어서 이들 학교들을 제대로 된 중등교육기관으로 보기는 어렵다. 1920년대에 와서 수업 연한이 늘어나고 실업 중심의 교육과정에서 인문 중심의 교육과정으로 개편되고, 고등교육기관이 설립되면서 비로소 고등교육과 연결된 형태의 중등교육기관이 운영되기 시작했다고 볼 수 있다.

이렇게 볼 때 우리나라 중등교육의 역사에서 일제강점기가 지니는 의미는 남다르다. 이는 교육과정에서도 마찬가지이다. 일제강점기의 교육과정을 연구하면 할수록 일제강점기의 교육과정이 이후 우리나라 중등학교의 교육과정에 미친 영향이 상당하다는 것을 느끼게 된다. 일반적으로 일제강점기의 중등학교 교육과정을 연구할 때 이 시기가 지닌 특수성을 의식하지 않을 수 없다. 이를테면 중등교육과정의 자료를 검토할 때 일제의 동화와 차별이라는 식민지배의 정책이 교육과정에서 어떻게 나타나고 있는가를 주의 깊게 살피게 된다. 이 시기를 연구하는 학자들이 이러한 문제의식을 가지게 되는 것은 자연스러운 현상이라고 할 수 있다. 이 시기의 중등학교 교육과정에 관한 다수의 연구가 이러한 문제의식을 담고 있으며, 그동안 적지 않은 연구 성과를 축적하였다.

일제강점기 중등학교 교육과정 편제의 변화

일제강점기의 보통학교 교육과정에 대한 연구 성과는 교과 교육과정 영역에서 가장 먼저 나타나기 시작했다. 이들 영역의 연구물들은 대체로 이 시기의 수업 연한, 교과 과정 및 수업시수 등에 대한 분석을 통해 일제의 조선인에 대한 동화와 차별이라는 식민지 교육의 본질을 드러냈다. 이를테면 일본의 학교에 비하여 조선의 학교의 수업 연한이 짧다는 사실, 교육과정에서 일본어 수업시수는 점점 늘어나는데 조선어와 조선 역사의 수업시수는 줄어들다가 결국 이들 교과가 없어졌다는 사실 등에 주목하면서 일제의 동화와 차별이라는 식민교육과 식민지배 정책의 문제를 드러내고 비판한다. 이러한 비판이 당시의 식민교육에 대한 적합한 문제 제기라는 것은 일제강점기 초기에 조선의 중등학교인 고등보통학교와 일본 중등학교인 중학교의 교육과정 편제표를 비교해 보면 바로 확인할 수 있다(시기별 중등학교 교육과정 편제는 〈부록 5〉에 제시됨).

표 12-1 제1차 「조선교육령」 시기 고등보통학교의 교과별 매주 수업 시수

과목＼학년	수신	국어	조선어 및 한문	역사	지리	수학	이과	실업 및 법제 경제	습자	도화	수공	창가	체조	영어	계
1	1	8	4		2	4	3		2	3			3		30
2	1	8	4	2		4	4		1	3			3		30
3	1	7	3	2		4	3	6		1			3	(2)	30 (32)
4	1	7	3	2		4	3	6		1			3	(2)	30 (32)

출처: 「고등보통학교규칙」, 1911. 10. 20.

표 12-2 제1차 「조선교육령」 시기 일본의 중학교 교과별 매주 수업 시수

과목＼학년	수신	국어 및 한문	외국어	역사	지리	수학	박물	물리 및 화학	법제 및 경제	실업	도화	창가	체조	계
1	1	8	6		3	4	2				1	1	3	29
2	1	7	7		3	4	2				1	1	3	29
3	1	7	7		3	5	2				1	1	3	30
4	1	6	7	3		4	2	4		(2)	1		3	31 (33)
5	1	6	7	3		4		4	2	(2)	1		3	31 (33)

출처: 문부성교육사편찬회(1939: 148-149).

　이러한 교육과정을 보면 조선의 고등보통학교는 4년 과정으로서 일본의 중학교 5년 과정에 비하여 1년이 짧다. 가장 많은 시수를 배정 받은 국어는 일본어를 지칭하는 것인데, 조선어에 비해 두 배 이상의 시수를 할당하여 일제가 동화교육에 필요한 일본어 교육에 방점을 두었음을 알 수 있다. 그리고 두 지역 중등학교의 교육과정을 비교해 보면 눈에 띠게 차이가 나는 것이 외국어 교과이다. 일본의 중학교에서는 영어, 독어, 불어 등의 외국어를 가르쳤지만, 조선의 고등보통학교에서는 외국어를 수의 과목으로 설정하였기 때문에 반드시 가르쳐야 하는 교과가 아니었다. 그런데 외국어는 상급학교 진학을 목표로 한다면 반드시 이수해야 하는 교과이다. 일본

의 중학교가 외국어에 많은 수업시수를 배정하고 있는데 비해, 조선의 고등보통학교에서는 이를 수의 과목으로 지정했다는 것은 고등보통학교가 상급학교 진학과는 무관한 교육기관이었다는 것을 단적으로 보여 주는 것이라고 할 수 있다.

반면, 고등보통학교의 교과 과정에서 상대적으로 두드러진 것은 실업 및 법제 경제와 수공 교과이다. 일본의 중학교는 법제 경제가 2시간, 실업은 수의 과목으로 운영된 데 비해, 고등보통학교는 실업과 법제 경제 과목을 통합하여 12시간이라는 많은 시간을 할당하였다. 또한 일본의 중학교에서는 수공이 실업 과목의 일부로 되어 있기 때문에 수의 과목으로서 배우지 않을 수도 있었지만, 고등보통학교는 도화와 수공을 합하여 8시간을 할당하고 있다는 점도 커다란 특징이다. 1910년대 고등보통학교의 교과목 편제를 보면 고등보통학교가 일본의 중학교와는 달리 실업 중심의 교육기관으로 운영되었다는 것을 알 수 있다.

그래서 고등보통학교를 졸업하고서도 중등학교 졸업의 학력을 제대로 인정받지 못해서 일본의 상급학교로 진학하지 못하는 경우가 많았고, 어렵게 진학한다고 하더라도 기초교육이 부족하여 배움에 어려움을 많이 겪었다. 경성고등보통학교를 1919년에 졸업한 이태규의 당시 교육에 대한 증언은 고등보통학교의 교육 수준이 어떠하였는가를 보여 준다.

> 히로시마(廣島)고등사범에 들어가 보니 내가 알고 있는 영어라는 것은 A부터 I까지이고, 다음에 J부터는 모르고 있었어요. I까지는 어떻게 알고 있었느냐 하면 대수나 기하를 푸는 데 그것이 필요했거든요. 수학교육도 말이 아니었어요. 이차방정식을 푸는 공식도 가르치지 않았거든요. 그러한 식의 교육을 했더구먼요. 일인들이. 이러한 교육을 받고 히로시마(廣島)고등사범에 입학한 후에 겪은 고생이라는 것은 이루 말할 수 없습니다.[1]

일제강점기 동안 중등학교의 교과교육에서 교과와 시수의 변화는 있었지만, 동화와 차별이라는 일제의 식민교육의 특성이 사라지지는 않았다.

일제의 식민교육의 특성은 교과 교육과정뿐만 아니라 교과 외 교육과정에서도

---

1) 『新東亞』 1964년 11월호, p. 191.

나타난다. 학생규율, 집단의례, 학생조직 및 학생활동, 수학여행 등과 같은 교과 외 교육과정에 일본의 천황을 중심으로 하는 전체주의와 군국주의적 색채가 강하게 배어 있다. 일제 강점기에 시작된 교과 외 교육과정 중에서는 지금까지 지속되고 있는 것들이 적지 않다. 이를테면 전교생이 모이는 조회라는 집단의례는 오늘날 우리의 학교현장에서는 여전히 현재진행형이다. 그런데 이와 같은 집단의례에 대한 성찰은 부족한 편이다. 조회가 일제강점기 천황을 정점으로 하는 위계적 전체주의사회에서 군대식 학교운영을 지향하던 과정에서 등장한 것이기 때문에 개인보다는 전체, 평등보다는 위계를 강조하는 집단의례의 특징을 지니고 있다는 점을 고려해 본다면 개인의 인권과 개성을 존중하고 평등을 지향하는 민주사회에서 이것이 과연 적합한 교육적 의례인가에 대하여 깊이 성찰해 볼 필요가 있다.

한편, 고등보통학교 학생들이 일본과 만주로 멀리 수학여행을 갔었다는 것은 당시 어려운 경제와 사회 형편을 고려할 때 흥미로운 사실이다. 그러나 막상 당시 학생들의 수학여행의 코스를 따라가 보면 그곳에서도 일제의 천황제와 군국주의의 모습을 발견하게 된다. 만주의 수행여행지는 대규모 탄광산업의 무순(撫順), 일로전적지(日露戰迹地)인 여순(旅順), 일본인이 건설한 무역항 대련(大連) 등인데, 이들 지역은 일본이 자랑하는 산업시설과 전적지(戰迹地)들이다. 일본의 수학여행 코스는 이세다이신궁(伊勢大神宮), 아츠타신궁(熱田神宮), 야스쿠니신사(靖國神社), 메이지신궁(明治神宮) 등과 같이 일본의 천황과 관련이 있는 곳이거나, 러일전쟁의 영웅이자 대만총독을 역임한 노기 마레스케(乃木希典) 대장을 추앙하며 세운 노기신사(乃木神社)와 같이 군국주의를 강하게 느끼게 하는 곳으로 짜여 있다.

일제강점기 중등학교의 입시위주교육

이와 같이 교과 교육과정이든 교과 외 교육과정이든 일제강점기의 교육과정을 들여다보면 동화와 차별이라는 일제의 식민지배의 특질, 일본 천황을 중심으로 하는 군국주의의 모습을 발견하게 된다. 그런데 교육과정 관련 법령이나 규정, 규칙을 넘어서 개별 중등학교에서 이루어진 교육과정의 운영을 들여다보면 현재 우리에게 익숙한 또 다른 당시 교육의 모습을 발견하게 된다. 그것은 바로 상급학교 진학을 위한 준비교육, 즉 입시위주교육이라고 불리는 것이다. 이 당시 다수의 중등학교에서 공통적으로 발견되는 입시위주교육의 몇 가지 양상에 대하여 좀 더 얘기해 보자.

첫째, 입시 '과목' 위주의 교육이다. 상급학교 진학을 효율적으로 준비하는 방법은 입학시험 과목에 시간과 노력을 집중하는 것이다. 당시 대부분의 상급학교, 이를테면 경성제국대학이나 전문학교의 경우 입시 과목이 국어(일본어), 영어, 수학, 물리화학, 박물, 역사, 지리 등의 과목으로 구성되어 있었기 때문에 학생들은 물론 학교에서도 이들 과목에 치중하여 가르치는 경향이 있었다. 특히 이 중에서도 상급학교 입학시험에서 배점이 높은 국어(일본어), 영어, 수학 등에 더욱 치중하였다. 당시 학생들은 국어(일본어), 영어, 수학 이외의 과목들은 상대적으로 단기간에 암기하여 준비할 수 있는 과목이라고 하여 암기 과목으로 분류하고 다소 경시하는 경향이 있었다. 특히 상급학교 입학시험에 포함되지 않는 과목은 더욱 소홀히 취급되었다. 1929년 중등학생들을 주요 독자로 하여 발간되던『學生』이라는 잡지를 보면 어느 중등학교의 교사가 조선어작문 시간이 학생들 사이에서 너무 푸대접을 받고 있다고 한탄하면서 이것이 대학예과입학시험에 조선어작문이 없기 때문이라고 지적하는 기사가 보도되었다.

조선어가 조선인의 민족적 정체성과 밀접한 관련을 지닌 교과임에도 불구하고, 대학예과입학시험 과목에 포함되어 있지 않다는 이유로 학생들 사이에서는 외면받았다는 것이다. 어떤 중등학교에서는 일부 학생과 학부형들이 학교 당국에 상급학교 진학에 필요 없는 과목은 아예 제외하고, 입시 과목의 수업시수를 좀 더 늘려 달라는 요구를 하기도 하였다. 또 다른 중등학교에서는 효율적인 상급학교 진학 준비를 위하여 정규교육과정을 정해진 기간보다 일찍 수료하고, 별도의 과외교재를 가지고 공부를 하기도 하였다. 요즘 식으로 말하자면 교과서 진도를 일찍 나가서 학년 초에 마무리하고 여러 가지 문제집을 풀어 보는 것과 흡사하다. 이와 같이 학교에서 정규교육과정이 파행적으로 운영되고, 학생들이 특정 과목에 치우쳐서 공부를 함에 따라 사회 일각에서는 '학생들이 기계적인 학문인 어학과 수학에만 몰두하니 고등보통학교 교육의 목적이 진정 어디에 있는지 모르겠다.'는 비판이 일기도 하였다.

둘째, 별도의 진학반을 꾸리고 교과 수업시수를 조정하기도 하였다. 앞서 언급하였듯이 상급학교 진학을 목표로 하는 학생들이 상급학교 진학에 필요한 교과목을

표 12-3　해주고등보통학교 제5학년 매주 교수 시수표

	학칙에 의한 매주 수업시수	진학반 수업시수	취업반 수업시수
수신	1	1	1
국어 및 한문	5	5	5
조선어 및 한문	3	3	3
외국어(영어)	5	6	4
역사지리	3	3	3
수학	4	5	3
물리 및 화학	3	3	3
법제 및 경제	1	1	1
실업	3	1	5
도화	1	1	1
체조	3	3	3
계	32	32	32

출처: 해주공립고등보통학교(1932: 243-244).

중심으로 교수해 달라는 요구도 있고 해서 몇몇 중등학교에서는 4, 5학년이 되면 상급학교 진학희망자와 취업희망자를 구분하여 별도의 반을 운영하면서 교과 시수도 다르게 적용하였다. 진학반과 취업반을 구분하고 교육과정을 다르게 운영한 사례는 여러 학교에서 발견되는데 당시 해주고등보통학교의 5학년 취업반과 진학반의 수업시수를 비교하여 제시해 보면 〈표 12-3〉과 같다.

진학반과 취업반의 수업시수를 살펴보면 진학반은 영어 6시간, 수학 5시간인 데 비해, 취업반은 영어 4시간, 수학 3시간으로 진학반이 취업반보다 수업시수가 많다. 반면, 실업은 취업반이 5시간인 데 비해 진학반이 1시간으로 취업반이 진학반보다 4시간이 많다. 학칙상으로 정해진 교과별 수업시수가 있었지만, 실제로는 진학반과 취업반이 각각의 목적에 따라 학칙상의 수업시수와 다르게 수업을 운영하였다.

셋째, 자율학습과 모의고사를 실시하고 진학정보지를 발간하기도 하였다. 일부 학교에서는 학생들의 입학시험 준비를 돕기 위하여 도서관을 밤늦게까지 개방하여 학생들이 남아서 공부하도록 하고 감독교사를 두기도 하였는데, 이는 오늘날 자율학습과 유사한 형태라고 할 수 있다. 그리고 입학시험을 대비하여 모의고사를 실시하기도 하였다. 당시 해주고등보통학교의 학교 문서에는 국어, 영어, 수학과 같은

기초과목은 학과 담임교사에게 매주 1회 이상의 과외교수를 받고, 입학시험 모의고사를 행하여 자신의 실력을 시험하고 시험에 대한 훈련을 하라는 모의고사 관련 기록이 나와 있다. 해주고등보통학교뿐만 아니라 경성제일고등보통학교, 경성제이고등보통학교, 청주고등보통학교 등과 같이 여러 고등보통학교에서 모의고사가 실시되었다는 것을 확인할 수 있는 기록들이 있다. 그런데 경성제일고등보통학교(지금의 경기고등학교)는 당시 전국에서 가장 우수한 인재들이 모여드는 학교로 유명했는데, 상급학교 진학을 위한 준비교육에 있어서도 매우 앞선 모습을 보여 주었다. 이 학교에서는 1937년부터 매년 3회 정도 『향상(向上)』이라는 책을 발간하였는데, 여기에는 상급학교 입학시험제도의 변화, 입학시험 출제경향분석, 모의고사성적표, 각 학교의 소개 등에 관한 내용이 나와 있어서 상급학교 진학에 필요한 각종 정보를 전문적으로 제공하는 잡지라는 것을 알 수 있다.

이와 같이 개별 중등학교에서 운영된 교육과정을 살펴보면 상급학교 입학을 위한 입시위주의 교육이 상당히 확산되어 있었다는 것을 알 수 있다. 이와 같은 입시위주의 교육이 해방 이후 청산되지 못하고 오늘날까지 지속되고 있는 것이라고 필자는 추정하고 있다.

일제강점기의 교육은 교과 교육은 물론 교과 외의 교육 그리고 입시위주의 교육에 이르기까지 오늘날 우리의 중등학교 교육에 미친 영향이 매우 크다. 특히 1920~1930년대를 거치면서 형성된 중등학교의 입시위주교육이 교과 교육과정과 관련하여 남긴 문제를 깊이 생각해 보았으면 하는데, 그것은 바로 '입시도구적 교과 인식'과 '교과의 위계화'의 문제이다. 일제강점기 중등학생들은 교과를 국어, 영어, 수학 그리고 암기과목으로 인식하는 경향이 있었다. 여기서 암기과목으로 분류되는 교과는 사회와 과학 영역에 포함되는 교과들인데, 이러한 교과를 암기과목으로 이해하는 것은 지식 그 자체의 성격이나 인간의 성장과 관련하여 교과를 이해하는 방식과는 거리가 멀다는 생각이 든다. 이와 같은 교과 인식이 자리 잡게 된 것은 사회와 과학 교과 등이 당시의 입학시험에서 배점상 차지하는 비중이 적기도 했지만, 이들 교과에 관한 시험문제가

[그림 12-1] 『향상』 목차

단편적 지식을 묻는 형태로 자주 출제되다 보니 학생들 사이에서는 단기간의 암기식 학습을 통해 시험에 대비할 수 있는 교과라는 인식이 자리 잡게 된 것으로 보인다. 국어, 영어, 수학이 다른 과목에 비하여 더 중요한 과목으로 학생들 머릿속에 자리 잡게 된 것도 이들 과목이 기초과목이라는 생각도 있었겠지만, 현실적인 이유는 상급학교 입학시험에서 가장 높은 배점이 할당되었기 때문이다. 즉, 교과의 성격과 중요도에 대한 인식이 교육적 의미로부터 나오지 못하고 상급학교 입학시험과 관련된 의미로부터 나오게 되었다는 점이 우리나라 사람들의 교과에 대한 인식의 특징이라고 할 수 있다. 그러다 보니 상급학교 입학시험에 출제되지 않는 교과는 쉽게 경시되는 경향이 있다. 향후 우리 사회에서 학교에서 가르치는 교과에 대하여 인간의 성장 또는 교육적 의미와 관련하여 좀 더 근본적인 성찰과 논의가 있었으면 한다.

활동과제

○ 일제강점기 중등학교의 한 교과를 선택하여 당시의 교육과정 및 교과서와 오늘날의 교과서 및 교육과정과 비교해 보자.

○ 일제강점기 중등학교 입학시험을 비롯하여, 교육과정을 평가할 수 있는 신뢰할 수 있고 타당한 평가도구는 어떤 방식으로 이루어져야 하는지 논의해 보자.

○ 우리나라 교육사를 중심으로 교육열의 근원을 분석하고, 현대사회의 교육열은 일제강점기의 교육열과 어떤 차이가 있는지 탐구해 보자.

제13장 일제강점기 실업학교 교육과정

이 장의 목표

1. 우리나라 실업학교 교육과정의 등장 배경과 그 흐름에 관해 설명할 수 있다.
2. 일제강점기 실업학교 교육과정 및 교과목의 특징과 성격을 설명할 수 있다.

생각해 볼 문제

1. 실업학교가 근대교육의 산물로 등장한 배경은 무엇인가? 이전의 실업교육과 어떤 점에서 다른가? 혹은 같은가?
2. 일제강점기 실업학교의 설치 및 운영에서 나타나는 특징은 무엇인가?
3. 일제강점기 실업학교 교육과정에서 성별 차이를 발견할 수 있는가? 그렇다면 명시적으로 제시된 성별 차이의 근거는 무엇인가?

1910년 이전의 실업교육과 실업학교

실업학교는 농업, 공업, 상업에 관한 체계적인 지식과 정보를 전달하기 위해 설치된 교육기관으로, 전통적 교육체제에서는 볼 수 없었던 근대교육의 산물이었다. 조선시대는 사농공상(士農工商)이라는 엄격한 신분 질서가 유지되었던 사회로 농업, 공업, 상업의 각 영역에 종사했던 사람들에게 형식적 교육의 기회는 주어지지 않았고, 무형식적 방식을 통해 그들은 생계에 필요한 지식과 기술을 획득할 수 있었다. 조선 후기부터 전개된 실학·허학 논쟁을 통해 당시 지식인들은 과학적 농업이나 기술 습득의 필요성을 강조하기 시작했고, 1880년대 이후 서구의 근대적 사상과 문물이 도입되면서 체계적인 실업교육을 행할 수 있는 여건이 마련되었다.

우리나라에서 실업교육 및 실업학교에 관한 형식적 체계가 갖추어지기 시작한 것은 갑오개혁 이후 상공학교관제(1899년)가 반포된 이후부터였다. 통감부가 설치된 1906년 이전, 대한제국 정부의 실업교육은 국가의 운영이나 산업 발전에 필요한 업무를 담당하는 기술자 양성에 중점을 두고 있었다. 1899년에 공포된 의학교관제 및 의학교규칙, 1900년에 공포된 광무학교관제(鑛務學校官制), 우무학도규칙(郵務學徒規則), 전무학도규칙(電務學徒規則) 등은 당시 대한제국 정부가 주도했던 근대적 제도를 도입하고 운영하기 위해 마련된 규정이었다. 이러한 법령의 공포에 따라 광산 개발에 필요한 기술자 양성을 위해 광무학교가, 우편 및 전보제도의 도입에 따른 기술자 양성의 필요에 의해 우무학당과 전무학당이, 그리고 근대적 의료인 양성을 위해 의학교(醫學校)가 설치되었다. 이에 더해 통감부 설치를 전후하여 농상공학교관제(1904년), 농림학교관제(1906년), 공업전습소관제(1907년), 여자잠업강습소관제(1910년) 등도 공포되었다. 이렇게 '실업'에 속하는 각 영역의 특성에 따라 존재했던 각각의 규정들은 1909년의 실업학교령과 1910년의 실업보습학교규정의 발포에 따라, '실업교육'이라는 하나의 체계 아래서 통일적으로 관리되기 시작했다. 즉, 실업교육의 실시 및 실업학교의 설치에 관한 정책이 법규를 통해 체계화 · 구체화되어 갔던 것이다. 이 가운데 1909년 칙령 제56호로 발포된「실업교육령」에는 다음과 같은 내용이 포함되어 있었다.

제1조 실업학교는 실업계에 종사하는 데 필요한 교육을 시행하는 것을 목적으로 한다.

제2조 실업학교의 종류는 농업학교, 상업학교, 공업학교 및 실업보습학교로 한다. 잠업, 임업, 축산 및 수산에 관한 학과목을 주로 교수하는 학교는 농업학교로 간주한다. 도제학교는 공업학교의 종류로 한다.

제6조 실업학교의 수업 연한은 3년으로 한다. 단, 토지 정황에 따라 1년 이내로 단축할 수 있다. 실업학교에 2년 이내의 속성과를 설치할 수 있다.

제7조 실업학교에 입학할 수 있는 자는 연령 12세 이상의 남자로 보통학교를 졸업한 자 또는 이와 동등의 학력이 있는 자여야 한다. 단, 속성과에 관해서는 본문 규정에 따르지 않을 수 있다.

제8조 실업학교의 교과용 도서는 학부에서 편찬한 것이나 학부대신의 검정을 받은 것을 사용할 수 있다.

　이와 함께 실업학교의 한 종류로 제시된 실업보습학교에 관한 규정에는 "간이한 방법으로 실업에 종사하는 데 필요한 교육을 실시한다."(제1조)는 설치 목적과 함께 '2년 이내'의 수업 연한(제2조), 수신·국어 및 한문·산술·실업에 관한 교과목의 내용(제3조)과 실업보습학교를 보통학교나 실업학교 등에 부설할 수 있다는 내용(제5조)이 포함되어 있었다.

　당시 실업학교 및 실업보습학교를 설치하려면 학부에 '실업학교설립인가청원서'를 제출해야 했다. 그 양식에는 명칭·위치, 교원의 정수, 수업 연한, 학과목, 교지·교사(校地·校舍)의 평면도, 1년의 수입·지출 예산, 학교가 설립된 지방의 실업상황, 유지방법 등과 함께 실업학교 종류별 학과과정의 표준이 포함되어 있었다. 농업학교, 잠업학교, 상업학교에 관해 제시된 학과과정 표준안 가운데 3년제 농업학교의 경우는 〈표 13-1〉과 같다.

표 13-1　농업학교 학과과정 표준안(예시)

학과목	제1학년		제2학년		3학년	
	시수	과정	시수	과정	시수	과정
수신	1	실천도덕	1	좌동	1	좌동
국어 및 한문	2	강독, 작문, 습자	2	강독, 작문	2	좌동
일어	6	독법, 해석, 회화, 작문, 습자	3	독법, 회화, 해석, 작문	2	좌동
수학	5	산술, 기하	4	기하, 대수	4	대수, 부기
박물	4	동물, 식물	2	광물(礦物), 생리		
이화학	3	무기유기화학	2	물리		
토양, 농구			2	농구, 토양	3	토양, 토지개량
비료					2	비료의 성질 및 효용
작물, 원예	2	보통작물재배	4	보통 및 특용작물 재배	2	야채과수작물범론
농산물제조					2	주요농산물의 제조
양잠	2	재상(栽桑), 사육	2	제종(製種), 잠체해부 잠생리	2	잠병리 및 잠종검사
임학	2	삼림성질효용 및 조림	3	삼림보호 및 경리	2	삼림이용 임산물 제조

축산	2	가축, 가금류 및 밀봉의 관리 사양 및 번식	3	좌동	2	사료작물, 목축 목장 및 수의학의 대의
병충해					2	작물병리 및 해충
기후					1	기후학 대의
측량			2	측량 및 제도	2	좌동
법규					1	농업에 관한 법규
체조	1	학교체조				
계	30		30		30	
실습	6시간 이상		6시간 이상		6시간 이상	

출처: 학부(1910: 17-19).

이 시기의 「실업학교령」에 따라 설립된 학교는 다음과 같다(조선총독부내무부학무국 편, 1914: 5-7).

- 관립: 인천실업학교
- 공립: 부산실업학교, 전주농림학교, 군산실업학교, 광주농림학교, 진주실업학교, 대구농림학교, 해주실업학교, 춘천농업학교, 영변실업학교, 북청실업학교
- 도립: 공주농림학교, 평양농업학교, 의주실업학교, 함흥농업학교

또 실업보습학교로는 공립미동실업보습학교, 공립수하동실업보습학교, 상주공립실업보습학교가 해당 공립보통학교 내에 설치되었다(조선총독부내무부학무국 편, 1914: 8-15).

이처럼 갑오개혁 이후 국가 운영의 필요에 의해 강조되었던 실업교육에 대한 규정은 통감부시기를 거치면서 '실업'이라는 하나의 영역으로 통일되어 체계화되어 갔다. 즉, 실업교육 및 실업학교에 관한 규정이 시대적 필요에 따라 속속 발포되었고, 표준화된 교육과정을 제시하는 수준에까지 이르렀다. 이러한 흐름은 일제강점기에도 더욱 강화되며 지속되는 양상을 보인다.

일제강점기 실업학교의 설치와 운영

일제강점기의 실업학교는 1911년 조선총독부령 제113호로 발포된 「실업학교 규칙」에 따라 그 설치와 운영이 이루어졌다. 「실업학교규칙」에는 설치 및 폐지, 교과용 도서, 학년·학기 및 휴업일, 입학·퇴학 및 징계, 수업 및 졸업 등에 관한 사항이 30조에 걸쳐 제시되어 있었다. 각 조항의 내용이 세분화되어 있다는 점에서 1909년의 「실업학교령」에 비해 구체성을 띠고 있기는 했지만, 실업학교의 수업 연한이나 교육과정에서 큰 차이는 없었다.

일제강점기 실업교육은 크게 초등 수준의 실업교육과 중등 수준의 실업교육으로 나누어 살펴볼 수 있다. 초등 수준의 실업교육은 보통학교 교육과정에서 수의 과목으로 부과되었던 농업초보와 상업초보였다. 수의 과목이었으므로 수업시수는 학교의 실정에 따라 결정되었고, 이 때문에 실제 어느 정도의 비율로 교육이 이루어졌는

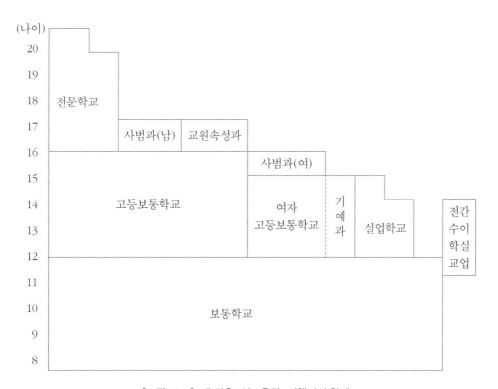

[그림 13-1] 제1차 「조선교육령」 시행기의 학제

가를 상세히 파악하기는 쉽지 않다. 그러나 일제강점기 초기에 조선총독부가 내세운 '시세와 민도에 맞는 교육'이나 '농업과를 과하는 학교에서는 될 수 있는 대로 향교 재산에 속하는 학전을 이용하여 경운(耕耘)을 실습시켜라'는 지시를 내린 점을 고려한다면 농촌의 많은 지역에서 초보적 형태의 실업교육이 행해졌으리라는 점을 추측할 수 있다.

다음으로 중등 수준의 실업교육은 조선총독부가 제정한 「실업학교규칙」(1911년)이나 「실업학교규정」(1922년, 1943년)에서 정한 학교에서 이루어졌다. 실업학교는 '실업에 종사하려는 자'(제1차 「조선교육령」 제20조)에게 지식과 기능의 전수를 목적(제1차 「조선교육령」 제6조)으로 했다는 점에서 완성교육기관으로서의 성격을 가지고 있었다. 그러나 일제강점기의 조선인들에게는 고등교육을 받을 수 있는 기회가 제한되어 있었으므로, 실업학교가 진학을 위한 통로로 이용되는 사례도 적지 않았다. 일반적으로 우리가 말하는 실업교육은 중등 수준의 실업학교에서 이루어지는 교육을 의미한다. 이는 「조선교육령」을 바탕으로 작성한 [그림 13-1]의 학제를 보면 분명하다(정재철, 1985: 302).

1911년 제1차 「조선교육령」에서의 실업학교 입학자격은 연령 12세(직업학교·실업보습학교는 10세) 이상으로 4년제 보통학교 졸업자 또는 이와 동등한 학력을 가진 자를 기준으로 삼았으며, 수업 연한은 2~3년이었다.[1] 여기서는 실업학교를 농업학교, 상업학교, 공업학교, 간이실업학교(제21조)로 구분했는데, 1911년 제1차 조선교육령에서의 실업학교 입학자격은 연령 12세(직업학교, 실업보습학교는 10세) 이상으로 4년제 보통학교 졸업자 또는 이와 동등한 학력을 가진 자를 기준으로 삼았으며, 수업 연한은 2~3년이었다. 여기서는 실업학교를 농업학교·상업학교·공업학교·간이실업학교(제21조)로 구분했는데, 1909년의 「실업학교령」과 다른 점은 실업보습학교가 간이실업학교로 명칭이 변경되었다는 것뿐이었다. 한편, 제2차 조선교육령 제11조의 규정에 따라 발포된 「실업학교규정」(1922)에는 실업학교로 농·상·공의 학교와 더불어 상선학교·수산학교·직업학교가 있었다. 여기에 더해 실업보

---

1) 법규상으로 실업학교 수업 연한은 2~3년이었으나, 1914년 조선총독부 학무국에서 발간한 『실업학교요람』에 따르면, 당시 조사된 전국의 실업학교(농업학교 14교, 상업학교 3교, 간이농업학교 33교) 가운데 간이농업학교의 경우는 1교를 제외하고는 수업 연한이 1년이었고, 농업학교와 상업학교는 모두 2년이었다.

습학교가 포함되었는데, 이는 이전의 간이실업학교 명칭이 변경된 것이었다. 이어서 제3차 조선교육령에는 실업학교로 식산학교가 덧붙여졌으나, 일제강점 말기까지의 실업학교 통계에 상선학교나 식산학교가 조선에 존재했다는 기록은 없다.

　　그렇다면 규정에 있는 학교의 유형이 실제로 설치 운영되지 않은 이유는 무엇일까? 이는 제2차 「조선교육령」 이후의 실업학교 관련 규정이 일본 내의 「실업학교령」에 그 기반을 두고 있기 때문인 것으로 보인다. 이는 당시 조선에서 발포되었던 다음과 같은 법령 및 규정 등을 통해 확인할 수 있다. "실업교육은 실업학교령에 따른다. 단, 동령(同令) 가운데 문부대신의 직무는 조선총독이 그것을 행한다."(1922년 제2차 조선교육령 제11조) "본령 중 별도의 규정이 있는 경우를 제외하고는 문부성령이 정하는 해당 학교규정에 따른다. 이들 규정에서 문부대신은 조선총독으로 한다."(1922년 실업학교규정 제12조, 조선총독부령 제9호) "실업학교 학과목 가운데 수신, 공민과, 국어, 역사, 지리, 외국어, 수학, 물리 및 화학, 박물, 이과, 도화, 체조, 음악, 가사 및 재봉, 수예, 교육 또는 조선어의 교수 요지에 관해서는 남자의 경우 중학교 규정 제12조~제19조 및 제21조~제24조, 여자의 경우 고등여학교규정 제13조~제21조 및 제23조~제29조 규정에 따른다."(1922년 실업학교규정 제14조: 조선총독부학무국학무과, 1938: 571-577)

　　여기서 말하는 「실업학교령」 「중학교령」 「고등여학교령」은 일본에서 제정된 법령으로 일본의 상황을 전제로 만들어진 것이었다. 따라서 법규의 내용이 당시 조선의 상황을 말해 주지 않는다는 점과 법규나 규정만으로 일제강점기 실업학교의 양상을 그려 내는 데에는 한계가 있다는 점에 주의할 필요가 있다.[2]

　　이러한 규정 아래 설치 운영되었던 실업학교 및 실업보습학교의 설치현황을 보면 〈표 13-2〉와 같다.

---

2) 조선총독부는 왜 자체적으로 실업학교에 관한 규정을 만들지 않고 일본의 것을 모범으로 삼았는지, 이러한 정황이 실업학교에 관한 규정에만 한정된 것인지에 관해서는 더욱 탐구해야 할 필요가 있을 것이다.

표 13-2 일제강점기 설치된 실업학교 수

	실업학교			실업보습학교		
	관립	공립	사립	관립	공립	사립
1912	–	18	1	–	38	–
1915	1*	19	1	–	70	–
1920	1	23	2	–	46	–
1925	1	41	3	–	23	–
1930	1	47	6	1	83	2**
1935	1	54	9	1	94	3
1939	1	70	12	–	131	6

*의 관립 실업학교 수는 1916년 통계임.
**의 사립 실업보습학교 수는 1932년 통계임.
출처: 조선총독부(1941); 조선총독부(1932).

일제강점기 실업학교의 교육과정

일제강점기 초기의 실업학교에서 공통적으로 이수해야 한다고 규정한 과목으로는 수신, 해당 과목의 실습, 국어(일본어), 조선어(또는 한문), 수학, 이과 등이 있으며, 지리, 도화, 체조 등을 선택할 수 있도록 하였다. 그렇지만 각 학교별로 개설되는 교과목은 학교나 지역의 특성에 따라 세분화되어 있었으므로 공통된 과목을 제시하는 것은 쉽지 않다. 〈표 13-3〉〈표 13-4〉〈표 13-5〉는 제1차 「조선교육령」 시기 농업학교, 상업학교, 공업학교에서 가르쳤던 표준 교과목 및 수업시수이다.

이처럼 실업학교의 교육과정은 해당 과목의 실습에 많은 시간을 할애하고 있지만, 일본 정신을 함양하기 위한 수신이나 국어 과목 시간 비중이 높다는 점과 도화, 체조가 학교의 사정에 따라 선택할 수 있는 과목임에도 이수교과로 배당되었다는 점도 눈여겨보아야 할 대목이다.

표 13-3 농업학교 교육과정 및 매주 교수 시수표(1911~1922)

		제1학년		제2학년	
		시수	과정	시수	과정
수신		1	수신의 요지	1	좌동
농업	작물	5	작물통론, 보통작물, 특수작물	3	원예작물
	작물병충해	1	충해	1	병리
	비료			2	비료의 종류, 성질, 용법
	토양 및 농구			2	토양의 구성, 분류, 성질, 토지개량 및 농구
	양잠	2	양잠, 사육	3	사육, 양잠생리, 잠체병리
	축산			2	가금, 가축의 종류, 관리, 번식, 양봉
	농산제조			1	농산제조법
	삼림	2	조림	3	조림, 보호
	측량			1	측량법
	경제 및 법규			1	농산경제, 농업법규
국어		4	독법, 해석, 회화, 받아쓰기, 작문, 습자	4	좌동
조선어 및 한문		2	독법, 해석, 받아쓰기, 작문	1	좌동
수학		2	산술(계산 포함)	2	좌동
이과		8	4 식물 및 식물생리, 동물 및 인체생리		
			4 물리 및 기상		
			2 화학(유기, 무기 및 광물)		
체조		1	체조, 교련	1	좌동
계		28		28	

표 13-4 상업학교 교육과정 및 매주 교수 시수표(1911~1922)

	제1학년		제2학년	
	시수	과정	시수	과정
수신	1	수신의 요지	1	좌동
상업	9	상업에 관한 사항	14	좌동
국어	8	독법, 해석, 회화, 받아쓰기, 작문, 습자	8	좌동
조선어 및 한문	2	독법, 해석, 받아쓰기, 작문	2	좌동
지리	2	본방 및 외국지리		
수학	5	산술, 주산	5	좌동
이과	2	물리, 화학		
도화	1	자재화		
체조	2	체조, 교련	2	좌동
계	32		32	

표 13-5 공업학교 교육과정 및 매주 교수 시수표(1911~1922)

	제1학년		제2학년	
	시수	과정	시수	과정
수신	1	수신의 요지	1	좌동
공업	12	공업에 관한 사항	14	좌동
국어	4	독법, 해석, 받아쓰기, 작문, 습자	4	좌동
조선어 및 한문	2	독법, 해석, 받아쓰기, 작문	1	좌동
수학	5	산술, 대수	5	대수, 기하
이과	2	물리 및 화학(광물 포함)	3	좌동
도화	2	자재화, 용기화	2	용기화
체조	2	체조, 교련		
계	30		30	

1920년대까지 이러한 특징을 가진 실업보습학교(혹은 간이실업학교)의 교육과정은 1930년대 중반 이후 개정되었는데, 그 내용을 보면 다음과 같다.

「실업보습학교규정」 조선총독부령 제52호, 1935

제1조 실업보습학교는 소학교 또는 보통학교의 교과를 마치고 직업에 종사하는 자에

대해 덕성을 함양하고 직업에 관한 지식 기능을 가르쳐 국민생활에 필요한 교육을 하는 것을 목적으로 한다.

제11조 실업보습학교의 총 교수시수(실습 포함)는 600시간 이상으로 한다.

제12조 실업보습학교의 학과목은 수신 및 공민, 국어, 직업으로 한다. 단, 국어를 상용하지 않는 자에게는 국어 대신 조선어를 과할 수 있다.

여자에게는 전항 학과목 외에 가사 및 재봉을 더한다.

앞에서 제시한 학과목 외에 필요에 따라 역사, 지리, 수학, 이과, 체조, 부기 기타 학과목 중 적절히 선택해 그것을 더할 수 있다.

제13조 실업보습학교에서는 교수상 특히 다음 사항에 주의한다.

일. 국민으로서의 성격을 함양하고 순량한 인격의 양성을 도모한다. 특히 성실하고 신뢰를 중시하며 근검하고 공익에 힘을 다하는 기풍을 가진다

이. 모든 교재는 향토적 사상 가운데서 그것을 구하고 교수는 힘을 다해 생활의 실태에 맞게 실습을 중시하고 근로호애의 미풍을 순치한다.

삼. 생도 심신의 발달에 맞게 신체를 연마하고 심력을 연성해 견인내구(堅忍耐久)의 체질과 강건용위(剛健敢爲)의 기풍을 도야한다.

「실업학교규정」중 개정, 조선총독부령 제66호, 1938

제1조 실업학교는 실업에 종사하는 자에게 필요한 지식 기능을 갖도록 한다. 특히 국민도덕을 함양함으로써 충량유위한 황국신민의 양성에 힘쓴다.

제11조 실업학교에서는 다음 사항에 유의해 생도를 교양해야 한다.

일. 교육에 관한 칙어의 취지에 근거해 국민도덕의 양성에 뜻을 가지고 우리 조국(肇國, 건국)의 본의와 국체의 존엄한 바를 이해시켜 충효의 대의를 분명히 하고……생도가 실천궁행함으로써 황운부익의 도를 철저히 하도록 힘쓴다.

이. 덕성의 함양에 유의하고 순량한 인격을 도야하고, 특히 성실하고 신용을 중시해 근검하고 공익에 진력하는 기풍을 키워 내선일체, 동포집목의 미풍을 키우는 데 힘쓴다.

여생도에게는 특히 순량정숙하고 온정자애가 가득한 양속미풍을 가지고 가정에서의 임무를 중시하는 지조를 키우는 데 힘쓴다.

육. 국어의 사용을 정확히 하는 동시에 그 응용을 자재토록 하여 국어교육의 철저를

기함으로써 황국신민으로서의 성격을 함양하는 데 힘쓴다.

개정된 「실업학교규정」과 「실업보습학교규정」에서 제시된 학과목은 1920년대의 그것과 비교해 큰 변화는 없었던 것으로 보인다. 이전과 마찬가지로 여학생에게는 가사와 재봉이라는 별도의 학과목이 교수될 수 있도록 했고, '국어를 상용하지 않는 자'에게는 조선어 시간을 배정할 수 있도록 함으로써 남녀별·민족별로 교과가 다르게 배정될 수 있도록 했다.

1935년의 「실업보습학교규정」과 1938년의 「실업학교규정」의 특징은 '국민'을 강조한 것이었다. 이러한 변화가 실업학교에만 한정된 것이었다고 보기는 어렵지만, 1930년대 이후 기술자 양성을 위한 교육의 영역에서도 지식과 기능의 전수를 기반으로 한 정신교육이 점차 강화되었다는 점에 주목할 필요가 있다. 즉, 1922년의 「실업학교규정」에서는 단지 '실업에 종사하는 자에게 필요한 지식과 기능을 전수'하고

표 13-6 제주농업중학교의 교과배당(공통과목) 　　　　　　　　　1941.~1944. 12. 말 졸업

	수신	공민	국어				역사	지리	수학					박물				이과			체조			외국어		도서	음악	수산
			강독작문	문법	습자	한문			산술	대수	기하	삼각	주산	식물	동물	광물	인체생리	물리	기상	화학	체조	교련	무도	영어	중국어			
제1학년	○		○		○	○	○		○	○			○	○	○						○	○	○	○		○	○	
제2학년	○		○		○																○	○	○	○		○	○	
제3학년	○		○	○	○			○		○							○	○			○	○	○	○	○			
제4학년	○	○	○					○				○					○	○	○	○	○	○	○	○	○			○
제5학년	○	○	○					○													○	○	○	○	○			○

출처: 이원호(1996).

'덕성의 함양에 힘쓰는 것'을 목적으로 설정하는 데 머물렀던 규정이 '조국의 본의'와 '황국신민', 그리고 '국체'를 강조하는 방향으로 진화하고 있었던 것이다. 이는 교육을 통해 일본의 '국민'이라는 점을 부각시키며 군국주의적 국가체제를 구축해 나가기 위한 기반을 만드는 과정이었다.

이러한 규정 아래 진행된 실업학교의 교육과정은 일제강점기 말기로 가면서 전시체제의 구축이라는 시대적 특성을 적극 반영하는 모습을 띠게 되었다. 〈표 13-6〉은 1940년대 제주농업중학교에서 운영하였던 교육과정이다.

이를 제1차 「조선교육령」 시기와 비교해 보면 몇 가지 공통점과 차이점을 찾아볼 수 있다. 첫째, 수신, 공민, 국어 등의 일본 정신 함양 교과가 변함없이 중요시되고 있다는 점이다. 일제 말기로 갈수록 전시체제가 노골화되고, 이를 위해 교육을 통한 정신단련의 측면이 강화되는 추세였다는 점은 앞에서 언급한 대로이다. 둘째, 제1차 「조선교육령」 시기에 있었던 조선어 및 한문이 없어지고, 영어와 중국어가 등장했다는 점이다. 1940년대 조선어 말살정책으로 조선어는 사라지고 전쟁 상대국의 언어가 교육을 통해 교수되었다. 셋째, 체조가 체조, 교련, 무도로 세분화되어 강화되었다는 점이다. 전시체제에 대비할 수 있는 인력 양성이라는 측면에서 군사훈련과 근로동원이 강조되고, 학교에서도 신체적 단련을 중시하는 모습이었다. 마지막으로 농업중학교임에도 불구하고 1차 「조선교육령」 시기에 보았던 구체적인 농업 관련 교과나 내용이 보이지 않는다는 점이다. 실제 수업에서 어떤 활동이 이루어졌는지 밝힐 수는 없지만, 이러한 특징은 당시의 정치·사회적 상황이 개인의 직업적 필요에 의한 구체적 지식, 정보보다는 국가적 수준의 인적 자원 양성이라는 시대적 요구가 교육에 큰 영향을 미치고 있었음을 말해 준다.

이러한 특징과 함께 일제강점기 실업학교 교육과정에서 남학생과 여학생에게 부과되었던 교육내용의 차이에 관해서도 주의를 기울일 필요가 있다. 제1차 「조선교육령」 시기의 교육과정에서는 여자만을 대상으로 하는 규정은 눈에 띄지 않았다. 그러나 제2차 「조선교육령」 이후가 되면 농업학교, 공업학교, 상업학교, 수산학교 등에서는 여학생이 이수해야 할 교과목을 따로 구분해 제시한 모습을 볼 수 있다. 다음은 농업학교 및 공업학교 규정의 일부이다.

제8조 농업학교의 학과목은 수신, 공민과, 국어, 역사, 지리, 수학, 물리 화학, 박물,

체조(무도를 포함) 및 농업에 관한 학과목 및 실습으로 한다. …… 여자의 경우
는 수신, 공민과, 국어, 역사, 지리, 수학, 이과, 가사 및 재봉, 체조 및 농업에 관
한 학과목 및 실습으로 한다. 단, 부기, 도화, 음악, 수예, 기타의 학과목을 설치
할 수 있다.

제9조 농업에 관한 학과목은 …… 여자의 경우는 경종, 원예, 축산, 농산제조, 양잠,
제사, 기타 여자에게 적당한 것을 선택해 그것을 정한다.

제8조 공업학교의 학과는 공업의 종류 또는 이를 세분한 것에 의하여 다음 예에 준하
여 적절히 이를 정하도록 하였다. 기계과, 전기과, 토목과, 건축과, 채광과, 응용
화학과, 전기화학과, 요업과, 염직과, 금속공예과 여자에게는 염색, 기직, 방직,
제사, 도안, 분석, 기타 여자에 적당한 것을 선택하여 정한다.

이처럼 여학생이 실업학교를 다닐 경우는 성별 특성에 맞는 교과가 배치되도록
하였다. 특히 가사 및 재봉, 체조, 음악, 수예 등의 학과목이 특설될 수 있었다. 보통
학교 이후의 학교가 남녀별학 체제로 운영되었다는 당시의 상황을 감안한다면, 이
러한 규정이 형식적이었다는 인상을 강하게 남긴다.[3] 이 역시 일본의 「실업학교령」
을 그대로 가져온 결과라고 추측할 수 있다.

일제강점기의 실업학교는 실업에 종사하는 자에게 필요한 지식과 기능을 갖추도
록 하는 것을 기본 취지로 하고 있었다. 그런데 이러한 흐름은 일제강점기 말기로 갈
수록 조국의 본위, 국체, 국민도덕 등의 이름으로 황국신민의 양성을 강화하는 방향
으로 전개되었다. 전시체제하의 일제는 인력동원 및 전시물자 수급을 위한 생산 증
강이라는 현실적 필요에 의해 실업학교를 운영할 수밖에 없었다. 1943년 5월 당시
실업학교 상황을 보면 공사립의 농업학교 55교, 공업학교 12교, 상업학교 31교, 공
립 수산학교 4교, 공립 직업학교 11교, 사립 여자실업학교 3교, 실업보습학교 142교가
존재하고 있었다(이만규, 1988).

---

3) 제3차 「조선교육령」의 학교 계통도를 보면 '실과 고등여학교'가 존재한다. 1940년대 사립의 여자실업학교
로 경성여자상업학교, 덕성여자실업학교, 향상여자실업학교가 존재했다(이원호, 1996).

활동과제

○ 일제강점기 실업학교의 교과 하나를 선택하여 당시의 교육과정 및 교과서가 오늘날의 그
  것과 어떤 점에서 다른지 혹은 같은지 비교해 보자.

○ 「조선교육령」의 자료를 바탕으로 일제강점기 실업학교 교육과정의 위상을 탐구해 보자.

○ 현대 우리나라의 전문교과 교육과정과 일제강점기 실업학교 교육과정을 비교 분석해 보자.

제**14**장 일제강점기 국외 민족학교 교육과정

이 장의 목표

1. 일제강점기 국외 민족학교의 등장 배경에 바탕하여 민족학교의 목적과 역할을 설명할 수 있다.
2. 일제강점기 국외 민족학교 교육과정의 공통점과 지역별 특징을 열거할 수 있다.

생각해 볼 문제

1. 일제강점기에 국외 한인들이 민족학교를 설립해야만 하는 이유는 무엇이었는가?
2. 시대적 요구가 교육과정에 반영되는 것의 근거와 타당성은 어떻게 확보될 수 있는가? 또한 현대의 교육과정은 어떠한 시대적 요구를 반영하고 있는가?

교육과정은 피교육자에게 가르칠 교육내용을 배열한 것으로, 교육목표에 따라 교과목이 달라질 뿐 아니라 동일한 교과명이라도 다른 교육내용을 의미할 수 있다. 한말(韓末) 근대교육이 도입되면서 국가 수준에서 국민교육을 위한 교육과정이 제시되기 시작하였다. 교육내용은 독서산(讀書算) 등의 실용적 교과와 국어, 국사, 지리 등 국민으로서의 정체성을 형성하기 위한 교과로 구성되었다. 그러나 1910년 국권을 상실한 후 한반도에 사는 한민족(韓民族)이 무엇을 배워야 하는지는 일제에 의해 결정되었고, 교육의 목적은 한민족을 일본신민(日本臣民)으로 만드는 것으로 강제되었다. 동일한 '국어'라는 교과명이라도 내용은 일본어에 관한 것이었고, '국사'는 일본역사, '지리'는 일본지리를 의미하였다. 이 장에서는 일제강점기에 식민지 조선 외 지역에서 이루어진 민족학교 교육내용을 소개한다.

국권 상실과 민족교육

국권 상실의 위기에 맞서 민족선각자들이 사립학교를 설립하여 국민의 의식을 계몽하고 나라를 구할 인재를 키우고자 하였지만, 일제 강점 후 민족교육기관은 더 이상 존립할 수 없었다. 그 대표적인 예가 신민회 산하의 서울 상동 청년학원(1904~1913)과 평양 대성학교(1908~1912)이다. 청년학원의 교육과정은 수신, 성경, 국어, 한문, 외국어, 지리천지문(地理天地文), 수학, 이과, 법학과 상업, 도화, 체조였고(윤춘병, 1998: 212), 대성학교는 수신, 국어, 한문, 작문, 역사, 지리 및 천문, 법제, 농학, 상업, 공업, 외국어, 도화, 음악, 체조 등으로, 근대지식과 민족의식 교육을 아우르는 교과운영을 하며(이명화, 2008: 51) 특히 역사교육을 중시하고 병식체조(兵式體操)를 실시하였다. 이들 학교는 일련의 사립학교 통제 법령과 105인사건과 같은 정치적 압박으로 문을 닫지 않을 수 없었다.

을사늑약 체결 이후 일찍이 망국을 예견한 독립운동가들은 국외에서 독립운동기지 건설에 나섰다. 독립운동가들은 이주한인들과 힘을 합쳐 각종 민족학교와 군사학교를 설립하여, 젊은이들에게 근대 지식과 더불어 민족정신을 교육하고 군사훈련을 시켜 독립운동을 준비하고자 했다. 그 대표적인 학교로 중국 만주 지역에 설립되었던 명동학교(明東學校)와 신흥무관학교(新興武官學校), 중국 상하이에서 대한민국임시정부 산하에 있었던 인성학교(仁成學校), 그리고 미주에 설립되었던 클레어몬트 한인학생양성소와 헤이스팅스 소년병학교(少年兵學校)를 들 수 있다.

만주 지역의 민족학교

국외 독립운동기지로 독립운동가들이 가장 먼저 주목한 지역은 중국 서·북간도를 중심으로 하는 만주 지역이었다. 이 지역은 한반도와 가까울 뿐 아니라 이미 상당수의 이주 한인들이 거주지를 형성하고 있어서 이를 기반으로 독립운동을 전개할 수 있었다. 그러나 만주로 세력을 확대하고자 하는 일제의 탄압과 그에 대응한 중국의 통제가 본격화되면서 1920년대에는 더 이상 학교를 유지할 수 없었다.

중국 북간도에는 이상설, 이동녕 등의 민족운동가들이 1906년부터 이주를 시작하여 용정촌에 서전서숙(瑞甸書塾)을 설립하고 민족교육을 시작하였다. 명동학교는 1908년 서전서숙의 정신을 이어받아 김약연을 중심으로 명동촌에 설립된 기독교 학교이다.[1] 명동학교는 초등교육과정으로 출발하여 1910년에는 3년제 중학과정을 증설하고, 1911년에는 간도 지역에서는 처음으로 여학교를 병설하였다.

소학부(초등) 교과는 조선어(국어), 성경, 수신, 한문, 산수, 주산, 이과(理科), 작문, 습자, 창가, 체조, 지리, 역사 등 13개 과목이었고, 중학부(중등) 교과는 조선어(국어), 수신, 역사, 지지(地誌), 법학, 지문(地文), 박물(博物), 생리(生理), 수공, 신한독립사(新韓獨立史), 위생, 식물, 사범교육학, 농림학, 광물학, 외교통역, 대한문전(大韓文典), 신약전서, 중국어, 작문, 습자, 산술, 대수, 기하, 창가, 체조(군사교육) 등 26개 과목이었다. 이러한 교과목은 대체로 신문화, 신학문의 습득을 통한 근대지향적인 사고 함양과 민족의식 및 애국심 고취에 그 목표를 두었다. 특히 조선역사(한국사) 교과에서 사용되었던 계봉우(桂奉瑀)가 저술한『최신동국사(最新東國史)』는 간도 청년학생들의 반일민족의식 고취에 큰 영향을 미쳤다. 체육교육이 중시되었고, 교육내용은 주로 병식체조(兵式體操)와 군사훈련이 상당한 비중을 차지하였다.

명동학교는 1920년 일제의 경신대학살이 자행되던 때 학교건물이 전소되는 등 결국 일제의 통제와 재정난으로 1925년 명동소학교만 남고 중학교는 폐쇄되었다. 개교 이후 17여 년간 명동학교가 배출한 1,000여 명의 애국청년들은 여러 민족운동기관의 교사로, 1920년대 만주에서의 항일독립군으로, 반일민족운동을 주도하는 애국지사로, 또는 문학가와 예술가로 활약하였다.

중국 서간도 지역에서는 신민회의 이회영, 이상룡 등이 독립운동기지를 개척하며 독립군 양성을 위한 군사학교로 신흥무관학교를 설립했다. 신흥무관학교는 1911년 유하현(柳河縣) 삼원포(三原浦) 추가가(鄒家街)에서 문을 열었고 다음해 통화현(通化縣) 합니하(哈泥河)에 새로운 건물을 지어 이전했다가 본교를 고산자(孤山子)로 옮겨가면서 1920년까지 학교를 유지하였다.[2]

신흥무관학교에는 중등과정인 본과(3년)와 군사학을 전수하는 특별과(1년)가 있

---

1) 이하 명동학교에 대해서는 박주신(2000: 287-303)을 참고하였다.
2) 이하 신흥무관학교에 대해서는 서중석(2003: 116-124)을 참고하였다.

[그림 14-1] 명동학교 고등과 제5회 졸업사진

었다. 중등과정의 교과목은 국문, 역사, 지리, 수학, 수신, 외국어, 창가, 박물학, 물리학, 화학, 도화, 체조, 또는 역사, 지리, 산술, 수신, 독서, 한문, 이화(理化), 체조, 창가, 중국어였다고 한다. 사용된 교과서는 『국어문전』 『중등교과산술』 『신정산술(新訂算術)』 『최신고등학』 『이과서(理科書)』 『교육학』 『대한신지지(大韓新地誌)』 『고등소학독본』 『초등윤리과』 『최선박물학(新選博物學)』 『중등산술』 『최선이화학(新選理化學)』 『유년필독(幼年必讀)』 『보통경제학』 『윤리학교과서』 『대한국사』 『사범교육학』 『신편화학(新編化學)』 『중등용기법(中等用器法)』 『중등생리학』 등이다.

신흥무관학교를 건립한 가장 중요한 목적은 군사교육에 있었다. 이세영 등의 교관이 대한제국 무관학교 출신이었기 때문에 기본교육과정은 대한제국 무관학교에 준하였다. 학과는 주로 보기포공치(步騎砲工輜)의 각 조전(操典)과 내무령(內務令), 측도학(測圖學), 축성학(築城學), 육군형법(陸軍刑法), 육군징벌령(陸軍懲罰令), 위수복무령(衛成服務令), 구급의료(救急醫療), 편제학(編制學), 훈련교범(訓練敎範), 총검술(銃劍術), 유술(柔術), 격검(擊劍) 전술 전략 등이었다. 술과(術科)로는 넓은 연병장에서 주로 각개 훈련과 기초 훈련을 하였다. 야외에서는 이 고지 저 고지에서 가상의 적을 향해 공격전, 방어전, 도강 · 상륙작전 등을 펼쳐 실전을 방불케하는 훈련을 되풀이하였다. 체육도 주요 교과였다. 엄동설한 야간에 파저강(婆瀦江) 70리 강행군을 비롯하여 빙상운동, 춘추 대운동, 격검, 유술, 축구, 철봉 등으로 강인불굴의 체력을 단련하는 데 힘썼다.

[그림 14-2] 신흥무관학교에서 사용한 교과서인 『유년필독(幼年必讀)』

　학생들은 학교의 자력갱생을 위해 일과가 끝나면 편대를 지어 조별로 산비탈에 달라붙어 노동을 하였다. 여름내 노동하여 얻는 돈을 학교유지비에 보탰고, 겨울에는 혹한에 허리까지 차는 적설을 헤치며 땔감을 끌어내어 져 날랐다. 신흥무관학교 학생들은 최대한 주민들한테 부담을 끼치지 않으려고 노력하면서 조국을 위해서는 항일투쟁, 모교를 위해서는 경제투쟁이라는 학(學), 병(兵), 농(農) 투쟁을 전개하였다.

　신흥무관학교는 1920년에 들어와 일제의 압력에 의한 중국 당국의 탄압과 일제의 경신참변 등의 만행으로 문을 닫았다. 신흥무관학교의 교관을 비롯하여 3,500여 명의 졸업생들은 이후 청산리전투, 의열투쟁, 한국광복군 활동 등 한국무장독립투쟁의 원천이 되었다.

상하이의 민족학교

　상하이 대한민국 임시정부 산하에 있던 인성학교(仁成學校)는 상하이 유일의 한인 초등학교였다. 상하이는 19세기 이후 동양 무역의 중심지로서 구미 각국의 사람들이 거주하였고 서양 열강들의 조계가 설치되어 있어서 식민 치하에 있는 약소

민족국가에서 정치운동을 하는 사람들의 피난처 또는 망명처가 되기도 하였다. 상하이에 진출해 있던 열강들은 세력 부식을 위한 수단으로 경쟁적으로 많은 학교를 운영하고 있었다(이명화, 1990: 105-108). 상하이 한인들은 이민족의 고등교육기관에서 공부하기 전에 초등교육만큼은 민족주의에 바탕을 둔 철저한 정신교육을 수행하기 위해 학교를 설립하고자 하였다.[3]

인성학교는 원래 1917년 한인 기독교도들이 한인기독소학교라는 명칭으로 설립하였다. 1919년 상하이에서 대한민국 임시정부가 수립된 후 인성학교는 임시정부 산하의 공립학교와 같은 성격을 갖게 되었다. 인성학교는 학생들에게 '한국혼'을 넣어 주는 것을 지상의 교육목표로 하였다. 7세부터 13세 학령의 아동이 입학했던 인성학교는 초기에는 4년제로 운영되었다. 그러나 1924년부터 6년제로 되었다가 운영상의 어려움으로 학제를 단축하여 5년제로, 1934년 이후는 다시 6년제로 운영되었다. 5년제 과정에서는 단계별로 예비반, 유치반, 성인보습반을 이수하도록 하였다. 학과목으로는 한문, 산술, 이과, 수공, 영어, 중국어 등이 교수되었고, 영어는 3~4학년에서만 수업하였다. 당시 상하이에 있는 모든 교육기관은 영어 · 중국어를 필수적으로 습득해야 한다는 현실적 요구가 있었지만, 인성학교는 초등교육에서 철저히 국어, 국문, 역사, 지리 과목을 중점적으로 교육하여 학생들에게 민족, 국가, 국토 의식을 심어 주는 데 주력했다. 그리고 인성학교에서는 일본어를 절대 사용하지 못하도록 하였고, 교과서는 신식 철자법을 채택한 등사판 인쇄의 순(純) 한글 교과서를 사용하였다.

교민들은 매년 3 · 1절 기념일과 8 · 29 국치기념일에 인성학교에 모여 대대적인 기념행사를 가졌다. 또한 애국적 내용이나 항일투쟁의 내용을 담은 역사극을 만들어 공연하였으며, 연습회, 학예회, 연주회, 가극대회, 운동회 등 다채로운 프로그램을 갖고 교민행사를 진행하였다. 이처럼 인성학교는 단순한 교육기관이 아니라 한인 교포들의 사회 · 문화 활동의 중심지 역할을 담당하였다.

1932년 윤봉길 의거가 일어나고 임시정부가 상하이를 떠난 후 일제는 인성학교를 식민교육기관으로 삼고자 학교 관계 인사들을 강압하였다. 일제는 1935년 10월

---

3) 이하 인성학교에 대해서는 이명화(1999: 461-465)를 참고하였다.

[그림 14-3] 상하이 인성학교 졸업증서

10일부터 총독부가 발간한 교과서를 교재로 채택하여 일본어를 '국어'로 교육할 것을 일방적으로 명하는 등 위협을 가해 왔다. 이에 인성학교 당국자들은 11월 11일 전 직원의 총사직을 결의하고 부설 유치원만 그대로 두고 무기한 휴교 상태로 들어갔다. 이로써 인성학교는 20회 졸업생을 내고 문을 닫았다.

미주 지역의 민족학교

미주 지역에는 1902년 한인들이 이주하기 시작하여 커뮤니티를 형성하고 안정적으로 정착해 가던 중 민족교육의 필요성이 제기되었다. 미주 한인들에게 교육의 급무는 영어를 모국어 수준으로 습득하여 생업에 지장이 없도록 하고 안정적으로 미국사회에 적응해 가는 것이기는 했으나, 2세들이 성장해 가자 한국인으로서의 정체성을 지키기 위해 조국애와 국가관을 심어 주는 정신교육도 요청되었다.

클레어몬트 한인학생양성소는 1908년 로스앤젤레스 동쪽 근교의 클레어몬트에 설립되어 1918년까지 운영되었다.[4] 학생양성소는 미국 정규 학교들의 방과 후인 저녁시간과 토요일, 방학을 이용하여 수업을 진행한 보조교육기관이었다. 하지만 재미 한인들의 최고 연합체이며 준정부적 역할을 수행하던 공립협회와 국민회, 대한인국민회[5]가 관할한 한인들의 '공립학교'였다.

초창기 학생양성소는 15세 이상에게 입학 자격을 주었고(1914년 15세에서 17세 이상으로 조정), 소학과정과 중등과정을 두었으며 여름학기와 가을학기 두 차례 개학하여 교육과정을 이수하게 했다. 초기의 교육내용은 주로 영어의 보습교육에 주력하였으나, 1914년부터는 학생양성소에 정규 국어교사를 배치하여 국어교육을 의무화하였다. 역사, 지리 등 일반 주지 교과만이 아니라 음악, 체육 등의 과목도 개설하였고, 학생들로 구성된 한인학생 군악대가 조직되어 과외로 음악활동을 하기도 하였다. 학생들은 학생양성소에서 단체생활을 하며 자유정신과 애국사상을 배양하고, 자치활동으로 토론회를 조직해 회장, 학무, 서기, 사찰 등의 임원을 두고 매주 토요일 오후마다 돌아가며 영어와 한국어로 토론을 벌이기도 했다.

1916년에는 한인사회의 2세 아동들에게 국어교육을 실시하기 위해 학생양성소 내에 유년기하기국어강습소를 개설하였다. 7세 이상의 남녀 아동을 교육대상으로 하여 여름방학 기간 동안 본국 역사, 지지(지리), 국어, 국문, 창가, 유희 등의 교과과정을 이수하도록 하였다.

클레어몬트 학생양성소는 1918년에 들어서면서 학업을 위해 클레어몬트 지방으로 오는 학생 수가 줄면서 문을 닫게 되었다. 이후 미주 지역의 민족교육은 1920년 샌프란시스코에 설립된 상항한인국어학교를 비롯한 각지의 국어학교로 이어져, 미주 한인들의 대한민국임시정부에 대한 재정적 지원과 독립투쟁의 바탕이 되었다.

한편, 미주 한인사회에 만들어졌던 항일 애국 단체들이 최선의 국권회복 방략으로 택했던 것은 외교를 통한 선전과 군인양성에 의한 무력투쟁이었다. 그중 무력투쟁은 젊은 청년들에게 군사훈련을 시킨 후 이들을 만주와 러시아에서 전개되고 있는 독립전쟁에 투입하려는 것이었다. 이를 위해 만들어진 학교 중 가장 조직적이고 근대적인 훈련을 했던 학교로 박용만이 설립한 헤이스팅스 한인소년병학교를 들 수 있다(박영석, 1987: 179-180).

네브래스카주립대학에 재학 중이었던 박용만은 군사학교를 설립하기 위해 커니

---

4) 이하 클레어몬트 한인학생양성소에 대하여 이명화(2005: 63-107); 장규식(2008: 116-126)을 참고하였다.
5) 1905년 안창호가 설립했던 공립협회는 1909년 합성협회와 통합하여 국민회가 되었고, 1910년에는 대동보국회와 통합하여 대한인국민회로 결성되었다.

[그림 14-4] 클레어몬트 한인학생양성소 밴드

에 농장을 얻어 학생들이 기숙할 곳을 정하고, 군사훈련에 필요한 총기를 사들여 1909년 6월에 소년병학교를 열었다. 여름방학을 맞아 입소한 학생은 13인이었다. 박용만은 1910년 헤이스팅스대학과 교섭하여 여름방학 동안에 캠퍼스의 기숙사와 식당, 교실, 농장 등의 시설을 사용할 수 있도록 하고, 그해 6월부터 헤이스팅스대학에서 병학교를 열었다. 이때 입소한 학생이 30여 명이었는데, 이후로도 꾸준히 그 수준을 유지하였다.[6]

　병학교 학생들은 아침 6시에 기상나팔이 울리면 일제히 일어나 점호를 하고 세수와 식사를 한 뒤, 12시까지 밖에 나가 시간당 20~25센트의 품삯을 받고 노동을 하거나 학교에서 농장일을 하였다. 그리고 12시 15분 회식나팔에 맞춰 식당에 들어가 점심식사를 하고, 한 시간 동안 자유 시간을 가진 다음 두 시간 동안 학과공부를 하였다. 이어서 취군나팔이 울리면 군복에 병기를 갖추고 운동장에 나가 군사훈련을 받았다. 6시 저녁식사 후에는 학과 공부와 문예 활동을 하고, 점호를 마친 뒤 소등나팔에 맞춰 취침하였다. 일요일에는 헤이스팅스 제일장로교회에 출석하여 주일학교에 참석하였다. 학생들의 이와 같은 생활은 8월 하순, 각자 살던 곳으로 돌아갈 때까지 2개월여 동안 규칙적으로 계속되었다. 병학교의 경비는 군사훈련과 노동을 병행하는 둔전양병(屯田養兵) 방식으로 일단 조달하고, 부족한 재정은 박용만이 조

---

6) 이하 소년병학교에 대하여 장규식(2008: 126-130)을 참고하였다.

직한 네브래스카 한인공회의 인두세와 동포들의 후원금 등으로 충당하였다.

1911년 여름 개학 때는 중서부 각지에서 학생들이 구름같이 몰려들었는데, 이로 써 소년병학교는 군인 양성뿐만 아니라 학생연합활동의 유력한 발판으로 자리를 잡았다. 교과과정도 점차 짜임새를 갖추어 국어국문, 영어영문, 한어한문, 일어, 역 사, 지지, 수학, 이과학, 성서, 병학 등에 걸친 폭넓은 교육이 행해졌다. 1914년 여름 에 개설된 교과과정은 다음과 같다.

1. 국어국문—문법, 작문, 문학
2. 영어영문—문법, 작문, 문학
3. 한어한문—한어회화, 한문작문
4. 일어—문법, 회화
5. 수학—산술, 대수, 기하
6. 역사—조선역사, 미국역사, 열국혁명전사
7. 지지—만국지지, 조선지지, 군용지지
8. 이과학—식물학, 동물학, 물리학, 화학, 화학측량법
9. 성서—구약, 신약
10. 병학—(1) 연습과: 도수조련, 집총조련, 소·중·대편제, 야외조련 사격연습
　　　　　 (2) 병서과: 보병조련, 군대내무서, 육군예식, 군인위생,
　　　　　　　　　 군법통용, 명장전법

1912년 9월 소년병학교는 개교 4년 만에 첫 졸업식을 거행하고 13명의 졸업생을 배출했으나, 재정난 등으로 1914년 여름학기를 끝으로 문을 닫았다.

앞에서 살펴본 바와 같이 일제강점기 국외에서 설립되었던 민족학교들은 비록 일제 지배하의 국내보다는 교육과정 운영이 자유로웠다고 해도 다른 나라의 영토 에서 행해진 것이었으므로 제국주의 국가 간의 세력 변화에 구속되지 않을 수 없었 고 또한 끊임없이 재정난에 시달렸다. 그러한 어려움 속에서 이들 민족학교가 배출 한 졸업생들은 한민족으로서의 정체성을 바탕으로 1945년 해방을 맞을 때까지 다 양한 방면에서 전개된 한국독립운동을 이끌어 나간 주역으로 활동하였다.

[그림 14-5] 헤이스팅스 소년병학교 교관들

 활동과제

○ 일제강점기 국외 민족학교 중 한 곳을 선택하여, 교육과정 및 교과서를 조사하여 기록을
중심으로 학교교육과정을 분석해 보자.

○ 일제강점기 국외 민족학교의 교육과정이 현재의 국외 한인 교육에서 어떻게 이어지고 있
는지 탐구해 보자.

| 제4부 |

1945년 해방 이후 교육과정

제**15**장 남한의 학제와 교육과정

이 장의 목표

1. 남한의 학제 변화에 대해 설명할 수 있다.
2. 1945년 이후 2022년 개정까지 남한 교육과정의 변화를 시대별로 구분하여 설명할 수 있다.

생각해 볼 문제

1. 1945년 해방 직후 미군정기 교육과정의 특징은 무엇인가?
2. 국가 교육과정 개정의 의미와 특징은 무엇인가?

이 장에서는 1945년 8월 15일 해방 이후 미군정기부터 2015 개정의 자유학기제, 2022 개정의 고교학점제까지 우리나라 학제의 변화 및 유·초·중등학교 교육과정 변화의 주요 특징을 다룬다. 학제의 변화를 교육과정 변천과 함께 다루는 이유는 국가 교육과정이 학교급에 따라 개발되고 적용되기 때문이다.

학제의 변화

우리나라의 유·초·중등학교 및 대학의 학제는 6-3-3-4제가 해방 이후 비교적 조기에 안착되었다. 초등학교 6년제가 1945년 해방 이후 현재까지 동일하게 유지되어 왔으며, 중등학교는 초기 중·고등학교 1개 학교 체제였으나 1951년에 중학교와 고등학교로 분화된 이후 전체 학제는 6-3-3-4제를 안정되게 유지하였다. 이는 19장에서 제시하는 북한의 학제 변화와 대비되는 점으로, 매우 일찍 초·중등학교 학제가 연한이 긴 학교 체제를 갖추었고, 별다른 변화 없이 70년 이상 유지되어 오고 있다. 해방 이후 남한의 유치원, 초등학교, 중학교, 고등학교, 대학 단계를 중심으로 학제의 변화를 제시하면 〈표 15-1〉과 같다.

표 15-1 해방 이후 남한 학제의 변화

연령	1945. 9.	1946. 9.	1949	1951	1962	1981	1991	1996
18~21	대학	대학	대학	대학	교대, 전문대 / 대학	전문대 / 교대, 대학	전문대 / 대학**	전문대 / 대학
16~17		고급중학교, 실업학교, 사범학교	고등학교, 사범학교 (2~4)	고등학교, 사범학교	고등학교*	고등학교	고등학교	고등학교
12~15	중학교(고등여학교), 사범학교	중학교	중학교	중학교	중학교	중학교	중학교	중학교
6~11	국민학교(초등과, 고등과)	국민학교	국민학교	국민학교	국민학교	국민학교	국민학교	초등학교
3~5	유치원	유치원	유치원	유치원	유치원	유치원	유치원	유치원

* 고등학교의 다양한 유형, 특수학교의 유형, 기술학교, 고등기술학교, 공민학교, 고등공민학교 등 '각종 학교' 유형의 변화는 생략함.

** 교육대학을 포함하여 다양한 유형의 대학을 말함.

유 · 초 · 중등학교 및 대학의 학제 변화에 나타난 특징은 다음과 같다.

첫째, 초 · 중등학교 및 대학의 6-3-3-4제는 6 · 25전쟁 중인 1951년에 확립되었다. 학제의 변화는 1954년의 제1차 교육과정 제정 이전에 이미 단행된 것이다. 일제강점기 말에 국민학교 6년(초등과-고등과)-중학교(여자는 고등여학교) 4년-전문학교의 6-4-3~4제[1]는 해방 직후 1945년에 그대로 유지되었다. 1949년 교육법에서도 중학교는 4년, 고등학교는 2년제가 유지되었다.[2] 이후 1950년 개정 시 고등학교를 3년제로, 1951년 개정 시 중학교를 3년제로 변경하여 비로소 6-3-3-4제가 정해졌다.

둘째, 학제의 변화가 가장 많은 학교급은 해방 이후 초기에는 중등학교였다. 중등학교는 '중학교' 및 '고등여학교'로 현재의 중 · 고등학교가 통합된 1개의 학교급이었으나 고등학교가 출현하고, 남학생 여학생 공통의 학교 명칭을 적용하면서 현재의 3-3 학제로 정착되었다. 중등학교 학제는 해방 이후 1차 교육과정 전까지 여러 번 변화되었다. 해방 직후 미군정기와 교육법 제정기(1949. 12. 31., www.law.go.kr) 등 학제의 변화가 세 번이나 있었다. 변화의 요체는 중등학교 교육 연한과 학교 유형의 정립이었다. 학제의 초 · 중등학교 부분은 해방 직후 그대로 유지되고, 전문학교는 대학으로 변화되었다.

셋째, 교육대학은 준고등교육단계-중등교육단계를 거쳐 1962년에 고등교육단계인 2년제로 되었다가 1981년에 4년제 대학으로 승격되었다. 당시 일제강점기부터 해방 이후에도 오랜 기간 사범학교는 학생들의 연령으로는 중등학교 단계이나 고등교육기관인 전문학교와 같은 성격을 가졌으며 중등학교 교원 양성을 위한 사

---

1) 초등학교와 중등학교의 6-4제는 일제강점기인 1920년대에 정착된 학제였다. 초등학교 연한이 6년이 된 것은 일제강점기인 1920년이다. 「조선교육령」을 개정하면서(1920. 11. 9. 칙령 제529호), "제9조 보통학교의 수업 연한은 6년으로 한다. 단, 토지의 정황에 따라서 5년 혹은 4년으로 할 수 있다."라고 하여 일본의 심상소학교 6년제와 같이 기존 보통학교 4년은 6년제로 전환되었다. 중등학교는 일제 말에 「중등학교령」(1943. 1. 20. 칙령 제26호)에서 "제2조 중등학교를 나누어 중학교 · 고등여학교 및 실업학교로 한다.〈중략〉 제7조 중등학교의 수업 연한은 4년으로 한다. 다만, (중략) 실업학교에 있어서는 남자의 경우 3년, 여자의 경우는 2년으로 할 수 있다."(『조선총독부관보』, 1943. 3. 27.)라고 하여 중등학교 4년제를 규정하였다(국가교육과정정보센터, www.ncic.re.kr)

2) "제102조 중학교의 수업 연한은 4년으로 한다." "제106조 고등학교의 수업연한은 2년 내지 4년으로 한다(교육법 [시행 1949. 12. 31.] [법률 제86호, 1949. 12. 31., 제정], 국가법령정보센터 www.law.go.kr).

범대학과 국민학교 교사 양성을 위한 사범학교로 유지되는 과정을 거치게 되었다. 즉, 일제강점기에 사범학교는 중등교육기관이었으나, 고등교육기관으로서의 성격도 같이 갖고 있었고 초·중등학교 교사 자격도 미분화상태였다. 이것이 해방 이후에 초등학교 교사 양성기관은 계속 사범학교로 남게 되고, 중등학교 교사 양성기관은 사범대학으로 승격되었다. 또 사범학교는 1962년에 2년제 교육대학이 되기까지 고등학교 단계, 즉 중등교육기관이면서 졸업후 초등학교 교사를 할 수 있는 학교 형태로 남게 되었다.[3]

넷째, 유치원은 1897년에 설립된 이후 일제강점기, 해방 이후에도 줄곧 2년제를 유지하다가 1991년에 3년제로 전환되었다.

다섯째, 학교의 명칭 변화로 국민학교는 1996년에 초등학교로 변화되었으며, 중학교, 고등여학교가 1951년에 중학교로 일원화되고 고등학교가 생겼다. 초등학교는 일제강점기에 6년제가 된 후 해방 이후에도 그대로 현재까지 유지되고 있다. 다만, 일제 말 제국주의의 상징으로 '황국신민학교'의 약자인 '국민학교'를 사용한 것에 대해 김영삼 정부에서 사회문제화 되어, 이를 변경하기 위해 이름을 공모한 끝에 1996년부터 '초등학교'로 변경하게 되었다.

여섯째, 학교 연한은 학교장 재량으로 융통성 있게 주어지는 경우가 있었다. 소학교, 중등학교, 사범학교 등에 대해 일제강점기 「조선교육령」 등을 통해 유예와 예외

---

3) 일제강점기에 사범학교는 「조선교육령」(1938. 3. 3. 칙령 제103호)에 따르면, " 제5조 사범교육을 하는 학교는 사범학교로 한다. 사범학교는 특히 덕성의 함양에 힘써서 소학교 교원이 되고자 하는 자를 양성하는 것을 목적으로 한다. 제6조 사범학교의 수업 연한은 7년으로 하는데, 보통과 5년, 연습과 2년으로 한다. 다만, 여자에게 있어서는 수업 연한은 6년으로 하는데, 보통과에서 1년을 단축한다."로 하여 우선적으로는 소학교(국민학교) 교사 양성에 목적이 있었다. 1945년 해방 이후에는 이전 전국 15개의 사범학교 중 남한에 있던 10개의 사범학교 중에서 일부를 사범대학(경성사범, 경성여자사범, 대구사범)으로 개편하고, 경기 사범학교를 비롯하여 개성, 부산, 충주, 강릉, 군산, 목포, 순천, 안동 등에 새로 사범학교를 설치하였다. 그리고 초등학교의 부족한 교원을 충원하기 위하여, 사범학교에 교원양성과, 속성과, 강습과 등 1년 이내의 단기 초등교원 양성과정을 설치하여 필요한 초등교원을 수급하였다. 또한 중등교원은 사범대학에서 양성하도록 되었으나 당시 중등교원의 수요를 충족할 수가 없었다. 중등교원의 다수를 점유하던 일본인이 물러나고 중등학교가 급격히 증설되어, 그 수요가 급증하였기 때문이다. 그럼으로써 중등교원을 충원하기 위하여 정부에서는 중등교원양성소, 임시 중등교원양성소, 중등교원양성과 등을 설치하였다. 그리고 당시 가장 부족하였던 국어교사와 국사교사를 충원하기 위하여, 중등국사교원양성강습회, 중등국어교사양성소 등을 설치하여 이들 과목의 교사를 양성하여 충원하였다[교육학대사전(1995), 네이버 지식백과, http://terms.naver.com/entry.nhn?docId=578560&cid= 46615&categoryId=46615 검색 결과를 정리함].

를 허락해 준 관행 등이 미군정기의 학제 변화기에 있었다. 예컨대, 일제강점기에서처럼 해방 직후 국민학교에는 '고등과'로 6년 이상 공부할 수 있도록 2년 정도의 추가 학년이 존재하였고, 이 추가 학년 '고등과'는 별도의 편제표도 제공되는 제공되는 정규 학년이었다.

1945년부터 1987년 제5차 교육과정까지: 중앙집권적인 국가 교육과정의 전개

우리나라 교육은 19세기 말 개화기에 정치사회적 격변기에 발맞추어 활발한 근대화 노력을 펼쳤으나 일본 제국주의 교육에 의해 좌절되고 왜곡된 후 1945년 해방을 맞게 되었다. 교육과정 변천사에서 해방 이후 교육은 1945~1946년의 교육에 대한 긴급 조치 시기, 1946~1954년 교수 요목시기 등 1차 이전 시기와 1954년의 제1차 교육과정부터 총 아홉 차례의 전면 개정 시기로 구분된다. 이 장에서는 1945년 이후 2015 개정 교육과정 및 고교학점제 등 2022년 개정 교육과정 시기까지 국가 교육과정 변천을 교육과정에서 학교 자율화가 시작된 시점을 기준으로 1945년부터 5차 교육과정까지의 중앙집권적 교육과정 시기, 그리고 1992년 6차 이후의 지역·학교 교육과정 자율화 시기의 두 부분으로 대별한다. 또한 16, 17, 18장에서 유·초·중등학교 교육과정을 상술하며 이 장에서는 학제와 함께 교육과정 변천의 대강의 특징을 제시한다.

교육과정 시기 구분은 보통 국가 교육과정 문서, 특히 초등학교 문서가 고시(告示)된 시점을 기준으로 하나 고시 시점이 적용 시점과 같은 경우도 있다. 또한 학교급별로 고시가 2~3년에 걸쳐 이루어지는 경우가 많아 대체로 개정되는 교육과정의 첫 학교급인 초등학교 개정 시기를 기준으로 한다.

1945~1954년: 일제 잔재의 청산과 미국 교육의 영향 속 국가 교육과정의 기초 수립

1945년 8월 15일 해방 이후 제1차 교육과정 이전까지를 미군정기 교육으로 칭하는 경우가 많다. 엄밀하게 미군정기는 1945년 9월부터 1948년 8월까지 약 3년간을 말한다. 그리고 1948년 8월부터는 남한에 공식적으로 대한민국 정부가 수립되었고, 교육에서, 특히 교육과정에서는 '교수요목기'로 칭하기도 한다. 그러나 교육법의 제정시기(1949년), 교육과정 제정시기(1954년) 등 헌법 이후 순차적으로 만들어지는 법 및 관련 문서들이 정부 수립 이후 늦어짐에 따라 포괄적으로 미군정기의 교육은 제1차 교육과정 직전까지 영향을 미치고 있었다고 할 수 있다. 이 시기에 우리나라 교육법, 교육이념과 교육목적, 교과 설정 등의 교육과정 전반에 걸친 틀이 결정되어 사실상 오늘에 이른다. 일제강점기의 3학기제는 9월부터의 2학기제로 바뀌었고, 6-3-3-4제의 학제로 개편되어 중등학교를 중학교-고등학교 체제로 이원화하게 되었다.

1945년 8월 15일 상황으로 돌아가면, 일제 강점에서의 해방은 갑자기 닥친 정치적 결정이었고, 이에 따라 우리나라의 전국 학교는 임시적으로 휴교를 하게 된다. 임시휴교했던 학교를 개교하고 교육과정을 운영하기 위한 법령은 미군정에 의해 발표되었다. 1945년 9월 18일 미국군 아놀드 군정장관령의 일반명령 4호에서 국민학교를 우선적으로 하여 학교 재개를 명하고, 시급한 교육적 현안, 즉 일제강점하의 학교교육 운영의 틀인 공식 용어, 교수용어의 변환, '국어' '국사'와 같이 '국'자를 사

표 15-2 미군정청의 일반명령 4호

군정청 학무국, 신교육방침 각 도에 지시

(중략) 미국군 아놀드 군정장관의 포고에 따라 군정부 학무당국에서는 신조선의 조선인을 위한 교육방침을 상세히 규정하는 동시에 그 내용을 각도에 지시하였다. (중략)

1) 학교재개
전 조선 국민학교는 9월 24일 개교하는데 만 6세 이상 12세의 전 조선 학령아동은 즉시 등록을 요함. 부형은 속히 부(서울에서는 구) 읍면장에게 취학, 미취학의 구별을 명백히 하여 즉시 계출할 것. 기타의 각 공립학교(중등 이상)는 추후 지시함.

2) 사립학교
사립학교는 학무당국의 인가를 얻은 후 즉시 개교할 수 있음(초등은 도청에, 그 이상은 군정부에). 인가신청서에는 교명, 위치, 직원조직표, 설립자씨명, 예산표, 교과과정표, 생도수용수 등 기재할 것을 요함. 단, 이상과 같은 것은 기존 학교에 한하고 허가 없이 신설 확장 등을 부인함.

3) 민족과 종교

전 조선 학교교육에 있어서는 민족과 종교의 차별을 철폐함. 이에 따라 종래 일본인만을 수용하던 중등학교 혹은 부제일부특별경제(府第一部特別經濟), 즉 학교조합 학교는 전부 조선인 교육기관으로 함.

4) 교수용어

전 조선 학교교육의 교수용어는 조선국어로 함. 단, 조선국어로 된 적당한 교재가 준비될 때까지는 외국어(일본어)의 교재만을 사용할 수도 있음.

5) 교과목

조선의 이익에 반하는 교과목은 일체 교수함을 금함.

6) 교직원

전 조선의 조선인 초등교원은 즉시 부, 군 학무당국에 등록을 완료한 다음, 24일부터 수업을 개시할 수 있도록 대기함을 요함. 기타의 조선인 교직원(중등 이상)은 9월 29일까지 도학무당국에 등록을 요함. 이에 따라 교직원은 자유로 이동하는 것을 금지하고 전근출향 등도 종래의 수속을 밟아 교육계의 혼란이 없도록 할 것.

초등교육 희망자는 희망교를 명기하고 이력서를 첨부하여 각 부, 군 학무당국에 제출하고 중등교원 희망자는 도학무과에 같은 수속을 밟을 것. (중략) 아직 잠정적이기는 하지만 우선 급한 조선국민교육의 방침이 결정되었다. (중략)

◆ 중등 이상

공립학교의 개학은 추후 지시하게 될 것이오, 사립은 인가를 얻어 개교하게 된다. 그런데 종래 일본인만 가르쳐 오던 중등 이상 각 학교도 조선인의 교육기관으로 해방될 것은 사실이다.

출처: 1945년 09월 18일자 『매일신보』 보도자료, 국사편찬위원회 - 한국사데이터베이스(http://db.history. go.kr/), 국가교육과정정보센터 www.ncic.re.kr에서 재인용.

용하여 우리의 국가를 일본으로 상정한 모든 교과를 폐지하는 긴급조치 사항을 발표하게 된다.

이리하여 해방 이후 우리나라의 미군정하의 교육은 1945년 9월 24일 개교와 함께 시작되었다. 개교를 하였지만, 연속적으로 교육과정에 관한 조치들이 발표되었다. 9월 29일 일반명령 6호의 발표 내용 안에는 학교교육 전반에 걸친 사항이 교육과정 편제표와 함께 제시되어 있다. 한 달 뒤 1945년 10월에는 같은 학무통첩 제352호 '학교에 대한 설명과 지시(Explanation of and Directive on Schools)'라는 영문 및 번역본이 같은 미군정청 아놀드 장관령으로 발표되었다.

HEADQUARTERS
UNITED STATES ARMY FORCES IN KOREA
Office of the Military Governor
Seoul, Korea

ORDINANCE
NUMBER 6 29 September 1945

General Order Number 4 is superseded and amended to read:

SECTION

REOPENING OF PUBLIC SCHOOLS.............................. I
PRIVATE SCHOOLS.............................. II
RACE AND RELIGION.............................. III
LANGUAGE OF INSTRUCTION.............................. IV
CURRICULUM.............................. V
TEACHERS.............................. VI
SCHOOL BUILDINGS.............................. VII

SECTION I REOPENING OF PUBLIC SCHOOLS

The public primary schools of Korea will reopen on Monday, 24 September 1945. All Korean children between the ages of six and twelve will register. The reopening of other public schools will be ordered in later directives.

[그림 15-1] 1945년 해방 후 학교 개학, 교육과정과 수업에 관해 공포된 미국 군정청 법령 제6호

표 15-3 미군정청의 학무통첩 제352호
'학교에 대한 설명과 지시(Explanation of and Directive on Schools)'

38선 이하 모든 남한 학교에 대한 미군정청의 정책은 학교가 현존하는 체제에서 운영되도록 하는 것이다. 현 체제는 고도로 중앙집권화되어 있어서 변화가 이루어지려면 전면적인 변화가 되어야 한다. (중략)

12. 교과서는 준비 중에 있다. 국어 교과서는 생산하는 데 시간이 걸리기 때문에 학교들은 교과서 없이 또는 이전의 일본어 교과서를 가지고 수업할 수 있도록 해야 한다.

교육과정의 근거가 되는 교육법은 헌법 제정 후 1949년 12월 31일에 법률 제86호로 제정, 공포되었다. 교육법에는 미군정청 '조선교육심의회' 제4회 전체회의에서 보고된 '홍익인간'이라는 교육이념이 제시되었다. "교육은 홍익인간의 이념 아래 모든 국민으로 하여금 인격을 완성하고, ……"로 시작된 교육법 제1조에 제시된 교육이념과 목적은 60년이 지난 지금까지 유지되고 있다.

헌법 개정 또는 대통령과 일대일 대응된 교육과정 개정

제1차 교육과정부터 교육과정의 전면 개정은 대통령이 바뀌거나 헌법이 개정될 때마다 이루어졌다. 제1차 교육과정-이승만 대통령, 제2차-박정희 대통령, 제3차-박정희 대통령(유신 헌법), 제4차-전두환 대통령, 제5차-노태우 대통령, 제6차-김영삼 대통령, 제7차-김대중 대통령, 2007 개정-노무현 대통령, 2009 개정-이명박 대통령, 2015 개정-박근혜 대통령, 2019 유치원 교육과정 개정-문재인 대통령, 2022 개정-윤석열 대통령과 같은 대응으로 교육과정이 전면 개정되었다. 2022 개정 교육과정은 문재인 정부에서 고교학점제 정책을 추진하면서 준비된 것이나 당초 예정된 것보다 일정이 지연되어 윤석열 정부에 와서 개정이 이루어졌다.

대통령 재임기간이 짧았던 윤보선, 최규하 대통령 외에는 재임기간에 교육과정 전면 개정이 한 번씩 이루어졌다. 대통령이 바뀔 때마다 교육과정이 개정된 것은, 그만큼 국가 교육과정이 교육계 내외적으로 중요한 정책적 문서임을 말해 준다. 2004년에 부분 수시 개정을 선포한 이후 일부 사항에 대한 수시개정이 1년에 1회 이상 이루어졌으나, 주요 총론을 대대적으로 수정한 전면 개정은 2007 개정, 2009 개정, 2015 개정, 2022 개정 교육과정으로 통칭하고, 교육과정 시기 구분의 기준이 된다. 5차 이전에도 경우에 따라 부분 개정이 계속 있었는데, 예컨대 2차 교육과정기 중 1968년 국민교육헌장이 발표되고 중학교 무시험 진학 및 대입 예비고사제가 실시됨에 따라 969년 9월에 정부는 거의 전면 개정에 가까운 대규모의 부분 개정을 하게 되었다. 2004년 무렵부터 교육부는 정책 연구를 통해 부분 개정, 수시 개정을 교육과정 개정의 방향으로 제시하고 거의 매년 개정이 이루어지고 2007 개정 교육과정도 일련의 부분 개정 중 하나로 설명하였으나, 세월이 지난 후 역사는 '2007 개정 교육과정 시기'로 또 하나의 전면 개정 기준점으로 평가하고 있다(국가교육과정정보 센터 www.ncic.re.kr).

제1~2차 교육과정: 1950~60년대 국가 교육과정의 발전과 실험기

미군정기와 전쟁을 거친 후 최초의 국가 교육과정에는 국가사회적 요구를 반영하기 위한 의지가 반영되었다. 이를테면 제2차 교육과정 총론에서는 '교육과정 구

4. 가난을 극복하고 경제적 효율성을 증진시키는 데 필요한 학습활동을 충분히 포함하여야 한다.

(1) 사회의 필요와 각자의 능력에 따라 직업을 선택하고 존중하는 태도와 기능을 기를 수 있는 학습의 기회를 마련하도록 한다.

(2) 우리나라 산업의 기술적 후진성을 극복함에 필요한 과학 기술 교육을 강조하여, 발명 발견의 토대가 되는 실험, 실습 위주의 학습을 강조한다.

(3) 노작을 통하여 근로 정신을 애호하고 유능한 생산자가 될 수 있는 학습 경험의 기회를 충분히 마련한다. 〈중략〉

성의 일반 목표' 중 하나로 가난의 극복을 위한 학습의 필요성을 천명하였다.

교육과정의 형식적인 측면에서만 보자면 제1~2차 교육과정기는 오늘날까지 상당부분 유지되고 있는 우리나라 국가 교육과정의 틀을 만든 시기이다. 제1차 교육과정기의 시작을 1954년으로 보는 것이 일반적이지만, 1954년에는 교육과정이 아닌 '國民學校·中學校·高等學校·師範學校의 교육과정 시간 배당 기준령'이라고 하는 법령이 문교부령 제35호로 먼저 발표되었다.

이 문교부령에서는 6-3-3-4제에 기초한 학교급별 교과와 특별활동이라는 이

別表(二)

中學校敎育課程時間配當基準表

教科	時間數 學年	一年	二年	三年
必須敎科	國　語	140(4)時間	140(4)時間	140(4)時間
	數　學	140(4)	105(3)	105(3)
	社會生活	175(5)	175(5)	140(4)
	科　學	140(4)	140(4)	105(3)
	體　育	70(2)	70(2)	70(2)
	音　樂	70(2)	35(1)	35(1)
	美　術	70(2)	35(1)	35(1)
	實業家政	175(5)	175(5)	175(5)
小　計		980(28)	875(25)	805(23)
選擇科目	實業家政	35~245(1~7)	35~245(1~7)	35~245(1~7)
	外國語	105~175(3~5)	105~175(3~5)	105~175(3~5)
	其他敎科	0~105(0~3)	0~210(0~6)	0~280(0~8)
特別活動		70~105(2~3)	70~105(2~3)	70~105(2~3)
計		時間　時間 1190~1330 (34~38)	時間　時間 1190~1330 (34~38)	時間　時間 1190~1330 (34~38)

備考 1. 括弧內의 數學은 每週 平均授業時間量을 表示함.

[그림 15-2] 1954년 교육과정 시간 배당 기준령 중 중학교 편제표

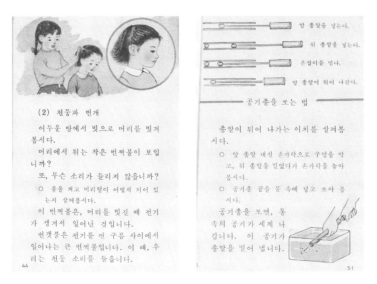

[그림 15-3] 경험 중심 교육과정인 2차 교육과정에 따라 실생활 장면과 설명이 동반된
1965년 국민학교 3학년 자연 교과서

원화된 체제와 국어, 산수(수학), 사회, 자연(과학), 체육(보건), 음악, 미술, 실과(실업가정)의 8개 기본 교과가 초, 중, 고 공히 제시되었다. 교육과정 총론은 교과와 함께 1955년 8월에 고시되었으며, 교과 교육과정을 고시하게 된 경위를 설명한 내용으로 구성되어 있다. 흔히 제1차 교육과정을 교과 중심 교육과정이라고 하는 것은 오늘날 총론의 주요 내용이 되는 것을 법으로 먼저 발표하고, 1955년 교육과정은 교과가 주가 되었기 때문이라고 할 수 있다. 오히려 교육내용은 미군정기에 미국의 영향을 받아 제1, 2차 모두 경험 중심, 생활 중심이었다고 할 수 있다.

제2차 교육과정(1963)에서는 교과와 특별활동에 더하여 '반공・도덕활동'이 교육과정의 영역 중 하나로 편입되었다. 또한 이 시기에 유치원 교육과정(1969), 맹학교와 농학교(1967)의 특수학교 교육과정이 초・중등학교보다 약 6, 7년 이후가 돼서야 국가 수준 제1차 교육과정을 갖게 되었다.

제3차 교육과정: 가장 학문적인 교육과정

교육과정 개정이 교육계 밖으로는 정치적 상황의 변화가 주된 개정 동인이라면, 교육계 내부에서는 사회의 변화에 따라 교육과정 실행 과정에서 제기된 문제와 외국, 특히 미국 교육의 동향이 영향을 미쳤다. 그런 의미에서 제3차 교육과정 개정은 정치적으로는 1972년 10월에 선포된 유신 헌법 개정과 관련이 있으며, '국민적 자질의 함양' '국가 발전' 등 교육과정의 주요한 목표로 설정된 키워드가 이를 말해 준다. 반공도덕생활이 '도덕' '국민윤리'로 이름을 바꾸고 편제표에서는 국어보다 한 칸 위에 위치하는 교과가 되어, 진학을 위한 시험에서 동점자가 발생할 경우 국민윤리 시험 점수에 의해 당락이 결정되었다.

　그러나 제3차 교육과정은 교육적으로는 미국의 학문 중심 교육과정의 영향을 받아 대대적으로 교과 교육과정의 내용을 혁신한, 어떠한 단일 사조에 따라 교과 교육과정과 교과서의 틀을 변화시킨 가장 학문적인 교육과정 개정이다. 1950년대 말 소련의 세계 최초 스푸트니크 인공위성 발사 사건을 계기로 미국에서 불거진 브루너(Bruner)를 중심으로 한 학문 중심 교육과정 동향은 10년 남짓 후 한국 교육의 방향을 '지식의 구조를 이루는 기본 개념과 그 관계를 이해하고, 지적인 탐구 방법을 익힐 수 있도록 지도 내용을 정선하여야 한다.'고 정하기에 이른다.

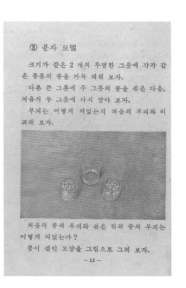

[그림 15-4] 학문 중심 교육과정에 따라 질문만으로 가득 찬 제3차 교육과정기
1974년 국민학교 5학년 자연 교과서

제4차 교육과정: 기초로의 복귀운동

제4차 교육과정은 1980년대 초에 갑작스럽게 추진된 개정이나, 내용적으로는 연구가 뒷받침된 교육과정, 즉 개정을 위한 연구보고서가 존재하게 된 최초의 교육과정이다. 즉, 제4차 교육과정은 연구기관인 한국교육개발원에 위탁하여 기초시안을 연구 개발하게 된 최초의 교육과정이다. 개정 시안이 연구 개발된 후 공청회 및 심의회를 거쳐 고시, 확정하게 되었다. 유, 초, 중등 학교급 총론이 동시에 고시되었고, 흔히 '인간 중심 교육과정'으로 일컬어진다.

교육과정 내용에서 제2차나 제3차처럼 어떤 교육 사조에 따르기보다는 미국에서 사회적으로 1970년대에 불었던 이른바 기초로의 복귀운동(Back-to-basics)의 영향을 받은 바 크다. 즉, 제3차 교육과정에서 학문의 구조를 중시하다 보니 교육의 내용이 어려워지고 학습량이 과다했던 문제, 교과목 위주의 분과교육, 기초 및 일반 교육의 소홀, 전인교육·인간교육의 미흡 등의 문제를 개선하기 위해 나온 것이 4차 교육과정인 것이다. 초등학교 저학년에서는 즐거운 생활(음+미+체), 바른 생활(국어+도덕), 슬기로운 생활(자연+산수)의 3개 통합교과가 생겼고, 고등학교는 일반계, 실업계, 기타계로 제시되었던 교육과정을 1개의 고등학교 교육과정으로 제시하게 되었다.

제5차 교육과정: 제6차 교육과정으로 가는 길목에서
별로 특징 없는 교육과정 개정

노태우 대통령 시기에 이루어진 제5차 교육과정 개정은 정치적으로나 교육계 내적으로나 개정에 반영한 특정 동향을 발견하기 어렵다. 대통령이 바뀌면 교육과정을 개정하는 관행에 따라 당시 노태우 대통령 시기 정치적 계기로서 교육과정을 개정한 것이나, 새로운 사조나 특징을 발견하기 어렵고, 제4차 교육과정의 보완 내지 부분 개정과 같은 교육과정으로 기록되고 기억되는 교육과정이다. 건강한 사람, 자주적인 사람, 창조적인 사람, 도덕적인 사람의 네 가지 교육적 인간상이 구체적으로 제시된 점, 제4차 교육과정까지 연간 34주 등 수업 주수, 교과별 시간 수의 총합으로 표현된 수업시간의 총량은 연간 수업일수 220일로 명시되면서, 연간 수업일수, 연간 수업 주수, 교과별 연간 수업시간 수의 3중 장치체제가 수립된 점 등을 구체적인 총론에서의 변화라고 할 수 있다.

제5차 교육과정은 해방 이후 교육과정 변천의 역사상 개정의 두드러진 특징이 가
장 미미한 개정이었다. 그러나 지역화와 효율성을 강조함으로써 이후 6차 교육과정
의 지역화 및 학교 자율화를 위한 길을 열어 주게 된 교육과정이었다고 할 수 있다.

제6차에서 2022 개정 교육과정기: 학교에 자율과 책임을 묻는 교육과정기-교육과정, 학교교육 혁신의 중심에 서다

교육과정 개정이 정치적 계기로 대통령과 일대일 대응이 되는 주기적 행사로 되
었으나, 교육과정은 그 와중에서도 교육계 내부의 요구를 반영하여 조금씩 또는 대
폭 변화되어 왔다. 국가 교육과정의 변화에 영향을 미치는 것은 정부의 국정 기조,
세계적인 동향, 그리고 현행 교육과정의 개선 요구 등으로 요약될 수 있다.

첫째, 정부의 국정기조는 개정되는 교육과정의 프레임을 어떻게 가져갈 것인가,
당해 정부의 국정 기조와 맞는 교육의 방향에 맞는 것을 무엇으로 정할 것인가와 밀
접하게 관련이 있다.

둘째, 세계적인 동향은 국제 비교를 통해 보통 학업성취도가 높거나 교육 여건이
앞선 '교육선진국가'라고 할 수 있는 서구 각국 그리고 일본, 싱가포르, 홍콩, 최근
들어서는 중국을 포함한 아시아의 경쟁 국가들의 동향, 우리와 비교해 본 결과 비교
우위 지점 등이 교육과정 개선 사항으로 등장한다.

셋째, 현행 교육과정의 개선 요구는 지난번 교육과정 개정에서 반영된 것이나 오
랫동안 개선되지 못한 교육의 실제 들을 개선하려는 노력 등이다.

해방 이후 국가 교육과정 변천사를 2개의 시기로 구분한 '자율과 책임', 즉 지역
및 학교의 자율화와 책무성 강화는 제6차 교육과정부터 적극적으로 표명되고 실천
되기 시작하였다. 1990년대 초 '문민정부'로 명명된 김영삼 정부의 등장 이후 일반
정치에서도 지자체 선거를 직선제로 전환하는 등 우리나라 전반에는 국가 주도적
인 개혁 드라이브의 한 축을 지방과 개별 기관에 넘겨주는 시대가 도래하였다.

제6차 교육과정: 국가 주도에서 교육의 지역화가 시작된 시기

1992년 6~10월에 학교급별로 고시된 제6차 교육과정은 학교 밖 사회의 지방분권화 바람이 교육계에도 불어온 결과물이다. 중앙집권형, 국가 주도형 교육과정은 이때부터 지역마다, 학교마다 다른 교육과정으로 서서히 변화를 모색하게 됐다. 국가 수준 교육과정에서는 중앙 · 지방 · 학교의 역할과 책임을 명확하게 분담하는 새로운 교육과정 편성 · 운영 체제를 확립해 제시했다. 시 · 도교육청은 관내 지역 교육청과 학교가 해야 할 일들에 대한 지침을 학교급별 편성 · 운영 지침으로 만들게 됐다.

제6차 교육과정의 미래지향적 관점은 학교교육의 방향을 바꿔 놓게 되었다. 이전에 사용되지 않았던 '편성'[4]이라는 용어를 '운영'과 함께 '편성 · 운영'으로 사용하게 되었다. 이제 국가에서 만든 대로 잘 실행해야 하는 충실도(fidelity)와 함께 지역 · 학교가 어떻게 하면 다양하게, 지역사회의 실정 및 학교가 처한 여건에 따라 교육과

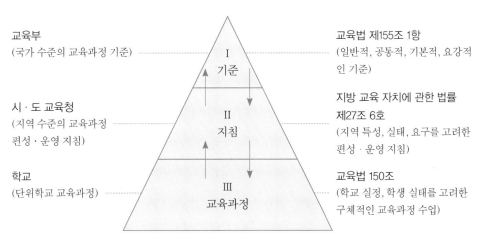

교육부
(국가 수준의 교육과정 기준)

Ⅰ 기준

교육법 제155조 1항
(일반적, 공통적, 기본적, 요강적인 기준)

시 · 도 교육청
(지역 수준의 교육과정 편성 · 운영 지침)

Ⅱ 지침

지방 교육 자치에 관한 법률 제27조 6호
(지역 특성, 실태, 요구를 고려한 편성 · 운영 지침)

학교
(단위학교 교육과정)

Ⅲ 교육과정

교육법 150조
(학교 실정, 학생 실태를 고려한 구체적인 교육과정 수업)

[그림 15-5] 제6차 교육과정 해설서에 제시된 국가-지역-학교 교육과정 관계도

---

4) 교육과정의 '편성'은 교육과정 구성, 재구성, 개발, 영문으로는 construction, development 등의 교육과정 전문 용어로 사용되어 온 것이며, '편성'은 일본에서 번역하여 사용한 용어로 1990년대에 교육과정 영역에서 낯선 말이었다. 2022년 개정 교육과정에서는 '편성' 용어를 최소화하고 '설계'가 상당 부분 이를 대체하고 있다.

정을 계획하는가와 같은 교육과정의 적절성(relevance)을 중요시하게 된 것이다.

　제6차 교육과정에서는 국가 수준 교육과정의 성격을 '학교에서 편성·운영해야 할 교육과정의 공통적·일반적 기준'이라고 규정하게 됐고 이는 30년 가까이 지난 2022 개정 교육과정에서까지 사용하고 있는 정의이다. 제6차 교육과정은 10년 후 21세기를 내다보며, 이를 주도할 건강하고 자주적이며 창의적이고 도덕적인 한국인 육성을 지향했으며, 이러한 미래지향적인 관점에 따라 우리나라 학교교육의 방향을 학교 중심 교육과정으로 바꾸게 하는 일획이 됐다.

　그러나 당시에는 교육청 수준에서 독자적인 편성·운영 지침을 갖거나, 학교 수

표 15-4 │ 제6차 고등학교 교육과정 해설서에 제시된 학교 교육과정의 목차 예

I. 교육 계획의 기저
II. 학교 교육 목표 및 노력 중점
III. 학교 교육과정 편성·운영 계획
　1. 학교 교육과정의 편성 방향
　2. 학교 교육과정의 편성·운영 방침
　　가. 편제 및 단위 배당
　　나. 수업일수 및 실 수업시수
　　다. 교과 및 특별 활동 운영
　　라. 평가
　3. 교과별 지도 계획
　4. 특별활동 운영 계획
IV. 학교 교육과정 운영 지원 계획
　1. 교직원 자체 연수 계획
　2. 자율 장학 계획
V. 부서별 업무 추진 계획

〈부록〉
　1. 학교 연혁　　　　　　　　2. 학생 및 교직원현황
　3. 학교 교육과정 위원회의 기구와 조직
　4. 연간 학사 일정, 월별 학사 일정 세부 계획
　5. 학교의 시설, 설비 및 교육 자료 확보 현황
　6. 업무 분장표　　　　　　　7. 교직원 일람
　8. 교실 배치도

준에서 독자적인 교육과정을 개발한다는 것이 무엇인지에 대한 인식과 개념이 형성되지 않았기 때문에, 이러한 교육청과 학교에 대해 저마다 다른 교육과정을 가질 수 있음을 설명하기 위해 교육과정 해설서에서는 시·도 교육청 교육과정 편성·운영 지침과 학교 교육과정의 목차를 예로 제시하고 그 개발 절차를 상세히 예시했다.

제7차 교육과정: 교과서 중심 → 교육과정 중심, 학생 중심 교육의 표방

제7차 교육과정은 제6차에서 시작된 자율화, 분권화의 흐름이 만개한 교육과정이라 할 수 있다. 1997년 12월에 고시되고 2000년 3월부터 초등학교에부터 연차적으로 실행됐으나, 20세기 말 5·31 교육개혁 조치를 구현하고 교육의 큰 그림을 그린 교육과정인 반면, 제7차 교육과정이 실행될 여건은 성숙되지 않았기에 주장과 방향에 비해 미치지 못한 미완의 교육과정이었고, 20년이 지난 지금까지도 국가 교육과정은 제7차 교육과정의 영향하에 있다고 할 수 있다.

의무교육 9년 외에 고등학교 1학년까지를 '국민공통기본교육과정'의 10년으로 제시했고, 고 2, 3학년의 2년을 '선택 중심 교육과정'으로 제시했다. 교육과정의 영역은 교과, 특별활동, 재량활동으로 구성됐다. 재량활동은 비교과 활동 영역이면서 범교과 학습(cross-curricular activities)을 강조하는 세계적 동향이 반영됐다.

고등학교 선택 중심 교육과정은 특히 선택과목을 79개로 제시함으로써, 21세기를 앞둔 선진국형 교육과정을 지향했다. 1998년 제6차 유치원 교육과정에서는 종일제를 언급하게 됐고 특수학교 교육과정은 장애영역별로 분화되어 개발되던 교육과정을 최초의 단일 버전으로 통합한 제7차 교육과정으로 개발했다.

학교는 제6차 교육과정기에 선보인 학교 교육과정을 학교마다 만들고 이에 따라 교육과정을 실행하게 됐다. 학교교육은 교과서 중심 교육에서 교육과정 중심 교육으로 달라질 것을 요구하게 된 것이다.

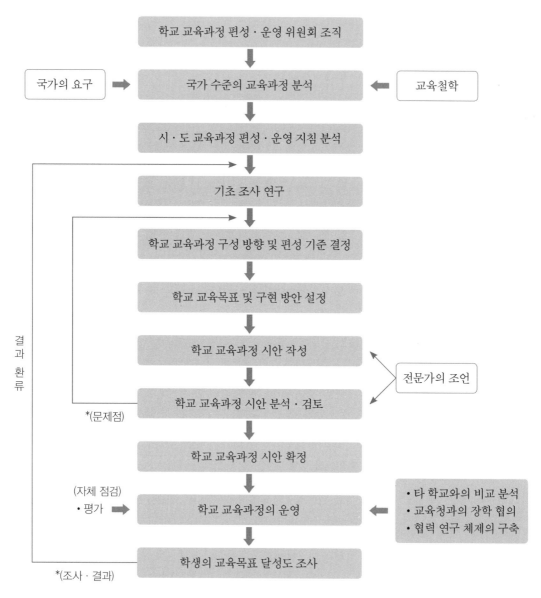

[그림 15-6] 제7차 교육과정 해설서에 처음 제시된 학교 교육과정 개발 및 운영의 절차

2007 개정 교육과정: 주5일 수업제의 도입과 부분 수시 개정 체제 도입

2007 개정부터 우리나라 교육과정의 전면 개정 시 '차수'로 표현되던 것이 사라지

게 되었다. 이에 따라 2007년에 개정된 전면 교육과정을 2007 개정 교육과정으로 부르게 되었다. 그 경위는 부분 수시 개정 체제 도입에 따른 것이다. 제7차 교육과 정의 실행기인 2003년 10월 14일에 정부는 국가 교육과정의 개정을 '일괄개편-전 면수정체제'에서 '수시개정-상시개편체제'로의 전환을 천명했다. 부분 개정은 과거 제2차 및 제3차 교육과정 시기에도 있었고, 더 과거로 가면 일제강점기에도 교육과 정이 포함된 법령의 부분 수시 개정이 있었다. 그러나 2003년의 부분 수시 개정 천 명 이후 2004년부터 거의 1년에 한 번 이상 교육과정이 개정되어 고시되어 왔다. 이 에 따라 2007 개정 교육과정도 처음에는 제7차 교육과정 부분 개정의 일환으로 개 정되는 것이라고 설명되기도 하였다.

그러나 2007 개정 교육과정은 이러한 부분·수시 개정 체제에서 수행된 전면 개 정 교육과정이었다. 대통령과 헌법의 개편 시마다 수행돼 왔던 교육과정 개정 작업 은 2007 개정의 경우 제7차 교육과정의 연장선상에서 총론의 경우 거의 유사한 체 제를 유지했다. 다만, 주5일 수업제의 전면 도입을 앞두고 이를 일부라도 적용한 수 업일수, 수업시수의 조정을 적용했고, 교과 교육과정의 경우는 전면 개정을 하게 됐 다. 고등학교의 선택 중심 교육과정은 제7차 이후 학교 단위에서 필수적인 과정이 나 과목을 특정하지 않는 흐름으로 유지되었다.

주5일 수업제는 우리 사회에 도입된 주5일제 실시가 계기가 되었다. 주6일, 정확 하게는 주5.5일제로 실시되던 1년 220일의 수업일수는 해외의 주5일 수업 사례를 참고하여 가장 평균적인 일수인 190일로 정하게 되었다.

2009 개정 교육과정: 단위학교에 자율권 주고 책임을 요구

2009년 12월에 고시되어 2011년부터 실행된 2009 개정 교육과정은 학교, 학생 중 심 교육과정에서 나아가 학교에 더 많은 자율과 책임을 묻는 교육과정이라고 할 수 있다. 2009 개정 교육과정은 앞서의 2007 개정 교육과정 고시 이후 만 2년 10개월 만에 고시되었으나, 총론 개정의 내용은 제7차 교육과정의 틀을 대폭 수정하였다. 유치원의 경우 이 시기에 2011년과 2012년 두 해에 걸쳐 오랜 기간 유아교육과 보 육의 숙원 사업인 '유보통합'을 위한 행보로 유치원과 어린이집 만 3~5세 공통으로 사용할 수 있는 별칭 '누리과정'의 유치원 교육과정을 개정하였다.

교육과정이 추구하는 인간상에서는 2010년대 이후 발전된 한국 사회와 그 지향점을 엿볼 수 있는 '진로를 개척하는 사람' '창의성을 발휘하는 사람' '문화적 소양과 다원적 가치' '세계와 소통하는 시민' '배려와 나눔의 정신' 등의 키워드가 사용됐다.

2009 개정 교육과정은 수업시수를 학년군, 교과군으로 묶는 방식으로 제시했다. 또 교과군별 20% 시간 증감을 허용해, 학교마다 다른 교과 시간의 양이 가능해졌다. 학교마다, 교실마다 다른 특성화된 교육과정을 장려했다. 교과의 수업시간을 매년, 매학기 같은 과목이 반복되는 것이 아니라 학교별로 다르게 구성해 집중해서 이수할 수 있도록 했다. 집중이수의 취지는 학기당 이수과목 수 축소로 인한 학습부담 경감에 있다고 강조됐다. 수업시간 수는 최소시간과 조정이 가능한 기준시간이 동시에 제시되는 방식을 취하게 됐고, 학기당 이수과목 수도 초등은 제한이 없지만 중학교와 고등학교는 8과목 이내를 유지하도록 했다.

교육과정의 영역은 교과와 특별활동, 재량활동 3개 영역에서 교과와 창의적 체험활동으로 변경되었다. 제1차 교육과정기부터 비교과 활동의 대명사였던 특별활동은 '창의적 체험활동'의 이름으로 변화되어, 기존의 재량활동을 흡수했다. 자율활동, 동아리활동, 봉사활동, 진로활동이 하위 영역으로 구성되었으며, 창의성 교육, 체험 중심 교육의 활동이 강조되었다.

2009 개정 교육과정은 학년군과 교과군을 모두 적용하고 교과(군)별 수업시수 20% 증감까지 허용하면서 학교별 교육과정의 자율성을 그 어느 시기보다 확대한 교육과정이다. 그러나 학기당 이수과목 수를 8과목 이내로 제한함으로써 학교 교육과정의 변화를 우회적으로 독촉했다. 교육과정에 명시된 국가 수준 학업성취도 평가가 점차 강화되고 대상이 확대됐다. 이에 따라 2009 개정 교육과정은 학교 자율화 정책의 일환으로 추진되어 학교에 이전보다 더 많은 자율을 주는 교육과정이면서 동시에 교육의 결과에 대해 학교에 책임을 묻는 양면성을 지닌 교육과정이라고 할 수 있다.

2015 개정 교육과정:
행복교육, 자유학기제, 문이과통합형, 창의인성교육

　2015 개정 교육과정은 행복교육, 문이과통합형 등의 교육과정을 수식하는 용어들이 여러 가지 있다. 또한 박근혜 정부 들어 교육과정 개정 이전 2013년부터 시범적으로 시행한 중학교 자유학기제를 교육과정에 적용하였으며, 2009 개정에서의 창의인성교육은 창의융합형 인재 양성을 위한 교육으로 연계되었다. 이 중 2013년 9월 42개 연구학교에서 시작된 중학교 자유학기제는 2015 개정 교육과정을 고시한 직후인 2016년 3월에 전국 모든 중학교에서 실시하게 되었다.

　자유학기제는 중학교 3년 중 1개 학기를 학교에서 '자유학기'로 정하고, 이 학기 중에는 '자유학기활동'이라고 하여 창의적 체험활동과 유사한 확장된 비교과 활동을 하도록 하며 무엇보다 중간고사, 기말고사 등 학교 단위의 일제고사를 없앰으로써 학생들의 시험 부담과 수업 부담을 최소화하고자 한 정책이다. 자유학기제는 교육과정과 관련 법령에까지 등재되어 제도화되었으며, 교육과정에서 특정 학기를 못 박지는 않았으나 거의 대부분 중학교에서 1학년 2학기에 운영한다. 또한 자유학기와 인접한 학기를 '연계학기'로 지칭하고 1학년 전체를 '자유학년제'로 운영하는 학교나 권장하는 시·도교육청이 많았다.

　2015 개정 교육과정 총론은 초·중등학교의 경우 편제표를 볼 때 큰 틀에서 2009 개정 교육과정의 틀을 유지하면서 보완한 교육과정이라고 할 수 있으나 21세기 들

표 15-5 중학교 자유학기제의 도입 및 추진 경과

일정	내용
2012. 11.	자유학기제 도입 공약 발표
2013. 1~2.	자유학기제 국정과제 채택
2013. 4. 12.	자유학기제 연구학교(42개교) 지정
2014. 3.~12.	2014학년도 연구학교(38개교) 및 희망학교(800여 개교) 시범운영, 기 선정 연구학교(42개교) 2년차 운영
2015. 4.	자유학기제 정책 반영한 초·중등교육법 시행령 개정 입법예고
2015. 8	자유학기제 정책을 반영한 2015 중학교 교육과정 개정
2016. 3.	자유학기제 전면 실시

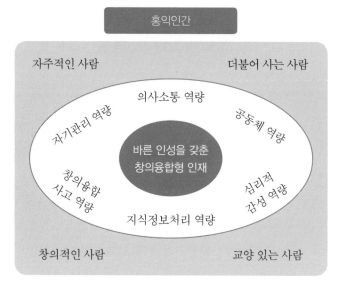

[그림 15-7] 2015 개정 교육과정의 추구하는 인간상과 핵심 역량

어 전 세계 교육에 유행하게 된 '핵심 역량(key competency)'을 교육과정에 적용하여 자기관리 역량, 지식정보처리 역량, 창의적 사고 역량, 심미적 감성 역량, 의사소통 역량, 공동체 역량 등 6개의 핵심 역량을 제시한 점, 고등학교 편제의 변화 등에서 변화가 있다. 즉, 역량 중심 교육과정이나 문이과통합형 교육과정을 표방하면서 상대적으로 교과 교육과정은 내용을 기술하는 형식에서나 내용 제시에서 적용상 큰 변화를 동반하게 되었다

2019 개정 교육과정: 누리과정 개정

문재인 정부 시기 2019년에 유치원 교육과정이 개정되었으며, 고교학점제 적용에 따른 2022 개정 교육과정은 다음 정부의 몫으로 연기되었다. 2019년에 개정 고시하고 2020년 3월부터 적용된 누리과정은 '놀이 중심, 유아 중심' 교육과정을 슬로건으로 하였다. 사실, 놀이와 유아를 내세우지 않은 유치원 교육과정이란 그동안도 존재하지 않았기에 무엇이 이 교육과정에서 강조하는 놀이인가에 대하여 논란이 많았다. 만 3~5세의 3개 연령별 교육과정을 1개의 단일 교육과정으로 제시함으로

[그림 15-8] 1954년부터 2019년까지의 초등학교 교육과정, 유치원 교육과정, 표준보육과정 변천

써 양적으로 줄어든 교육과정, 질적으로도 큰 변화를 초래한 교육과정이 되었다.

2022 개정 교육과정: 고교학점제 정책을 반영한 초 · 중등학교 전면 개정

　문재인 정부 시기 2017년부터 국정과제로 추진된 고교학점제 정책을 고등학교 교육과정에 적용하기 위해 초 · 중등학교 3개 학교급의 전면 개정으로 추진된 것이 2022 개정 교육과정이며, 윤석열 정부에서 마지막 보완 작업을 거쳐 예정대로 고시되었다.

　고교학점제의 경우 2017년부터 정부가 대표적인 교육 현안으로 고등학교 교육의 개선을 위해 실시할 것임을 국정과제와 후속 대책들을 통해 예고하고, 구체적인 일정을 제시하였다(교육부 보도자료, 2017. 11. 27.; 2018. 8. 17.). 이 일정에 따라 학점제를 적용한 새 고등학교 교육과정 계획을 공개하였는데, 이에 따르면 교육과정은 부분 개정을 여러 번 하고, 전면 개정을 2022년에 하도록 되어 있다.

　2022 개정 교육과정은 고교학점제를 적용하기 위한 것이 개정의 실질적이고 일차적인 계기가 됐으나, 2015 개정 후 7년이 지나 초 · 중등학교 전체 교육과정 개정의 시기가 도래하여 미래 사회를 대비한 방향을 설정하고 현행 교육과정의 문제점을 개선하고자 하였다. 2022 개정 교육과정 총론의 주요 사항(2021. 11. 24., 교육부)

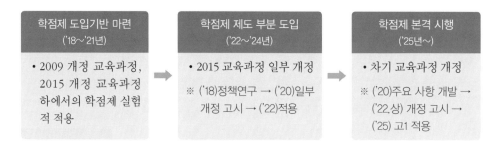

[그림 15-9] 고교학점제 정책 초기에 제안한 중·장기 로드맵

출처: 교육부 보도자료(2018. 8. 17.) 일부 수정.

에 따르면 새 교육과정은 고교학점제 적용만이 아니라 초·중등학교 전반에 걸쳐 "미래사회의 불확실성에 대응할 수 있는 기본 역량 및 변화대응력을 키워 주는 교육 체제 구현, 미래 사회 역량 함양이 가능한 교육과정 개발 및 학습자 주도성을 강화 하는 모든 학생의 개별 성장 맞춤형 교육과정 구현, 교육 주체 및 국민과 함께하는 현장 적용성 높은 교육과정 개발 체제 구축" 등의 방향하에 추진되었다.

2022 개정 교육과정에서 2015 개정 교육과정의 틀과 전반적인 특성은 고등학교 편제 외에는 큰 변화 없이 유지되고 있다. 예컨대 역량 중심 교육과정을 계속 강조 하고 있다.

해방 이후 국가 교육과정에서 제시된 교육적 인간상은 교육법에 지금도 제시된 '홍익인간', 즉 널리 이롭게 하는 사람이라고 할 수 있다. 교육과정 개정 시에 인간상 이 제시된 경우는 제2차에서 처음 등장했는데, "고유의 역사와 전통을 지니고 역사 적 현실 속에서 명확한 사명감을 자각하고 수행하는 대한민국의 국민, 즉 국가와 겨 레의 이상과 현실을 명철히 이행하는 인간, 국민 각자에게 부과된 역사적 사명을 완 수할 수 있는 구체적이며 역동적인 인간"이라고 진술되어 국가관이 뚜렷한 사람을 강조했다. 오늘날의 보편적 가치관과 교육과정 개정 철학에 근접한 추구하는 인간 상과 유사한 형태는 제4차 교육과정, 즉 1980년대부터 등장하였다.

이후 2015 개정에서 자주적인 사람, 창의적인 사람, 교양 있는 사람, 더불어 사는 사람은 2022 개정에서는 학습자의 자기 주도성을 더욱 강조하는 방향으로 '자주적 인 사람'을 '자기주도적인 사람'으로 변경하여 수정된다. 2015 개정 교육과정에 추 구하는 인간상과 함께 제시된 핵심 역량의 경우 2022 개정에서 6개 역량은 거의 유 지되고 '의사소통 역량'을 '협력적 소통 역량'으로 변경시키게 된다.

표 15-6 해방 이후 2022 개정까지 국가 교육과정에서 제시된 교육적 인간상의 변화

구분	교육적 인간상
제1차 교육과정*	• 별도의 교육적 인간상 없음 －「교육법」 제2조 「교육의 목적」, '홍익인간'으로 추정
제2차 교육과정	• 별도의 교육적 인간상은 없으나 교육과정 구성의 방향, 교육목적을 통해 간접적으로 표현됨 • 고유의 역사와 전통을 지니고 역사적 현실 속에서 명확한 사명감을 자각하고 수행하는 대한민국의 국민 －국가와 겨레의 이상과 현실을 명철히 이행하는 인간 －국민 각자에게 부과된 역사적 사명을 완수할 수 있는 구체적이며 역동적인 인간
제3차 교육과정	없음
제4차 교육과정	• 민주, 복지, 정의 사회의 건설에 적극적으로 이바지할 수 있는 자주적이고 창의적인 국민 육성 ① 올바른 정신과 튼튼한 몸을 단련하는 건강한 사람 ② 취향이 고상하고 아름다움을 추구하는 심미적인 사람 ③ 개인의 발전과 국가의 융성과의 조화 ④ 인간을 존중하며 규범에 따라 행동하는 도덕적 사람 ⑤ 자신과 공동체의 일을 스스로 결정하여 실천하는 자주적인 사람
제5차 교육과정	① 건전한 정신과 튼튼한 몸을 지닌 건강한 사람 ② 자신과 공동체의 일을 스스로 결정하여 실천하는 자주적인 사람 ③ 지식과 기술을 익혀 문제를 슬기롭고 합리적으로 해결하는 창조적인 사람 ④ 인간을 존중하고 자연을 아끼며 올바르게 판단하고 행동하는 도덕적인 사람
제6차 교육과정	① 건강한 사람 ② 자주적인 사람 ③ 창의적인 사람 ④ 도덕적인 사람
제7차 교육과정	① 전인적 성장의 기반 위에 개성을 추구하는 사람 ② 기초 능력을 토대로 창의적인 능력을 발휘하는 사람 ③ 폭넓은 교양을 바탕으로 진로를 개척하는 사람 ④ 우리 문화에 대한 이해의 토대 위에 새로운 가치를 창조하는 사람 ⑤ 민주 시민 의식을 기초로 공동체의 발전에 공헌하는 사람
2007년 개정 교육과정	7차 교육과정과 동일

구분	교육적 인간상
2009 개정 교육과정	가. 전인적 성장의 기반 위에 개성의 발달과 진로를 개척하는 사람 나. 기초 능력의 바탕 위에 새로운 발상과 도전으로 창의성을 발휘하는 사람 다. 문화적 소양과 다원적 가치에 대한 이해를 바탕으로 품격 있는 삶을 영위하는 사람 라. 세계와 소통하는 시민으로서 배려와 나눔의 정신으로 공동체 발전에 참여하는 사람
2015 개정 교육과정*	〈교육적 인간상〉 자주적인 사람 창의적인 사람 교양 있는 사람 더불어 사는 사람 〈핵심 역량〉 자기관리 역량 지식정보처리 역량 창의적 사고 역량 심미적 감성 역량 의사소통 역량 공동체 역량
2022 개정 교육과정**	〈교육적 인간상〉 자기주도적인 사람 창의적인 사람 교양 있는 사람 더불어 사는 사람 〈핵심 역량〉 자기관리 역량 지식정보처리 역량 창의적 사고 역량 심미적 감성 역량 협력적 소통 역량 공동체 역량

* 1949년 12월 31일에 제정된 「교육법」에서 '홍익인간'의 이념이 제시. 「교육법」은 1997년 12월 13일에 「교육기본법」 「초 · 중등교육법」 「고등교육법」으로 분할 제정됨으로써 폐지.

** 2015 개정과 2022 개정 교육과정이 추구하는 인간상, 핵심역량 중 핵심만 제시.

활동과제

○ 학제의 변화가 이루어진 시기와 그 특징을 비교해 보자.

○ 해방 이후 남한 국가 교육과정 개정의 계기를 개관하고 향후 개선 과제를 도출해 보자.

제16장 유치원 교육과정

이 장의 목표

1. 유아교육에서 유치원 교육과정의 역할에 대해 설명할 수 있다.
2. 개화기부터 2019년 개정까지 유치원 교육과정의 변화를 시대별로 구분하여 설명할 수 있다.

생각해 볼 문제

1. 유치원 교육과정의 개정이 초등학교와 다른 일정으로 진행된 이유는 무엇인가?
2. 국가 유치원 교육과정 개정의 의미와 특징은 무엇인가?

이 장에서는 유치원 교육이 등장하게 된 조선시대 말 개화기부터 일제강점기를 거쳐 국가 교육과정이 부재하였던 시절부터 2019 누리과정 개정까지 유치원의 유래와 남한에서의 학제 및 교육과정의 변화를 다룬다.

유치원과 유아의 정의

유치원은 우리나라의 유아교육기관이며, 「유아교육법」에 정한 규정으로 '학교'에 해당한다. 국가 수준에서 유치원 교육과정에 준하는 법적인 규정이 일제강점기에 있었으며, 해방 이후에는 1969년에 들어서 제1차 유치원 교육과정을 고시한 이래 꾸준히 유지하고 있다.

표 16–1 유아와 유치원에 대한 「유아교육법」의 규정

1. "유아"란 3세부터 초등학교 취학 전까지의 어린이를 말한다.
2. "유치원"이란 유아의 교육을 위하여 이 법에 따라 설립·운영되는 학교를 말한다.

출처: 「유아교육법」(국가법령정보센터, www.law.go.kr).

우리나라에서 나이 어린 아이들을 칭하는 말로 '어린이'는 어떤 규정이 없는 말이지만, 유아 또는 영아 등은 유치원에 다닐 수 있는 연령과 관련되어 엄격한 정의가 있는 용어이다. '유아(幼兒)'는 유치원을 다닐 수 있는 연령의 어린이라고 할 수 있다. 이에 따라 유아는 만 3세부터 초등학교 취학 전까지 대체로 만 3, 4, 5세가 해당되나 만 6세 이상 유아도 일정한 비율로 재원한다. 만 3세 이하, 즉 0~만 2세까지는 '영아(嬰兒)'라고 한다. 외국의 영유아교육은 'earlychildhood education'이라는 이름으로 포괄하여 생후부터 초등학교 이전까지의 기관을 포괄하나 기관의 연령 범위는 국가별로 다르다.

유아교육의 '교육'이라는 용어에 가르침(敎)과 보호(育)가 포함되어 있지만, 우리나라에서는 흔히 '보육기관'으로 칭하는 어린이집과 유치원이 만 3세 이상 3년간의 동일 연령 유아를 위한 기관이면서 담당 정부 부처가 다르고 교사 양성 기관도 중복적이면서도 차이가 있어[1] 취학 전 어린이의 보호자들은 기관 선택에 어려움과 혼란을 겪는 경우가 많다.[2]

유아교육 및 보육을 위한 기관에는 어린이집도 포함되며, 어린이집은 생후부터 초등학교 직전까지 약 6년간 보육을 중심으로 하는 기관이고, 유치원은 만 3세부터 3년간 교육을 맡은 기관이다. 교육과정으로 당초 어린이집은 '표준보육과정'을, 유치원은 '유치원교육과정'을 사용해 왔으나 유보통합을 위해 개정하고 별칭으로 사용하는 공통의 교육과정인 '누리과정'[3]을 2012년부터 사용하고 있다. 유치원의 수는 2022년

---

[1] 모든 유아교육과 졸업생은 유치원, 어린이집 교사 자격증을 받는다. 아동학과 및 '아동복지과' 등 유사 이름의 학과 졸업생은 사범계가 아니므로 어린이집 교사 자격증은 모두 받지만, 유치원 교사 자격증은 일부 학생만 교직과정을 이수하여 받을 수 있다.

[2] 유치원과 어린이집을 통합적으로 선택하기 위한 통합사이트 '처음으로' 등의 편의 서비스는 점차 확대되고 있다.

[3] 2011년 만 5세의 1년을 대상으로 유–보 통합의 교육과정을 고시하면서 별도의 명칭인 '누리과정'을 사용

표 16-2 아동에 대한 「아동복지법」의 규정

1. "유아"란 3세부터 초등학교 취학 전까지의 어린이를 말한다.
2. "유치원"이란 유아의 교육을 위하여 이 법에 따라 설립·운영되는 학교를 말한다.

현재 8,168개(국공립 4,900개, 사립 3,268개), 어린이집은 3만 1,290개(국공립 5,588개, 사립 2만 5,702개)에 이른다(유치원알리미, https://e-childschoolinfo.moe.go.kr/).

2011년 만 5세 연령부터 시작해서 2012년 3~5세를 포괄한 누리과정이 개정되면서 유-보 통합이라는 큰 목적을 달성했지만, 기관이나 부처의 통합이 아닌 공통의 교육 내용을 중심으로 하는 통합에서 출발하여 오늘에 이르고 있다.

유치원이라는 명칭은 일본에서 19세기에 프뢰벨의 'Kindergarten'을 번역한 이래 일본, 남한, 북한, 홍콩, 대만에서 사용하고 있다. 여기서는 우리나라에 유치원이 설립된 1897년 이래 2012년 누리과정 및 2017년 부분 개정, 2019년 개정까지 유치원 교육과정의 변천을 다룬다.

유치원 학제의 변화

해방 이후 유치원은 일제강점기에 정착된 만 4, 5세 대상의 2년제를 계속 유지해 오다가 1991년 12월에 만 3, 4, 5세 대상의 3년제로 변화할 것을 결정하게 되고, 이에 따른 3년제 교육과정이 1992년에 적용되며 오늘에 이른다.

표 16-3 1945년 이후 유치원 학제의 변화

5	유치원	유치원	유치원	유치원
4				
3				
	1945.9	1946.9	1969	1991. 12.~ *교육과정은 1992. 3.~

하게 되었다. '교육'이라는 용어를 전혀 사용하기 못하게 된 유-보 두 진영의 갈등 국면을 볼 수 있다. 이 문제는 2019 개정에서 상당 부분 극복되어 '교육'의 용어가 사용될 수 있었다.

1897년부터 1945년까지: 개화기부터 일제강점기 유치원의 도입 시기

우리나라에 근대적 의미로 세워진 최초의 유아교육기관은 1897년(고종 34) 부산 지역에 세워진 '부산유치원'으로 보고 있다. 19세기 말 청일전쟁 이후 부산에는 일 본인이 다수 거주하였는데, 부산유치원은 이 일본인들의 자녀를 위해 세운 사립 유 치원이자 국내 최초의 유치원이다. 부산유치원은 스가하라(管原磧城)가 주도하여 설립하였는데, 1897년 3월 3일에 북빈통신부(北濱通信部) 가옥을 임시로 빌려 원 사로 쓰기로 하고 원아 20여 명을 수용하여 개원식을 거행하였다(네이버 지식백과, http://terms.naver.com). 이후 1900년에 인천과 서울 지역에 생긴 인천유치원, 경성 유치원 등도 주로 일본인 자녀를 위한 것이었다.

우리나라 유아들만을 위한 최초의 유치원은 1909년 정토종포교자원(淨土宗布敎 資園)이 함경북도 경성군 나남읍에 설립한 '나남유치원'이며, 이때 원아는 약 60명이 었다.

일제강점기에 유치원은 일본인들에 의한 유아교육과 미국 선교사들의 선교적 목 적의 영향을 받았다. 개화기인 1908년에 유치원에 대한 최초의 법적인 규정이 생겼 지만, 교육과정으로서 교육목표, 내용 등이 포함된 유치원 교육과정은 국가 수준에 서 1969년에 생기게 되었다. 이에 따라 1897년부터 개화기 및 일제강점기에 우리나 라에서 유치원이 존재했고, 교육 내용 등을 기술한 국가 교육과정은 존재하지 않았 으나, 포괄적인 유치원 교육의 규정은 법에 규정된 시기였고 이것이 해방 이후에도 20년 가까이 유지되었다. 개화기부터 일제강점기까지 유치원에 관한 국가 수준의 법적 규정은 유치원 시설, 교원에 관한 것에서부터 유치원 운영을 위한 시간과 내용 규정을 포괄하게 되었다.

유치원 교육에 관한 규정은 1907년 학부관제에서부터 시작되었다. 교육과정에 관한 최초의 규정은 고등여학교령의 시행규칙 격인 관립한성고등여학교학칙(1908. 4. 7. 학부령 10)의 제4장, '부속유치원에 대한 규정'이라고 할 수 있다. 이로써 교육 내용이 포함된 유치원의 교육과정이 공식 문서에 처음으로 등장하였다. 관립한성 고등여학교 부속 유치원의 입학연령은 만 4세부터 보통학교에 입학하기 전까지이

표 16-4 개화기~일제강점기 우리나라 유치원 교육과정에 관한 규정

1907년 12월 8일 칙령 제54호 학부관제 개정

  (제4조 제2항에서 학무국이 '보통학교 및 유치원 교육에 관한 사항'에 대한 사무를 다룸)

1908년 4월 2일 칙령 제22호 '고등여학교령' 제정

  (제10조 고등여학교에 부속유치원을 설치할 수 있음)

1908년 4월 7일 학부령 제10호 한성고등여학교 학칙 반포

  (유아의 연령, 정원, 교육 내용, 1일 보육시간, 보모 1인당 유아 수, 보육료 등이 규정됨)

1909년 1월 1일 학부분장규정 개정

  (제6조 3항 '고등여학교 및 유치원에 관한 사항'이 규정. 고등여학교에 부속 유치원 병설이

  가능해짐)

1922년 2월 칙령 제11호 유치원 규정(13조로 구성)

  제6조 유아 보육의 사항은 유희, 창가, 담화 및 수기(手技)로 함.

1922년 8월 총독부령 제110호 공립유치원 보모의 자격, 봉급 등에 관한 건

출처: 한용진 외(2010).

며, 정원은 80인이었다. 교과목은 유희, 창가, 담화(談話)및 수기(手技)이고, 시수는 1일 5시간 내외로 하며 수업료는 없었다(국가교육과정정보센터 www.ncic.re.kr). 교과목으로 표현된 유치원 교육과정의 영역이 오늘날의 영역 명칭으로 보면 놀이, 예술, 언어, 탐구에 해당한다.

개화기에 발표된 유치원 교육과정에 대한 맹아적인 규정은 일제강점기에도 유사하게 계속되었는데, 1922년 '유치원 규정'이 생김으로써 규정의 명칭에 처음으로 유치원이 공식적으로 등장하였다. 이것은 유치원 교육과정에 관하여 법령의 제목에 유치원이 등장한 최초의 규정이고, 선행 연구들에서 최초의 유치원 교육과정으로 알려져 있으나(박혜정, 1989; 이기숙, 2008), 그 이전 1908년 한성고등여학교 학칙에 제시된 내용이 최초라고 보아야 할 것이며, 시수, 교육과정 영역을 제안한 점에서 같다.

'유치원 규정'(1922년 2월 칙령 제11호)의 일부는 다음과 같다(조선총독부학무국학무과, 1938: 국가교육과정정보센터, www.ncic.re.kr; 이기숙, 2008; 이상금, 1987).

제1조 유치원은 연령 3세부터 7세까지 유아의 보육을 목적으로 한다.

제5조 유아를 보육하는 데 그 심신을 건전하게 발달시키고 선량한 습관을 얻도록 함
    으로써 가정교육을 보완하도록 한다. 유아의 보육은 그 심신발달의 정도에 부합

해야 한다. 습득하기 곤란한 사물을 주거나 혹은 과업의 일을 하게 하거나 강요해
서 시켜서는 안 된다. 항상 유아의 심정(心情), 행의(行義)에 주의하여 이를 고쳐
주어야 한다. 또 유아는 대단히 모방을 좋아하는 고로 항상 선량한 사례를 가르쳐
주어야 한다.

제6조 유아 보육의 항목은 유희, 창가, 담화 및 수기(手技)로 한다.

제8조 보모 1인의 보육하는 유아 수는 약 40인 이하이다.

제9조 유치원의 설비는 다음의 표준에 의한다. (중략)

4. 은물, 회화, 유희도구, 악기, 흑판, 걸상, 시계, 온도계, 난방기, 기타 필요한 도
구를 갖춘다.

이 유치원 규정에는 1908년 규정에서와 같이 대상 유아의 연령, 목적, 교육과정
영역, 교사 1인당 유아의 수 등에 대한 것 외에 교재를 포함한 설비가 제시되어 있
다. '은물'이 등장하는데, 이는 프뢰벨식 유치원 교육이 미국, 일본을 거쳐 조선에서
도 이루어지고 있음을 말해 준다(이상금, 1987).

1922년의 규정 이후 1930~1940년대 해방 전까지 유치원 교육과정은 유치원 규
정에서 정한 내용으로 운영될 것 외에 별도의 교육 내용에 대한 규정이 존재하지 않
았다. 말하자면, 1908년 유치원의 시수와 영역을 정한 한성고등여학교 학칙 이래
1968년까지 약 60년간 유치원은 국가 교육과정은 없고 교육과정의 틀에 대한 규정
만 지속적으로 변화되어 오면서 개별 유치원의 교육과정이 존재한 시기였다.

유치원 교사는 초기에 '한성고등여학교'와 같은 지금의 중등학교 단계를 졸업한 사
람들을 '보모'로 임용하였고, 최초의 전문적인 유치원 교사 양성기관은 1915년 2년제
로 세워진 '이화유치원사범과'이다(이상금, 1987). 이 학교는 입학 자격이 '여자고등
보통학교' 졸업자이므로, 고등교육기관에 해당하였다.

1945년부터 1968년까지: 해방 이후 국가 교육과정 이전 시기

해방 후에도 당분간 유치원 교육은 국가 수준에서는 최소한의 시설 및 시간, 교육
내용 영역 등 교육과정 운영 기준을 법으로 규정한 채 단위 유치원이 자율적으로 교

표 16-5 1964년 「교육법」에서 정한 유치원 교육의 목적과 목표

제10절 유치원

제146조 유치원은 유아를 보육하고 적당한 환경을 주어 심신의 발육을 조장하는 것을 목적으로 한다.

제147조 유치원 교육은 전조의 목적을 실현하기 위하여 다음 각호의 목표를 달성하도록 노력하여야 한다.

1. 건전하고 안전하고 즐거운 생활을 하기에 필요한 일상의 습관을 기르고 신체의 모든 기능의 조화적 발달을 도모한다.
2. 집단생활을 경험시키어, 즐기어 이에 참가하는 태도를 기르며 협동자주와 자율의 정신을 싹트게 한다.
3. 신변의 사회생활과 환경에 대한 바른 이해와 태도를 싹트게 한다.
4. 말은 바르게 쓰도록 인도하고 동화, 그림책 등에 대한 흥미를 기른다.
5. 음악 · 유희 · 회화 · 수기, 기타 방법에 의하여 창작적 표현에 대한 흥미를 기른다.

제148조 유치원에 입원할 수 있는 자는 만 4세부터 국민학교 취학시기에 달하기까지의 유아로 한다.

육 내용과 방법을 정하여 유치원별로 운영하여 왔다. 1960년대 들어와서 남한의 유치원의 수는 전국적으로 400개 이상이 되었다. 「교육법」에서 처음으로 유치원 교육의 목적과 목표, 그리고 교육대상 등을 구체적으로 명시하고, 수적으로 급격히 증가하는 유치원들을 정비하기 위해 유치원 시설 기준령이 공포되었고, 이는 유치원 교육 환경을 개선하는 법적 근거가 되었다.

1964년 「교육법」 중 147조 유치원 교육의 목표에서는 유치원 교육과정의 5개 영역이 암시되고 있다. 1~5조까지는 신체건강, 사회관계, 탐구, 의사소통언어, 예술탐구의 5개 영역을 짐작할 수 있게 기술된 것이다. 이러한 「교육법」의 규정은 5년 후 1969년에 최초의 유치원 교육과정이 고시되고, 건강, 사회, 자연, 언어, 예능의 5개 영역이 규정되도록 하는 기반이 되었다.

제1차 유치원 교육과정(1969. 2. 19.~1979.): 최초의 국가 수준 유치원 교육과정

제1차 교육과정의 시기는 처음으로 1969년 2월 19일에 문교부령 제207호로 유치원 교육과정이 고시되어, 1979년 전면 개정될 때까지를 말한다. 유치원 체제 도입 72년 만에 이루어진 국가 수준 유치원 교육과정 제정은 초·중등학교의 제2차 교육과정에 대한 부분 개정(1969)과 함께 이루어졌다. 「교육법」에서 '학교'의 유형으로 규정한 유치원에 대해 1897년 이래 국가 교육과정이 없었으나, 유치원 교육의 시설 및 교육의 질 관리를 위하여 유치원 교육과정도 제정된 것이다. 제1차 유치원 교육과정은 구체적인 유치원 교육의 목표, 영역, 수업 일수, 운영 방법 등을 제시함으로써 향후 수적으로 증가하게 되는 유치원 교육의 기준을 세우는 데 중요한 지침이 되었다.

제1차 국민학교(초등학교) 교육과정이 1954년에 제정된 이후 15년 만에 유치원 교육과정이 처음으로 국가 수준에서 제정됨에 따라 이 교육과정에서는 먼저 유치

표 16-6 제1차 유치원 교육과정 제정의 취지

I. 교육과정 제정의 취지
금번 문교부는 자라나는 어린이들의 바람직한 성장 발달을 조성하는 유치원 교육의 특수한 목적과 기능을 소중히 여기고, 이를 구현하기 위하여 교육과정을 제정하게 되었다.
본 교육과정은 관계 법령 및 오늘날의 새로운 유치원 교육 사조를 바탕으로 하여 다음과 같은 취지에서 제정하였다.
1. 유치원 교육의 필요성
6세 이전의 초기 경험이 인간의 성격 형성과 사회 행동의 기초를 이루는 데 있어서 없어서는 아니 될 중요한 역할을 한다. …… 따라서 유치원은 바람직한 인격 형성을 위하여 어린이의 심신 발달에 알맞은 조건을 주어 어린이 교육에 최선을 다하여야 하겠는데, 그러기 위하여는 어린이의 흥미와 욕구에 맞는 환경을 주어 어린이들로 하여금 즐거운 가운데서 도움이 될 수 있는 경험을 몸에 익혀 나아갈 수 있도록 하여야 한다.
그러므로 유치원은 어린이들의 개성에 따라 사회적·신체적·정서적·지적 면에서 균형된 성장을 꾀할 수 있는 교육을 계획 실천하여야 한다.

출처: 문교부(1969): 국가교육과정정보센터, www.ncic.re.kr.

원 교육의 필요성, 유아기의 특징 등을 기술한 '교육과정 제정의 취지'를 통해 최초의 국가 수준 유치원 교육과정의 출범을 알리고 있다.

　제1차 유치원 교육과정에서 '교육과정'은 초등학교(국민학교)의 제2차 교육과정 시기에 내린 정의를 따랐다. 유치원 교육과정은 곧 '유아들이 유치원 교육을 통하여 경험하는 모든 학습 활동의 총화'를 의미하는 것으로 보았다.

표 16-7　제1차 교육과정에서 제시한 유치원 교육과정의 정의

II. 교육과정 구성의 일반 목표

　유치원 교육과정은 곧 어린이들이 유치원 교육을 통하여 경험하는 모든 학습 활동의 총화를 의미하는 것이며, ……

　그러므로 교육과정을 구성함에 있어서는 우리 나라의 교육 목표를 확실히 인식하고, 그 교육 목표를 실현하기 위하여 가장 적합한 학습 경험을 선정하여야 한다.

출처: 문교부(1969): 국가교육과정정보센터, www.ncic.re.kr.

　교육과정의 영역은 5개 '생활 영역'으로 하였는데, 건강, 사회, 자연, 언어, 예능이다. 학교급별 교육 목적이 각 교과의 존재 근거가 된 초·중등학교와 마찬가지로, 유치원 교육 목적도 이 5개 영역과 유관하게, "튼튼한 몸과 마음, 기초적인 생활 습관, 올바른 사회적 태도와 도덕성, 과학적이고 민주적인 사고력, 심미적 태도, 창조적인 표현 능력을 기르고, 자연 및 사회의 제 현상에 관심을 가지는 것"으로 하였다.

체제상의 특징

　제1차 유치원 교육과정은 이미 초·중등학교의 경우 제2차 교육과정의 부분 개정이 이루어진 1969년에 이르러서야 처음으로 제정되어 국민학교 교육과정의 토대 위에 유아교육의 특성에 대한 설명이 추가된 형식을 취하였다. 제I부 총론과 제II부 각론으로 구성되어 있고, 총론에는 교육과정 제정의 취지, 교육과정 구성의 일반 목표, 그리고 교육과정의 편성에 대한 내용이 제시되어 있다.

　교육과정 제정의 취지에는 유치원 교육의 필요성과 유아기의 특징으로 신체적·사회적·지적·정서적 특징이 서술되어 있는데, 이는 제1차 유치원 교육과정에서

만 볼 수 있는 독특한 체제의 구성 방식이다. 일반 목표에서는 유치원 교육의 목적을 제시하고 이를 위해 적절한 학습 내용 정선을 위한 관점을 5개 항에 걸쳐 제시하고 있다.

각론에서는 건강, 사회, 자연, 언어, 예능의 5개 영역에 걸쳐 목표와 지도내용을 제시하고 있다. 전체 영역에 걸쳐 제시된 내용의 수는 상위 내용 17개 항과 하위 내용 126개 항이다. 마지막으로 5개 생활 영역 모두에 해당되는 지도상의 유의점 15개 항이 설명되어 있다.

내용상의 특징

제1차 유치원 교육과정은 '자라나는 어린이들의 바람직한 성장 발달을 조성하는 유치원 교육의 특수한 목적과 기능을 소중히 여기고 이를 구현하기 위한' 취지로 제정되었다. 이러한 취지의 제1차 유치원 교육과정은 관계 법령과 당시의 유치원 교육 사조를 교육과정 제정의 근거로 하고 있다.

제1차 유치원 교육과정에서는 유치원 교육과정의 의미를 '유치원 교육을 통하여 경험하는 모든 학습 활동의 총화'로 규정하고, 적합한 학습 경험 선정의 중요성을 강조하고 있다. 이는 경험 중심 교육과정 또는 활동 중심 교육과정을 지향하고 있음을 의미한다.

또한 즐거운 가운데 도움이 될 수 있는 경험을 주어 바람직한 인격을 형성하도록 도와야 할 필요성을 언급하면서, 경험의 선택은 유아의 생활 경험, 흥미와 욕구를

표 16-8 제1차 유치원 교육과정 총론 '지도상의 유의점'의 예

VI. 지도상의 유의점

1. 본 교육과정은 편의상 건강, 사회, 자연, 언어, 예능 등의 다섯 영역으로 나누어 구성하였으나 실제 학습에 있어서는 아무런 구분 없이 혼연된 종합체로써 유치원 교육의 특징을 살릴 수 있도록 운영한다.

......

3. 하루하루의 교육은 정적인 활동, 동적인 활동, 실내 활동, 실외 활동, 개인 활동, 집단 활동 등 모든 경험이 종합적으로 고루 이루어질 수도 있도록 계획 실천한다.

출처: 문교부(1969): 국가교육과정정보센터, www.ncic.re.kr.

고려하여야 함을 지도상의 유의점으로 제시하여 생활 중심 교육과정임을 표명하고 있다. 제1차 유치원 교육과정이 고시되고 적용된 당시에는 듀이(Dewey)의 경험 중심 교육과정의 영향이 강하던 시기로, 제1차 유치원 교육과정도 이러한 교육 사조를 따르고 있는 것으로 해석된다.

제1차 유치원 교육과정이 '사회적 · 신체적 · 정서적 · 지적 면에서의 균형된 성장'을 강조하여 전인 발달을 목적으로 한다는 점은 초 · 중등교육과 동일하다. 그러나 처음으로 고시된 유치원 교육과정으로서, 초 · 중등교육과 구별되는 유치원 교육의 고유한 성격을 밝히고 있다.

6세 이전 초기 경험의 중요성을 제시하면서 유치원 교육의 필요성과 어린이의 흥미와 욕구에 맞는 환경의 제시를 강조하여 유아의 흥미에 기초한 교육과정을 추구하고 있음을 나타내고 있다. 교육과정의 조직은 건강, 사회, 자연, 언어, 예능의 5개 생활 영역으로 구분하였다. 이는 당시의 초등학교 교과 구분과 유사한 교과목 형식이어서, 교과목별 지도를 의미하는 것으로 해석될 여지가 있었다. 따라서 지도상의 유의점에 실제 학습에서는 구분 없이 '혼연된 총합체'로 지도함을 명시하여, 유치원 교육은 통합적으로 접근하여야 함을 강조하였다.

유치원의 교육 일수는 연간 200일 이상, 하루의 교육 기간은 3시간(180분)을 기준으로 하여 각 유치원에서 기후, 계절, 유아의 발달 정도, 학습 경험, 학습 내용의 성질 등을 감안하여 실정에 맞추어 조정하도록 하였다. 교육과정의 운영도 지역사회와 밀접한 관련을 가지고 각 지역의 실정에 맞는 교육과정을 창의적으로 재구성하도록 융통성과 신축성을 부여하였다. 교육 방법으로는 유아의 흥미 중심, 놀이 중심 교육과 개인차에 따른 교육이 이루어지도록 강조하였으며, 유아의 학습 특성을 고려하여 5개 생활 영역과 하루 일과의 통합적 운영, 다양하고 균형 있는 활동, 가정과의 긴밀한 협력 등을 강조하였다.

또한 교육 내용의 선정에서 유아 발달 수준의 고려와 생활 중심, 경험 중심, 흥미 중심의 학습 형태를 권장하고 있다. 이러한 점은 현재까지도 승계되고 있는 유치원 교육과정의 성격으로, 우리나라 최초의 유치원 교육과정에서 유치원 교육의 특징을 명확히 제시하였다는 점에서 큰 의미가 있다.

제2차 유치원 교육과정(1979. 3. 1.~1981.): 학문중심 교육과정의 반영

제2차 교육과정의 시기는 1979년 3월 1일에 문교부 고시 제424호로 제2차 유치원 교육과정이 발표되어 1981년 부분 개정될 때까지를 말한다. 제2차 유치원 교육과정은 제3차 초등학교(국민학교) 교육과정이 1973년에 개정된 이래 6년 후, 제1차 유치원 교육과정 제정된 이래로는 10년 만에 개정되었다.

유치원 교육과정이 '부령'에서 1979년 3월 1일자로 문교부 고시로 격상됨으로써 학문과 사회의 변화에 따른 다양한 요구를 반영하여 교육과정을 개정하는 것이 용이하게 되었다. 제3차 초등학교 교육과정과 마찬가지로 제2차 유치원 교육과정도 국민교육헌장 이념, 1972년의 유신 이념 등을 기초로 국민적 자질의 함양, 인간 교육의 강조, 지식·기술교육 쇄신을 기본 방침으로 하였고, '일반 목표'로 학교급간 공통의 자아 실현, 국가 발전, 민주적 가치의 강조가 제시되었다. 국민교육헌장이 교육과정의 1쪽에 제시되었을 뿐 아니라 다음 〈표 16-9〉에 예시된 제1장 교육과정 구성의 일반 목표는 유-초-중-고등학교 교육과정의 공통된 것으로, 유치원 교육과정과는 연관성을 찾기 어려운 정치적이고 사회적인 도구로 교육과정 문서를 활용했음을 보여 준다.

유치원 교육과정의 목표는 5개 영역과 연계되도록 진술되어 남과 잘 사귀고, 남과 더불어 생활하는 것을 즐기게 하며, 표현하는 능력, 습관, 태도를 기르고, 탐구

표 16-9 제2차 유치원 교육과정 총론 교육과정 구성의 일반 목표

제1장 교육과정 구성의 일반 목표
1. 기본 방침
　우리는 조국 근대화를 조속히 성취하고 평화적인 국토 통일과 민족 중흥의 사명을 완수하기 위하여 거족적으로 유신·과업을 추진하여야 할 역사적 시점에 서 있다. 이러한 민족적 대업을 완수하기 위하여, 우리는 긍정적으로 사고하고, 능률적으로 행동하며, 국민의 지혜와 역량을 한데 모아 우리에게 알맞은 민주주의를 확립함으로써 주체적이며 강력한 국력을 배양하는 데 총력을 기울여야 한다. ……

출처: 문교부(1969): 국가교육과정정보센터, www.ncic.re.kr.

능력, 언어 구사력, 기초적인 운동 능력, 건강 및 안전 생활 습관을 기르는 것이었다. 교육과정의 영역은 '생활 영역'을 표방한 제1차 교육과정과 달리, 발달을 강조하여 5개 영역, 즉 전인적인 발달을 강조하는 사회·정서 발달, 인지 발달, 언어발달, 신체 발달 및 건강 영역으로 구성하였다.

연간 교육 일수는 200일, 주당 교육 시간은 18~24시간, 하루 학습 시간은 3~4시간으로 하고, 유아와 지역사회, 학교의 실정에 적합한 계획과 운영, 통합적 학습, 유아의 흥미 중심, 개인차에 의한 학습, 가정과의 연계 등을 운영 방침으로 제시하였다.

제2차 교육과정의 두드러진 특징은 1970년대부터 인지 발달을 강조하는 세계적 추세에 맞추어 인지 발달을 강조한 것이었고, 이때부터 교육과정이 고시된 후에 실제 유아 교육 현장에서 교육과정을 실천하는 데에 보다 많은 도움을 줄 수 있도록 하기 위해 교육과정의 내용에 맞추어 유치원 교사용 지도서를 개발하여 보급하기 시작하였다(교육부, 1998).

체제상의 특징

제2차 유치원 교육과정은 크게 교육과정 구성의 일반 목표, 유치원 교육과정의 구성, 유치원 교육의 내용의 세 부분으로 구성되어 있다. 제I장인 교육과정 구성의 일반 목표는 국가 교육이념으로서 국민교육헌장의 이념 구현과 관련되는 내용이 주로 포함되어 있다. 제II장인 유치원 교육과정의 구성이 총론적인 성격, 그리고 제III장인 유치원 교육의 내용은 각론적인 성격을 지닌다. 제I장 교육과정 구성의 일반 목표는 기본 방침과 일반 목표로 이루어져 있다. 기본 방침으로 3개 방침 10개 항이, 그리고 일반 목표로는 3개 목표 32개 항이 제시되어 있다. 제II장 유치원 교육과정의 구성에는 일반 목표, 구성 방침, 그리고 편제와 교육 일수 및 시간이 기술되어 있다. 유치원 교육의 일반 목표는 하위 목표 없이 5개의 목표가 제시되어 있다. 제1차 유치원 교육과정에서는 '교육과정의 조직'이라는 용어가 초·중등학교에서 흔히 사용하는 '편제'라는 용어로 변경되었다.

제III장 유치원 교육의 내용에는 사회·정서, 인지, 언어, 신체 및 건강의 4개 발달 영역 각각의 목표와 내용이 제시되어 있다. 교육 내용으로 전체 발달 영역에 걸쳐 14개 상위 내용과 139개 하위 내용이 제시되어 있고 마지막에 지도상의 유의점

16개 항이 기술되어 있다.

개정 및 내용상의 특징

제2차 유치원 교육과정은 국민교육헌장 이념의 구현을 위해 국민적 자질의 함양, 인간 교육의 강화, 지식·기능 교육의 쇄신을 기본 방침으로 하고 있다. 기본 방침으로 지식·기능 교육의 쇄신을 내세우고 지식 구조의 이해, 기본 개념의 파악, 탐구 방법을 강조한 점은 제2차 유치원 교육과정이 학문 중심 교육과정의 성격을 띠고 있음을 보여 준다. 이러한 용어의 사용 이외에도 유치원 교육의 내용에서 인지발달을 강조하였다. 인지 발달의 강조는 당시의 세계적 추세로 제2차 유치원 교육과정 개정의 주안점이었다(김진숙 외, 2006).

제2차 유치원 교육과정은 제1차 유치원 교육과정과 마찬가지로, 유아 흥미 중심의 통합적인 접근을 구성 방침으로 하였다. 교육과정의 구성에 있어 다음과 같은 점이 특징적이다.

첫째, 구성 방침의 제1항으로 '유치원은 가정의 양육과 학교교육과의 중간 위치에서 실시되는 교육으로서 그 독자성을 충분히 고려하여야 함'을 제시하여, 유치원의 교육적·사회적 기능을 밝히고 있다. 이는 당시 경제 개발 5개년 계획의 추진에 따라 여성 노동 의존도가 높아지고, 장기 종합 교육계획(1972~1986)의 일환으로 취학 전 교육의 교육적 의미가 중요시되었던 사회·정치적 상황이 반영된 것이라 여겨진다.

둘째, 교육 활동을 발달 과업을 근거로 하여 편제를 통해 유치원의 4개 발달 영역이 등장하였다. 이는 교육과정에서 전인 교육을 더 강조하기 위한 것이었으며, 내용 진술의 편의상 구분한 것일 뿐 발달 영역별로 지도함을 의미하라고 하여, 제1차 교육과정부터 지속적으로 유치원 교육의 통합적 특성을 강조한다.

셋째, 유치원의 연간 교육시간을 연간 교육 일수, 주당 교육시간, 하루 학습 시간으로 상세화하였다.

넷째, 운영 방침에 교육 계획과 운영 계획의 수립을 명시하였다. 구체적으로 일간, 주간, 월간, 연간으로 교육과정을 계획하도록 방침을 제시하였다.

표 16-10 제2차 유치원 교육과정의 편제와 수업시간

제2장 유치원 교육과정

3. 편제와 교육 일수 및 시간

 가. 편제

　유아는 신체적, 정서적, 지적 미분화 상태에 있으며 그들의 행동은 전체적이고, 복합적인 기능들로 구성되어 있으므로 그들의 학습 활동은 상급 학교에서처럼 교과별로 세분할 수 없는 특성을 갖는다. 이러한 특성을 고려하여 유치원 교육 활동은 교과별 편제를 지양하고, 발달 과업을 중심으로 발달 영역별로 편성한다. 여기서 발달 영역별 편성이란 발달 영역별 지도를 의미하는 것이 아니라 내용 진술의 편의를 위한 것에 불과하다. 주요 발달 영역은 다음과 같다.

- 사회 · 정서 발달 영역
- 인지 발달 영역
- 언어 발달 영역
- 신체 발달 및 건강 영역

 나. 교육 일수 및 시간

　유치원 교육 계획은 다음과 같은 교육 일수와 시간을 기준으로 하여 수립하고 실천한다.

1) 유치원의 연간 교육 일수는 200일로 한다.

2) 유치원의 주당 교육 시간은 18~24시간으로 한다.

3) 유치원의 하루 학습 시간은 3~4시간으로 한다.

4) 유치원의 한 시간의 지도 시간은 지역사회의 특성, 유아의 발달 수준, 기후, 계절, 학습 과제의 특성, 아동의 흥미 등을 고려하여 그 실정에 맞도록 조절한다.

출처: 문교부(1979): 국가교육과정정보센터, www.ncic.re.kr.

제3차 유치원 교육과정(1981. 12. 31.~1987.): 초 · 중등학교와의 동시 개정

　제3차 교육과정의 시기는 1981년 12월 31일에 문교부 고시 제442호로 제3차 유치원 교육과정이 발표되어 1987년 개정될 때까지를 말한다. 제3차 유치원 교육과정은 1970년 대 말 10 · 26 사태 및 정권의 급작스러운 교체로 인한 정치적인 요소에 의해 교육과정이 전면 개정되는 과정에서 제2차 교육과정 고시 2년 만에 다시 개정된 교육과정이다. 이 교육과정 또한 제2차 유치원 교육과정에서처럼 정치적인 목

표 16-11 제3차 유치원 교육과정의 교육과정 구성의 방향

제1장 교육과정 구성의 방향

　우리나라는 오랜 세월에 걸친 시련과 극복의 시대를 넘어서 바야흐로 화합과 건설의 새 시대에 들어서고 있다. 제5공화국은 민주주의를 토착화하고, 복지 사회를 건설하며, 정의 사회를 구현하는 한편, 교육을 혁신하고, 문화를 창달하는 일을 국정 지표로 삼고 있다.

　이에 우리의 교육은, 민주·복지·정의 사회의 건설에 적극적으로 이바지할 수 있는 자주적이고 창의적인 국민을 길러 내는 것을 목적으로 한다. 따라서 학교교육은 올바른 정신과 튼튼한 몸을 단련하는 건강한 사람, …… 자주적인 사람으로 자라게 도와 주어, 전인적 발달이 이루어지도록 해야 한다. ……

출처: 문교부(1981): 국가교육과정정보센터, www.ncic.re.kr.

적이 교육과정 구성의 방향 장에 제시되는데, 아예 '제5공화국'이 교육과정에 표현되기까지 하였다.

이 교육과정은 유치원 교육과정사에서는 최초로 초등학교와 같은 시기에 개정된 교육과정이라는 의의를 갖는다. 그 이후 2022년 현재까지 유치원 교육과정 개정 역사 속에서 유일한 유-초-중등 동시 개정이었다.

갑자기 국가 수준 교육과정을 전면 개정하게 된 교육계 밖의 사정이 있었지만, 교육계 내부적으로는 유치원과 초·중등학교 교육과정과의 연계성 강화, 한국교육개발원에 교육과정의 연구·개발을 위탁하여 수행된 교육과정 개정이라는 점의 특성이 있다.

제3차 유치원 교육과정은 초·중등학교 제4차 교육과정과 함께 이른바 '인간 중심 교육과정'으로 불린다. 그러나 여기서 '인간 중심'이라고 하는 것은 교묘하게 정치적인 상황과 연계되었기에 교육과정 사조에서 말하는 인간 중심적인 접근이라고 보기는 어렵다. 교육과정의 목적으로 "민주·복지·정의 사회의 건설에 적극적으로 이바지할 수 있는 자주적이고 창의적인 국민을 길러 내는 것"이 강조되었으나, 이는 '제5공화국'의 국정 지표를 설명하는 것과 연계되었기 때문이다.

교육과정의 영역은 제2차 유치원 교육과정의 사회·정서 영역을 둘로 나누어 신체 발달, 정서 발달, 언어 발달, 인지 발달, 사회성 발달의 5개 발달 영역별로 구성하였고, 연간 교육 일수를 하향 조정하여 기존의 200일에서 180일 이상으로 축소 조정하였으며, 하루 교육 시간도 3~4시간을 제시하였다.

체제상의 특징

　제3차 유치원 교육과정은 제I장 교육과정 구성의 방향과 제II장 유치원 교육과정으로 이루어져 있다. 제I장인 교육과정 구성의 방향에서는 '학교교육의 목적을 달성하는 데 적합한 교육 내용을 정선하며, 초기에는 통합적인 교육 경험이 이루어지도록 하고, 점차 이를 확대, 심화할 수 있도록 조직'함을 구성 방향으로 하고 있다. 그리고 구성에서 건전한 심신의 육성, 지력과 기능의 배양, 도덕적인 인격의 형성, 그리고 민족 공동체 의식의 고양에 역점을 두도록 하고 이에 따른 세부적인 중점 사항 20개를 제시하고 있다.

　제II장 유치원 교육과정은 교육 목표와 편제 및 영역별 목표와 내용의 두 부분으로 구성되어 있다. 교육 목표와 편제에는 계획 · 지도 · 평가의 운영 지침이 기술되어 있어 총론적인 성격을 지닌다. 교육 목표는 포괄적인 상위 목표와 구체적인 하위 목표 5개로 구분하여 제시되어 있다. 영역별 목표와 내용에는 신체, 정서, 언어, 인지, 사회성의 5개 발달 영역 각각에 대한 목표와 내용이 제시되어 있어 각론에 해당한다고 할 수 있다. 각 발달 영역별 목표는 3개씩이며, 전체 영역에 걸쳐 16개 상위 내용과 109개 하위 내용이 제시되어 있다.

　제3차 유치원 교육과정에서는 처음으로 운영 지침을 계획, 지도, 평가로 세분하고 평가에 대해 비교적 구체적으로 지침을 제시하였다. 제1차, 제2차와는 달리 '지도상의 유의점'란이 삭제되었다.

개정 및 내용상의 특징

　제3차 유치원 교육과정은 제2차 교육과정 고시 후 불과 2년 만에 다시 개정 고시된 것이지만, 교육과정 내용 면에서는 여러 가지 변화가 도모되었다.

　첫째, 제3차 유치원 교육과정은 어느 특정한 교육 사조나 이념만을 반영하지 않고 종합적인 접근 방식을 취하고자 하였으며, 사회적 · 학문적 적합성을 모두 갖추고자 하였다. 둘째, 제3차 유치원 교육과정은 처음으로 초 · 중등 교육과정과 함께 발표되었고, 한국교육개발원에 개발 과제를 위탁하여 기초 연구와 시안 개발을 하는 연구 · 개발의 형태가 도입되었다. 이에 따라 유 · 초 · 중등학교의 교육과정이

상호연계성을 가지고 개발되어 함께 고시되었다.

셋째, 유치원 교육의 목적은 유아에게 알맞은 교육 환경을 마련해 주어 전인적으로 성장하도록 돕는 것에 두었다. 유치원 교육의 목적을 '아동에게 알맞은 교육 환경 속에서 즐겁고 다양한 활동을 통하여 전인적으로 성장할 수 있도록 돕는 것'이라 정의하고 이에 따라 5개 발달 영역에 대한 하위 목표 5개를 제시하였다. 놀이 및 활동 중심으로 전인 발달을 목적으로 하는 교육과정이라는 유치원 교육과정의 특징이 그대로 승계되고 있음을 보여 준다. 이러한 활동 중심, 생활 중심, 놀이 중심의 개별화 교육, 통합 교육의 성격은 운영 지침의 계획·지도·평가 전반에 걸쳐 강조되고 있는 바이기도 하다.

넷째, 유치원 교육의 대상 학생을 기존 유아에서 '아동'으로 변경하였다.

다섯째, 4개 발달 영역이 5개로 변경되었다. 제3차 유치원 교육과정은 신체 발달, 정서 발달, 언어 발달, 인지 발달, 사회성 발달의 5개 영역으로 구성되어 있다. 제2차 유치원 교육과정에서 사회·정서 발달 영역이었던 것을 형식상 정서 발달과 사회성 발달로 구분하였으나, 내용상으로는 제2차 유치원 교육과정과 거의 유사하다.

여섯째, 제3차 유치원 교육과정은 교육과정 운영 지침을 보다 체계화하였다. 유치원 교육과정의 운영을 계획·지도·평가로 명명하여 각각의 핵심적인 내용을 분리하여 제시하였다. 평가의 실시와 그 지침을 명시하였으며, 운영 지침의 평가에 아

표 16-12 제3차 유치원 교육과정의 편제와 수업시간

나. 편제와 시간

1) 유치원 교육과정은 발달 영역별로 편성하며, 발달 영역은 다음과 같이 다섯 영역으로 한다.

　가) 신체 발달 영역

　나) 정서 발달 영역

　다) 언어 발달 영역

　라) 인지 발달 영역

　마) 사회성 발달 영역

2) 연간 교육 일수는 180일 이상으로 한다.

3) 하루의 교육시간은 3~4시간을 기준으로 하되, 지역사회의 특성, 아동의 발달 수준, 흥미, 기후, 계절 및 과제의 특성 등을 고려하여 그 실정에 맞도록 조정할 수 있다.

출처: 문교부(1979): 국가교육과정정보센터, www.ncic.re.kr.

동의 발달 상황에 대해 관찰하고 기록하도록 하여야 함을 제시하였다. 그리고 긍정적 측면에서의 목표 지향적인 평가, 가정 통신과 면담을 통한 학부모와의 평가 결과 공유, 평가 결과의 활용 등 비교적 구체적으로 평가 지침을 제시하였다.

제4차 유치원 교육과정(1987. 6. 30.~1992.): 영역별 내용이 생략된 간략화된 교육과정

제4차 교육과정의 시기는 1987년 6월 30일에 문교부 고시 제87-9호로 제4차 유치원 교육과정이 발표되어 1992년 개정될 때까지를 말한다. 제4차 유치원 교육과정은 주기적인 교육과정 개정의 필요성에 따라 약 6년 만에 개정하게 되었으며, 현행 교육과정 문제점 개선을 위하여 한국교육개발원의 연구·개발에 따라 개정하였다. 이 시기는 초·중등학교와 마찬가지로 교육과정에서 융통성, 자율성이 강조되기 시작한 시기이다.

교육 목적은 인격을 완성하고, 자주적 생활 능력과 민주 시민으로서 자질을 갖추어 민주 국가 발전에 봉사하며, 인류 공영의 이상 실현에 기여하게 하도록 하는 것이었고, 이러한 목적을 위하여 건강한 사람, 자주적인 사람, 창조적인 사람, 도덕적인 사람이라는 초·중등학교와 공통된 교육적 인간상이 제시되었다.

구체적인 유치원 교육과정의 목표는, 건강과 안전에 대한 올바른 생활 습관과 신체의 조화로운 발달을 도모하고, 다른 사람의 말을 이해하며, 주변 현상에 대한 느낌을 표현할 수 있고, 자부심 및 가족과 이웃을 사랑할 줄 아는 마음씨를 지니게 하는 것이었다.

교육과정의 영역은 제3차와 같은 신체 발달, 언어 발달, 인지 발달, 정서 발달, 사회성 발달의 5개 발달 영역이었으며, 전인 발달을 위한 교육을 더욱 강조하기 위하여 각 발달 영역별 내용은 제시하지 않고 교육 목표 수준만을 제시하여 교사들이 교육 내용을 자율적으로 선정할 수 있도록 하였다.

연간 교육 일수는 180일 이상, 하루 교육 시간은 3시간을 기준으로 하고, 유아, 지역사회, 유치원의 특성에 따라 조정하여 운영하도록 하였다. 구체적인 교육과정 계획, 지도, 평가 등의 운영 지침 내용은 제3차와 유사하였으며, 지도상의 유의점을 통하여 각 영역의 통합적 운영, 유아의 흥미 중심, 놀이 중심 교육의 중요성을 강조하였다.

체제상의 특징

제4차 유치원 교육과정은 제I장 교육과정 구성의 방향과 제II장 유치원 교육과정으로 이루어져 있다.

제I장에서는 우리나라 교육의 목적, 개정의 필요성, 그리고 구성의 중점을 기술하고 있다. 건강한 사람, 자주적인 사람, 창조적인 사람, 도덕적인 사람을 기르는 데 역점을 두었음을 밝히고 있다.

제II장은 교육 목표, 편제와 시간, 운영 지침, 영역별 목표, 그리고 지도상의 유의점을 제시하였다. 유치원 교육의 목표에는 포괄적인 상위 목표 없이 하위 목표 5개 항이 제시되어 있으며, 운영 지침은 계획 · 지도 · 평가로 구성되어 있다.

각론에 해당되는 영역별 목표에는 5개 발달 영역 전체에 걸쳐 17개의 상위 목표와 76개 하위 목표가 제시되어 있으나, 각 발달 영역별 내용은 제시되지 않았다. '지도상의 유의점'란은 제3차 유치원 교육과정에서 삭제되었으나, 제4차 유치원 교육과정에는 5개 항이 제시되어 있다.

내용상의 특징

제4차 교육과정 시기에 모든 학교급별 교육과정은 기본적으로 부분 개정을 원칙으로 하고, 교육과정의 적정화 · 내실화 · 지역화를 개정 방침으로 정하였다. 이에 따라 제3차 유치원 교육과정 중 개선이 필요한 부분을 수정, 보완함을 원칙으로 하였다. 제I장 교육과정 구성의 방향에 제시한 교육 목적과 목표도 결과적으로 제3차 유치원 교육과정의 교육 목표를 재구성하고 조정하는 수준에서 개정되었다. 제4차 유치원 교육과정의 내용상의 특징은 다음과 같다.

첫째, 유치원 교육의 시간 운영과 교육 일수가 각각 편제와 교육과정의 운영 지침으로 구분되어, 하루 3시간, 연간 180일로 규정되었다.

둘째, 교육과정의 영역별 내용이 삭제되었다. 각론에 해당하는 5개 발달 영역별

표 16-13 │ 제4차 유치원 교육과정의 편제와 수업시간

나. 편제와 시간

1) 유치원 교육 과정은 신체, 언어, 인지, 정서, 사회성 발달 영역을 기초로 하여 편성한다.

2) 유치원의 하루 교육 시간은 3시간을 기준으로 하되, 유아의 발달 수준, 지역사회의 실정, 유치원의 특성, 활동 내용 및 계절 등을 고려하여 조정, 운영할 수 있다.

다. 운영 지침

1. 계획

　가) 유치원의 연간 교육 일수는 180일 이상으로 한다.

　나) 연간 교육과정 운영 계획은 유아의 발달 수준, 지역사회의 실정, 유치원의 특성, 계절 등을 고려하여 융통성 있게 수립하되, 일일의 지도 계획을 구체적으로 수립한다. 〈중략〉

출처: 문교부(1987): 국가교육과정정보센터, www.ncic.re.kr.

목표만을 제시하였고 아예 5개 영역이 '목표의 구성 영역'이라고 하여 목표만 제시된 영역을 정당화하였다. 또한 교육 내용은 이 교육과정에 제시된 영역별 목표를 중심으로 유치원이나 교사 수준에서 "활동들을 선정하여 각 영역별 목표가 균형 있게 이루어지도록 다양한 방법으로 통합 구성해야" 함을 규정하였다.

　셋째, 운영 지침에서는 "평가는 유아에 대한 이해와 발달을 위하여 교육의 과정

표 16-14 │ 제4차 유치원 교육과정의 영역별 목표

라. 영역별 목표

　1. 신체 발달 영역

　가) 감각 기능을 발달시키고 감각 · 운동 간의 협응력을 길러, 주위 환경을 바르게 지각할 수 있는 능력을 기른다

　　(1) 감각을 통해 사물의 차이를 식별한다.

　　(2) 감각과 운동 간의 협응 활동을 한다.

　　(3) 주어진 공간에서 신체의 균형을 잡는다.

　　(4) 신체를 지시된 위치와 방향으로 움직인다.

……

마. 지도상의 유의점

　1) 다섯 개 발달 영역은 독립된 교과가 아니고 목표의 구성 영역이다.

　2) 교육 내용은 여러 목표들을 조화롭게 달성할 수 있는 활동들을 선정하여, 각 영역별 목표가 균형 있게 이루어지도록 다양한 방법으로 통합 구성해야 한다.

출처: 문교부(1987): 국가교육과정정보센터, www.ncic.re.kr.

으로 실시한다."고 하여 유치원의 평가는 과정 평가를 지향하여야 함을 명문화하였다. 또한 유아의 제반 발달 상황에 대한 계속적인 관찰·기록의 보관·활용을 명시하여 생활기록부 활용의 근거를 마련하였다.

넷째, 지도상의 유의점을 통해 5개 발달 영역의 통합적 구성, 개별화 학습, 경험과 놀이의 구체적·직접적인 성격을 강조하였다.

다섯째, 교육대상으로 제3차 교육과정에서 유아 → 아동으로 표현된 것을 다시 '유아'로 정정하여 바로잡았다.

제5차 유치원 교육과정(1992. 9. 30.~1998.): 만 3세로 대상 확대, 수준별 교육과정 및 종일반의 도입

제5차 교육과정의 시기는 1992년 9월 30일에 문교부 고시 제1992-15호로 제5차 유치원 교육과정이 발표되어 1998년 개정될 때까지를 말한다. 제5차 유치원 교육과정은 교육부가 한국유아교육학회에 위촉하여 연구·개발한 교육과정이다. 1990년대는 보육시설이 신설 확장되고 유치원 또한 크게 숫자가 느는 등 유아교육의 저변이 확대된 시기이다. 이 교육과정은 '유아'에 대한 법적인 규정이 1991년에 「교육법」 개정을 통해 기존의 만 4~5세에서 만 3~5세로 조정되어 만 3세로 하향되면서 오랫동안 유지되어 온 2년제 유치원이 3년제로 대상이 확대되었고, 이를 교육과정에 적용한 것이라는 점에서 큰 의의가 있다. 1992년 3월부터 만 3세 유아의 유치원 입학이 합법화되었고, 교육과정의 내용은 2개의 수준별 교육과정, 즉 I, II 수준으로 구분되어 제시되었다.

또한 교육과정의 지역화, 자율화가 점차 강조되는 초·중등학교 제6차 교육과정의 시기적인 특성이 유치원에도 적용되었다. 국가 수준 교육과정을 바탕으로 시·도 교육청이 교육과정 편성·운영 지침을 만들고, 각 유치원은 교육과정을 마련하여 각 지역의 실정에 맞는 교육을 하도록 하였다.

그 밖에 취업모의 증가에 따른 유치원 종일반 운영을 적시함으로써 사회적 요구를 교육과정에 반영하고, 유아의 발달 특징에 알맞은 읽기·쓰기 교육에 관한 지침을 제시하였으며, 교육 현장의 요구를 수용하기 위하여 교육과정의 모든 영역에서 다른 사람과 더불어 사는 지식, 기술, 태도를 익힐 수 있는 사회적 관계와 기본 생활 습관을 강조하였다. 제5차 교육과정은 「교육법」에 명시된 유치원 교육의 목적과 목표를 기본으로 하고, 건강한 사람, 자주적인 사람, 창의적인 사람, 도덕적인 사람을 이상적인 인간상으로 추구하며, 기본 생활 교육의 강조, 유아의 흥미·요구·개별성의 존중, 놀이 중심 교육, 유아의 전인적 성장 발달 등을 교육과정의 구성 중점으로 삼았다.

교육과정의 영역은 제2, 3, 4차 교육과정이 발달 영역별로 구성되었던 것과 달리 건강 생활, 사회 생활, 표현 생활, 언어 생활, 탐구 생활의 5개 영역으로 구성되었다.

이는 그동안 교육과정을 현장에 적용하면서 발달 영역의 목표들을 직접 교육 활동으로 연결시키는 데 어려움이 있었던 교사들에게 지침과 명료성을 부여하기 위한 것이었다. 즉, 교육 목표는 전인적 발달의 방향에서 구분하되, 교육 내용은 생활 영역에서 선정하여 제공한 것이었다.

유치원의 연간 교육 일수는 기존과 같이 180일 기준이며, 하루의 교육 시간도 180분을 기준으로 하되, 조정하여 운영할 수 있도록 하였다. 또 유치원의 교수·학습방법에 대한 지침으로 교육 활동의 통합적 운영, 민주적이고 수용적인 활동 분위기의 조성, 균형 있는 일과 활동, 실물을 통한 직접 경험, 부모와의 연계 등을 강조하였고, 구체적인 평가의 내용과 방법, 유의점 등에 대해서도 간략하게 제시하였다.

체제상의 특징

제5차 유치원 교육과정은 고시문, 제I장 교육과정의 편성·운영, 그리고 제II장 교육과정의 영역으로 이루어져 있다. 제I장에서는 교육과정의 성격을 밝히고 교육과정 구성 방침과 중점, 교육과정의 영역과 시간, 그리고 교육과정 편성·운영의 기본 지침을 제시하였다. 특히 교육과정의 성격에서는 유치원 교육과정의 법제적 근거를 밝히고 있다. 이전의 제2~4차 교육과정이 발달 영역이었던 것에서 건강, 사회, 표현, 언어, 탐구의 5개 생활 영역으로 변경하여, 발달 영역과 생활 영역의 통합을 도모하고자 하였다.

제II장에는 5개 생활 영역 각각의 성격·목표·내용과 함께 방법과 평가를 제시하고 있다. 교육 내용을 구분과 내용, 그리고 수준별 내용으로 체계화하여, I수준,

II수준, 공통수준으로 발달 수준별 교육 내용을 구성하였다.

개정 및 내용상의 특징

제5차 유치원 교육과정의 개정 및 내용상의 특징은 다음과 같다.

첫째, 학회의 연구·개발에 의한 것이었다. 한국유아교육학회가 1991년 10월 22일 자로 교육부로부터 개정 연구를 위탁받아 실시하였다. 제5차 유치원 교육과정에서는 "유치원의 교육 목적(「교육법」 제146조) 및 교육 목표(「교육법」 제147조)를 달성하기 위한 국가 수준의 교육과정으로서, 「교육법」 제155조 제1항에 의거하여 고시한 것이다."라고 하여 처음으로 교육과정의 법제적인 개념을 명확히 제시하였다.

둘째, 이 시기 초·중등학교의 제6차 교육과정과 함께 제5차 유치원 교육과정은 우리나라 교육과정 최초로 중앙집권형 교육과정에서 지방 분권형 교육과정으로의 전환을 천명하였다. 제5차 유치원 교육과정의 편성·운영의 지침에는 "이 교육과정에 제시된 기준 이외에, 더 필요한 구체적인 편성·운영 지침은 「지방교육자치에 관한 법률」 제27조 제6호에 의거, 각 시·도 교육감이 지역의 특수성과 유치원의 실정에 알맞게 정하여 실시한다."고 하여, 시·도 교육청과 유치원의 자율성을 보장하고 있다. 즉, 지방자치제를 전제로 시·도 교육청과 유치원의 역할 분담 체계를 확립하여 각각의 역할과 책임을 명확하게 분담하고 있다. 이는 제5차 유치원 교육과정이 적용될 시기에는 지방자치제에 의한 지방교육자치의 실시가 예상되었으므로, 각 지역의 실정에 맞는 유치원 교육이 이루어지도록 하기 위함이었다.

셋째, 유치원 교육과정에서 '편제'라는 표현을 삭제하고 영역으로만 표기하였고

표 16-15 제5차 유치원 교육과정의 영역과 수업시간

4. 교육과정의 영역과 시간
가. 교육과정은 건강 생활, 사회 생활, 표현 생활, 언어 생활, 탐구 생활로 구성한다.
나. 교육 일수는 연간 180일을 기준으로 하되, 유아의 연령을 고려하여 조정할 수 있다.
다. 하루의 교육 시간은 180분을 기준으로 한다.
……

출처: 교육부(1992): 국가교육과정정보센터, www.ncic.re.kr.

교육 시간은 연간 180일, 하루 180분의 기준으로 수정되었다.

넷째, 종일제 운영이 공식화되었다. 제5차 유치원 교육과정 편성·운영의 기본 지침에는 시·도 교육청이 종일제 운영에 관한 지침을 유치원에 제시하도록 명시하고 있다. 이는 취업모의 증가로 인한 사회적 요구를 반영하고자 개정된 내용이다.

다섯째, 유치원 대상 연령이 2개 연령에서 3개 연령으로 확대되어 취원 연령이 만 3세로 수정되었다.

여섯째, 유치원 교육과정의 5개 영역이 초·중등학교 교과와 유사하게 성격-목표-내용의 체계를 갖추어 정비되고 내용이 확충되어 '내용체계'와 2개의 수준별 내용으로 제시되었다. 1991년 12월 31일 법률 제4474호로 「교육법」이 개정되어 유치원 취원 연령이 만 3~5세로 조정되었다. 이에 따라 만 3~5세 유아 간의 발달적 차이를 고려하여 운영할 수 있도록 I, II 수준으로 교육 내용을 제시하여 유아의 발달 정도에 알맞게 적용하도록 하였다. 각 영역별 내용은 최초로 표로 제시되었는데, 이는 표로 제시될 만큼 구조화되고 분량이 그만큼 풍성해졌다는 것을 의미한다.

표 16-16 제5차 유치원 교육과정의 영역별 내용체계와 수준별 내용의 예-'표현 생활'

(1) 내용체계

구분	내용
정서	• 놀이나 활동에 적극적으로 참여하기 • 시작한 활동에 열중하여 성취감 가지기 • 자신의 감정을 적절하게 표현하기 ……

(2) 수준별 내용

내용	I	II
〈정서〉 1. 놀이나 활동에 적극적으로 참여하기	• 놀이나 활동에 관심과 흥미를 가지고 참여한다. ……	• 놀이나 활동을 스스로 선택하고, 적극적으로 참여한다.
4. 생활 속에서 느낀 것을 전하고 나누기	• 생활 속에서 느낀 것을 서로 나누는 경험을 한다.	

출처: 교육부(1992): 국가교육과정정보센터, www.ncic.re.kr.

제6차 유치원 교육과정(1998. 6. 30.~2007.): 2000년대의 미래사회 대비 유아 중심 교육과정 표방

제6차 교육과정의 시기는 1998년 6월 30일에 문교부 고시 제1998-10호로 제6차 유치원 교육과정이 발표되어 2007년 개정될 때까지를 말한다. 제6차 유치원 교육 과정은 2000년대를 대비한 교육과정이자, 5·31교육개혁안 등 미래사회를 대비한 교육혁신의 방향이 반영된 것이다.

초·중등학교 제7차 교육과정이 1997년 12월에 고시된 직후인 1998년 6월 30일에 고시되어, 2000년부터 시행되었다. 제5차 유치원 교육과정이 「교육법」 제155조 제1항에 근거하는 데 비하여, 제6차 유치원 교육과정은 「초·중등교육법」 제23조 제2항에 의거한다.

제6차 교육과정 시기는 유아교육에 관하여 그동안 「교육법」 「초·중등교육법」 등에 일부로 기술되었던 것을 독자적으로 기술한 「유아교육법」이 별도로 2004년에 제정된 뜻깊은 시기이기도 하다. 이 기간 중 2004년에 「유아교육법」이 최초로 제정되었으며, 유치원 기관의 수도 급증하였다.

체제상의 특징

제I장 교육과정의 편성과 운영에는 교육과정의 구성 방향, 교육 목표, 교육과정 영역과 시간, 교육과정 편성·운영 지침이 제시되어 있다.

제II장 교육과정의 영역은 5개 생활 영역별로 성격·목표·내용, 교수·학습방법, 그리고 평가로 이루어져 있다. 제5차 유치원 교육과정과 마찬가지로 I수준, II수준, 공통수준으로 발달 수준별 교육 내용을 구성하였다.

개정 및 내용상의 특징

제6차 유치원 교육과정은 1995년 교육개혁위원회 내의 '교육과정 특별 위원회'에서 제시한 개정 지침을 바탕으로 '21세기 정보화·세계화 시대를 주도적으로 이끌어 나갈 수 있는 자율적이고 창의적인 한국인 육성'이라는 시대적 · 교육적 요청에 따라 개정되었다. 특히 수준별 교육 내용의 연속성을 체계화하고 교육 내용을 적정화하는 데 중점을 두고 개정되었다.

또한 국가에서 주어지는 교육과정의 틀에서 벗어나 만들어 가는 교육과정으로의 전환을 강조하여 교육과정 편성 · 운영의 자율성, 융통성, 창의성을 강조하였다.

교육과정의 성격에서는 제5차 유치원 교육과정과 마찬가지로 교육 법규에 의거하여 고시한 국가 수준의 '기준'임을 명시하였다. 그리고 다양성을 추구하는 교육과정, 유아 중심 교육과정, 교원 · 유아 · 학부모가 함께 실현하는 교육과정, 교육과정 중심으로 개선하기 위한 교육과정, 교육의 질적 수준을 유지 · 관리하기 위한 교육과정이라고 제6차 유치원 교육과정의 성격을 밝혔다.

제5차 유치원 교육과정과 같이 제6차 교육과정도 건강 생활, 사회 생활, 표현 생활, 언어 생활, 탐구 생활의 5개 영역으로 구성되어 있다. 교수 · 학습방법에서는 수준별 교육 내용의 연속성이 강조되었고 종일반 일과 운영을 위한 지침이 기술되어 있다. 평가에서는 교육과정의 질 관리를 위한 평가 실시를 명시하였다.

2007 개정 유치원 교육과정(2007. 12.~2011.): 유–초 연계를 강화한 교육과정

2007 개정 유치원 교육과정은 교육부의 '수시 부분 개정' 정책에 따라 '차수'를 공식 명칭에서 배제하게 된 교육과정이나, 비공식적으로 '제7차 유치원 교육과정'으로 칭하여 왔다. 2007 개정 유치원 교육과정은 교육부가 한국교육과정평가원에 위촉하여 한국유아교육학회를 주축으로 연구 · 개발한 교육과정이다. 초 · 중등학교 교육과정 개정 전문 연구기관인 한국교육과정평가원이 연구를 주도하게 되면서 자연스럽게 유치원 교육과정의 형식과 내용 면에서 유–초 연계는 더욱 강화되었다.

표 16-17 제6차 교육과정 대비 초등학교와의 연계를 강화한 2007 개정 유치원 교육과정의 목차 구성

제6차 유치원 교육과정	2007 개정 유치원 교육과정	비고
교육과정의 성격 제1장 교육과정의 편성과 운영 1. 교육과정의 구성 방향 2. 교육 목표 3. 교육과정의 영역과 시간 4. 교육과정의 편성 · 운영 지침 제2장 교육과정의 영역 1. 영역별 목표 및 내용 • 건강 생활 • 사회 생활 • 표현 생활 • 언어 생활 • 탐구 생활: 가. 영역별 성격 　　　　　　나. 영역별 목표 　　　　　　다. 영역별 내용 2. 교수 · 학습방법(12항목) 3. 평가(4항목)	I. 교육과정의 성격과 구성 방침 1. 교육과정의 성격 2. 교육과정의 구성 방침 II. 추구하는 인간상과 교육 목표 1. 추구하는 인간상 2. 교육 목적 및 목표 III. 교육과정의 영역과 시간 IV. 교육과정 편성 · 운영 지침 1. 지역 및 유치원에서의 편성 · 운영 　1) 시 · 도교육청 　2) 지역 교육청 　3) 유치원 2. 교육과정 평가와 질 관리 V. 교수 · 학습방법 및 평가 1. 교수 · 학습방법 2. 교육 평가 VI. 교육과정의 영역 • 건강 생활 • 사회 생활 • 표현 생활 • 언어 생활 • 탐구 생활: 1. 성격 　　　　　　2. 목표 　　　　　　3. 내용 　　　　　　4. 지도상의 유의점	• 전체 체제 순서의 논리적 배치 • 초 · 중등과 일관성 있도록 체제 정비 • 초 · 중등과 동일한 체제 • 시 · 도와 지역 교육청의 역할 부여 • 교수 · 학습방법을 총론에 포함하여 영역 앞쪽에 배치하여 문서체제 개선 • 교육 내용의 상위범주인 '구분'을 '내용'으로 이전의 '내용'은 '하위 내용'으로 재정비 • 교육 내용의 적정화 • 수준별 교육 내용의 현장 적용성 강화 • 개념, 지식 위주의 교수방법과 인성 함양을 위한 교수방법의 조화 확충 • 영역별 지도상의 유의점 신설

출처: 김진숙 외(2006), p. 126.

체제상의 특징

제I장 교육과정의 편성과 운영에는 교육과정 구성의 방향, 유치원 교육 목적과 목표, 교육과정의 영역과 시간, 교육과정 편성·운영 지침, 교수·학습방법과 평가가 제시되어 있다. 2007 개정 유치원 교육과정의 총론은 전반적으로 초등학교 교육과정의 총론과 연계될 수 있도록 공통의 사항을 대폭 추가하였다. 또한 교수·학습방법 및 평가를 총론인 I장에서만 다루었다.

제II장 교육과정의 영역은 건강 생활, 사회 생활, 표현 생활, 언어 생활, 탐구 생활의 5개 생활 영역별로 성격, 목표, 내용, 지도상의 유의점으로 이루어져 있다. 제6차 유치원 교육과정과 마찬가지로 2단계 3개 수준으로 I수준, II수준, 공통수준으로 발달 수준별 교육 내용이 제시되어 있다.

개정 및 내용상의 특징

2007 개정 유치원 교육과정은 교육과정의 구성 방침에서 21세기 지식정보화 시대를 주도할 "사람과 자연을 사랑하고 존중하는 한국인 육성"을 기본 방향으로 하고, 구체적인 구성 방침은 '사람을 존중하고 자연을 사랑하는 세계관을 바탕으로 구성한다.' '유아의 기본 생활 습관과 전통문화, 창의성을 강조하는 교육과정이다.' '유아들의 발달 특성을 고려하여 수준별 교육과정을 구성한다.' '유치원 교육의 정체성을 살리며 초·중등학교와 연계되도록 구성한다.' '지역과 유치원이 자율적으로 운영하도록 구성한다.' '교육과정 평가체제를 통하여 교육에 대한 질 관리를 강화하도록 구성한다.'로 하였다.

초등학교와의 연계를 강화한 'Ⅳ. 교육과정의 편성·운영 지침'에서 '지역 및 유치원에서의 편성·운영 지침'은 시·도 교육청, 지역 교육청, 유치원의 3개 교육과정 실행자(agent)별로 구성하였다. 또한 학교로서 유치원 교육의 정체성을 구체화하기 위해, 현행 초등학교 지침 중 유치원에서 생략된 부분들 중 필요한 경우는 동일하게 적용하여 첨가하였다.

2011년 누리과정(2011. 2. 19.~2019.): 유·보 통합을 통한 유아교육의 외연 확대 시기

2011년 5세 누리과정(2011. 2. 19.), 2012년 3, 4, 5세 누리과정 (2012. 7. 10.), 2015년 누리과정(2015. 2. 24. 교육부 고시 제2015-61호)

초·중등학교가 2009 개정 교육과정을 고시하고 적용 단계에 있던 2011년에 유치원 교육과정은 갑작스러운 교육과정 전면 개정을 결정하게 되고, 우선 5세만을 대상으로 한 교육과정 개정을 하였다. 이 교육과정 개정 결정은 이른바 '유·보 통합' 논의를 해결하기 위한, 정치적인 결단에 따른 전격적인 결정이었다. 그동안 제6차 유치원 교육과정 및 2007 개정 교육과정이 진행되었지만 1990년대 및 2000년대에 계속된 종일제의 확대 요구, 영아의 교육 및 보육 요구 등 유아교육 부문에 불어닥친 사회적 요구를 미처 유치원이 담지 못한 문제가 있었다. 이 요구들을 반영하여 급속도로 확산된 보육시설의 유아교육기관화와 이로 말미암은 문제들을 극복하기 위한 것이 누리과정 개정으로 표출되었다.

정부는 2011년 5월 2일, 만 5세 교육·보육에 대한 국가의 책임을 강화하는 '만 5세 공통과정'을 시행한다고 발표하였다. '만 5세 공통과정'은 당시 교육과학기술부 소관의 유치원과 보건복지부 소관의 어린이집 관리 체제를 유지하면서, 만 5세 유아의 교육과 보육 내용을 통합하여 하나의 과정으로 만든다는 것이다. 또한 만 5세 유아 학비·보육비 지원을 전 계층으로 확대하고, 지원 단가도 연차적으로 현실화한다는 정책이다. 만 5세 유아는 2012년 3월부터 유치원과 어린이집에서 공통의 '5세 누리과정'을 배우게 되었으며 정부는 '5세 누리과정' 제정 및 적용을 통해 지난 15년간 미루어 왔던 취학 직전 1년간의 유아교육·보육 선진화를 실현하게 된 것이다. 만 5세의 1개 연령 대상에 대하여 우선적으로 교육과정을 개정하게 된 2011년 개정 유치원 교육과정은 이듬해 2012년에 만 3, 4, 5세의 전체 유치원 대상 연령에 대하여 교육과정을 개정하게 되었고, 이 교육과정은 유·보 통합의 교육과정이면서 '누리과정'이라는 별칭을 갖게 되었다. 2011년 및 2012년 개정 유치원 교육과정에 대해 이 장에서는 전 연령이 적용된 이른바 '3~5세 누리과정'의 2012년 개정을 '2012 개정

유치원 교육과정' 또는 '2012 개정 누리과정'으로 칭한다. 일각에서는 별칭인 누리
과정의 측면에서 이를 누리과정의 '제정'으로 언급하는 경우도 있으나, 지금까지의
유치원 교육과정에 비추어 보면 이는 '개정'이라고 할 수 있다.

체제상의 특징

제I장 누리과정의 총론에는 구성 방향, 목적과 목표, 편성과 편성·운영이 제시되
어 있다. 유·보 통합이 되면서 '교육'이라는 용어가 최소한으로 억제된 특징이 있다.
제II장 연령별 누리과정은 제1절 3~5세 연령별 누리과정의 신체운동·건강, 의
사소통, 사회관계, 예술경험, 자연탐구 5개 영역별 목표, 제2절 3~5세 연령별 누리
과정의 영역별 내용을 3세 누리과정, 4세 누리과정, 5세 누리과정으로 연령별로 나
눈 다음, 다시 그 연령안에서 5개 영역별로 내용체계, 세부 내용이 제시되어 있다.

개정 및 내용상의 특징

2012 개정 누리과정에 나타난 개정의 첫 번째 특징은 유치원과 어린이집 교육과
정 일원화, 즉 유·보 통합이 가장 상징적이고 실질적인 특징이다. 다만, 충분한 연
구기간이 준비되지 못하여 물리적 통합에 따라 표준보육과정의 연령별 교육 내용
제시 방식을 적용하였으며, 이는 유치원 교원들의 요구 사항이었음에도 불구하고

표 16-18 일명 '3~5세 누리과정'인 2012 개정 유치원 교육과정의 목차 일부

제1절 3~5세 연령별 누리과정의 영역별 목표
　I. 신체운동·건강
　II. 의사소통
　III. 사회관계
　IV. 예술경험
　V. 자연탐구
제2절 3~5세 연령별 누리과정의 영역별 내용
　I. 3세 누리과정
　II. 4세 누리과정
　III. 5세 누리과정

실제 적용이 된 후에는 개선해야 할 소지가 되기도 하였다.

영역의 수는 5개로 유지되었으나, 건강 생활, 사회 생활, 표현 생활, 언어 생활, 탐구 생활의 5개 영역은 신체운동·건강, 의사소통, 사회관계, 예술경험, 자연탐구의 5개 영역으로 변경되었고 일부 세부 내용에서도 변화가 있었다. 무엇보다 만 3, 4, 5세 연령별로 영역별 내용이 제시됨으로써 각 연령별 내용만 읽고 활용하려는 독자에게 편리하면서도 교육과정 전체를 볼 때는 다소 반복적인 부분이 있고, 가독성이 떨어지는 측면이 있었다.

2019 개정 유치원 교육과정(2019. 7. 24.~　): 놀이 중심, 유아 중심의 강조

문재인 정부에서 교육과정을 전면 개정하게 된 학교급은 유치원 교육과정이 유일하다. 이번 누리과정 개정은 초·중등학교 교육과정의 2015년 개정 작업 이후 육아정책연구소를 중심으로 기초 작업이 진행되던 중 새 정부 등장 이후인 2018년부터 본격적인 과제를 통해 시작되어 되었다. 2019 개정 누리과정은 유아교육의 핵심 사항이라고 할 수 있는 놀이 중심, 유아 중심을 유치원 교육과정에서 전면적으로 강조하게 되었다. 놀이 중심에서 놀이는 자유 놀이를 칭한다고 할 수 있다. '놀이'라는 용어는 새로운 것이 아니고 그동안 유치원 교육의 기본으로서 지속적으로 등장한 것이었으나, 이것의 강조는 교육 내용의 축소, 연령별 교육 내용 제시의 폐지 등 주로 영역별 교육 내용 제시 방식에서 큰 변화를 낳게 되었다.

또한 교육과정을 단순화하였는데, 내용의 양적인 측면에서 교육 내용을 단일 수준 1개씩만 제시하였고 질적인 측면에서는 교육과정의 계획, 평가에 대한 지침을 단순화하였다. 그동안 수준별, 연령별 등 교육 내용을 2개 이상으로 구분하던 방식, 즉 2012 개정의 연령별 누리과정이나 그 이전 2007, 제6차 교육과정의 2개 수준 및 공통수준의 수준별 교육과정을 적용하지 않고, 단일 수준만 제시하였다.

체제상의 특징

제I장 총론은 누리과정의 구성 방향, 누리과정의 운영으로 구성되었다. 구성 방향에는 추구하는 인간상, 목적과 목표, 구성의 중점이, 운영에는 편성·운영, 교수학습, 평가가 제시되어 있다. 제II장 영역별 목표 및 내용은 신체운동·건강, 의사소통, 사회관계, 예술경험, 자연탐구 5개 영역별 목표, 내용으로 이루어져 있다. 지금까지와 달리 2019 개정 누리과정의 내용은 수준이나 연령별로 구분되지 않은 단일 내용만 제시되었다. 〈표 16-19〉에서와 같이 5개 영역별로 목표, 내용이 모두 한 쪽에 간단하게 제시되었다. 의사소통 영역의 사례에서는 초등학교 취학 전 만 5세반 유아들

표 16-19 2019 개정 유치원 교육과정의 내용 일부

II. 의사소통

1. 목표

일상생활에 필요한 의사소통 능력과 상상력을 기른다.

1) 일상생활에서 듣고 말하기를 즐긴다.
2) 읽기와 쓰기에 관심을 가진다.
3) 책이나 이야기를 통해 상상하기를 즐긴다.

2. 내용

내용 범주	내용
듣기와 말하기	말이나 이야기를 관심 있게 듣는다.
	자신의 경험, 느낌, 생각을 말한다.
	상황에 적절한 단어를 사용하여 말한다.
	상대방이 하는 이야기를 듣고 관련해서 말한다.
	바른 태도로 듣고 말한다.
	고운 말을 사용한다.
읽기와 쓰기에 관심 가지기	말과 글의 관계에 관심을 가진다.
	주변의 상징, 글자 등의 읽기에 관심을 가진다.
	자신의 생각을 글자와 비슷한 형태로 표현한다.
책과 이야기 즐기기	책에 관심을 가지고 상상하기를 즐긴다.
	동화, 동시에서 말의 재미를 느낀다.
	말놀이와 이야기 짓기를 즐긴다.

의 실제적인 언어 사용 현실과는 매우 동떨어진 낮은 수준의 내용이 제시되었다.

개정 및 내용상의 특징

2019 개정 누리과정의 특징은 다음과 같다.

첫째, 2011 및 2012 때 유·보 통합의 취지 아래 생략되었던 그 이전 2007 개정 교육과정에 있던 국가 수준 교육과정으로서의 구성체계를 재확립하려 했다는 점이다. 국가 수준의 공통 교육과정으로 성격을 명시하고, 사라졌던 '추구하는 인간상'도 초등학교와의 연계하에 다시 회복시켜 건강한 사람, 자주적인 사람, 창의적인 사람, 감성이 풍부한 사람, 더불어 사는 사람의 다섯 가지 추구하는 인간상을 제시하였다.

둘째, 유아·놀이 중심 교육과정을 재개념화하고 강조하였다. 유아·놀이 중심 교육과정을 강조하는데 이때 놀이는 자유놀이나 유아가 주도하는 놀이라고 할 수 있다. 충분한 놀이 시간을 확보하고 흥미영역의 운영방식을 개선하며, 놀이의 의미와 배움 이해라는 근본적인 재개념화를 시도하였다.

셋째, 교육 내용의 간략화이다. 전체적으로 내용의 수도 줄었으며, 연령 구분 없이 유아의 실제 경험을 강조하였는데, 시도와 달리 교사들의 새로운 재구성과 교육과정 운영으로 귀결되기보다 유치원 현장에서 혼란을 주거나 과거 연령별 및 수준별 자료를 그대로 활용하여 교육과정을 운영하는 결과를 낳기도 하였다.

넷째, 교사의 자율성 강조이다. 교과서가 없는 유아교육의 특수성으로 인해 그동안 연간, 월간, 주간 계획 등 교육계획안의 수립이 중요한 유치원에서 관행적으로 작성해 오던 교육계획안의 형식과 방법 및 분량의 자율화를 유도하였다. 이 외에도 흥미영역 구성 및 운영방식 자율화, 5개 영역의 통합 방식 다양화, 평가의 자율화 등이 교사의 자율성 강조라는 교육과정 개정 취지하에 추진되었다.

제1차부터 2019 개정 유치원 교육과정까지 유치원 교육과정 항목별 내용의 변화

유치원 교육과정의 변화에서 두드러진 것으로 여기서는 추구하는 인간상, 유치원 교육 시간, 교육과정 영역의 변화를 제시하고자 한다.

추구하는 인간상

제1차~2019 개정 유치원 교육과정에서 추구하는 인간상의 변화를 비교해 보면 〈표 16-20〉과 같다.

'추구하는 인간상'이 교육과정에 들어온 것은 초 · 중등학교 제5차 교육과정 개정, 유치원 제4차 교육과정 개정으로 동시에 교육과정 개정이 이루어진 1987년에 이르러서이다. 그 이전 교육과정에서는 교육과정의 구성 방침으로 추구하는 인간

표 16-20 유치원 교육과정에서 추구하는 인간상의 변화

구분	인간상
제1차 (1969)	없음
제2차 (1979)	1. 국민적 자질의 함양 2. 인간 교육의 강화 3. 지식 · 기술 교육의 쇄신
제3차 (1981)	1. 건전한 심신의 육성 2. 지력과 기술의 배양 3. 도덕적인 인격의 형성 4. 민족 공동체 의식의 고양
제4차 (1987)	1. 건강한 사람 2. 자주적인 사람 3. 창조적인 사람 4. 도덕적인 사람
제5차 (1992)	1. 건강한 사람 2. 자주적인 사람 3. 창의적인 사람 4. 도덕적인 사람
제6차 (1998)	1. 전인적 성장의 기반 위에 개성을 추구하는 사람 2. 기초 능력을 토대로 창의적 능력을 발휘하는 사람 3. 우리 문화에 대한 이해의 토대 위에 새로운 가치를 창조하는 사람 4. 민주 시민 의식을 기초로 공동체의 발전에 공헌하는 사람

구분	인간상
2007 개정 (2007)	가. 전인적 성장의 기반 위에 개성을 추구하는 사람 나. 기초 능력을 토대로 창의적인 능력을 발휘하는 사람 다. 폭넓은 교양을 바탕으로 진로를 개척하는 사람 라. 우리 문화에 대한 이해의 토대 위에 새로운 가치를 창조하는 사람 마. 민주 시민 의식을 기초로 공동체의 발전에 공헌하는 사람
누리과정 (2012, 2015)	없음
누리과정 (2019)	가. 건강한 사람 나. 자주적인 사람 다. 창의적인 사람 라. 감성이 있는 사람 마. 더불어 사는 사람

상과 유사한 방향성이 제시되곤 하였다.

인간상을 진술하는 용어는 제2차 유치원 교육과정에서의 지식과 기술에서 제3차 유치원 교육과정에서 지력과 기술이라는 용어로 바뀌었다. 지력과 기술의 세부적인 내용은 기본 학습 능력과 문제해결력 등이다. 제4~6차 유치원 교육과정으로 개정되면서 창의적인 능력의 강조를 위해 창조, 창의라는 용어로 바뀌었다. 제6차 유치원 교육과정에서는 4개의 인간상 진술 중 2개 항에서 창의를 강조하였다. 이는 당시 교육개혁위원회가 제시한 '21세기의 세계화·정보화 시대를 주도할 자율적이고 창의적인 한국인 육성'이라는 인간상을 수용하여 진술한 것이다(교육부, 1998, 국가교육과정정보센터, www.ncic.re.kr). 제4차 유치원 교육과정에서는 추구하는 인간상이 진술되면서 그 전문(前文)으로 「교육법」에 명시된 우리나라 교육이념인 홍익인간 개념을 진술하였다.

추구하는 인간상은 학교교육이 지향하는 교육의 결과를 함축적으로 나타낸다. 그리고 이 교육의 결과는 고등학교까지 종국 교육(terminal eduction)의 결과를 의미하기 때문에 모든 학교급이 동일한 인간상으로 표현되는 것이 일반적이고, 초등학교, 중학교, 고등학교는 늘 동일한 인간상을 제시해 왔다. 유치원의 경우는 초·중등학교 교육과정보다 6개월 내지 1년 정도 후에 개정되면서 같거나 약간 변형한 인간상을 교육과정에 제시하였다.

다만, 유치원과 어린이집의 공통된 교육과정으로 개정하는 데 의의를 둔 '누리과정' 초기 개정(2011년, 2012년)에서는 '교육'과 '보육'에 대한 이견을 좁히지 못하여 결국 추구하는 인간상이 빠진 교육과정이 되고 말았다. 2019년 개정 유치원 교육과정에서는 추구하는 인간상을 2015 개정 초·중등학교 교육과정의 추구하는 인간상에서 가져와 이와 유사하게 "건강한 사람, 자주적인 사람, 창의적인 사람, 감성이 있는 사람, 더불어 사는 사람"의 다섯 가지로 제시하였다.

연간 교육 일수 및 하루의 교육 시간

제1~6차, 2007 개정, 2012 개정 및 2019 개정 유치원 교육과정의 연간 교육 일수 및 하루의 교육 시간을 비교해 보면 〈표 16-21〉과 같다.

표 16-21　제1차부터 2019 개정 누리과정까지 유치원의 연간 교육 일수 및 하루의 교육 시간 변화

구분	제1차 (1969)	제2차 (1979)	제3차 (1981)	제4차 (1987)	제5차 (1992)	제6차 (1998)	2007 개정 (2007)	누리과정 (2012, 2015, 2019)
교육 일수	연간 200일 이상	연간 200일	연간 180일 이상	연간 180일 이상	연간 180일 기준(조정 가능)	연간 180일 이상	연간 180일 이상	180일 이상 (「유아교육법」에 기재)
하루 교육 시간	하루 3시간 (180분) 기준. 기후, 계절, 유아의 발달 정도, 교육 내용 특성을 감안해 시간 단위 조절	주 당 18~24시간 하루 3~4시간(조정 가능)	하루 3~4시간기준(조정 가능)	하루 3시간 기준	하루 180분 기준(따로 제시 가능)	하루 180분 기준(유아의 연령과 발달 수준, 기후, 계절, 학부모의 요구를 고려하여 조정 가능)	하루 180분 최소 기준	하루 3~5시간(2012년) →4~5시간 (2015년, 2019년)
비고		교육 시간에 융통성 부여됨(일일교육 시간이 4시간형도 있을 수 있음)	연간 수업 일수를 하향 조정함	교육 시간은 유아의 실태, 지역 사회 특성에 따라 조정 운영됨				연간 수업 일수를 교육과정에서 삭제

연간 교육 일수의 경우, 1차와 2차에서는 연간 200일 교육 일수였으나 3차에서부터 180일로 축소되었다. 그 이유는 발달 수준에 비추어 연간 일수가 유아들에게 무리함이 있다고 보았기 때문이었다(교육부, 1999; 국가교육과정정보센터, www.ncic. re.kr). 연간 수업 일수는 2006년 초·중등학교에서는 '주5일 수업제'가 적용되기 시작하면서 연간 220일에서 연간 205일(주5일 수업제 일부 적용 시), 연간 190일(주5일 수업제 전면 적용 시) 이상을 선택하도록 법 개정을 하고 최소 190일 체제로 변화되었으나, 유치원의 경우 변동사항 없이 현재까지 180일 이상 기준이 유지되고 있다.

하루 교육 시간은 1차에서는 180분 기준이었으나 2차부터는 하루 3~4시간으로 한 시간 연장할 수 있도록 되었다. 4차에서는 또다시 3시간으로 조정되었다. 이는 취업모의 증가로 인한 시간연장제나 종일제의 필요성이 증대되는 사회구조 변화의 반영이라고 하겠다.

교육과정 영역

제1차~2019 개정 누리과정까지 유치원 교육과정의 영역을 비교해 보면 다음 〈표 16-22〉와 같다.

유치원 교육과정 영역은 1차에서는 생활 영역, 2차, 3차, 4차는 발달 영역, 5, 6차는 다시 생활 영역으로 교육과정 영역을 구분한다. 유치원은 생활 중심 교육이 매우 중요하다. 초등과의 연계를 위해 국어-언어 생활, 수학-탐구 생활, 바른생활-사회 생활, 슬기로운 생활-탐구생활, 즐거운 생활-건강 생활 및 표현 생활로 구성하는 방안을 제안하는 경우도 있으나, 생활 영역 중심의 구분은 2007 개정 교육과정까지 유지되어 왔으며, 2011년 누리과정 제정 시 표준보육과정과의 통합 과정에서 신체운동·건강, 의사소통, 사회관계, 예술경험, 자연탐구의 5개 영역으로 변화되어 2019 개정 교육과정에 이르기까지 그대로 이어져 왔다.

표 16-22 제1차부터 2019년 개정 누리과정까지 교육과정 영역의 변화

구분	제1차 (1969)	제2차 (1979)	제3차 (1981)	제4차 (1987)	제5차 (1992)	제6차 (1998)	2007 개정 (2007)	누리과정 (2012, 2015, 2019)
교육과정영역	〈각론〉 1. 건강 2. 사회 3. 자연 4. 언어 5. 예능	〈교육 내용〉 1. 사회·정서 발달 영역 2. 인지발달 영역 3. 언어발달 영역 4. 신체발달 및 건강 영역	〈영역별 목표와 내용〉 1. 신체발달 영역 2. 정서발달 영역 3. 언어발달 영역 4. 인지발달 영역 5. 사회성 발달 영역	〈영역별 목표〉 1. 신체발달 영역 2. 정서발달 영역 3. 언어발달 영역 4. 인지발달 영역 5. 사회성 발달영역	〈교육과정의 영역〉 1. 건강 생활 2. 사회 생활 3. 표현 생활 4. 언어 생활 5. 탐구 생활	〈교육과정의 영역〉 1. 건강 생활 2. 사회 생활 3. 표현 생활 4. 언어 생활 5. 탐구 생활	〈교육과정의 영역〉 1. 건강 생활 2. 사회 생활 3. 표현 생활 4. 언어 생활 5. 탐구 생활	〈교육과정의 영역〉 1. 신체운동·건강 2. 의사소통 3. 사회관계 4. 예술경험 5. 자연탐구
비고	• 5개 생활 영역	• 5개의 생활영역에서 4개 발달영역으로 구성 • 제시 순서로 보아 사회, 인지 중요시함. • 신체, 건강영역을 마지막에 제시함.	• 4개 발달영역에서 5개 발달영역으로 세분화됨 • 사회정서가 사회와 정서로 분리 • 신체발달영역의 순위를 조정함.	• 3차와 동일한 영역수와 순서임. • 내용항목이 아닌 목표 항목을 진술하였으나 진술내용은 목표와 내용을 포함함.	• 5개 발달영역에서 5개 생활영역으로 변경, 발달영역과 생활영역 통합 추구 • 글자교육에 대한 바른 지침의 필요성을 반영함. • 기본생활교육 및 사회적 관계 강조 • 2단계의 발달 수준별 교육 내용을 제시함 • 탐구 생활 뒤에 배치	• 5차와 동일	• 5, 6차와 동일	〈2012, 2015 개정〉 • 3,4,5세의 3개 연령별로 5개 영역 내용 제시 • 표준보육과정과의 통합 • 목표 등에서 '교육' 용어 삭제 〈2019 개정〉 연령별 삭제. 누리과정에서 교육, 보육의 동시 기재로 복원

활동과제

○ 유치원 교육과정인 '누리과정' 제정이 갖는 의의를 유치원 교육의 역사 속에서 그 이전 교육과정과 비교하고, 누리과정이 갖는 장점과 문제점에 대해 논의해 보자.

제17장 초등학교 교육과정

이 장의 목표

1. 초등교육에서 국가 수준 초등학교 교육과정의 역할에 대해 설명할 수 있다.
2. 1945년 해방 이후 2022년 개정까지 초등학교 교육과정의 변화를 시대별로 구분하여 설명할 수 있다.

생각해 볼 문제

1. 21세기 들어 개정된 교육과정 개정에 '차수'를 붙이지 않은 이유는 무엇인가?
2. 국가 수준 초등학교 교육과정 개정의 의미와 특징은 무엇인가?

이 장에서는 1945년 8월 15일 해방 이후 국민학교 및 초등학교 교육과정의 변화를 다룬다.

학제와 초등학교 명칭의 변화

해방 이후 초등학교 학제와 관련하여 겉으로 드러난 두드러진 특징은 6년 학제 및 입학연령 유지, 그리고 국민학교에서 초등학교로의 명칭의 변화라고 할 수 있다.

표 17-1 해방 이후 초등학교 학제의 변화

11	국민학교	국민학교	국민학교	초등학교
10				
9				
8				
7				
6				
연령/연도	1945. 9.	1946. 9.	1954	1996

초등학교는 일제강점기에 6년제가 된 후 8·15 해방이 되어서도 그대로 현재까지 유지되고 있다. 다만, 명칭은 일제강점기 말기 태평양전쟁 시부터 사용한 '국민학교'를 계속 사용하다가 1996년에 '초등학교'로 변경하여 오늘에 이르렀다. 20세기 일제강점기에 제국주의의 상징으로 '황국신민학교'의 약자인 '국민학교'를 사용한 것에 대해 김영삼 정부인 1990년대 중반에 이르러, 1945년 광복 후 50년이 지난 후이지만 이제라도 고쳐야 한다는 여론이 비등하게 되었다. 이에 따라 명칭을 변경하기 위한 공모와 논의 끝에 1996년부터 '초등학교'로 변경하게 된 것이다. 현재는 문서작성 소프트웨어에서조차 '국민학교'를 입력하면 자동으로 '초등학교'로 바뀌게 되는 변화가 이루어졌다.

미군정기 교육과정(1945. 9.~1953.): 긴급조치, 교수요목으로서의 교육과정

1945년 8월 15일 갑작스럽게 일제강점기가 막을 내리게 되면서, 우리나라는 해방을 맞게 되었으나 미국과 소련이 우리나라를 각각 남과 북으로 나누어 통치하게 되었다. 이에 따라 독립 정부를 선포하게 된 1948년에 헌법 제정, 1949년 「교육법」 제정에 이어 6·25전쟁으로 유예된 제1차 교육과정 제정이 1953년에 이루어질 때까지 우리나라 초·중등학교 교육은 미군정청의 교육 지침을 따르게 되었다.

1945년부터 1953년까지 약 9년의 기간에 대하여 이 장에서는 교육과정 면에서 '미군정기'로 칭하지만, 교육부의 공식 문서에서는 1945년부터 1946년까지의 긴급조치 시기, 1946년부터 1953년까지의 교수요목 시기 교육과정으로 나누어 기술하기도 한다. 미군정은 1948년 끝났으나, 교육과정은 미군정기에 고시된 것을 1953년까지 사용하였기에 이 장에서는 1945년부터 1953년까지를 미군정기 교육과정으로 명한다.

1945년 9월 17일, 일반 명령 제4호로 9월 24일을 기하여 모든 공립 및 사립 소학교에 대하여 수업을 시작하도록 하였다. '일반 명령 제4호'에 따라 군정청 학무국에서는 '신조선의 조선인을 위한 교육 방침'을 시달하였는데, 그중에서 교과목 등 교육 내용에 관련된 것은 '교수 용어를 한국어로 할 것과 조선의 이익에 반하는 교과목은 일체 교수함을 금하는' 포괄적인 지시였다. 이어 평화와 질서를 당면한 교육 목표로 하고, 일본 제국주의적 색채를 없애도록 하는 교육의 일반 방침을 시달하는 한편, 초·중등학교 교과목 및 주당 교수 시수표를 시달하였다. 교과서 문제는 각 학교로 하여금 처리하도록 하되, 산수나 이과와 같은 교과목 외에는 일본 교과서의 사용을 금하였다.

이때의 임시 교과목 및 교과 시수표는 일제강점기 말기의 교과목 및 수업 시수표를 근간으로 개정된 임시 방편의 것이었다. '국어'라는 이름으로 일본어를 가르치다가 우리말 국어로 바뀐 점, '수신'과가 '공민'으로 바뀌었는데, 대체로 시급하게 일제의 잔재를 없애고, 우선 미국 교육에서 이를 대체할 만한 대안으로 'Civics'인 공민과 목명을 찾은 흔적들을 볼 수 있다.

〈표 17-2〉의 교과 편제는 해방 직후 국민학교를 개교하기에 앞서 긴급히 결정한 것으로 결정된 직후에 2부제와 1부제로 구분하였다. 해방 직후 국민학교의 교과는 학년별·성별로 달랐으며 최대 12개였다. 이 중 도화·공작, 실과는 남녀의 시간이 다르고, 요리·재봉은 4, 5, 6학년 여학생만 배우는 과목이었다. 또 1, 2, 3학년에서는 실과와 요리·재봉을 가르치지 않았다. 역사는 5, 6학년에서만, 지리와 이과, 음악은 4, 5, 6학년에서만, 습자는 3, 4, 5, 6학년에서만 가르쳤다.

요약하면, 1, 2학년에서는 공민, 국어, 산수, 체조, 도화·공작 등 5개 교과, 3학년에서는 공민, 국어, 산수, 체조, 습자, 도화·공작 등 6개 교과, 4학년에서는 공민, 국어, 지리, 산수, 이과, 체조, 음악, 습자, 도화·공작, 실과 등 남학생 10개, 여학생은 요리·재봉 추가 11개 교과를, 5, 6학년에는 4학년 과목에 역사를 추가하여 남학생 11개, 여학생 12개 교과를 공부하도록 하였다. 과목별 이수 시간은 주당 시간으로

표 17-2 미군정기 국민학교 편제와 교과서에 관한 영문자료(1945. 9.)

2부제

Years courses	1st–3rd	4th	5th–6th	Higer Elementary 1st–2nd¹⁾	Text–Book
Civics	2hrs	2	2	2	in preparation
Korean Language	8	7	6	6	in preparation
Korean History& Geography			2	2	in preparation
Arithmetic	5	4	3	3	Old(Teacher only)
Science		2	2	2	Old(Teacher only)
Music& Physical Training	3	3	3	3	None
Total Hours	18	18	18	18	

1부제

Years courses	1st	2nd	3rd	4th	5th	6th	Text
Civics	2hrs	2	2	2	2	2	in preparation
Korean Language	8	8	8	7	6	6	in preparation
Korean History					2	2	in preparation
Geography				1	2	2	None
Arithmetic	6	6	7	5	5	5	Old (Teacher only)
Science				3	3	3	Old (Teacher only)
Physical Traning	4	4	5	3	3	3	None
Music				2	2	2	None
Writing			1	1	1	1	None
Household Arts and Sewing				3/Girls	3/Girls	3/Girls	None
Drawing and Handicraft	2	2	2	3/Boys 2/Girls	4/Boys 3/Girls	4/Boys 3/Girls	None
Vocational Training	–	–	–	3/Boys 1/Girls	3/Boys 1/Girls	3/Boys 1/Girls	None
Total Hours	22	22	25	30	33	33	

출처: 미학무(UNITED STATES ARMY FORCES IN KOREA Office of the Military Governor) 통첩 제352호, 학교에 대한 설명과 지시: 국가교육과정정보센터, www.ncic.re.kr에서 재인용.

제시하여, 국민학교 1, 2학년은 22시간, 3학년은 25시간, 4학년은 30시간, 5, 6학년은 공히 33시간이었다.

1946년 초·중등학교 학제 개편과 함께 초등학교도 교과 편제표를 수정하게 되었다. 이후 수정한 〈표 17-3〉의 교과 편제에는 습자, 도화, 요리·재봉 및 실업이 추가되어 시간 배당이 늘었고, 4학년 이상은 교과 편제와 시간 배당이 남녀별로 다르게 되어 있었다.

미군정기 국민학교의 두 번째 편제표 내용은 1년 만에 획기적인 변화를 담고 있다.

첫째, 교과 최소 이수 시간이 연간 최소이수제로 변화되었다. 이는 학교에서 상황에 따라 주당 교과 이수 시간을 자율적으로 조정할 수 있는 여지를 준 획기적인 변화로 오늘날에까지 유지되고 있다.

둘째, 초등학교 교과가 국어, 사회, 과학, 수학, 체육, 음악, 미술, 실과의 8교과 체

표 17-3　미군정기 국민학교의 2차 편제표(1946. 9.)

교과 ＼ 학년	1학년	2학년	3학년	4학년	5학년	6학년
국어	360	360	360	360	320	320
사회생활	160	160	200	200	남 240 여 200	240 200
이과	–	–	–	160	160	160
산수	160	160	200	200	200	200
보건	200	200	200	200	200	200
음악	80	80	80	80	80	80
미술	160	160	160	160	남 160 여 120	160 120
가사	–	–	–	–	여 80	80
계	1,120 (28)	1,120 (28)	1,200 (30)	1,360 (34)	1,360 (34)	1,360 (34)

* 시간은 1년을 40주로 하여 교과별 연간 이수 시간 수를 나타낸 것임.
출처: 함종규(1983: 189).

---

1) 일제강점기부터 소학교 단계에는 '고등과'라는 추가 고학년이 있었다. 중등학교로의 진학률이 높지 않은 시절, 초등학교가 일종의 초-중 통합학교로 종국 학교로서의 역할을 했음을 보여 준다.

제로 정리되었다.

셋째, 학년별 이수할 교과의 수와 구조가 정리되었다. 1945년 지침에서 3, 4, 5학년에서 달라지던 것을 4, 5학년에서만 달라지게, 즉 초등학교 교과의 구조를 저학년과 고학년으로 나누어 1, 2, 3학년까지 전반부는 같은 교과, 7교과 체제로 가고, 4학년에서는 이과 추가, 5, 6학년에서는 가사를 추가하는 방식으로 변화되었다.

넷째, 여전히 남녀별 다른 교과, 다른 시수가 존재하였다. 사회생활 교과는 5, 6학년에서 남학생이 여학생보다 연간 40시간을 더 배우는 것으로 하였고, 미술 또한 남학생이 40시간을 더 배우는 것으로 하였다. 반면에 5, 6학년 여학생들은 남학생들이 배우지 않는 가사 교과를 연간 80시간 배우도록 하여 총 이수 시간은 남녀 학생이 같도록 하였다.

다섯째, 사회생활 교과의 탄생이다. 사회생활과는 공민, 역사, 지리, 직업, 자연 관찰(1~3학년)을 종합하여 편성한 교과로서, 사회생활을 영위하는 데 필요한 기본적인 교양을 내용으로 하며, 특히 민주 시민을 기르는 데 주안점을 두고 편제된 것이었다. 앞서 1945년에 일제하의 수신 과목이 공민으로 변한 데 이어 미국 초등학교의 통합 교과인 'Social Studies'를 번역하고 차용한 '사회생활'과가 등장하게 되었고, 이는 오늘날까지 초등학교 '사회' 과목이 통합 체제를 유지하고 있는 기원이 되었다.

여섯째, 교과 순서의 조정이다. 일제하와 마찬가지로 '공민'이 국어보다 우위에 있었고, 이는 교과 순서 중 가장 중요한 것을 말하는 것으로 인식되었으나,[2] 사회 과목으로 통합되면서 국어보다 밑에 있게 되었다.

또한 총론이 발표된 것과 동시에 1946년 9월에는 국민학교 교과별 교수요목이 발표되었다. 이 교수요목은 정부 수립과 「교육법」의 제정에 따라 새롭게 개정될 예정이었으나, 6 · 25전쟁으로 중단되어 1954년의 '교육과정 시간 배당 기준령'과 이듬해의 '교과 과정'이 공포될 때까지 유효하였으며, 이에 따른 교과서가 편찬되어 사용되었다.

교과별 교수요목에 나타난 특징을 보면, 첫째, 교과는 교수요목을 중심으로 기술

---

2) 편제표에서 교과의 순서가 중요도를 의미하는 것은 아니지만, 제3차 교육과정 이후 '국민윤리' 과목이 제일 위로 다시 올라가게 되면서 이후 대학입학시험 등에서 동점자가 있을 경우 국민윤리 과목 점수로 합격자를 정하게 되는 기준이 되었다.

표 17-4 미군정기 교과별 국민학교의 교수 요목(1946년 9월) 예-'이과'

弟 四 學 年				
題材의 內容	時間	題材의 內容	時間	
(9月) 이과 공부 研究法	2	〈중략〉 (7月) 여름 철 여름과 生物 氣象觀測 곰팡이 여름과 음식 傳染病	5	
학교 뜰 花草 菜田 庭園動物 害虫과 益虫 개똥벌레 雜草	6			
집에 기르는 새 닭 비둘기 집 오리	3	물것 모기, 파리, 빈대, 이의 習性, 形態 人生과의 關係 驅除法	3	
가을 철 自然 가을 花草 氣象觀測 天文과 星座 晝夜의 長短 ……	3	우리의 할 일 研究, 採集의 指導 健康增進	2	

되었다. 교과 교육과정의 명칭 자체가 '초중등학교각과교수요목집'이었다. 또한 당시 학사력이 9월부터로 되어 교과는 9월, 10월 …… 12월까지와 2월부터 7월까지 월별 교수 내용이 주당 시간과 함께 제시되어 있다.

표 17-5 미군정기 국민학교 국어과의 교수 시간 배당 표준(1946. 9.)

학년 ＼ 사항		一학년	二학년	三학년	四학년	五학년	六학년
一년간 교수 주수		40	40	40	40	40	36
一년간 교수 일수		240	240	240	240	240	216
一년간 교수 시수		360	360	360	360	320	288
一주간 교수 시수		9	9	9	9	8	8
항목	읽기	240	240	240	240	200	180
	말하기 · 듣기	40	40	40	40	40	36
	짓기	40	40	40	40	40	36
	쓰기	40	40	40	40	40	36

출처: 군정청 문교부(1946): 국가정보센터, www.ncic.re.kr에서 재인용.

둘째, 교육과정의 진술 체제가 교과별로 통일되어 있지 않아 사회생활 교과와 같이 교과의 목표와 방침, 운용법(운영상의 유의점)을 함께 제시한 교과도 있었지만, 대부분의 교과가 단원 또는 제재명과 내용 요소만을 제시하였다.

셋째, 각 교과마다 단원 또는 제재별로 이수할 시간 수를 밝히고 있었다. 〈표 17-5〉 국어과의 예를 보면 국어과 총 시수, 주수, 수업 일수, 주당 시수, 영역별 시수가 제시되어 있다.

넷째, 내용 요소의 진술 형식도 설문 형식, 단순한 내용 요목 제시 형식 등 교과에 따라 달랐다.

다섯째, 교과의 편제는 실과가 없어진 것을 제외하면 대체로 지금과 비슷한 편제를 갖추었는데, 가장 특색 있는 것은 '사회생활' 교과의 탄생이다. 이 교과의 1, 2, 3학년에 시간 배당을 하지 않은 대신, 그 내용을 사회생활 교과에서 '자연관찰'이라는 이름으로 학년별로 연간 38시간씩 이수하도록 하였고, 실과의 내용은 남자의 경우 5, 6학년 사회과와 미술과에서, 여자는 가사과에서 그 내용을 포함하여 다루도록 하였다.

제1차 교육과정(1954. 4. 20.~1963.): 「교육법」에 따른 최초의 교육과정, 경험을 중시한 진보주의 교육과정

1949년 「교육법」이 제정되고 이에 근거한 교육과정이 6 · 25전쟁으로 연기되어 1954년에 이르러 최초로 개발되고 고시되었다. 편제표가 1954년에 고시되고, 교육과정 총론과 교과 교육과정은 1955년에 다시 고시되었기 때문에 제1차 교육과정은 1955년부터로 칭해야 한다는 의견도 있다(김진숙, 2012).

1955년에 고시된 교육과정의 명칭 자체도 교육과정이라는 용어 대신에 '교과 과정'이라는 용어를 사용하였다. 대체로 제1차 교육과정을 '교과중심 교육과정'으로 칭하는 경우가 많으나 단순히 명칭에서 '교과 과정'을 사용했다고 하여 이 교육과정을 교과중심 교육과정이라고 하기는 어렵다. 대체로 교과중심 교육과정은 교과 대 학생이라는 교육과정의 원천 중 학생보다는 교과의 내적 원리와 전통적 구조를 중시한 교육과정을 뜻하는데, 제1차 교육과정은 미군정기부터 영향을 받은 미국의 진보주의 교육에 따라 경험중심적인 특성을 나타내고 있기 때문이다. 이에 따라 이 장

표 17-6 제1차 교육과정기 국민학교 교육과정 편제표(1954. 4. 20.)

	1학년	2학년	3학년	4학년	5학년	6학년
국어	25~30% (240~290분)	25~30% (240~300분)	27~20% (290~220분)	20~23% (220~260분)	20~18% (240~220분)	20~18% (250~220분)
산수	10~15 (100~140)	10~15 (100~150)	12~15 (130~160)	15~10 (170~110)	15~10 (180~120)	15~10 (190~120)
사회생활	10~15 (100~140)	10~15 (100~150)	15~12 (160~130)	15~12 (170~130)	15~12 (180~140)	15~12 (190~150)
자연	10~8 (100~80)	10~8 (100~80)	10~15 (110~160)	13~10 (140~110)	10~15 (120~180)	10~15 (120~190)
보건	18~12 (170~120)	15~12 (150~120)	15~10 (160~110)	10~12 (110~130)	10~12 (120~140)	10~12 (120~150)
음악	12~10 (120~100)	15~10 (150~100)	8~10 (90~110)	8~5 (90~60)	8~5 (100~60)	8~5 (100~60)
미술	10~8 (100~80)	10~8 (100~80)	8~10 (90~110)	7~10 (80~110)	10~8 (120~100)	10~8 (120~100)
실과				7~10 (80~110.)	7~10 (80~110)	7~10 (90~130)
특별활동	5~2 (50~20)	5~2 (50~20)	5~8 (50~80)	5~8 (60~100)	5~10 (60~120)	5~10 (60~120)
계	100% (960분)	100% (1,000분)	100% (1,080분)	100% (1,120분)	100% (1,200분)	100% (1,240분)
연간 총 수업 시간 수	840시간 (24)	875시간 (25)	945시간 (27)	980시간 (28)	1,050시간 (30)	1,085시간 (31)

* 백분율은 각 교과 및 특별활동의 1년간 수업 시간에 대한 학년별 시간 배당을 표시함.

** ( ) 안의 숫자는 매주 평균 수업 시간을 표시함.

출처: 문교부령 제35호, 국민학교 · 중학교 · 고등학교 및 사범학교 시간 배당 기준령, 별표1. 국민학교 교육과 정 시간 배당 기준표, 1954. 4. 20.

에서는 이를 '경험을 중시한 진보주의 교육과정'으로 칭한다.

제1차 국민학교 편제표를 보면, 특별활동이 교과 이외의 기타 교육 활동으로 편성되어 있다. 교과는 8개 교과로 하였으며, 도덕과는 포함되지 않았다. 총 수업 시간은 각 학년 총 이수 시간 수의 범위 내에서 연간 35시간 이상의 시수를 확보하여 전 교과 및 기타 교육 활동 전반에 걸쳐 시행하도록 하였다. 또한 시간 배당의 기준을 학년별 총 이수 시간 수에 대한 백분율(%)로 제시하였다.

김진숙(2012)은 일제강점기부터 제1차 교육과정까지 국가 교육과정 총론 및 교과 교육과정 문서의 특성을 분석하면서, 총론과 교과가 분리되는 과정에 착목하였다. 일제강점기에는 초·중등학교 모든 교과의 교육내용의 대강이 총론에 제시되었다. 그런데 해방 이후, 특히 교수요목기에서 1955년 제1차 교육과정기에는 총론과 교과의 분리가 분명하게 이루어지면서, 교과의 교육내용은 교과 교육과정을 통해 제시되었다. 1946년 교수요목은 같은 '교수요목집' 속에서도 교과마다 차이가 있는데, 산수과는 교육내용만을 '교수요목'이라 하여 기술하였고, 사회과는 목차인 "1. 사회생활과의 교수 목적, 2. 사회생활과의 교수 방침, 3. 사회생활과 교수요목의 운용법, 4. 사회생활과 교수에 관한 주의, 5. 사회생활과의 교수 사항"에서 볼 수 있는 바와

표 17-7 1946년 교수요목과 1955년 제1차 교육과정 교과 내용의 비교

1946년 교수요목집		1955년 제1차 교육과정
산수과 弟一學年	사회생활과	제1학년
題材의 內容 / 時間	다섯째 社會生活科의 教授 事項	〈국어과〉

題材의 內容	時間	다섯째 社會生活科의 教授 事項	〈국어과〉
一. 20以下의 整數	(28時)	첫째 가정과 학교	〈산수과〉
(1) 10가지의 세기		(一) 우리 집 (20시간)	(一) 수
1. 하나, 둘, 셋……으로 세기		(세목)	1. 100까지의 수세기
2. 方向, 位置		1. 우리 집은 우리 동네의 어느 쪽에 있는가?	2. 50까지의 개수를 세기
3. 일, 이, 삼……으로 세기		2. 우리 집은 무엇으로 지었는가?	3. 2씩, 5씩, 10씩으로 세기
4. 名數(장, 자루, 권, 사람, 마리)		3. 우리 집 식구는 누구누구며 몇 사람인가?	4. 개수, 순서의 수의 세기와 그의 관념(觀念)
5. 順序數		4. 우리 집 식구들이 하는 일은 무엇인가?	5. 개수(個數)나 순서(順序)를 표시하고 비교하기
6. 數字쓰기		(중략)	6. 이위수(二位數)까지로 자리 잡기의 뜻 이해
7. 數의 大小, 系列		9. 내가 식구들에게 하는 인사	7. 50까지 또는 그 이상의 숫자의 읽기, 쓰기
8. 空間觀念의 初步 (동그라미, 네모, 세모)		인사의 보기(例)	8. 수를 활용하는 태도
9. 二, 四, 六, 八, 十의 系列		아버지, 안녕히 주무십시오.	
10. 圖表作成 初步		(중략)	
11. 統計 思想의 初步			
(2) 20가지의 세기			
1. 數字의 읽기, 쓰기			
2. 時計			
3. 日常生活에의 時의 觀念 ……			

출처: 김진숙(2012).

같이, 목표, 내용, 방법 등이 교육과정 자체를 교수요목으로 칭하고 그중 교육내용은 '교수사항'이라 하였다.

　해방 이후 '교수요목기'와 제1차 교육과정에 붙여 온 '교과 중심 교육과정'의 명칭에 대한 문제도 있다. 이 두 시기의 명칭은 정부 발행의 공식적인 문서인 교육과정 해설서에 사용되고 있으며, 해방 이후 점점 교육과정의 유형별로 교과중심-경험중심-학문중심…… 등으로 변화되어 왔다는 메시지를 주고 있다. 심지어 1946년 교수요목에 대해 "우리 교육사상 최초로 성문화된 교육과정으로 전통적인 교육과정과 미국의 영향을 받은 경험주의에 기반을 두고 만들어졌다."는 식의 오해와 오류를 낳기도 한다(김혜정, 2002, 211-241, 236).[3]

　그런데 교육과정 변천사에서 두 시기 규정에 대해 재검토할 필요가 있는 이유는, 이 명칭이 일반적으로 교육과정 개론서에서 다루어지는 '교육과정의 정의와 유형'에 비추어 적절치 않기 때문이다. 1946년 미군정청 발효 교육과정 문서에서 교과의 개요를 가르칠 내용의 개요, 즉 '교수요목'이라는 이름으로 발표되었기 때문에 '교수요목기'로 칭해지고 있다.

　1946년 '교수요목집'에서 '교수요목'은 직전 시기 일제강점기의 '체조교수요목' 명칭을 그대로 사용했을 가능성이 있다. 또 미분화된 측면이라고 볼 수도 있으나 완성도가 높은 국가 수준 교수요목 및 학교 수준 교육과정을 일제강점기에 30여 년 접했던 경험에 비추어 볼 때, 교육과정 개발과 운영 경험의 부족보다는 1년 미만의 조급한 개발 일정으로 인해 교과별 개발 결과물에 편차가 있는 것으로 추정된다. 심지어 교과의 교육내용을 교수요목(course of study)으로 제시했다는 점에서 이를 교과중심 교육과정이나 경험중심 교육과정과 다른 것으로 평가하긴 어렵다. 왜냐하면 교수요목 자체가 전통적[4] 교육과정과 동의어이기 때문이다. 이에 따라 해방 이후 제1차교육과정 직전까지를 교육과정 문서의 특성에서 나온 명칭인 '교수요목기'가 아닌 '미

---

3) 그러나 여기서 언급된 '우리 교육사상 최초의 성문화된 교육과정'은 1946년 교수요목이 아니라, 총론의 경우 개화기로 소급해, 1881년 원산학사 학교 운영 규정 및 개화기 여러 학교의 각종 규정들, 그리고 교과의 경우 이미 1914년부터 개발되어 우리 국민에게 적용되었던 일제강점기 체조교수유목이 이에 해당한다고 할 수 있다.

4) 20세기 초 이후 아동, 사회의 요구(need)에 기반하여 교육과정을 개발하게 되었으나 이전에는 전통적으로 가르쳐 온 교과 내용으로서의 교수요목 자체가 교육과정으로 여겨졌다는 의미에서 전통적이다.

군정청 교육과정기'로 칭하는 것을 김진숙(2012)에서와 같이 제안하는 바이다. [5)]

　　교육과정 해설서 등의 시기 구분에서 1945년부터 1946년까지를 긴급조치기, 1946년부터를 '교수요목기'로 하고 있으나, 편제표가 발표된 1945년 9월 미군정청 고시 문서는 이미 교육과정의 '총론'에 해당하는 교육과정 관련 문서라고 할 수 있다. 또한 1946년에 발표한 교수요목집은 모든 교과가 구비된 정연한 체제의 교수요목이 아니었기에, 1945년과 1946년을 구분하기보다는, 법령 등 교육과정 관련 문서의 고시일을 중심으로 교육과정 시기 구분을 해 오는 관례에 따라 1945년 9월부터 1954년까지를 '미군정청 교육과정기'라 할 수 있다.

　　제1차 교육과정의 경우, 1955년 제1차 교육과정이 교과 중심 교육과정이라고 불리는 이유는 "교육과정이라는 용어 대신 교과 과정이라는 용어를 사용했기 때문에" (교육과학기술부, 2010: 국가교육과정정보센터, www.ncic.re.kr) 또는 교과의 체계가 제대로 갖추어졌다는 의미에서 '교과중심 교육과정'으로 칭해지고 있다. 그런데 교육과정의 사조와 유형에서 '교과중심' 교육과정은 통합 교과보다는 단일 교과, 전통적 교육과정, 사실의 회상, 기본지식 기능의 숙달, 전통적 가치의 주입이 강조된다(박도순, 홍후조, 1999). 제1차 교육과정은 모든 교과가 체계적으로 목표, 내용, 방법의 구성요소가 갖추어졌으나, 교육과정의 유형으로는 통합 교과로서 이미 교수요목기에 출현한 '사회생활과'가 있고, 실생활 경험이 강조된다는 면에서 '경험중심 교육과정'에 더 적합하다고 할 수 있다.

제2차 교육과정(1963. 2. 15.~1973.): 경험중심 교육과정, 교육과정 개념화 시기

　　제2차 교육과정의 시기는 1963년 2월 15일에 초등학교 교육과정을 전면 개정하여 1973년 학문 중심 교육과정으로 다시 개정할 때까지를 말한다. 이 시기의 교육

---

5) 일제강점기 제1~4차 조선교육령기에 교육령, 학교 규정 등의 고시자가 조선총독부이며, 1945~1946년 교육과정 관련 법령과 교수요목은 고시자가 '군정청 문교부'로 표시되어 있다(국가교육과정정보센터, www.ncic.re.kr).

과정 개념은 진보주의 교육사조의 개념을 그대로 적용하여 '학교의 주도하에 학생들이 가지는 경험의 총체'라고 교육과정에 적시하였다. 따라서 이 시기의 교육과정을 교육과정의 개념상 '생활 중심 교육과정' 또는 '경험 중심 교육과정'으로 부르기도 한다.

제2차 교육과정은 개념 정의와 함께 '교육과정 시간 배당 기준령'과 '교과 과정'을 별도로 공포했던 것을 통합하여 일련의 체계를 갖춘 교육과정으로 공포함으로써, 명실 공히 교육과정령으로서의 체계가 갖추어졌다. 그리고 명칭도 제1차의 '교과 과정'에서 '교육과정'으로 바꾸어 교육과정이 교과 활동뿐 아니라 학교교육의 전 활동과 관련되는 교육과정의 전체 구조에 의한 계획이란 뜻으로의 성격을 분명히 하였다.

교육과정의 전개 체제는 총론과 각론으로 나누고, 총론에서는 초·중·고등학교에 공통되는 개정의 취지, 일반 목표, 개정의 요인을 제시한 다음, 학교급별로 시간 배당의 기준을 제시하고, 교과 활동, 반공·도덕 생활, 특별활동별로 운영 계획이나 지도상의 유의점에 관한 내용이 기술되어 있다. 각론에서도 각 교과별로 개정의 요점, 목표, 지도 내용, 지도상의 유의점으로 나누어 진술하여 체제 면에서 통일된 형식을 갖추었다. 특히 학년 목표를 신설한 것은 교과의 체계적인 지도를 위해 매우 바람직한 것이었다고 할 수 있다.

따라서 우리나라의 교육과정은 적어도 체제 면에서는 제2차 교육과정에서부터 국가 수준의 기준으로서의 체계적인 전개 체제를 갖추게 되었다고 할 수 있다.

제2차 국민학교 교육과정의 편제는 교과, 반공·도덕 생활, 특별활동의 세 영역으로 나누어져 있다. 시간 배당 기준에 있어서는 각 교과별 시간량을 최소 시간과 최대 시간의 범위 내에서 주당 이수 시간으로 표시하고, 특별활동은 총 이수 시간 수의 백분율로 표시하여 융통성 있게 운영하도록 한 것이 특징이다. 교과는 '국어, 산수, 사회, 자연, 음악, 체육, 미술, 실과'의 8개 과목으로 되어 있고, '사회생활과'가 '사회과'로 명칭이 바뀌었다.

학교 수업 일수는 연간 35주를 기준으로 하고 있으며, 단위 수업 시간은 40분이나 각 학교의 실정에 맞게 시간 단위를 조정할 수 있도록 학교장에게 재량권을 부여하였다. 또한 1, 2학년의 학습 지도는 1차와 마찬가지로 '교과 간의 관련성을 고려한 종합적인 지도'를 강조하였다.

표 17-8 제2차 교육과정기의 국민학교 교육과정 편제표(1963. 2. 15.)

구분	학년	1학년	2학년	3학년	4학년	5학년	6학년
교과	국어	6~5.5	6~7	6~5	5~6	6~5.5	5~6
	산수	4~3	3~4	3.5~4.5	4.5~4	4~5	5~4
	사회	2~2.5	3~2	3~4	4~3	3~4	4~3
	자연	2~2.5	2~2.5	3.5~3	3~3.5	4~3	4~3
	음악	1.5~2	2~1.5	2~1.5	1.5~2	2~1.5	1.5~2
	체육	2.5~3	3~2.5	3~3.5	3.5~3	3~3.5	3.5~3
	미술	2~1.5	2~1.5	2~1.5	1.5~2	2.5~1.5	1.5~2.5
	실과				2~1.5	2.5~3	2.5~3.5
반공·도덕		1	1	1	1	1	1
계		21	22	24	26	28	28
특별활동		5~10%	5~10%	5~10%	5~10%	5~10%	5~10%

출처: 문교부령 제119호, 국민학교 교육과정, 1963. 2. 15.: 국가교육과정정보센터, www.ncic.re.kr

제2차 교육과정의 부분 개정(1969. 9. 4.)

1963년 2월에 공포된 제2차 교육과정은 1964년부터 연차적으로(1·2학년: 1964, 3·4학년: 1965년, 5·6학년: 1966년) 시행되었고, 이에 맞추어 교과서의 지도 지침이 발간되었다. 이후 1968년의 국민교육헌장의 선포, 중학교 무시험 진학 제도, 대입 예비 고사제 실시에 따라 문교부는 교육과정의 전면 개편 작업을 하기로 하였으나, 개정이 시급히 요구되는 사항에 대해서는 부분 개정을 하기로 하였다.

1969년 부분 개정에서는 반공·도덕 생활을 강화하고 특별활동을 체계화한 것이 특징이다. 교과 활동의 변화로는 국어과에서 완전한 한글 전용의 실시를 위하여 한자 교육을 하지 않도록 하였고, 미술과에서 표준색을 종래의 12색(또는 24색)에서 10색(또는 20색)으로 하였다. 반공·도덕 생활은 시간 배당을 1시간에서 2시간으로 강화하였고, 특별활동 구성 체계를 보완하여 국민교육헌장 이념과 관련하여 목표를 명확히 제시하고, ① 학급회 활동, ② 아동회 활동, ③ 클럽 활동의 세 영역에 따라 지도 내용, 지도상의 유의점을 제시하였으며, 전체 시간에 대한 백분율(각 학년별로 5~10%)로 제시되었던 시간 배당 기준을 1~2시간으로 표시하여 최소 시간 이상

표 17-9 제2차 교육과정 시기에 부분 개정된 국민학교 교육과정 편제표(1969. 9. 4.)

구분	학년	1학년	2학년	3학년	4학년	5학년	6학년
교과	국어	6~5.5	6~7	6~5	5~6	6~5.5	5~6
	산수	4~3	3~4	3.5~4.5	4.5~4	4~5	5~4
	사회	2~2.5	3~2	3~4	4~3	3~4	4~3
	자연	2~2.5	2~2.5	3.5~3	3~3.5	4~3	4~3
	음악	1.5~2	2~1.5	2~1.5	1.5~2	2~1.5	1.5~2
	체육	2.5~3	3~2.5	3~3.5	3.5~3	3~3.5	3~3.5
	미술	2~1.5	2~1.5	2~1.5	1.5~2	2.5~1.5	1.5~2.5
	실과				2~1.5	2.5~3	2.5~3.5
반공 · 도덕		2	2	2	2	2	2
계		22	23	25	27	29	29
특별활동		1.5~	1.5~	2~	2~	2.5~	2.5~

출처: 문교부령 제251호, 국민학교 교육과정, 1969. 9. 4.: 국가교육과정정보센터, www.ncic.re.kr

을 확보하도록 하였다.[6]

제3차 국민학교 교육과정(1973. 2. 14.~1981.): 정치적인 배경이 계기가 된 가장 학문적인 교육과정 개정

　제3차 교육과정은 '국민교육헌장의 이념 구현'을 기본 방향으로 삼고 다분히 정치적인 배경이 교육과정 개정의 계기가 되었다. 1960년대부터 미국에서 새롭게 대두된 '학문 중심 교육과정'의 사조를 받아들였으나, 소위 '국적 있는 교육'을 슬로건으

---

6) 1963년 2월 15일 개정된 제2차 교육과정에서는 특별활동의 영역을 ① 학생의 개인 능력에 따른 개성 신장에 관한 것, ② 개인의 취미 향상에 관한 것, ③ 직업적 요구에 응할 수 있는 기능에 관한 것, ④ 민주적 집회 운영과 생활 태도의 양성에 관한 것 등으로 요약해 놓고 있었으나, 1969년 9월 4일 문교부령 제251호로 부분 개정된 교육과정에서는 ① 학급회 활동, ② 아동회 활동, ③ 클럽 활동의 세 영역으로 구분하였다. 그러나 학교 행사는 특별활동의 영역으로 구분하지는 않았으며, 별도의 시간 계획을 수립하여 운영하도록 하였다.

표 17-10 제3차 교육과정기 국민학교 교육과정 편제표(1973. 2. 14.)

구분	학년	1학년	2학년	3학년	4학년	5학년	6학년
교과	도덕	70(2)	70(2)	70(2)	70(2)	70(2)	70(2)
	국어	210(6)	210(6)	210(6)	210(6)	210(6)	210(6)
	사회	70(2)	70(2)	105(3)	105(3)	140(4)*	140(4)*
	산수	140(4)	140(4)	140(4)	140(4)	175(5)	175(5)
	자연	70(2)	70(2)	105(3)	140(4)	140(4)	140(4)
	체육	70(2)	105(3)	105(3)	105(3)	105(3)	105(3)
	음악	70(2)	70(2)	70(2)	70(2)	70(2)	70(2)
	미술	70(2)	70(2)	70(2)	70(2)	70(2)	70(2)
	실과				70(2)	70(2)	105(3)
	계	770(22)	805(23)	875(25)	980(28)	1,050(30)	1,085(31)
특별활동		35~ (1~)	35~ (1~)	52.5~ (1.5~)	52.5~ (1.5~)	52.5~ (1.5~)	52.5~ (1.5~)

* 사회과 5, 6학년 시간 배당 140(4) 중, 70(2) 시간은 해당 학년의 국사 부문에 배당한다.
출처: 문교부령 제310호, 국민학교 교육과정, 1973. 2. 14.: 국가교육과정정보센터, www.ncic.re.kr

로 내세웠다.

　교육과정의 편제면에서는 '반공·도덕 생활'이 없어지고 '도덕'과가 교과로 독립함으로써 교과 활동과 특별활동의 이원적 구조를 가지게 되었다. 도덕과가 교과로 독립함에 따라 교과는 총 9개가 되었다. 중등학교에서는 '도덕'과와 함께 '국사'도 교과로 독립하였으나, 국민학교에서는 종전대로 사회과 내의 국사 분야로 유지하되, 5~6학년에서 국사 부분의 내용을 따로 편성하고 교과서도 따로 편찬하도록 하였다.

　특히 교육 내용에서 국민학교 1학년부터 '집합'의 개념이 도입된 것은 종래의 생활 수학을 탈피한 획기적인 일이었다. 제1차 및 제2차 교육과정과 마찬가지로 1, 2학년의 학습 활동은 '가급적 관련 있는 교과를 통합하여 종합적'으로 지도하도록 명시되어 있음을 찾아볼 수 있었다.

　특별활동의 영역은 학급 활동, 클럽 활동, 아동회 활동, 학교 행사의 네 영역으로 구성하였고, 학교 행사의 시간은 별도로 확보하도록 하였다. 그동안 국가 수준의 교육과정 기준이 '부령'으로 제정되었던 것을 1979년 3월 1일자로 '문교부 고시'로 변경하여 학문의 발전과 사회의 변화에 따라 교육과정의 개정이 용이하도록 변화시킨 것도 주목할 만한 사실이었다. 이러한 제3차 교육과정은 1, 2, 3학년은 1973년, 4, 5, 6학년은 1974년 3월 1일부터 연차적으로 시행하였으나, 사회과는 1973학년도부터 전 학년이 시행하도록 규정하였다.

제4차 국민학교 교육과정(1981. 12. 31.~1988.): '인간중심'을 표방한 연구·개발형 교육과정

1981년 12월 31일 개정된 제4차 교육과정은 문교부에서 교육과정을 개발하던 종래의 방식을 벗어나 문교부 장관이 한국교육개발원에 개발 과제를 위탁하여 기초 연구와 총론, 각론 시안을 개발하는 '연구·개발(R&D)의 형태'를 도입하였다는 것이 교육과정 정책의 큰 변화라 할 수 있다. 개정 시안을 연구·개발한 한국교육개발원은 보고서를 통해 교육과정을 '문서화된 계획'이라는 입장에서 그 개념을 정의하면서,[7] 단일한 교육사조나 교육이론의 지배를 받는 것보다는 종합적인 접근 방식이 필요하다고 강조하였다.

편제는 교과 활동과 특별활동의 두 영역으로 나누어 편성하였는데, 교과 활동은 도덕, 국어, 사회, 산수, 자연, 체육, 음악, 미술, 실과의 9개 교과로, 특별활동은 어린이회 활동, 클럽 활동, 학교 행사의 세 영역으로 편성되었다.

시간 배당은 통합 교과서에 의한 교과의 통합 운영을 위하여 1, 2학년의 교과 활동 시간을 2~3교과를 합쳐서 시간을 배당한 것이 커다란 변화였다. 연간 34주를 기준으로 연간 최소 시간을 학년별·교과별로 표시하고, ( )안에 주당 평균 시간을 표시하였는데, 교과 활동 총 이수 시간의 5%에 해당하는 시간을 감축 운영할 수 있도록 재량권을 부여하였다. 특히 기초적인 언어 기능의 강화를 위해 1, 2, 3학년의 국어 시간을 늘리고 기본 생활 습관 형성을 강조하였다. 종합적으로 제4차 교육

---

7) 한국교육개발원(1979: 1); 문교부(1982: 4): 국가교육과정정보센터, www.ncic.re.kr
"교육과정은 학교에서 전개되고 실현될 교육 실천의 효과를 극대화하기 위하여 일정 학생에게 무엇을 어떻게 교육할 것인가를 국가 수준에서 규정하는, 의도되고 문서화된 계획이다."

과정의 편제와 시간 배당에서 교과 활동은 교과 간의 연관성과 학생의 발달 단계를 고려하여 1, 2학년은 교과 간의 통합을, 3학년 이상은 분과를 원칙으로 배당되었으며, 특별활동 시간은 3학년 이상부터 배당되어 있다는 점이 가장 두드러진 특징이었다. 특히 1, 2학년에서의 교과 간의 통합 시간 배당은 실제 운영에서 '바른 생활' '슬기로운 생활' '즐거운 생활' 교과서를 탄생시켜 제5차 교육과정에서의 통합 교과의 길을 열었다.

표 17-11 제4차 교육과정 시기의 국민학교 교육과정 편제표(1981. 12. 31.)

구분	학년	1학년	2학년	3학년	4학년	5학년	6학년
교과 활동	도덕			68(2)	68(2)	68(2)	68(2)
	국어	374(11)	374(11)	238(7)	204(6)	204(6)	204(6)
	사회			102(3)	102(3)	136(4)	136(4)
	산수	204(6)	136(4)	136(4)	136(4)	170(5)	170(5)
	자연		68(2)	102(3)	136(4)	136(4)	136(4)
	체육			102(3)	102(3)	102(3)	102(3)
	음악	204(6)	238(7)	68(2)	68(2)	68(2)	68(2)
	미술			68(2)	68(2)	68(2)	68(2)
	실				68(2)	68(2)	68(2)
	계	782 (23)	816 (24)	884 (26)	952 (28)	1,020 (30)	1,020 (30)
특별활동				34~(1~)	68~(2~)	68~(2~)	68~(2~)
총계		782 (23)	816 (24)	918~ (27~)	1,020~ (30~)	1,088~ (32~)	1,088~ (32~)

출처: 문교부(1981). 국민학교 교육과정.: 국가교육과정정보센터, www.ncic.re.kr

제5차 국민학교 교육과정(1988. 3. 31.~1992.): 제6차 교육과정으로의 연결 역할을 한, 큰 특징 없는 교육과정

제5차 국민학교 교육과정은 ① 기초 교육의 충실, ② 통합 교육과정의 구성, ③ 미래 사회 대비 교육의 강조, ④ 교육과정 운영의 효율성 제고 등 네 가지 사항에 주안점을 두고 개정하였다. 편제와 시간 배당에 있어서는 1, 2학년에 있어서 통합 교과 신설, 통합 교과서에서 1, 2학년 국어, 산수의 분과 독립, 연간 수업 시간 수의 증가, 주당 수업 시간 수의 합리적 조정 운영, 특별활동 시간 운영의 현실화 등을 특징을 보여 주었다.

교육과정에서는 언어, 수리 기능을 체계적 · 집중적으로 지도하기 위하여 '국어'와 '산수'는 통합 교과서에서 분리, 독립시키고, 나머지 교과는 학생의 발달 단계와 생활 경험을 고려하여 '바른 생활' '슬기로운 생활' '즐거운 생활' 및 '우리들은 1학년' 등의 통합 교과를 신설하여 통합 교육과정을 구성하였다.

국어 교과서는 '말하기 · 듣기' '읽기' '쓰기'의 세 종류로서 언어 기능별로 편찬되어 모두 주 교과서의 역할을 하게 하였다. '바른 생활'이나 '도덕'의 '생활의 길잡이'는 도덕적 판단, 사고력을 키우기 위한 것으로, 초등학생을 위한 철학 교재 또는 생각하는 읽을거리나 자료를 제공해 주는 성격을 지니고 있다. 산수의 '산수 익힘책'은 보충 · 심화 또는 워크북이나 배움책의 구실을 하며, '슬기로운 생활'과 자연의 '관찰' '실험 · 관찰'은 자연 현상의 탐구, 해결을 위한 최저 필수 학습 요소(minimum essential)를 중심으로 편찬되었다.

또한 '1 · 2학년의 교과 활동의 평가 결과는 학생의 활동 상황과 진보의 정도, 특징 등을 문장으로 기술'하도록 변경한 것이 특징이다. 교육과정 시간 배당 기준은 1~2학년의 저학년과 3~6학년의 고학년을 구분하는 이원적 구조로 제시하여 1, 2학년의 교과 구조를 명확히 하였다.

표 17-12 제5차 교육과정기의 국민학교 교육과정 편제표(1987. 6. 30.)

구분	학년	1학년	2학년
교과 활동 교과	국어	우리들은 1학년 70	210(7)	238(7)
	산수		120(4)	136(4)
	바른 생활		120(4)	136(4)
	슬기로운 생활		60(2)	68(2)
	즐거운 생활		180(6)	238(6)
특별활동		30(1)	34(1)
계		790(24)	850(25)

구분	학년	3학년	4학년	5학년	6학년
교과 활동	도덕	68(2)	68(2)	68(2)	68(2)
	국어	238(7)	204(6)	204(6)	204(6)
	사회	102(3)	102(3)	136(4)	136(4)
	산수	136(4)	136(4)	170(5)	170(5)
	자연	102(3)	136(4)	136(4)	136(4)
	체육	102(3)	102(3)	102(3)	102(3)
	음악	68(2)	68(2)	68(2)	68(2)
	미술	68(2)	68(2)	68(2)	68(2)
	실과		68(2)	68(2)	68(2)
특별활동		68(2)	68(2)	68(2)	68(2)
계		952(28)	1,020(30)	1,088(32)	1,088(32)

출처: 문교부(1987), 국민학교 교육과정.: 국가교육과정정보센터, www.ncic.re.kr

제6차 국민학교 교육과정(1992. 10. 30.~1998.): 지역화, 자율화 교육과정의 시작

제6차 교육과정은 해방 이후 우리나라 교육과정을 이 장에서 2개의 시기로 구분하는 기준이 되는 교육과정이다. 우리나라 교육과정 사상 처음으로 '중앙집권형 교육과정'을 '지방분권형 교육과정'으로 전환하여 교육과정 편성·운영에 있어 국가,

지역, 단위학교의 역할과 책임을 명확하게 분담하는 새로운 교육과정 편성·운영 체제를 확립함으로써 단위학교의 자율성을 확대하기 시작하였다.

제6차 교육과정 개정의 중점은 ① 교육과정 결정의 분권화, ② 교육과정 구조의 다양화, ③ 교육과정 내용의 적정화, ④ 교육과정 운영의 효율화 등 네 가지로 설정되었다.

교육과정의 편제는 교과, 특별활동, 학교 재량 시간의 세 영역으로 구성하였는데, 학교 재량 시간의 신설은 학교 교육과정 편성·운영의 지역화, 자율화, 다양화를 위한 교육과정 편제의 변화이다. 1, 2학년의 교과는 바른 생활, 국어, 수학, 슬기로운 생활, 즐거운 생활로 하고, 입학 초기 학교 적응 활동(우리들은 1학년)의 교육과정 편성·운영과 교재 개발은 시·도교육청에 위임하였다. 3~6학년의 교과는 도덕, 국어, 수학, 사회, 자연, 체육, 음악, 미술, 실과의 9개 교과로 하였다. 편제 및 운영상의 특징으로 기본 생활 습관과 예절 교육 강화, 저학년 통합 교과의 합리적 조정, 고

표 17-13 제6차 교육과정 시기의 국민학교 교육과정 편제표(1992. 9. 30.)

구분	학년	1학년	2학년	3학년	4학년	5학년	6학년
교과	도덕	바른 생활 60	68	34	34	34	34
	국어	210	238	238	204	204	204
	수학	120	136	136	136	170	170
	사회	슬기로운 생활		102	102	136	136
	자연	120	136	102	136	136	136
	체육	즐거운 생활		102	102	102	102
	음악			68	68	68	68
	미술	180	238	68	68	68	68
	실과	–	–	34	34	34	34
특별활동		30	34	34	68	68	68
학교 재량 시간		–	–	34	34	34	34
연간수업시간 수		790(70)	850	952	986	1,054	1,054

출처: 교육부(1992). 국민학교 교육과정.: 국가교육과정정보센터, www.ncic.re.kr

학년의 수업 시간 감축, 기초적인 생활 기능과 태도 교육 강화, 학교 재량 시간의 신설, '산수'를 '수학'과로 교과 명칭의 변경 등이었다. 또한 1995년 제6차 교육과정의 부분 개정된 국민학교 교육과정은 영어를 정규 교과로 신설하고, 3, 4, 5, 6학년에 주당 평균 2시간의 수업 시간을 배당하여 외국어 교육의 기회를 확대하였다.

제6차 교육과정의 국민학교 교육과정 부분 개정(1995. 11. 1.): 초등학교 영어과 도입과 '초등학교'로 명칭 변경

교육과정 부분 개정은 제2차부터 보통 고등학교 급에서의 현안 해결을 위해 시도되었는데, 이례적으로 제6차 교육과정기에는 국민학교 학교급에서 이루어지게 되었다. 교육과정 개정의 이유는 영어 교과의 국민학교 도입 정책이었다. 1995년 11월 1일 교육부 고시 제1995-7호로 제6차 교육과정을 부분 개정, 고시하여 영어를 정규 교과로 신설하고, 3, 4, 5, 6학년에 주당 평균 2시간의 수업 시간을 배당하여 1997학년도 3학년부터 연차적으로 적용하도록 하였다. 그리하여 초등학교의 교과는 10개로 늘어나게 되었다. 이와 함께 국민학교의 명칭을 '초등학교'로 변경하게 되었다.

세계화 및 교육 개혁의 시대적 요청과 교육적 필요에 따라 전국의 국민학교에서 영어 교육을 실시하기 위하여 국민학교 교육과정 중 총론의 내용을 부분 개정하고, 최초로 국민학교 영어과 교육과정을 제정하게 되었다. 초등학교로의 명칭 변경, 초등학교 영어과 도입을 계기로 부분 개정한 제6차 초등학교 교육과정 편제표는 〈표 17-14〉와 같다.

표 17-14　제6차 교육과정의 부분 개정에 따른 국민학교 교육과정 편제표(1995. 11. 1.)

구분	학년	1학년	2학년	3학년	4학년	5학년	6학년
교과	도덕	바른 생활		34	34	34	34
		60	68				
	국어	210	238	238	204	204	204
	수학	120	136	136	136	170	170
	사회	슬기로운 생활		102	102	136	136
	자연	120	136	102	136	136	136
	체육	즐거운 생활		102	102	102	102
	음악			68	68	68	68
	미술	180	238	68	68	68	68
	실과	–	–	34	34	34	34
	영어	–	–	68	68	68	68
특별활동		30	34	34	68	68	68
학교 재량 시간		–	–	0~34	0~34	0~34	0~34
연간 수업 시간 수		790(70)	850	986~1,020	1,020~1,054	1,088~1,122	1,088~1,122

출처: 교육부(1995). 국민학교 교육과정.: 국가교육과정정보센터, www.ncic.re.kr

제7차 교육과정(1997. 12. 30.~2007.): 21세기 대비 교육과정 개선, 수준별 교육과정, 재량활동

1995년 5월 31일, 대통령 자문 기구인 교육개혁위원회가 정보화·세계화 시대에 대비하여 신교육 체제 수립을 위한 교육 개혁 방안을 발표하여 교육과정 개정의 기본 골격을 마련함으로써 교육과정을 개정하게 되었다. 21세기 정보화·세계화 시대를 주도적으로 이끌어 나갈 수 있는 자율적이고 창의적인 한국인 육성을 표방한 7차 교육과정은 초등학교 1학년부터 고등학교 1학년까지의 10년간을 '국민 공통 기본 교육 기간'으로 설정하고, 학교급별 개념이 아닌 학년제 또는 단계 개념에 기초

표 17-15 제7차 교육과정기 초등학교 교육과정 편제표(1997. 12. 30.)

구분	학교 학년	초등학교 1	2	3	4	5	6
교과	국어	국어 210 238		238	204	204	204
	도덕			34	34	34	34
	사회	수학 120 136		102	102	102	102
	수학			136	136	136	136
	과학	바른 생활 60 80		102	102	102	102
	실과			·	·	68	68
	체육	슬기로운 생활 90 102		102	102	102	102
	음악			68	68	68	68
	미술	즐거운 생활 180 204		68	68	68	68
	외국어 (영어)	우리들은 1학년 80 ·		34	34	68	68
재량활동		60	68	68	68	68	68
특별활동		30	34	34	68	68	68
연간 수업 시간 수		830	850	986	986	1,088	1,088

출처: 교육부(1997). 초·중등학교 교육과정.: 국가교육과정정보센터, www.ncic.re.kr

하여 기본 교과 중심의 일관성 있는 체제를 갖추도록 하였고, 고등학교의 교과 편제에 과목군 개념을 도입하여 10개의 기본 교과를 5개의 과목군으로 분류하였다. 이에 따라 이 장에서는 12개 학년이 함께 제시된 제7차 교육과정 편제표 중 초등학교 부분만 발췌하여 제시하고, 중학교 및 고등학교 부분은 18장에서 제시한다.

수준별 교육과정을 도입하여 학생의 필요, 능력, 적성, 흥미에 대한 개인차를 최대한 고려하여 학생 개개인의 성장 잠재력과 교육의 효율성을 제고하고, 재량활동을 신설, 확대하여 학생의 자기주도적 학습을 촉진하고, 학교의 자율적이고 창의적인 교육과정 편성·운영을 보장하고자 하였다.

초등학교 교육과정에서는 기본적 언어 능력, 수리적 사고 능력, 기초 체력, 탐구력과 창의성, 기본 생활 습관 등 기초·기본 교육의 충실을 강조하고, 1, 2학년의 통합 교과 운영은 교과와 교과 간의 통합 개념에서 탈피하여 활동 중심 주제의 융통성 있는 운영이 이루어질 수 있도록 통합 교과 개념을 재정립하고, 열린 교육 체제를 확립하였다. 또한 학생의 학습 부담을 경감시키기 위하여 교과 구조를 점진적으로 확대하여 초등학교 2학년과 3학년 간의 교과 수의 격차를 없애고, 교수·학습의 부담을 경감시키기 위하여 3, 4학년은 9개 교과로 편성하였다. 실습중심의 실과 교육을 강화하기 위하여 실과 시간을 5, 6학년에 집중적으로 배정하고, 교과별 및 영역의 명칭과 편제의 교과 제시 순서를 학년제와 과목군 개념 도입에 따라 '자연'과 '영어' 교과는 '과학'과 '외국어(영어)'로 명칭을 변경하였다.

교과 외 활동으로 특별활동 외에 재량활동이 신설되었다. 제6차 교육과정에 있었던 학교 재량시간은 학생의 자기주도 학습 능력을 신장시키기 위하여 재량활동으로 확대된 것이다. 특별활동은 제6차 교육과정에서 학급, 학교, 클럽 활동 등 집단 중심으로 영역을 설정한 것과 달리, 활동내용 중심으로 자치 활동, 적응 활동, 계발 활동, 봉사 활동, 행사 활동의 5개 영역으로 구분하고, 영역별 목표를 설정하였다.

또한 제7차 교육과정은 제6차 교육과정에서부터 시작된 국가-지역-학교의 교육과정 편성·운영에서의 역할 분담을 교육과정 문서를 통해 보다 구체화한 시기이도 하다. 시·도교육청의 역할 증대를 위해, 예컨대 각 시·도교육청은 '교육과정 편성·운영 지침'을 작성하고, 이를 관내의 지역 교육청과 각급 학교에 제시하도록 하여 오늘에 이른다. 지역 교육청은 '실천 중심의 장학 자료'를 작성하여 관내 학교에 제시하도록 하였다.

2007 개정 교육과정(2007. 2. 28.~2009.): 주5일 수업제 적용, '차수' 없는 교육과정 시기의 시작

교육인적자원부가 2003년 10월에 도입 계획을 발표한 후 2005년 2월부터 활성화 방안을 마련함으로써 2007 개정 교육과정은 수시 개정 체제에 따라 개정되었다. 이에 따라 이전까지 전면 개정에 붙여 온 차수인 '7차'와 같은 교육과정 수식어는 사라지게 되었다. 다만, 이것은 2007년 교육과정 개정을 시도할 때의 의도였을 뿐 전면 개정과 부분 개정의 틀은 그 후에도 계속 되어 어떤 의미에서는 오히려 혼란을 자초하게 되었다. 이에 따라 '2007년 개정 교육과정'은 2009년에 2년 만에 전면 개정을 하면서 '년'을 뺀 '2007 개정 교육과정'으로 변화되었고, 교육과정 시기 구분은 최초의 전면 개정 연도에 따라 '2007 개정 교육과정기', '2009 개정 교육과정기' '2015 개정 교육과정기', 그리고 현재 '2022 개정 교육과정기'를 맞고 있다. 부분 개정의 경우에는 전면 개정의 틀 속에서 작은 변화가 있을 때 해당 교육과정 시기의 부분 개정임을 표시하기 위해 '2007 개정 교육과정에 따른'이라고 하게 되었다.

2007년 개정 초등학교 교육과정은 주5일 수업제의 전면 적용과 제7차 교육과정의 수준별 교육과정의 사실상 폐기를 교육과정 개정의 계기로 추진하였다. 이 교육과정 개정은 현실적으로 주5일제가 국가 전반의 산업계에 적용되면서 학교에도 '주5일 수업제'를 적용해야 하며, 1997년 말에 고시하여 적용된 제7차 교육과정 이후 사회 · 문화적 변화를 반영하여 교육 내용과 내용 체계를 개선할 필요성이 제기된 것이다. 2006년 3월부터 과도기적으로 월 2회 실시한 주5일 수업제를 전면 적용하게 됨에 따라 학교급별 수업 시수 일부를 조정하고 이에 따른 교육과정 조정의 필요가 있었다. 또한 제7차 교육과정의 주요 특징의 하나인 수준별 교육과정의 경우 재이수, 곧 유급이나 및 월반 등이 허용되지 않아 현실성이 미흡하여 사실상 적용되지 않은 것이 되었고, 고등학교 선택 중심 교육과정도 과목군 및 과목에 따라 선택의 편중 현상이 나타났으며, 일반 선택과목은 대학 수학 능력 시험에 반영되지 않아 형식적으로 운영되는 폐단이 있었다.

2007년 개정 교육과정은 제7차 교육과정에서와 같이 '국민 공통 기본 교육과정'과 '고등학교 선택 중심 교육과정'으로 구성된다. 초등학교 1학년부터 고등학교 1학년까지의 10년간을 '국민 공통 기본 교육 기간'으로 설정하고, 이 기간에는 학교급보다는 학년제 개념에 기초하여 일관된 교육과정 체제를 견지하고 있다. 이 장에서는 12개 학년이 함께 제시된 2007 개정 교육과정 편제표 중에서 초등학교 부분만 발췌하여 제시하고, 중학교 및 고등학교 부분은 18장에서 제시한다.

2007년 개정 초등학교 편제 및 시간 배당에서 1, 2학년은 국어, 수학, 바른 생활, 슬기로운 생활, 즐거운 생활 및 우리들은 1학년의 5개 또는 6개 교과를 편성하였고, 3, 4학년에도 있던 '실과'를 5, 6학년에서만 집중적으로 이수하도록 하여 9개 교과를 편성하였으며, 5, 6학년은 국민 공통 기본 10개 교과로 편성함으로써 학년이 올라갈수록 교과의 수를 점진적으로 확대하였다. 재량활동은 교과 재량활동과 창의적 재량활동으로 구성되나, 초등학교에서는 학생의 자기주도적 학습 능력을 촉진하기 위한 창의적 재량활동으로 운영할 것을 더 강조하였다. 특별활동도 이전 교육과정

표 17-16　2007 개정 교육과정기 초등학교 교육과정 편제표(2007. 2. 28.)

구분	학교 / 학년	초등학교					
		1	2	3	4	5	6
교과	국어	국어 210　238		238	204	204	204
	도덕			34	34	34	34
	사회	수학 120　136		102	102	102	102
	수학			136	136	136	136
	과학	바른생활 60　80		102	102	102	102
	실과			·	·	68	68
	체육	슬기로운 생활 90　102		102	102	102	102
	음악			68	68	68	68
	미술	즐거운 생활 180　204		68	68	68	68
	외국어 (영어)	우리들은 1학년 80　·		34	34	68	68
재량활동		60	68	68	68	68	68
특별활동		30	34	34	68	68	68
연간 총 수업 시간 수		830	850	952	952	1,054	1,054

출처: 교육인적자원부(2007). 초·중등학교 교육과정.: 국가교육과정정보센터, www.ncic.re.kr

과 마찬가지로 그 본질적 성격과 목표, 내용을 구체적으로 선정·조직하는 데 필요한 준거가 될 수 있도록 자치 활동, 적응 활동, 계발 활동, 봉사 활동, 행사 활동으로 하였다. 또한 시간 배당 기준에서는 3, 4, 5, 6학년의 연간 총 수업 시수는 월 2회 주 5일 수업제 실시에 따라 제7차 교육과정보다 34시간씩 감축되었다.

2009 개정 교육과정(2009. 12. 23.~2015.): 창의인성교육, 학습의 효율성 강조

2009 개정기는 교육부와 과학기술부가 통합된 교육과학기술부에서 '미래형 교육과정 구상안'을 바탕으로 추진한 교육과정 개정이다. 2009 개정 교육과정은 창의인성교육 시기로 알려져 있으며, 구체적인 개정의 방향으로는 학기당 이수 교과목 축

표 17-17   2009 개정 교육과정기 초등학교 교육과정 편제표(2009. 12. 23.)

구분		1~2학년	3~4학년	5~6학년
교과(군)	국어	국어 448	408	408
	사회/도덕		272	272
	수학	수학 256	272	272
	과학/실과	바른 생활 128	204	340
	체육	슬기로운 생활 192	204	204
	예술(음악/미술)		272	272
	영어	즐거운 생활 384	136	204
창의적 체험활동		272	204	204
학년군별 총 수업 시간 수		1,680	1,972	2,176

출처: 교육과학기술부(2009). 초·중등학교 교육과정.: 국가교육과정정보센터, www.ncic.re.kr

소를 통한 학습의 효율성 제고, 교과 외 활동과 돌봄 강화, 고등학교 선택과목의 수준별·영역별 재구조화, 과목(교과군)별 20% 자율 증감 운영을 통한 학교 교육과정 자율권 확대 등이 있다.

2009 개정 교육과정기 초등학교 편제표는 〈표 17-17〉과 같다.

2009 개정 초등학교 교육과정의 특징은, 첫째, 학교급별 교육과정의 강화이다. '국민 공통 기본 교육과정'을 '공통 교육과정'으로 명명하면서 중학교 3학년까지 9년으로 축소하여 의무교육 기간과 일치하도록 하였다.

둘째, 교과군과 학년군 도입을 통해 집중이수를 실시할 수 있도록 하였다. 이에 따라 초등학교는 2개 학년씩 3개의 학년군이 설정되었다.

셋째, 재량활동과 특별활동을 통합하여 창의적 체험활동을 신설하였다. 자율 활동, 동아리 활동, 봉사 활동, 진로 활동의 4개 하위 영역이 설정되었으며 구체적인 활동은 지금까지의 재량활동, 특별활동에 있던 활동들을 흡수하였다.

넷째, 특별한 학생들에 대한 지원이 강조되었다. 학습 부진아, 다문화 가정 자녀 등에 대한 특별 지원 강화, 초등학교 1~2학년 부진 학생에 대한 별도의 프로그램 운영을 통한 기초 기본 교육 강화가 추진되었다.

다섯째, 방과후 학교 활성화 및 초등학교 돌봄 지원이 강조되고 추진되었다. 이

외에 통합 교과인 '우리들은 1학년'을 폐지하고 창의적 체험활동 내용에 반영하여 입학 초기 적응활동으로 운영하도록 한 것 등이 주요 특징이다.

2015 개정 교육과정(2015. 9. 23.~2022.): 핵심 역량, 안전, 행복교육, 진로교육

2015 개정 교육과정은 '미래사회가 요구하는 창의융합형 인재 양성'과 '학습 경험의 질 개선을 통한 행복한 학습의 구현'을 개정의 비전으로 하였다. 이에 따라 2015 개정 교육과정은 고등학교 단계에서 인문계와 자연계의 구분을 넘어서는 문이과융합형을 표방하였고, 이것이 2015 개정 교육과정 및 관련 대학입학수학능력시험의 별칭이 되었다. 교육과정 총론에서는 핵심 역량이 도입되었고, 교과 공통으로 개선된 통일된 형식의 내용 체계표가 제시되었다.

표 17-18　2015 개정 초등학교 수학과 교육과정의 내용 체계표 일부

영역	핵심 개념	일반화된 지식	학년(군)별 내용 요소			기능
			1~2학년	3~4학년	5~6학년	
수와 연산	수의 체계	수는 사물의 개수와 양을 나타내기 위해 발생했으며, 자연수, 분수, 소수가 사용된다.	• 네 자리 이하의 수	• 다섯 자리 이상의 수 • 분수 • 소수	• 약수와 배수 • 약분과 통분 • 분수와 소수의 관계	(수) 세기 (수) 읽기 (수) 쓰기 이해하기 비교하기 계산하기 어림하기 설명하기 표현하기 추론하기 토론하기 문제 해결하기 문제 만들기
	수의 연산	자연수에 대한 사칙계산이 정의되고, 이는 분수와 소수의 사칙계산으로 확장된다.	• 두 자리 수 범위의 덧셈과 뺄셈 • 곱셈	• 세 자리 수의 덧셈과 뺄셈 • 자연수의 곱셈과 나눗셈 • 분모가 같은 분수의 덧셈과 뺄셈 • 소수의 덧셈과 뺄셈	• 자연수의 혼합 계산 • 분모가 다른 분수의 덧셈과 뺄셈 • 분수의 곱셈과 나눗셈 • 소수의 곱셈과 나눗셈	

표 17-19   2015 개정 교육과정기 초등학교 교육과정 편제표(2015. 9. 23.)

구분		1~2학년	3~4학년	5~6학년
교과(군)	국어	국어 448	408	408
	사회/도덕		272	272
	수학	수학 256	272	272
	과학/실과	바른 생활 128	204	340
	체육	슬기로운 생활 192	204	204
	예술(음악/미술)		272	272
	영어	즐거운 생활 384	136	204
소계		1,408	1,768	1,972
창의적 체험활동		336 / 안전한 생활 (64)	204	204
학년군별 총 수업 시간 수		1,744	1,972	2,176

출처: 교육부(2015). 초·중등학교 교육과정.: 국가교육과정정보센터, www.ncic.re.kr

2015 개정 교육과정 교과의 내용 체계표에는 과거 영역과 내용 요소만 제시되던 표를 변경하여, 대영역-중영역으로 분화되었던 항목 명칭을 수의 체계, 수의 연산과 같은 '핵심 개념'으로 하고, 그 개념을 '수는 사물의 개수와 양을 나타내기 위해 발생했으며, 자연수, 분수, 소수가 사용된다.'와 같은 명제적 지식과 같이 표현하는 '일반화된 지식'으로 추가했으며, 수 세기, 수 읽기 등 영역별로 중요하게 다룬 교과 특유의 '기능'들이 제시되었다.

2015 개정 초등학교 교육과정의 편제표는 〈표 17-19〉와 같다.

2015 개정 초등학교 교육과정 총론은 학년군의 유지, 교과-비교과 관계 등에서 2009 개정 교육과정과 큰 차이를 보이지 않는다. 가장 두드러진 특징은, 첫째, 초등학교 1~2학년군에 64시간 '안전한 생활'의 도입이다. 이는 국가 교육과정 개정 연구를 준비하던 시기에 발생한 세월호 사고가 영향을 미쳐 학교교육을 통해 안전 교육을 강조하게 된 것이다.

둘째, 안전한 생활의 도입으로 인해 1~2학년의 총 시수 및 창의적 체험활동 시수에 변화가 생겼다. 안전한 생활을 창의적 체험활동 시간에 운영하도록 함으로써

표 17-20 2009 개정과 2015 개정 교육과정에서 범교과학습주제의 변화

2009 개정 교육과정	2015 개정 교육과정
민주 시민 교육, 인성 교육, 환경 교육, 경제 교육, 에너지 교육, 근로 정신 함양 교육, 보건 교육, 안전 교육, 성 교육, 소비자 교육, 진로 교육, 통일 교육, 한국 정체성 교육, 국제 이해 교육, 해양 교육, 정보화 및 정보 윤리 교육, 청렴 · 반부패 교육, 물 보호 교육, 지속 가능 발전 교육, 양성 평등 교육, 장애인 이해 교육, 인권 교육, 안전 · 재해 대비 교육, 저출산 · 고령 사회 대비 교육, 여가 활용 교육, 호국 · 보훈 교육, 효도 · 경로 · 전통 윤리 교육, 아동 · 청소년 보호 교육, 다문화 교육, 문화 예술 교육, 농업 · 농촌 이해 교육, 지적 재산권 교육, 미디어 교육, 의사소통 · 토론 중심 교육, 논술 교육, 한국 문화사 교육, 한자 교육, 녹색 교육 등	안전 · 건강 교육, 인성 교육, 진로 교육, 민주 시민 교육, 인권 교육, 다문화 교육, 통일 교육, 독도 교육, 경제 · 금융 교육, 환경 · 지속가능발전 교육

2개 학년 272시간이었던 창의적 체험활동이 336시간이 되었고, 총 수업 시간 수는 1,688시간에서 1,744시간이 되었다.

셋째, 범교과학습주제가 39개에서 10개로 통폐합, 축소되었다. 교육과정이 개정될 때마다 하나둘씩 늘어난 범교과학습주제를 통합하여 개수를 줄인 것은 교육과정이 개선된 사례라고 할 수 있다. 다만, 여기 제시된 범교과학습주제 중 일부는 학교와 교사의 자유로운 선택이 아니라 의무적으로 운영되고 있다.

이 외에 교육과정 편제에 나타나지 않지만, 2009 개정 교육과정기에 제정된「진로교육법」에 따라 창의적 체험활동뿐만 아니라 학교교육 전반에서 초등학교에서도 진로교육이 강조되었다.

2022 개정 교육과정기(2022. 12. 22.~   ): 고교학점제 적용, 현행 교육과정의 개선

2022 개정 교육과정은 초등학교보다는 고교학점제 정책 적용을 계기로 추진된 교육과정 개정이다. 다만, 미래 사회 대비 7년 만에 교육과정을 개정하면서 현행 2015 개정 초등학교 교육과정의 문제점을 개선하는 방향으로 교육과정 총론과 교과 및 창의적 체험활동 교육과정을 개발하였다.

표 17-21 2022 개정 교육과정기 초등학교 교육과정 편제표(2022. 12. 22.)

구분		1~2학년	3~4학년	5~6학년
교과(군)	국어	국어 482	408	408
	사회/도덕		272	272
	수학	수학 256	272	272
	과학/실과	바른 생활 144	204	340
	체육	슬기로운 생활 224	204	204
	예술(음악/미술)		272	272
	영어	즐거운 생활 400	136	204
소계		1,506	1,768	1,972
창의적 체험활동		238	204	204
학년군별 총 수업 시간 수		1,744	1,972	2,176

출처: 국가교육과정정보센터, www.ncic.re.kr

2022 개정 교육과정은 초·중등학교 공히 2015 개정 교육과정과 마찬가지의 학년군 유지, 교과-비교과 관계를 갖고 있으면서 미래 사회를 대비하여 자기주도성을 강조하고 역량 중심 교육과정이 되도록 하며, 디지털 소양 등 교과 공통의 형식으로 각론 교육과정을 개발하였다. 이 중 역량중심 교육과정을 구현하기 위해 교육과정 총론에서는 2015 개정에 제시된 핵심 역량을 수정하되 '의사소통 역량'을 '협력적 소통 역량'으로 변경, 수정하여 적용하였다.

초등학교 급에서 가장 두드러진 특징은, 첫째, 2015 개정 교육과정에 급하게 개발된 '안전한 생활'이 편제표에서 사라진 점이다.

표 17-22 2015 개정과 2022 개정 교육과정에서 핵심 역량의 변화

2015 개정 교육과정	2022 개정 교육과정
자기관리 역량	자기관리 역량
지식정보처리 역량	지식정보처리 역량
창의적 사고 역량	창의적 사고 역량
심미적 감성 역량	심미적 감성 역량
의사소통 역량	협력적 소통 역량
공동체 역량	공동체 역량

둘째, 1~2학년의 총 시수는 2015 개정 교육과정과 같으나, '안전한 생활'을 삭제함으로 인해 수학 외의 모든 교과 시수가 증배되었고 창의적 체험활동은 336시간에서 238시간으로 대폭 줄었다.

셋째, 교과 공통 내용 체계표의 형식도 변경되었는데, 초등학교와 중학교의 내용 체계표가 일원화되어 연계가 강조되었다. 2022 개정 교육과정에서는 영역을 세분화한 핵심 개념이 사라지고, 일반화된 지식이 '핵심 아이디어'로 영역별로 통합적으로 제시된다. 2015 개정 교육과정에서 기능만 제시된 반면, 2022 개정에서는 내용 요소를 확장하여 종전의 전통적인 내용 요소를 '지식 · 이해'로, 과거의 기능을 '과정 · 기능'으로 추가하였으며, '가치 · 태도' 역시 추가하여 내용 요소로 포함하였다.

표 17-23 2022 개정 초등학교 수학과 교육과정의 내용 체계표 일부

핵심 아이디어	• 사물의 양은 자연수, 분수, 소수 등으로 표현되며, 수는 자연수에서 정수, 유리수, 실수로 확장된다. • 사칙계산은 자연수에 대해 정의되며 정수, 유리수, 실수의 사칙계산으로 확장되고 이때 연산의 성질이 일관되게 성립한다. • 수와 사칙계산은 수학 학습의 기본이 되며, 실생활 문제를 포함한 다양한 문제를 해결하는 데에 유용하게 활용된다.					
범주	내용 요소					
	초등학교			중학교		
	1~2학년	3~4학년	5~6학년	1학년	2학년	3학년
[지식 · 이해]	• 네 자리 이하의 수 • 두 자리 수 범위의 덧셈과 뺄셈 ……	• 다섯 자리 이상의 수 • 분수 • 소수 • 세 자리 ……	• 약수와 배수 • 수의 범위와 올림, 버림, 반올림 ……	• 소인수 분해 • 정수와 유리수	• 유리수와 순환소수	• 제곱근과 실수
[과정 · 기능]	• 자연수, 분수, 소수 등 수 관련 개념과 원리를 탐구하기 • 수를 세고 읽고 쓰기 ……			• 최대공약수와 최소공배수 구하기 • 정수, 유리수, 실수의 대소 관계 판단하기 ……		
[가치 · 태도]	• 자연수, 분수, 소수의 필요성 인식 • 사칙계산, 어림의 유용성 인식 ……			• 음수, 무리수의 필요성 인식 • 실생활에서 사칙계산의 유용성 인식 ……		

출처: 국가교육과정정보센터, www.ncic.re.kr

활동과제

○ 1945년 이후 국가 수준 초등학교 교육과정의 개정의 계기와 그것이 반영된 교육과정의
특징과 문제점에 대해 논의해 보자.

○ 21세기 들어 이루어진 2007 개정 이후 2022 개정에 이르기까지의 교육과정의 변화가
이전 시대와 다른 점을 찾아보고 이에 대해 논의해 보자.

제**18**장　중·고등학교 교육과정

이 장의 목표

1. 중학교 및 고등학교 교육에서 국가 수준 교육과정의 역할에 대해 설명할 수 있다.
2. 1945년 해방 이후 2022년 개정까지 중학교 및 고등학교 교육과정의 변화를 시대별로 구분하여 설명할 수 있다.

생각해 볼 문제

1. 21세기 들어 개정된 교육과정 개정에 '차수'를 붙이지 않은 이유는 무엇인가?
2. 국가 수준 중·고등학교 교육과정 개정의 의미와 특징은 무엇인가?

이 장에서는 해방 이후 남한 중·고등학교의 학제와 교육과정의 변화를 다룬다. 해방 이후 초기에는 일제강점기 시절과 같이 분화되지 않은 형태의 중등학교였고, 점차 중학교와 고등학교의 2개 학교급 체제를 갖추게 되었다.

중등학교 학제의 변화

해방 이후 중등학교의 변화와 현재 우리나라 고등학교 학교의 유형과 학교 수 현황은 〈표 18-1〉〈표 18-2〉와 같다.

해방 이후 중등학교 학제는 일체형 4년제에서 6년제로, 그 후 1차 교육과정 제정 이전에 3-3제의 중학교 및 고등학교 체제로 변화되어 오늘에 이른다. 1945년 해방

표 18-1 해방 이후 중·고등학교 학제의 변화

17		고급중학교(3) 실업학교 사범학교	고등학교(3) 사범학교	고등학교(3)
16				
15				
14	중학교(고등여학교), 사범학교(4)	초급중학교(3)	중학교(3)	중학교(3)
13				
12				
연령/연도	1945. 9.	1946. 9.	1950~1951	1962~현재

* 같은 3년 연한인 고등학교의 다양한 유형은 이 표에서 생략하며 15장에서 상술함.
** 각종학교, 외국인학교 등이 중등학교 단계에 존재함.

표 18-2 2024년 현재 우리나라 중·고등학교 유형별 현황

유형	중학교	일반고	특목고 과학고, 외국어고·국제고, 예술고·체육고, 마이스터고	특성화고 특성(직업) 체험(대안)	자율고 자율형 사립고 자율형 공립고
학교 수	3,266	1,666	162	487	64
계	3,266	2,379			

* 중학교의 유형 중 예술과 체육, 국제 등의 특성화중학교 중 일부는 중학교 유형에 포함되어 있으며, 일부는 '각종학교' 범주에 포함되어 있음.
** 방송통신중학교와 고등학교, 특수학교, 고등공민학교, 고등기술학교, 각종학교는 포함되지 않음.
출처: 교육통계서비스, https://kess.kedi.re.kr/index(2024. 1. 3. 검색)

직후에 4년제의 남학교인 중학교, 여학교인 고등여학교, 사범학교의 일원화된 중등학교 체제는 1년 정도 유지되었으며 1946년부터 중등학교가 4년제에서 6년제로 되고 2개 학교급으로 분화되기 위한 과도기로 교육과정은 초급중학교 및 고급중학교로 구분되었다.

고등학교 단계는 해방 직후에 고급중학교, 실업학교, 사범학교로 불리었다. 현재와 같은 중학교-고등학교 명칭의 3-3제는 1951년에 정립되었다. 교육대학의 전신인 사범학교가 중등학교 단계에 있다가 1962년에 대학 단계로 승격되어 고등학교 단계에서 삭제되었다.

2024년 현재 중학교의 유형은 소수의 예술중학교, 체육중학교, 국제중학교 등의 '특성화학교'를 일부 포함하여 전국 3,266개에 이른다. 고등학교는 일반고, 특목고(특수목적고등학교), 특성화고, 자율고 등 크게 4개 유형으로 구분된다. 고등학교는

전체 2,379개로 가장 많은 일반고가 1,666개로 약 70%를 차지하며, 직업계고로 불리는 특성화고는 대안학교를 포함하여 487개, 자율학교 정책 이후 생겨난 자율고도 자율형 사립고와 자율형 공립고를 합해 64개에 달한다. 이 외에 특목고는 과거 과학고, 외고, 국제고만을 일컬었으나, 마이스터고가 이 범주에 포함됨으로써 162개로 적지 않은 수의 학교가 포함되어 있다.

1945년부터 1953년까지: 미군정기 교육과정, 교수요목 교육과정, 중등학교 학제 및 교육과정의 급변시기

미군정기 교육과정의 일반적인 특징에 대해서는 15, 17장에서 기술한 바와 같다. 중등학교에 대해서도 각각 한글과 영문으로 편제표가 발표되었다. 미군정에서 전국에 발표한 중등학교 일체형 4년제 중학교의 교과목 편제와 시간 배당은 〈표 18-3〉 〈표 18-4〉와 같다.

표 18-3 미군정기 중학교 교육과정 편제표(1945. 9. 30.)

교과 \ 학년	公民	國語	歷史地理	數學	物理化學生物	家事	裁縫	英語	體育	音樂	習字	圖書	手藝	實業	計[1]
1 中學	2	7	3	4	4	—	—	5	3	1	2	1	—	1	32
高女	2	7	3	3	3	2	2	4	2	2	2	1	1	—	34
2 中學	2	7	3	4	4	—	—	5	3	1	1	1	—	1	32
高女	2	7	3	3	3	2	3	4	2	2	—	1	1	—	34
3 中學	2	6	4	4	5	—	—	5	3	2	—	1	—	2	34
高女	2	6	3	2	4	4	3	4	2	—	1	1	1	1	35
4 中學	2	5	4	4	5	—	—	5	3	2	—	—	—	3	34
高女	2	5	3	3	4	4	4	4	2	—	—	1	1	1	35

* 중학(中學)은 남자 중학교, 고녀(高女)는 '고등여학교'의 약자로 여자 학교임.
출처: 국사편찬위원회 한국사데이터베이스, http://db.history.go.kr/; 국가교육과정정보센터, www.ncic.re.kr

---

1) 중학 1학년의 표 안의 수(습자 시수 2 또는 1)의 실제계(33)와 '계'로 표시된 수(32)에 2차 인용문헌(유봉호, 1992: 284)과 원문에 차이가 있으며, 3학년 또한 실제계(33)와 표시된 수(34)에 차이가 있고 단순오류로 추정되나, 이 장에서는 국사편찬위원회의 1차 자료(국사편찬위원회 한국사데이터베이스, http://db.history. go.kr/)의 표를 제시하였다.

표 18-4 미군정기 중학교 교육과정 편제표 및 교과서에 대한 영문 자료(1945. 9. 30.)

6. The following is the curriculum for public middle schools.

a. for boys, showing hour per week

courses / Years	1st	2nd	3rd	4th	Text
Civics	2hrs	2	2	2	in preparation
Korean Language	7	7	6	5	in preparation
History–Geography	3	3	4	4	in preparation
Mathematics	4	4	4	4	Old (Teacher only)
Science–Natural History	4	4	5	5	Old (Teacher only)
English	5	5	5	5	Old (Teacher only)
Physical Training	3	3	3	3	None
Music	1	1	2	2	None
Writing	1	1			None
Drawing	1	1	1	1	None
Vocational Training	1	1	2	3	None
Total Hours	32	32	34	34	

b. for girls, showing hour per week.

courses / Years	1st	2nd	3rd	4th	Text
Civics	2hrs	2	2	2	in preparation
Korean Language	7	7	6	5	in preparation
History –Geography	3	3	3	3	in preparation
Mathematics	3	3	2	2	Old (Teacher only)
Science –Natural History	3	3	4	4	Old (Teacher only)
Domestic Sciences	2	2	4	4	None
Sewing	3	3	3	4	None
English	4	4	4	4	Old (Teacher only)
Physical Training	2	2	2	2	None
Music	2	2	2	2	None
Writing	1	1			None
Drawing	1	1	1	1	None
Knitting	1	1	1	1	None
Vocational Training			1	1	None
Total Hours	34	34	35	35	

출처: 국가교육과정정보센터, www.ncic.re.kr

〈표 18-4〉 영문 자료에는 교과와 함께 교과서의 준비 상태가 나타나 있다. 국어, 사회(공민), 역사-지리 과목은 우리나라에 관한 것으로 일제강점기 중 없던 교과였기 때문에 'in prepartion', 즉 준비 중으로 표시되어 있고, 수학, 과학-자연사, 영어는 과거 것을 그대로 쓰는 것으로 되어 있다. 반면, 가정, 재봉, 체육, 음악, 쓰기, 그리기, 뜨개질, 기술 과목들은 교과서가 아예 없는 것으로 되어 있다.

이러한 해방 직후 문서에 제시된 자료를 보면 해방 직후 과도기에는 갑작스럽게 맞은 일제로부터의 해방 및 미군정기 교육의 혼돈 상태가 잘 드러나 있다. 제1차 교육과정 전까지 중등학교는 일제강점기의 학교 제도를 유지한 채로 일부 교과 내용을 미국의 교육과정을 참조하여 변형했다고 할 수 있다. 미군정기 중등학교 교육과정의 특징은 다음과 같다.

첫째, 일원화된 중등학교 체제에서 남녀가 다른 교과 및 시수로 운영되도록 하였다. 중등학교는 1개의 학교 체제로 남녀가 다른 중학교, 고급여학교 체제였으며, 지리역사, 물리화학, 영어, 체육, 도화, 실업 등은 남학생이 여학생보다 시수가 많고, 음악은 여학생이 많았다. 또한 가사, 재봉, 수예 등은 여학생 전용 과목이었다.

둘째, 일본어에 뺏겼던 '국어' 명칭의 우리말 교육을 되찾아 가장 많은 시수를 할당하여 배우도록 하였다. 1~2학년은 주당 7시간, 3학년 주당 6시간, 4학년 주당 5시간이며, 이는 현재 중학교 국어 시간의 평균 주당 시수와 유사하다.

셋째, 역사를 일본사가 아닌 우리 국사로 대체하였다. 국어와 마찬가지로 우리의 것을 교육하지 못한 교과인 역사는 일본사였던 것을 우리나라의 역사로 변경하게 되었다.

넷째, 수신과를 공민으로 명칭과 내용을 완전히 변경하여 새로운 민주 시민 양성을 위한 교과로 탈바꿈하였다. 현재에도 일본의 교과명인 '수신'은 일제강점기 우리나라 초중등학교 교과명이었다. 이 교과는 '공민(Civics)'으로 탈바꿈하였고, 도덕과 일반 사회의 결합된 형태인 민주 시민 교과가 되었다.

다섯째, 수업 시수는 1주일에 32~36시간으로 1일 평균 5~6시간 정도이며, 교과목의 중점은 국어가 주당 학년별 5~7시간으로 가장 많고, 그다음으로는 영어(주당 4시간), 과학(주당 3-3-4-4), 수학(주당 3-3-2-2) 순으로 교과의 비중이 컸다.

1945년 8월 직후 제시된 편제표는 한 학기 만에 변화가 필요하게 되었다. 1946년 2월 13일에 학제가 6-6-4제로 개편이 되어 중등학교가 4년제에서 3+3의 6년제로

표 18-5　1946년의 중등학교 국어과의 학년별 내용 영역과 시수 편제

사항 ＼ 학년	초급 一학년	초급 二학년	초급 三학년	고급 一학년	고급 二학년	고급 三학년
一년간 교수 줏수	37	37	37	37	37	37
一년간 교수 일수	220	220	220	220	220	220
一년간 교수 싯수	185	185	185	111	111	111
一주간 교수 싯수	5	5	5	3	3	3
항목　읽기	148	148	111	74	74	74
짓기와 문법	37	37	74	37	37	
국문학사						37

출처: 미군정청 문교부(1946): 국가교육과정정보센터, www.ncic.re.kr

바뀌게 된 것이다. 또한 해방 직후에 과도기적으로 학교를 운영하면서 새롭게 편성된 국어, 국사 교과에 대한 교수요목 수준의 교육과정 개발이 시급하였다. 국어는 조선어학회에서 지어 낸 '중등 국어 독본'이 있었고, 국사는 진단학회에서 마련한 '국사'가 있었으나, 여타 교과는 학교 자율 또는 지역적 노력에 의하여 교수요목을 만들고 교재를 마련하여 사용하였다. 이러한 가운데 미군정청 학무국에서는 1946년 2월 21일 '교수요목 제정위원회'를 조직하여 교수요목을 제정하였다.

　1946년에 제시된 교과 교육과정에는 학년별 수업 주수, 수업 일수, 교과 수업 시수, 1주간 수업 시수가 제시되고, 영역별 연간 시수도 구분되었다. 예컨대 국어과의 경우 초급중학교, 고급중학교 각 3년이 함께 제시된 표에서 초급중학교 3년과 고급 2학년까지는 읽기, 짓기와 문법의 2개 영역으로 구성되고 고급중학교 3학년에는 읽기와 국문학사로 구성되어 연간 시수가 제시되었다. 또한 이 시기를 '교수요목기'라고 부르는 근거로서, 각 교과 교육과정은 '각과 교수요목'이라는 제목의 문서였으며, 교수요목의 예는 〈표 18-6〉과 같다.

　교수요목은 교과 교육과정과 동의어로서 문서 제목이기도 하고 교과 교육내용을 뜻하는 말이기도 하다. 교수요목을 교과로 제시하는 것은 일제강점기부터였으며, 일제강점기 초기 및 중기에는 총론 편제표에 교과의 교수요목을 간단하게 기술하다가 점차 상세화된 '목차'와 같은 방식으로 내용을 제시하였고, 별도로 지도 방법 및 평가가 제시되는 교과도 있었다. 이렇게 교과별 제시되는 내용은 초·중등학교

표 18-6 1946년 초급중학교와 고급중학교 과학과 교수요목의 예

初級中學校 一般科學 敎授要目 約600敎時	高級中學校 科學科(物理) 敎授要目 (一, 二學年用) 約120敎時
題材의 內容	題材의 內容
I. 自然科學 　1. 自然科學의 意義 　2. 自然科學工夫의 必要性과 工夫法 II. 空氣 　1. 空氣의 實在　　2. 空氣의 空間占有 　3. 空氣의 무게　　4. 空氣의 熱影響 　5. 壓縮空氣와 그 用途 III. 空氣의 壓力 　1. 大氣의 壓力　　2. 氣壓計 　3. 大氣壓力의 變化 　　　　　……	I. 計量과 單位 　1. 長, 面積, 體積의 測定과 單位 　2. 重量, 天秤, 密度 　3. 時間, 太陽時와 標準時 　4. 溫度, 溫度計의 基點　　5. 壓力, 氣壓計 II. 物性 　1. 物理的變化　　　　　2. 溶解, 溶液 　3. 彈性, 여러 가지 變形　4. 塑性 　5. 液體의 壓力　　　　　6. 浮力, 比重 　7. 表面張力　　　　　　8. 毛細管現象 　　　　　……

출처: 국가교육과정정보센터(www.ncic.re.kr)에 제시된 해당 교육과정 중 일부를 표로 구성함.

모두 교과별로 교수요목으로 제시하며 약간 차이는 있지만 1차 교육과정기까지 계속되었다.

한편, 중·고등학교인 초급중학교와 고급중학교로 학제가 변경된 후의 편제표는 〈표 18-7〉과 같다.

1945~1946년은 중등학교가 중학교 및 고급여학교에서 6년제의 한 학교로 만들

표 18-7 미군정기 초급중학교와 고급중학교 교육과정 편제표(1946. 9. 20.)

과목 ＼ 학년		1학년	2학년	3학년	과목 ＼ 학년	4학년	5학년	6학년
필수 과목	국어	5	5	5	국어	3	3	3
	사회생활	5	5	5	사회생활	5	6	5
	수학	5	5	0	수학	5	0	0
	일반과학	5	5	5	과학	5	5	0
	체육·보건	5	5	5	체육보건	3~5	3~5	3~5
	실과	2	2	2	외국어	0~3	0~3	0~3
	음악	2	2	2				
소계		29	29	24		21~26	16~21	11~16

구분	과목				과목			
선택 과목	수학	0	0	5	국어	2	2	2
	외국어	5	5	5	사회생활	(5)	(5)	(5)
	음악	1~2	1~2	1~2	수학	0	5	5
	미술	1~2	1~2	1~2	과학	0	0	5
	수공	1~2	1~2	1~2	외국어	5	5	5
	실업	0~10	0~10	0~15	음악	1~3	1~3	1~3
					미술	1~3	1~3	1~3
					심리	0	0	5
					실업	5~18	5~20	5~25
특수 과목	국어	1	1	1	합계	39	39	39
	과학	1	1	1				
	합계	39	39	39				

출처: 국가교육과정정보센터(www.ncic.re.kr)에서 초급중학교, 고급중학교별로 각각 제시된 편제표를 이 장에서 1개의 표로 합한 것임.

수도 있었고 별도의 2개 학교인 초급중학교와 고급중학교로 분화할 수도 있었다. 이에 따라 교육과정은 2개 학교급이지만, 학교는 6년제 및 3−3년제로 할 수도 있었다. 1946년 초급중학교 및 고급중학교 교육과정의 특성은 다음과 같다.

첫째, 중등학교는 같은 시기 연간 수업 시간 수로 제시한 국민학교와 달리 주당 시간 수로 제시하였다.

둘째, 공민, 역사, 지리를 사회생활과로 통합하였다.

셋째, 체육과 보건이 합해져서 체육·보건으로 되었다.

넷째, 필수과목과 선택과목으로 구분되어 필수과목의 수업 시간 비중은 주당 39시간 중 1학년은 53~66%, 2학년은 41~53%, 3학년은 28~41%로 학년이 높아질수록 선택과목의 비중이 많아지고 필수가 줄어들도록 하였다.

다섯째, '외국어'라고 하였는데 필수과목 중 외국어는 영어로 하며, 선택과목 중 외국어는 중어, 불어, 노어, 독어로 하도록 하였다. 또한 편제표에 제시된 것은 일반 고등학교와 직업계 고등학교가 모두 포함된 것이어서 계열별 융통성이 있었는데, "1주 15시간 이상의 실업을 선택하는 자에 한하여는 체육·보건을 3시간으로 감소할 수 있으며, 외국어를 필수로 아니 할 수 있음" 즉 직업계열로 과목을 선택하는 학생은 체육시간을 줄여 주고 외국어 필수도 감면해 주었다.

교과 교수요목에 나타난 미군정기 교과 교육과정의 특징은 다음과 같다. 첫째, 교과의 지도 내용을 상세히 표시하고, 기초 능력을 배양하는 데 주력하였다. 둘째, 교과는 분과주의를 채택하였으며, 체계적인 지도와 지력의 배양에 중점을 두었다. 셋째, 우리나라의 교육 목표인 '홍익인간'의 정신에 입각하여 애국애족의 교육을 강조하였으며, 일제 잔재를 정신 면에서나 생활 면에서 시급히 제거하는 데 각별한 노력을 기울였다.

대체로 당시의 교수요목은 일제강점기 일본의 교육체제와 내용에 기초하여 미국의 새로운 방식을 일부 수용하였는데, 예를 들면 '사회생활'과 같은 통합 사회과가 생기게 되었다. 한편, 내용 면에서 일제 잔재를 불식하려는 노력도 병행되었는데, 한글 전용, 우리말 다시 찾기 및 우리말 용어 제정 등을 예로 들 수 있다.

미군정기는 정치적으로 1945년 8월부터 시작하여 1948년 8월 남한 단독정부가 수립되면서 종료되었으나, 교육과정의 경우 1948년 이후에도 1954년 제1차 교육과정까지 새 교육과정이 아니라 미군정기에 고시된 교육과정을 계속 사용하였다. 앞에서 편제표, 교과 교육내용에서 본 바와 같이 미군정기 교육과정이라고 해서 미국과 관련된 내용이 들어간 것은 아니었기에 문제가 없었던 것으로 사료된다. 이에 따라 미군정기 교육과정을 1954년까지로 볼 수도 있지만, '미군정기'라는 수식어의 불합리함 때문에 1945년부터 1946년까지를 '교육에 대한 긴급조치기', 1946년부터 1954년 제1차 교육과정 직전까지의 시기를 '교수요목기'로 양분하여 명하기도 한다 (교육부, 2017b: 224-226). 이 장에서는 교육과정의 고시 시점을 중심으로 시기 구분을 하는 기준에 따라, 1945년 해방 이후를 미군정기 교육과정으로 명명하였다.

제1차 교육과정(1954. 4. 20.~1963.): 교육법에 따른 최초의 교육과정, 중학교와 고등학교 교육과정

제1차 교육과정은 총론의 편제표에 해당하는 시간 배당 기준령을 1954년에 법으로 고시한 다음 1955년에 교과 교육과정을 고시하였다. 편제표를 교육과정과 별도의 법으로 고시하는 것은 일본이나 핀란드에서 유지하고 있는 체제이다. 1955년 8월 1일 문교부령 제44호, 제45호, 제46호로 각각 공포된 국민학교, 중학교, 고등학교 및 사범학교 교육과정의 명칭이 교과 과정이었기 때문에 이 시기를 교과 교육과정 시기 또는 교과 중심 교육과정 시기라고 한다.

왜 제1차 교육과정이 1945년 해방 이후 9년의 시간이 지나서야 만들어졌는가는 교육과정의 성격에 기인한다. 교육과정은 법의 일부인 행정규칙이고, 우리나라에 「교육법」이 만들어지기까지 시간이 필요했던 것이다. 1948년 정부 수립과 1949년 「교육법」 제정에 따라 교육과정을 새롭게 제정해야 했다. 「교육법」 제155조에 "각 학교의 학과, 교과는 대통령령으로, 각 교과의 교수 요지, 요목 및 수업 시간 수는 문교 부령으로 정한다."고 되어 있어 문교부는 이에 근거하여 정부 수립 이후 최초의 교육과정 제정에 착수하였으나, 6 · 25전쟁으로 연기되어, 제1차 교육과정 제정의 기본 원칙 수립을 통해 각급학교 교육과정 시간 배당 기준을 작성하고, 1954년 4월 20일 문교부령 제35호로 공포하였다.

제1차 교육과정은 우리가 해방 이후 만든 최초의 국가 교육과정이다. 교육과정

표 18-8 제1차 고등학교 교육과정 제정의 기본 태도

첫째, 사회를 개선하고 향상시키는 계획안이어야 한다. 우리나라의 현실 생활을 개선 향상 시킬 수 있는 포부와 이념을 포함시키도록 하였다.

둘째, 육성하여야 할 인간의 구체적 자태를 밝히고 그 구현 방법을 표시하여야 한다. 우리 나라 교육의 목적을 구체적으로 분석하고 그를 구현할 방도로서의 계획안이 되도록 하였다.

셋째, 학생의 인격 발전의 과정과 그 주요한 특징을 고려하여야 한다. 교육과정 내용을 학 생의 심신 발달 과정과 생활 이상에 맞도록 배열하였다.

넷째, 내용은 적절 필수의 최소량이어야 한다. 교육과정의 내용은 극히 필요 적절한 것에 그쳐, 그 수와 양을 최소한도로 제한하여야 한다. 따라서 엄선한 최소량의 것으로 하여 학습 의 부담을 경감하며, 그 중복, 혼란, 과중을 막도록 하였다.

다섯째, 교육과정은 유기적 통일체로서 각 내용은 서로 연관성이 있어야 한다. 구 교육은 단 편적 지식인을 만드는 결과를 초래했다. 여기에서는 전인적이고 종합적인 내용으로서 학생의 각 방면의 욕구를 고루 충당하며, 그 개성을 최고도로 발전시킬 수 있는 것이 되도록 하였다.

여섯째, 교육과정의 내용은 시대와 지역의 요구에 적응하여야 한다. 이 교육과정은 우리나 라의 특수성에 비추어 특히 요청되는 반공 교육, 도의 교육, 실업 교육 등이 강조되어 있으며, 각 지역의 특색을 살리도록 유의하였다.

일곱째, 교육과정은 융통성이 있고, 탄력성이 있어야 한다. 우리나라의 교육과정은 부령으 로서 시행되는 것이지만, 그 내용은 풍부한 자료 단원을 포함할 수 있도록 하였다.

출처: 제1차 고등학교 교육과정. 국가교육과정정보센터, www.ncic.re.kr

구성의 기본 방침이나 목표는 별도로 제시되어 있지 않으나, 교과 과정의 머리말에 제시된 '본 과정 제정의 기본 태도'를 살펴보면 〈표 18-8〉과 같다.

또한 '본 과정 운용상의 주의'에는 교육과정을 각 학교의 교육 계획과 교과 경영의 기준이라 하고, 각 학교는 이 기준에 근거하여 학교 교육 계획을 수립하되, 지역사회의 특수성과 학생의 실정이 알맞은 독자적 연구와 창의를 기하여야 함을 강조하여 밝히고 있다(교육부, 1999: 194).

1954년 4월 20일 공포된 제1차 중학교 교육과정의 편제표는 〈표 18-9〉와 같다.

제1차 중학교 교육과정의 특징은 다음과 같다. 첫째, 중학교 교과 활동의 교과는 필수 교과(8교과)와 선택 교과(실업·가정, 외국어, 기타 교과)의 2개 군으로 나누어 선택권의 범위는 크지 않으나 중학교 단계에서 학생들이 적성 및 취미 등에 따라 교과목을 선택할 수 있는 융통성을 부여하였다는 점이다.

둘째, 초, 중, 고 공통으로 특별활동이 교과 외 활동으로 편성되어, 교육과정이 교

표 18-9 제1차 교육과정 시기 중학교 교육과정 편제표(1954. 4. 20.)

교과 \ 시간 수 \ 학년		1년	2년	3년
필수 교과	국어	140(4)시간	140(4)시간	140(4)시간
	수학	140(4)	105(3)	105(3)
	사회생활	175(5)	175(5)	140(4)
	과학	140(4)	140(4)	105(3)
	체육	70(2)	70(2)	70(2)
	음악	70(2)	35(1)	35(1)
	미술	70(2)	35(1)	35(1)
	실업·가정	175(5)	175(5)	175(5)
소계		980(28)	875(25)	805(23)
선택 교과	실업·가정	35~245(1~7)	35~245(1~7)	35~245(1~7)
	외국어	105~175(3~5)	105~175(3~5)	105~175(3~5)
	기타교과	0~105(0~3)	0~210(0~6)	0~280(0~8)
특별활동		70~105(2~3)	70~105(2~3)	70~105(2~3)
계		1,190~1,330(34~38)	1,190~1,330(34~38)	1,190~1,330(34~38)

* 괄호 내의 숫자는 매주 평균 수업 시간량을 표시함.

출처: 문교부령 제35호, 국민학교, 중학교, 고등학교 및 사범학교 교육과정 시간 배당 기준령, 별표 2, 중학교 교육과정 시간 배당 기준표, 1954. 4. 20.: 국가교육과정정보센터, www.ncic.re.kr

과와 비교과 2개 영역으로 구분되었다.

셋째, 시간 수는 학년별로 연간 이수해야 할 총 시간 수와 주당 평균 시간 수를 같이 표시하고, 최소·최대의 범위를 줌으로써 학교와 지역사회의 실정에 따라 융통성 있게 활용될 수 있도록 수업량을 연 단위로 신축성 있게 편제하였다.

넷째, 도덕과가 교과로 독립해 있지 않았다. 일제강점기와 달리 미군정기부터 도덕은 사회생활과에 배당된 시간 중 최소 35시간 이상의 시간을 확보하여 실시하도록 하였다.

제1차 교육과정기의 고등학교 교육과정의 편제표는 〈표 18-10〉과 같다.

표 18-10 제1차 교육과정기 고등학교 교육과정 편제표(1954. 4. 20.)

교과목	시간 수 / 학년		1년	2년	3년	내용
필수교과	국어(I)		140(4)	140(4)	105(3)	현대인의 국어 생활을 중심으로 하고 고전 일부를 넣음.
	사회	일반사회	105(3)	105(3)	35(1)	정치, 경제, 사회를 중심으로 하고 지리와 역사를 배경으로 하여 민주 사회와 공민적 자질을 신장함.
		도덕	35(1)	35(1)	35(1)	윤리, 도덕을 중심으로 예의를 올바르게 지도함.
		국사	–	105(3)		문화를 중심으로 우리 나라 역사를 연구함.
	수학		140(4)	–	–	1차 함수, 2차 함수, 대수, 함수, 3각 함수, 기타 일반 교양으로 필요한 일반 수학의 기초를 연구함.
	과학		140(4)	–	–	물리, 화학, 생물, 지학 중에서 하나를 선택하여 필수로 과한다.
	체육		35(1)	35(1)	35(1)	건강에 필요한 사항의 연구와 도수, 육상경기, 구기, 기계 체조, 수영, 율동, 체력 검사 등의 실기 지도
	음악		140(4)			성악, 악기, 작곡, 감상에 대한 지도와 연구, 도화, 공작, 서도의 실기 및 그 감상에 대한 지도 연구함.
	미술					
	실업·가정		105(3)	105(3)	105(3)	실업·가정에 관한 이론과 실기를 습득시킴.
	소계		770 (22)	490 (14)	420 (12)	

선택 교과	보통 과정	국어(II)	105(3)	105(3)	105(3)	현대문, 고전, 문법, 문학, 어학사, 문학사, 한문 등에 관하여 연구
		사회 세계사	–	105(3)		현대 세계를 이해시키기 위하여 세계 문화의 유형과 그 발전의 역사를 고찰함.
		사회 지리	105(3)		–	인문 지리를 중심으로 함.
		수학 해석	–	105~210(3~6)		수학(I)의 기초 위에 해석을 연구함.
		수학 기하	–	70~140(2~4)		수학(I)의 기초 위에 기하를 연구함.
		과학 물리	140(4)			물체의 성질, 원자 물리의 기초 지식에 관하여 연구함.
		과학 화학	140(4)			무기화학, 유기화학의 기초 지식에 관하여 연구함.
		과학 생물	140(4)			동물, 식물, 생리, 위생을 중심으로 생물 전반에 관하여 연구함. 필수에서 선택하지 않는 과목 중에서 선택함.
		과학 지학	140(4)			지질, 광물을 중심으로 하고, 천문, 기상, 해양도 함께 연구함.
		교련	140(4)	140(4)	140(4)	남학생에게는 필수로 과한다. 군사에 관한 지식과 기술을 훈련하여 아울러 심신의 단련을 꾀함.
		철학·교육	–	210(6)		논리, 철학 개론, 교육 원리, 교육사, 교육 심리학, 교육 방법 등 중에서 그 기초를 연구함.
		체육 음악 미술	0~210(0~6)			체육, 음악, 미술 중에서 선택함.
		외국어 영어 독일어 불란서어 중국어	0~175 (0~5)	0~175 (0~5)	0~175 (0~5)	영어, 독어, 불어, 중국어 중에서 하나 또는 둘을 선택하되 문장, 문법에 대한 기초 능력, 회화 능력 및 각국의 문화를 이해하는 능력을 기름.
	전문 과정	실업, 기타 전문에 관한 교과	0~420 (0~12)	0~770 (0~22)	0~770 (0~22)	
		특별활동	70(2)	70(2)	70(2)	

총계	1190~1365 시간 (34~39)	1190~1365 시간 (34~39)	1190~1365 시간 (34~39)	

※ 괄호 내의 숫자는 매주 평균 수업 시간량을 표시함.

출처: 문교부령 제35호, 국민 학교, 중학교, 고등학교, 사범 학교 교육과정 시간 배당 기준령 별표 4, 고등학교 교육과정 시간 배당 기준표, 1954. 4. 20.: 국가교육과정정보센터, www.ncic.re.kr

제1차 고등학교 교육과정의 특징을 살펴보면 다음과 같다.

첫째, 고등학교 유형별로 '보통과정'과 '전문과정'의 교육과정이 한 편제표에 제시되었다. 여기서 보통 과정은 인문계 고등학교, 전문 과정은 실업계 고등학교, 사범 학교가 포함된다. 일제강점기의 사범학교는 중등교육기관이었으나, 고등교육기관으로서의 성격도 같이 갖고 있었고 초 · 중등학교 교사 자격도 미분화상태였다. 이것이 해방 이후에는 초등학교 교사 양성 기관은 계속 사범학교로 남게 되고, 중등학교 교사 양성 기관은 사범대학으로 승격되었다. 또 사범학교는 당분간 고등학교 단계, 즉 중등교육기관이면서 졸업 후 초등학교 교사를 할 수 있는 학교 형태로 남아 있게 되었다.

둘째, 교과의 이수는 과정별이 아닌 과목별 선택이 되도록 하였다. 인문계 고등학교의 문이과 과정은 제시되지 않았다. 고등학교 단계에서 과정별 교육과정 이수는 아직 되지 않았으나, 필수와 선택 과목이 존재하였다.

셋째, 교과의 필수와 선택을 구분하고, 수업 시간 수는 연간 시간과 주당 시간을 같이 기재하여 융통성을 부여하였다. 학년별 총 이수 시간은 연간 1,190~1,365시간, 주당 34 내지 39시간으로 같지만 필수과목의 시간은 1학년 790시간(주당 22시간), 2학년 490시간(주당 14시간), 3학년 420시간(주당 12시간)으로 학년이 올라갈수록 선택과목의 시간이 많게 하였다.

넷째, 선택과목은 보통 과정과 전문 과정, 즉 일반계열과 직업계열로 구분하여 1학년부터 선택할 수 있도록 하였다.

다섯째, 교과의 '교수요목'을 '내용'이라고 하여, 총론 편제표에 제시하였다. 이는 일제강점기 때 총론에 교과 교수요목을 제시한 것과 동일한 방식이다.

여섯째, 초 · 중등학교 공히 특별활동 영역을 설정하여 교육과정을 교과와 비교과 활동의 2개 영역으로 구분하고 고등학교에서도 주당 2시간씩 필수로 이수하도록 하였다. 미국을 비롯하여 비교과 영역을 갖지 않는 대부분의 서구 국가들과 달리 교육과정에 특별활동이라는 비교과 활동이 존재하는 것은 같은 이름과 성격의 교육과정 영역을 갖고 있는 일본의 영향이 크다. 미군정기 교육과정에서부터 우리나라의 교육과정은 미국의 영향과 일본의 영향이 뒤섞인 가운데, 우리나라의 특수성을 반영하려는 노력으로 이해할 수 있다. 1950년대부터 1970년대까지 우리나라의 열악한 사회경제적 여건 속에서 학교는 지역사회에서 중요한 문화 예술 교육의 기회를 제공하는 곳이었고, 학생 개인의 삶 속에서 어린 시절에 학교 이외의 곳에서 취미생활을 위한 여가 교육, 교과 외의 체험활동을 제공하는 기회를 갖기 어려운 것을 감안할 때, 특별활동은 매우 특별하고 소중한 교육의 기회였고, 교사들 역시 교과가 아닌 영역에서 자신의 특기가 있는 경우 이를 살려 지도하는 등 특이한 기회의 시간이었다.

일곱째, 사회과의 과목은 도덕, 국사, 세계사, 일반사회, 지리의 5개 과목이며, 이 중 도덕, 국사, 일반사회는 필수이고, 세계사와 지리는 선택이 되도록 하였다.

여덟째, 외국어에서 영어, 독일어, 불어, 중국어의 지위가 동등하게 선택과목 중 하나였다. 주당 0~5시간을 이 중 1~2개를 선택하여 이수하도록 하였다.

아홉째, 일부 교과 시수를 학년군으로 제시하였다. 사회(국사, 세계사, 지리), 과학(물리, 화학, 생물, 지학), 음악, 미술 등은 2년 또는 3년간 이수할 총 시간 수로 제시되어 있어 어느 정도 학교가 자율적으로 편성·운영할 수 있는 여지를 두었으며, 선택과목 중 수학(해석, 기하), 외국어 등 일부 교과목의 경우 교과별 기준 시간을 급간으로 표시하여 선택과목운영의 융통성을 부여하였다.

제1차 교육과정기 야간제, 실업 고등학교 부분 개정 (1956. 4. 24., 1958. 6. 5.)

1956년 4월 24일 야간제 고등학교 교육과정 시간 배당 기준표를 제정하였고, 1958년 6월 5일에는 개정하여 실업 고등학교의 교과 시간 배당 기준표를 공포하고, 실업 고등학교에서의 교과 시간 배당 기준, 각 학과에서 반드시 선택해야 할 교과목을 예시하였다.

표 18-11 제1차 교육과정기 부분 개정에 의한 실업 고등학교 교육과정 편제표(1958. 6. 5.)

교과			제1학년	제2학년	제3학년	계	내용
공통 필수		전문 이외의 일반 교과	665(19)	385(11)	315(9)	1,365(39)	국어, 사생, 수학, 과학, 체육, 음악, 미술(부령 제35호 별지 4에 의함)
		교련	140(4)	140(4)	140(4)	420(12)	
		특별활동	70(2)	70(2)	70(2)	210(6)	
		소계	875(25)	595(17)	525(15)	1,995(57)	
전문 교과	필수	계열별 필수	315(9)	385(11)	385(11)	1,085(31)	
	선택	계열별 선택	0~175 (0~5)	210~285 (6~11)	280~455 (8~13)	490~1,015 (14~29)	
합계			1,190~1,365 (34~39)	1,190~1,365 (34~39)	1,190~1,365 (34~39)	3,570~4,095 (102~117)	

출처: 국가교육과정정보센터, www.ncic.re.kr

제2차 교육과정(1963. 2. 15.~1974.): 교육과정을 정의하고 틀을 갖춘 경험중심 교육과정 시기

해방 이후 남한 교육과정 변천사에서 교육과정을 정의하고 보다 구체화된 교육과정은 제2차 교육과정에서 시작된다고 할 수 있다. 1945년 해방 이후 18년째 되는 해에 고시된 제2차 교육과정은 1963년 2월 15일에 공포된 국민학교, 중학교, 고등학교 및 실업 고등학교 교육과정을 말하며, 교육과정 사조로는 경험 중심 교육과정으로 불린다. 정치적으로는 5·16군사쿠데타 후 정권의 변화가 교육과정 개정의 중요한 계기를 마련하였으며, 교육계 내부에서는 1954년 제1차 교육과정으로부터 약 9년이 경과하여 교육과정 개정을 위한 사회적 변화의 반영, 현 교육과정 운영의 문제점들이 다음과 같이 제기되었다.

표 18-12　제2차 교육과정의 '머리말'

첫째, 제1차 교육과정 시행 이후 상당한 시일도 경과되었다. 그동안 문화는 발달되고 국내의 정세는 급격히 변동되어 사회생활의 양상은 크게 변하였으므로 전면적으로 개정하여야 하게 되었다.

둘째, 구 교육과정은 제정 당시의 비정상적인 사회 상태와 여러 가지 애로나 제약으로 충분한 내용 설정을 하지 못하였고, 자주적이고 구체적인 한국 고유의 교육 목표도 설정하지 못하였다.

셋째, 교육과정의 운영에서도 단편적인 지식의 주입에 편중한 나머지 인격의 도야에 소홀하였고, 학습 활동도 표방하는 경험주의와는 멀리 실생활과의 유리가 심하여 교육 개혁을 요구하는 소리가 높았다.

제2차 교육과정은 우리나라 국가 수준 교육과정에서 무엇이 교육과정인지를 정의한 것으로도 잘 알려져 있다. 교육과정을 미국의 진보주의, 생활중심, 경험중심 교육사조의 영향을 받아 "학생들이 학교의 지도하에 경험하는 모든 학습 활동의 총화"로 정의함에 따라 이 정의는 현재까지도 교육과정 정의의 기초가 되고 있다.

표 18-13　제2차 교육과정에서 최초로 정의된 '교육과정'

교육과정은 곧 학생들이 학교의 지도하에 경험하는 모든 학습 활동의 총화를 의미하는 것이다. 따라서 학생들의 경험 여하에 따라 그들이 어떤 인간으로 성장하게 되느냐가 결정되는 것이다

또 '교육과정 개정의 취지'라는 항목도 생겼는데, 여기에서는 예컨대, 교육목표에서 "(4) 가난을 극복하고 경제적 효율성을 증진시키는 데 필요한 학습 활동을 충분히 포함하여야 한다."라고 할 정도로 1963년 이전의 어려운 국가적 상황을 극복하기 위한 교육의 역할을 반영한 진술이 직설적으로 드러난다. 교육과정의 개발 원리가 제시되기도 하였는데 교육 내용 면에서 자주성, 생산성, 유용성의 원칙을 강조하고, 교육과정의 조직에서는 합리성을, 교육과정 구성에 있어서는 과학적인 원칙을, 교육과정의 운영에서는 지역성을 강조하는 등 경험중심이자 생활중심 교육과정으로서의 성격을 뚜렷이 하고 있다.

제2차 교육과정기 중학교 교육과정의 시간 배당 기준은 〈표 18-14〉와 같다.

표 18-14 제2차 교육과정기 중학교 교육과정 편제표(1963. 2. 15.)

과정	학년	1	2	3
교과	국어	5~6	5~6	4~6
	수학	3~4	3~4	2~4
	사회	3~4	3~4	2~4
	과학	3~4	3~4	2~4
	체육	3~4	3~4	2~4
	음악	2	2	1~2
	미술	2	2	1~2
	실업·가정	4~5	4~6	3~12
	외국어	3~5	3~5	2~5
반공·도덕		1	1	1
총계		30~33	30~33	30~33
특별활동		8%~	8%~	8%~

출처: 문교부(1963). 중학교 교육과정: 국가교육과정정보센터, www.ncic.re.kr

제2차 중학교 교육과정의 특징은 다음과 같다. 첫째, 교육과정 영역에 반공·도덕 활동이 등장하여 교과 활동, 특별활동과 함께 세 가지 영역이 되었다.

둘째, 중학교 모든 교과는 필수로만 이루어졌다. 또한 교과 내의 분과도 허용하지 않았다. 교과는 9개 교과로 이루어졌는데, 특기할 점은 사회생활과의 명칭이 사회과로 바뀐 것이다.

셋째, 연간 시간이 아닌 주당 시간 수만 범위로 제시하였으며, 전체적으로 총 시간 수가 줄어들었다. 제1차 교육과정은 각 학년의 주간 시간이 34~38시간이었는데, 제2차 교육과정은 30~33시간에 특별활동을 8% 이상 부과하여 주당 총 이수 시간을 1시간 정도 줄였으며, 수업 시간도 제1차 교육과정은 50분 단위로 했으나, 이 과정은 45분 단위로 함으로써 실질적으로 상당히 감축되었다.

제2차 교육과정기 고등학교 교육과정은 인문계, 실업계로 나뉘었고, 편제표도 과목의 구성인 편제와, 과정별 필수 및 선택 시간 수를 나타내는 2개의 표로 구분하여 제시하였다. 인문계 고등학교의 2개 편제표, 실업 고등학교의 1개 편제표는 각각 〈표 18-15〉와 같다.

표 18-15 제2차 교육과정기 인문계 고등학교 교육과정 편제표(1963. 2. 15.)

교과	과목	단위 수	교과	과목	단위 수
국어	국어 I	24	음악	음악 I	6
	문법(4)			음악 II	42
	한문(6)	18	미술	미술 I	6
	국어 II			미술 II	42
	고전(4)		실업 (농업)	농업 일반	14
	작문(4)			일반 관리	4
사회	일반 사회	4		기타 과목	38
	국민 윤리	4	실업 (공업)	공업 일반	14
	정치·경제	4		일반 관리	4
	국사	6		기타 과목	38
	세계사	6	실업 (수산)	수산 일반	14
	지리 I	6		일반 관리	4
	지리 II	6		기타 과목	38
수학	공통 수학	8	실업 (상업)	상업 일반	14
	수학 I	12		일반 관리	4
	수학 II	26		기타 과목	38
과학	물리 I	6	가정	가정 일반	14
	물리 II	12		일반 관리	4
	화학 I	6		기타 과목	38
	화학 II	12	외국어	영어 I	18
	생물 I	6		영어 II	1과목
	생물 II	6		독어	또는 20
	지학	4		불어	2과목
체육	체육	24		중국어	

　제2차 교육과정기 고등학교 교육과정의 특징을 살펴보면 다음과 같다. 첫째, 우리나라 고등학교 교육과정에 단위제가 도입되었다. 그동안 주당 및 연간 수업 시간 수로 제시되던 교과 시간이 단위제로 제시됨으로써, 교육과정의 편성과 운영을 보다 자율적으로 운영할 수 있는 융통성을 부여하게 되었다. 여기서 1단위는 50분을 단위 시간으로 하여 한 학기(18주 기준) 동안 18단위 시간을 이수함을 말한다.

　둘째, 인문계와 실업계 고등학교 교육과정을 동시에 고시하되, 따로 편제표를 구분하여 제시되었다.

셋째, 우리나라 고등학교 교육과정에 처음으로 과정이 제시되었다. 문과, 이과로 통칭하는 이 '과정'은 이후 공식적인 국가 교육과정에서는 제7차 교육과정에서 사라지게 될 때까지[2] 40년간 고등학교 교육과정의 근간을 이루게 되었다. 제2차 교육과정은 특히 고등학교의 경우 이후 2022년 현재까지 교육과정의 근간이 되는 학점제의 전신인 단위제, 과정 중심, 과목 선택권 강조 등에 대한 틀을 제시한 교육과정이다. 인문계의 경우, 국가 수준에서 인문, 자연, 직업, 예능의 3개 과정을 제시하였는데 과정별 필수 단위가 달랐으며 2, 3학년부터 과정별로 다른 수업 시간을 운영하도록 하였고, 과정 공통 과목과 과정별 필수 및 선택 과목이 제시되는 체제를 갖게 되었다. 과정 공통 필수과목의 단위 수는 104단위이며, 인문 과정 100단위, 자연 과정 110단위, 직업 과정 104단위를 과정별 필수와 선택으로 이수하도록 하고, 예능 과정은 인문 과정에 준하여 각 학교의 실정에 맞게 조정할 수 있게 하였다. 인문계 학교 직업 과정은 실업 고등학교 교육과정과 연계되게 하였다.

넷째, 초중학교와 마찬가지로 교육과정을 교과와 특별활동으로 구분하였다. 다만, 고등학교의 경우, 특별활동을 편제표에 싣지 않고, 총 단위 시간 수의 10% 이상에 해당하는 시간을 하도록 하였다.

다섯째, 제1차 교육과정기에 선택이었던 음악·미술 교과는 제2차 교육과정에서는 단위 수를 증대시킴과 동시에 두 과목 모두를 이수하도록 함으로써 학생들의 정서 교육을 강화하였다.

여섯째, 학교에 교육과정 재구성권을 부여하였다. 제2차 교육과정은 교육과정 개정의 취지에서 지역성을 강조하며 국가 교육과정 문서에서 처음으로 학교에 교육과정 재구성권이 있음을 명시하였다. 국가 교육과정은 학교 교육과정 개발을 위한 일반적 기준임을 밝히고, 그것을 구체적으로 적용함에 있어서 각 학교는 국가 교육과정에 의거하여 각 지역사회의 실정에 맞도록 학교 교육과정을 창의적으로 재구성하도록 하여 충분한 융통성과 신축성을 부여하였다.

일곱째, 실업계 고등학교는 전문 교과목의 종류에 따라 농업, 공업, 상업, 수산, 가정 등의 명칭을 사용하는 고등학교로 분류하였다.

---

2) 물론 2007 개정 이후에도 학교에서는 문과, 이과와 같이 과목 선택을 하는 학생 집단 구분의 기준을 자체적으로 설정해 왔으나 국가 수준에서 사라지게 된 것이다.

표 18-16 제2차 교육과정기 인문계 고등학교 과정별 단위 배당 기준(1963. 2. 15.)

공통 과목		인문 과정	
국어 I	24단위	국어 II	18단위
일반 사회	4 "	정치 · 경제	4 "
국민 윤리	4 "	지리 II	6 "
국사	6 "	수학 I	12 "
세계사	6 "	물리 I	6 "
지리 I	6 "	화학 I	6 "
공통 수학	8 "	지학	4 "
생물 I	6 "	농업 일반	
체육	24 "	공업 일반	14 "
음악 I	6 "	수산 일반	(남)1과목
미술 I	6 "	상업 일반	
일반 관리	4 "	가정 일반(여)	14 "
		외국어	30 "
		(영어II, 독어, 불어, 중국어 중에서 1 또는 2과목)	
계	104단위	계	100단위

자연 과정		직업 과정	
지리 II	6단위	한문	6단위
수학 II	26 "	작문	4 "
물리 II	12 "	정치 · 경제	4 "
화학 II	12 "	지리 II	6 "
생물 II	6 "	수학 I	12 "
지학	4 "	물리 I	6 "
농업 일반		화학 I	6 "
공업 일반	14 "	지학	4 "
수산 일반	(남) 1과목	농 · 공 · 상 · 수산	
상업 일반		각 과목 중(남)	38 "
가정 일반(여)	14 "	가정(여)	38 "
외국어	30 "	(또는 가정 일반 14단위와	
		농 · 공 · 상 · 수산 과목 중 24단위)	
(영어II, 독어, 불어, 중국어 중에서 1 또는 2과목)		영어 I	18 "
계	110단위	계	104단위

표 18-17 제2차 교육과정기 실업 고등학교 교육과정 편제표(1963. 2. 15.)

보통 교과목			농업계	공업계	상업계	수산계	가정계
필수 교과목		선택 교과목	단위 수	단위 수	단위 수	단위 수	단위 수
국어	18	수학	8~16	8~16	8~16	6~16	6~12
일반사회 및	6	생물	4~6		6~16	8~16	4~6
국민윤리		화학	4~6	4~8	3과목 중	2과목 중	2~4
국사	4	물리	2~6	4~8	1 혹은 2	1 혹은 2	2~4
공통 수학	8	지리	2~6	2~6		2~6	2~6
일반 관리	4	정치 · 경제	2~4	2~4		0~4	2~4
체육	12	세계사			4~6		
		음악 또는 미술	2~6	2~6	2~6	2~6	4~6
		외국어	14~24	14~24	18~30	12~24	12~24
이수단위 52		이수단위	38~50	36~48	38~50	30~37	38~50
보통 교과목 소계			90~102	88~100	90~102	82~89	90~102
전문 교과목(필수, 선택) 소계			102~120	112~122	102~120	115~133	102~120
총계			204~222 (주당 34~ 37시간)	204~222 (주당 34~ 37시간)	204~222	204~222	204~222

표 18-18 제2차 교육과정기 고등학교 교육과정에서 특별활동에 대한 지침

고등학교의 교육 목표를 달성하기 위한 전체 교육 계획은 교과 활동과 특별활동을 포함한 교육과정 전체 구조 안에서 수립되고 지도되어야 한다. ……
6. 학교장은 특별활동의 필요한 시간으로 총 단위 시간 수의 10% 이상에 해당하는 시간을 배당 시간 안에서 충당한다. 단, 한 과목에서 배당된 시간의 5분의 1 이상을 이에 충당할 수 없다.

4. 특별활동
특별활동은 교과로서는 과하지 않으나, 교과 학습만으로는 달성하기 어려운 중요한 교육 목표를 지니고 있으므로, 고등학교의 교육과정을 계획함에 있어서는 중학교에 준하여, 특별 교육 활동의 계획적 지도에 필요한 충분한 기회를 마련하여야 한다.

제2차 교육과정기의 부분 개정(1968. 2., 1969. 9., 1972. 5. 등)

제2차 교육과정 개정 후 교육계 밖 정치적 · 사회적 문제인 1968년 국민교육헌장의 선포, 1968년 1월 21일 청와대 기습사건 등을 계기로 국가 안보와 반공 교육을 강화하는 등 학교교육에 대한 사회적 · 정치적 요구가 강화되면서 제2차 교육과정기에는 여러 차례 부분 개정이 있었다. 그중 대표적인 부분 개정은 〈표 18-19〉와 같다.

표 18-19 제2차 교육과정기 부분 개정 중학교 교육과정 편제표(1969. 9. 4.)

과정 \ 학년		1	2	3
교과	국어	5~6	5~6	4~6
	수학	3~4	3~4	2~4
	사회	3~4	3~4	2~4
	과학	3~4	3~4	2~4
	체육	3~4	3~4	2~4
	음악	2	2	1~2
	미술	2	2	1~2
	실업 · 가정	4~5	5~6	5~12
	외국어	3~5	3~5	2~5
반공 · 도덕		2	2	2
총계		31~34	31~34	31~34
특별활동		2.5~	2.5~	2.5~
총계		33.5~36.5	33.5~36.5	33.5~36.5

출처: 문교부령 제251호, 중학교 교육과정(1969. 9. 4.): 국가교육과정정보센터, www.ncic.re.kr

표 18-20 1963년과 1969년의 중학교 교육과정 시간 배당 기준의 비교

1963년 시간 배당 기준					1969년 시간 배당 기준				
구분 \ 학년		1	2	3	구분 \ 학년		1	2	3
교과	실업 · 가정	4~5	4~5	3~12	교과	실업 · 가정	4~5	5~6	5~12
반공 · 도덕		1	1	1	반공 · 도덕		2	2	2
계		30~33	30~33	30~33	계		31~34	31~34	31~34
특별활동		8%~	8%~	8%~	특별활동		2.5~	2.5~	2.5~

표 18-21 1963년과 1969년의 인문계 고등학교 교육과정 총 단위 배당 비교

과정별 \ 연도	1963년	1969년
인문 과정	204단위	214단위
자연 과정	214단위	222단위
직업 과정	208단위	216단위
예능 과정	204단위	214단위

제2차 교육과정의 부분 개정에서 중학교의 주요 변화는 실업·가정 과목의 학년별 시간 수 배정 변화, 반공·도덕 과목 시간을 주당 1시간에서 2시간으로 늘린 점, 그리고 특별활동의 시수 표시를 '8%~'와 같은 최소 비율 표시에서 '2.5~'의 최소 시간 수 표시로 변경되었다는 점이다. 이 외 편제에 드러나진 않았으나 교과 내용으로 국어과에서 한글 전용을 위하여 한자 교육을 하지 않도록 하여 '한자·한문'의 지도 내용을 삭제하였고, 미술과에서는 표준색을 종래의 12색(또는 24색)에서 10색(또는 20색)으로 하였으며, 사회과의 2학년(역사 분야)에서는 국사의 체계적인 교수·학습을 가능하도록 하기 위하여 국사 부분을 세계사와 분리하였다.

제2차 교육과정 부분개정에서 인문계 고등학교의 단위 배당의 변화를 비교해 보면 〈표 18-21〉과 같은데, 각 과정별 단위수가 모두 증배되었다.

이후에도 1972년의 부분 개정을 통해 중학교 교육과정은 한문과를 신설하고, '반공 및 국민윤리 과목' 대신 국민윤리 교과로 독립시켰다. 교과의 제시 순서도 국어과 앞에 국민윤리를 배치하여 중요성을 강조하였다. 고등학교는 1973년 부분 개정으로 제2외국어 과목에 일본어를 신설하여 제2외국어 선택의 폭을 넓혔다. 그리고 국어(Ⅱ)(한문)을 한문으로 과목명을 변경하였다.

제3차 교육과정(1974. 12. 31.~1981.): 정치적인 배경에 따른 가장 학문적인 교육과정 개정

제3차 교육과정은 1973년, 1974년에 걸쳐 제정, 공포된 국민학교, 중학교, 인문계 고등학교, 실업계 고등학교 교육과정을 말하며, 이를 학문 중심 교육과정이라고 한

다. 모든 국가 수준 교육과정 개정은 '개정을 해야 한다'는 결정을 해야 하므로 국정 주도권을 갖고 있는 대통령과 정부 여당에 따른 정치적인 배경을 갖고 있으나 제3차 교육과정은 그 특성이 두드러진다. 당시 박정희 대통령의 장기 집권을 위해 개정한 유신헌법의 정당성 홍보, 국민교육헌장과 같은 소위 '국적 있는 교육'의 강조 속에 '국민교육헌장 이념을 교육과정에 충실히 반영시킨다.'와 같은 지침[3]을 교육과정의 총론(교과 편제)과 교과 내용에 적용하였던 것이다. 한편으로, 제3차 교육과정은 국가의 경쟁력 강화, 기술 교육 등을 강조한 시기이기도 하다.

이에 따라 교육과정 구성의 방침으로 '국민적 자질의 함양, 인간 교육의 강화, 지식 기술 교육의 쇄신' 세 가지를, 학교교육의 '일반 목표'라는 항목으로 '자아실현, 국가 발전, 민주적 가치의 강조' 세 가지를 제시하였다.

한편, 이러한 배경과는 대조적으로 교육계 내부에서 제3차 교육과정은 역사적으로 가장 깊게 이론과 연계되고 일관성 있는 대담한 교육 개혁적 성격을 띤다. 보통 '학문중심 교육과정'으로 칭해지는데, 제2차 교육과정이 경험 중심, 생활 중심이었다면, 제3차 교육과정은 교육과정을 '각 학문 간에 내재해 있는 지식 탐구 과정의 체계적인 조직'이라고 정의하였다. 중학교와 고등학교 공히 제3차 교육과정에는 특별활동이 '각론'으로서 별도의 내용으로 기술되기 시작한 시기이기도 하다. 학급 활동, 클럽 활동, 학생회, 학교 행사 등 네 가지로 구별하였다.

제3차 중학교 교육과정의 시간 배당 기준은 〈표 18-22〉와 같다.

제3차 중학교 교육과정의 특징은 다음과 같다.

첫째, 국민학교와 마찬가지로 편제에서 반공·도덕 영역이 없어지고 도덕과가 교과로 독립함으로써 교육과정의 구조는 다시 1차 교육과정과 같이 교과 활동과 특별활동의 두가지 영역으로 구분되었다.

둘째, 제2차 교육과정까지 사회과에 포함된 역사 내용 중 국사가 교과로 독립하였다. 도덕과와 국사과의 신설은 제3차 교육과정 개정의 취지인 소위 '국적 있는 교육'을 반영한 것이다.

---

3) 1969년에 보고된 '장기종합교육계획심의회 교육과정 연구반'의 1980년대의 교육 계획과 관련된 교육과정에 대한 건의를 반영하고, 교육과정에 대한 분석 조사, 여론 조사를 거쳐 1970년 초에 마련된 개편의 방향이다(교육부, 2017b).

표 18-22 제3차 교육과정기 중학교 교육과정 편제표(1973. 8. 31.)

과정 / 학년			1	2	3
		도덕	70(2)	70(2)	70(2)
		국어	140(4)	175(5)	175(5)
		국사		70(2)	70(2)
		사회	105(3)	70~105(2~3)	70~105(2~3)
		수학	140(4)	105~140(3~4)	105~140(3~4)
		과학	140(4)	105~140(3~4)	105~140(3~4)
		체육	105(3)	105(3)	105(3)
		음악	70(2)	35~70(1~2)	35~70(1~2)
		미술	70(2)	35~70(1~2)	35~70(1~2)
		한문	35(1)	35~70(1~2)	35~70(1~2)
		외국어	140(4)	70~175(2~5)	70~175(2~5)
실업·가정	필수	기술(남), 가정(여)	105(3)	105(3)	105(3)
	선택	농·공·상·수산·가사 중 택 1		105~140(3~4)	105~245(3~7)
		총 이수 시간	1120(32)	1120~1225(32~35)	1120~1225(32~35)
		특별활동	70~(2~)	70~(2~)	70~(2~)

출처: 문교부(1973). 중학교 교육과정: 국가교육과정정보센터, www.ncic.re.kr

셋째, 모든 교과를 필수화했었던 제2차 교육과정과 달리 12개 교과 중 일부 실업·가정과 과목에서 필수와 선택을 구분하였다. 여자 기술을 필수인 가정과 선택인 가사로 구분하였다.

넷째, 주당 시간 수로 표시했던 제2차 교육과정과 달리 다시 제1차 교육과정에서 일부 제시한 연간 총 이수 시간으로 표시하여 학교장에게 교육과정 운영의 재량권을 폭넓게 부여하도록 하였다. 과목별 시간으로 실업, 가정, 음악, 미술 교과의 시간이 조금씩 줄었다.

제3차 고등학교 교육과정은 인문계와 실업계 두 가지로 편제가 제시되었으며 각각 〈표 18-23〉〈표 18-24〉와 같다.

표 18-23 제3차 교육과정기 인문계 고등학교 편제표(1974. 12. 31.)

교과	과목	단위 수	필수 및 필수 선택 교과목 단위 수	과정별 선택 교과목 단위 수		
				인문	자연	직업
국민 윤리	국민 윤리	6	6			
국어	국어 I	20~24	20~24			
	국어 II	8~10		8~10		
국사	국사	6	6			
사회	정치 · 경제	4~6	택 2 8~12	공통에서 제외된 3과목 12~18		
	사회 · 문화	4~6				
	세계사	4~6				
	국토 지리	4~6				
	인문 지리	4~6				
수학	수학 I	14~18	14~18			
	수학 II	8~14			8~14	
과학	물리	8~10	택 2 16~20		공통에서 제외된 2과목 16~20	
	화학	8~10				
	생물	8~10				
	지구 과학	8~10				
체육	체육	14~18	14~18			
교련	교련	12	12			
음악	음악	4~6	4~6			
미술	미술	4~6	4~6			
한문	한문 I	4~6	4~6			
	한문 II	4~6		4~6		
외국어	영어 I	10~12	10~12			
	영어 II	10~12		10~12	10~12	
	독일어	10~12		택1 10~12	택1 10~12	
	프랑스어	10~12				
	중국어	10~12				
	에스파냐어	10~12				
	일본어	10~12				

실업·가정에 관한 교과	실업	기술(남)	8~10	18		
		농업	8~10			
		공업	8~10			
		상업	8~10			
		수산업	8~10			
	가정	가정(여)	8~10	18		
		가사(여)	8~10			
직업에 관한 교과목			44~64			44~64
자유 선택 교과목			0~6		0~6	0~6
소계				140~160	44~64	44~64	44~64
교과목 총 이수 단위 수					192~210	192~210	192~210
특별활동			12		12	12	12

출처: 문교부(1974). 인문계 고등학교 교육과정: 국가교육과정정보센터, www.ncic.re.kr

표 18–24 제3차 교육과정기 실업계 고등학교 편제표(1976. 2. 23.)

보통 과목(필수)	단위 수	보통 과목(선택)	단위 수
국민 윤리	6	사회·문화	2~4
국어	14	세계사	2~6
국사	4	지리	2~6
정치·경제	2	수학 II	4~16
수학 I	8	과학	4~12
과학	6	(물리, 화학, 생물, 지구 과학 중	
(물리, 화학, 생물, 지구 과학 중 1과목)		필수에서 이수하지 않은 과목)	
체육	6	음악	2~4
교련	12	미술	2~4
		한문	2~4
		외국어	6~24
		(영어, 프랑스어, 독일어, 중국어, 에스파냐어, 일본어 중 1 또는 2과목)	
		기술(남)	4~6
		가정(여)	6~10

이수 단위	58	이수 단위	8~44 공업계 8~32 수산 · 해운계 8~24	
소계	66~102	공업계　　　　66~90 수산 · 해운계 66~82		
전문 과목	102~156	공업계　　　　114~156 수산 · 해운계 122~156		
총계		204~222		

출처: 문교부(1976). 실업계 고등학교 교육과정: 국가교육과정정보센터, www.ncic.re.kr

제3차 고등학교 교육과정의 특징을 살펴보면 다음과 같다.

첫째, 과정 중심의 교과목 이수 체계가 과정을 중심으로 구분되고 정교화되었다. 학생의 진로 선택에 따라 2학년부터 인문, 자연, 직업 과정으로 구분하고 직업 과정은 체육, 예능, 외국어 및 기타 과정을 둘 수 있게 하였다.

둘째, 교과는 필수와 선택 과목으로 구분되는데, 이는 과정 공통 필수, 필수 선택, 과정별 선택으로 세분되었다. 공통 필수는 과정 구별 없이 모든 학생이 공통으로 이수하도록 하고, 2, 3학년에서는 필수 및 필수 선택 교과목과 과정별 선택 교과목을 이수하도록 하였다.

셋째, 과목 운영의 융통성을 부여하였다. 제2차 교육과정에서 과정별로 이수 단위를 고정시켰던 것을 제3차 교육과정에서는 모든 과정에서 총 204~222단위로 이수 단위에 폭을 두어 융통성을 부여하였다. 또한 교과목별 이수 단위에도 범위를 두었다.

넷째, 외국어와 한문이 강화되었다. 외국어 중 영어의 지위가 다른 외국어와 구분되어 강화되었다. 인문계 고등학교에서 영어I은 공통 필수, 영어II는 인문 과정과 자연 과정의 과정 필수가 되도록 하였다. 영어 외의 외국어도 종류가 늘어 에스파냐어, 일본어가 추가되었으며, 외국어에 할당된 총 단위 수도 6단위가 증가되었다. 한문은 국어에 포함되어 있던 과목이 별도의 교과로 독립되어, 공통 필수로 한문I을 이수하도록 하였으며, 인문 과정은 한문II를 과정 필수로 이수하도록 하였다.

다섯째, '자유 선택 교과목'이라는 범주가 0~6이수 단위로 교육과정상 처음으로 설정되었다.

여섯째, 특별활동은 일반 교과 시간과는 별도로 독립시켜 3년간 12단위, 주당 평균 2시간씩을 필수로 하도록 하였다.

제3차 교육과정기의 부분 개정(1977. 2. 28.)

제3차 교육과정기에도 중학교와 고등학교 일부 내용을 수정한 부분 개정이 1977년 2월 28일에 있었다. 중학교의 경우 사업체 근로자들을 위하여 산업체에 중학교를 부설하여 설치 운영할 수 있도록 교육과정 '운영 지침'에 관련 사항을 추가하였다. 고등학교의 경우는 정치적인 색채가 교육과정 개정의 전반적 방향을 주도하였는데, 사회 교과를 개정하여 필수 및 필수 선택으로 변화를 두어, 과정별 공통 필수로 4~6, 공통 선택으로 4~6, 도합 공통 8~12단위가 되게 하고 인문 과정만 선택을 3과목, 12~18단위가 되게 하여, 정치·경제 과목을 필수화하였다.

표 18-25 | 제3차 교육과정기 인문계 고등학교 사회과 부분 개정(1977. 2. 28.)

교과	과목	단위 수	필수 및 필수 선택 교과목 단위 수	과정별 선택 교과목 단위 수		
				인문	자연	직업
사회	정치·경제	4~6	4~6			
	사회·문화	4~6	택 1 4~6	공통에서 제외된 3과목 12~18		
	세계사	4~6				
	국토 지리	4~6				
	인문 지리	4~6				

출처: 문교부(1977): 국가교육과정정보센터, www.ncic.re.kr

제4차 교육과정(1981. 12. 31.~1988.): '인간중심'을 표방한, 연구개발형 교육과정의 시작기

제4차 교육과정은 교육과정 개정 시기 중 단 한 차례 유치원, 국민학교, 중학교, 고등학교 등 4개 학교급을 같이 개발하여 1981년 12월 31일에 같이 고시한 교육과정이다. 제4차 교육과정 개정의 배경은 제5공화국이 시작된 1980년대 초의 정치적·사회적 특수 상황과 제3차 교육과정의 적용 과정에서 드러난 문제점 개선, 그리고 1980년에 대학입시 정책의 급작스러운 변화인 소위 '7·30 교육 개혁 조치'[4]의 후속 조치에 따른 교육과정 개발의 필요에서 찾을 수 있다.

보통 제4차 교육과정은 '학문중심 교육과정'으로 불리는 제3차 교육과정과 비교하여 '인간중심 교육과정'으로 칭해진다. 제4차 교육과정의 개정은 전반적으로 교육내용이 어렵다는 직전 제3차 학문중심 교육과정의 문제점을 보완하기 위한 것이라고 할 수 있지만, 제3차 교육과정의 결과를 반영하여 수정하기 위한 개정이라고 말하기에는 3차 교육과정의 학문 중심 교육과정에 대한 평가, 그 긍정적인 면이나 부작용에 대한 기초 연구가 부족했다는 점을 지적하지 않을 수 없다.[5] 또한 교육과정이 개정된 당시 전두환 정권의 집권에 따른 정치적·사회적 맥락에 비추어 볼 때 제4차 교육과정을 '인간중심 교육과정'으로 칭하는 것에 대해서는 적절하지 않을 뿐 아니라 다소 희화화한 표현으로까지 보인다.

다만, 이 교육과정 개정은 한국교육개발원에서 연구개발을 위탁받아 한 교육과정으로, 종래의 교과 중심, 경험 중심, 학문 중심처럼 어느 한 사조를 반영하는 교육과정이 아닌 개인적·사회적·학문적 적합성을 고루 갖춘 교육과정으로 변화가 모색된 교육과정의 출발점으로 평가할 수 있다.

제4차 중학교 교육과정 시간 배당 기준은 〈표 18-26〉과 같다.

제4차 중학교 교육과정의 특징은, 첫째 전반적으로 시간 제시 방식이나 교육과정의 영역과 교과의 구조에서 3차 교육과정과 유사하며 부분적인 변화가 시도되었다. 총 시간수를 연간 시간수로 범위를 제시함과 함께 주당 시간수가 같이 제시되었고, 실업·가정 교과에서 학년별 선택에 변화가 있어, 필수인 생활 기술(남), 가정(여) 과목을 3학년에서 제외하고, 농·공·상·수산업과 가사의 선택과목이 줄어들게 되었다.

---

4) 대학입시에서 대학별 본고사와 학력고사로서의 예비고사 2개 체제로 되어 있던 시험 중 본고사를 없애고, 대학 입학정원을 갑자기 30% 늘리되 졸업정원은 그 30%를 뺀 원래의 정원대로 한다는 '졸업정원제'(이른바 '졸정제')를 시행한다는 갑작스러운 조치로 무엇보다 1980년 7월 말에 입시를 6개월 앞둔 고3 학생들부터 새로 바뀐 정책에 따라 대학을 진학하게 한 불합리한 교육정책의 대표 사례이다.

5) 예컨대 학문중심 교육과정이 '어렵다'는 것의 근거, 학생들의 성취도 결과 등 개정을 해서 보완해야 할 만한 근거 자료는 부족하였다.

표 18-26 제4차 교육과정기 중학교 교육과정 편제표(1981. 12. 31.)

과정		학년	1	2	3
교과 활동		도덕	68(2)	68(2)	68(2)
		국어	136(4)	170(5)	170(5)
		국사		68(2)	68(2)
		사회	102(3)	68~102(2~3)	68~102(2~3)
		수학	136(4)	102~136(3~4)	102~136(3~4)
		과학	136(4)	102~136(3~4)	102~136(3~4)
		체육	102(3)	102(3)	102(3)
		음악	68(2)	68(2)	34(1)
		미술	68(2)	68(2)	34(1)
		한문	34(1)	34~68(1~2)	34~68(1~2)
교과 활동	외국어	영어	136(4)	102~170(3~5)	102~170(3~5)
	실업 · 가정	필수 생활 기술(남) / 가정(여)	102(3)	136~204(4~6)	택 1~2 170~238(5~7)
		선택 농업 / 공업 / 상업 / 수산업 / 가사			
	자유 선택		0~34(0~1)	0~34(0~1)	0~34(0~1)
계			1,088~1,122 (32~33)	1,088~1,156 (32~34)	1,088~1,156 (32~34)
특별활동			68~(2~)	68~(2~)	68~(2~)
총계			1,156~1,190 (34~35)	1,156~1,224 (34~36)	1,156~1,224 (34~36)

출처: 문교부(1981). 중학교 교육과정: 국가교육과정정보센터, www.ncic.re.kr

둘째, 제3차 교육과정에서 고등학교에 도입된 '자유 선택' 과목이 중학교에도 도입되어 학년별로 1시간 정도의 선택과목을 할 수 있게 되었다.

기타 제3차 교육과정까지 별도로 두고 있던 고등공민학교 교육과정과 근로 청소년을 위한 특별 학급 및 산업체 부설 중학교의 교육과정을 흡수하여 중학교 교육과정을 단일화시킨 것도 교육과정 체제상 크게 달라진 것이었다.

제4차 교육과정기에는 고등학교를 기존 인문계에서 일반계로 명칭을 바꾸고 일반계와 실업계 2종의 유형으로 구분하였다. 고등학교 단위 배당 기준은 〈표 18-27〉과

표 18-27 제4차 교육과정기 고등학교 교육과정 편제표(1981. 12. 31.)

교과	과목	보통 교과				전문 교과
		공통 필수	일반계 고교 선택		일반계 고교 직업 과정, 실업계 및 기타 계열 고교 선택	실업계 및 기타 계열 고교의 필수 및 선택, 일반계 고교 직업 과정 선택
			인문·사회 과정	자연 과정		
국민 윤리	국민 윤리	6				농업에 관한 교과
국어	국어(I, II)	14~16	14~18	8~10	3~8	공업에 관한 교과
국사	국사	6(4)				상업에 관한 교과
사회	사회(I, II)	4~6(2~6)	4			수산·해운에 관한 교과
	지리(I, II)	4~6(6) 택2	4		택1 2~6	가사·실업에 관한 교과
	세계사	2(2)	2			기타 계열에 관한 교과
수학	수학(I, II)	8~14	6~8	10~18	4~18	
과학	물리(I, II)	4~6		4		
	화학(I, II)	4~6 택2		4	택1~2 4~12	
	생물(I, II)	4~6		4		
	지구 과학(I, II)	4~6		4		
체육	체육	6~8	8~10	8~10	4~8	
교련	교련	12				
음악	음악	택1	택1	택1	택1	
미술	미술	4~6	4~6	4~6	2~6	
한문	한문(I, II)		8~14	4~6	4~6	
외국어	영어(I, II)	6~8	14~16	14~16	6~16	
	독일어					
	프랑스어		택1 10~12	택1 10~12	택1 10~12	
	에스파냐어					
	중국어					
	일본어					

실업 · 가정	산업 기술		택 1 10~12	택 1 10~12	택 1 10~12
	가정				
	농업		택 1 8~10	택 1 8~10	
	공업				
	상업				
	수산업				
	가사				
자유 선택			0~8	0~8	0~8
이수 단위 소계		88~102 (72~84)	192~204	192~204	192~204 / 일반계 고교 직업 과정: 52~106 실업계 및 기타 계열 고교: 82~122
이수 단위 합계		192~204			
특별활동		12~			
총계		204~216			

출처: 문교부(1988). 고등학교 교육과정: 국가교육과정정보센터, www.ncic.re.kr

같다.

제4차 고등학교 교육과정의 특징은 다음과 같다.

첫째, 고등학교 유형별 편제표를 따로 두지 않고 하나로 통합하였다. 일반계와 실업계의 필수, 선택 이수 교과목이 한 표에 제시되었다. 해방 이후 우리나라 고등학교 교육과정의 편제는 학교 유형별로 같이 되었다가 따로 되었다가 또 같이 되기도 하는 등 개정될 때마다 제시되는 방식에 변화가 있었다. 제4차 교육과정의 경우 그간 별도로 제시되어 있던 교육과정을 통합하여 고등학교 교육과정으로 단일화시켰다.

둘째, 일반계와 실업계 고등학교에 공통 필수의 보통 교과를 전 과정의 40~60%의 비중으로 강화하고, 과학 4개 과목, 사회 2개 과목을 각각 I과 II로 구분하고 I과 II중 선택하도록 했으나 사회, 지리, 세계사 등 사회과의 세 과목을 모두 필수로 정하였다.

셋째, 교육 내용의 분량을 조정하여 전체 이수 단위를 축소하되 선택과목은 일부 확대하였다. 학교 유형별로 다르게 적용된 단위 수가 동일하게 204~216단위로 축소되었다. 그리고 1단위는 1시간씩 18주 이수하던 것을 17주 이수하는 것으로 조정하였다. 이 외에 '자유 선택과목' 0~6단위가 0~8 단위로 되고, 선택과목을 설정할 때에는 반드시 2개 이상 과목을 제공하여 선택의 기회를 주도록 하였다.

넷째, 특별활동의 학급 활동과 학도 호국단 활동을 통합하여 학도 호국단 활동으로 하여 클럽 활동, 학교 행사와 함께 3개 영역으로 편성하고, 학도 호국단 활동과 클럽 활동에 각각 1시간씩 배당하도록 하였다.

제4차 교육과정기의 부분 개정(1985. 12. 17.)

1985년 12월 17일 교련과와 특별활동을 변경한 교육과정 개정이 있었다. 교련과는 군사 기능에 치중된 제4차 교육과정에 국민 정신 교육 영역을 대폭 보완, 조정하고 여자 고교 지도 내용에 '독도법'을, 남자 고교 지도 내용에는 '체력 단련'을 추가하였다. 특별활동은 학도호국단 설치령이 폐지됨에 따라 학도 호국단 활동을 학생회 활동으로, 학도 호국단 규정을 학생회 규정으로 명칭을 수정하고 그에 따른 내용과 운영 지침을 수정, 보완하여 1986년 3월 1일부터 시행하도록 하였다.

제5차 교육과정(1987, 1988.~1992.): 제6차 교육과정으로의 마중물 역할

제5차 중학교 교육과정은 국민학교와 함께 1987년에, 고등학교 교육과정은 1988년에 고시되었다. 교육과정 개정의 배경을 살펴보면 제4차 교육과정 개정까지는 나름대로의 사회적 제 상황의 변화에 부응한다거나 학문적 경향의 변화에 따른다는 비교적 뚜렷한 명분이 있었으나 제5차 개정은 학교에서 사용 중인 교과서의 사용 기간이 5~7년을 넘을 수 없다는 행정상의 이유로 교육과정의 개정을 서둘렀다.

교육과정 사조에 있어서는 전체적으로 교과 중심, 생활 중심, 학문 중심 등과 같이 어떤 색깔을 띤 것이 아닌 종합적 성격이며, '지역화'와 '효율성'을 강조하고 있는 점에서, 이후 교육과정 지역화의 큰 변화가 이루어진 제6차 교육과정에 앞서서 그 마중물 역할을 했다고 평가할 수 있다.

제5차 중학교 교육과정 시간 배당 기준을 제시하면 〈표 18-28〉과 같다.

표 18-28 | 제5차 교육과정기 중학교 교육과정 편제표(1987. 3. 31.)

과정		학년	1	2	3
교과 활동		도덕	68(2)	68(2)	68(2)
		국어	136(4)	170(5)	170(5)
		국사		68(2)	68(2)
		사회	102(3)	68~102(2~3)	68~102(2~3)
		수학	136(4)	102~136(3~4)	136~170(4~5)
		과학	136(4)	102~136(3~4)	136~170(4~5)
		체육	102(3)	102(3)	102(3)
		음악	68(2)	68(2)	34~68(1~2)
		미술	68(2)	68(2)	34~68(1~2)
		한문	34(1)	34~68(1~2)	34~68(1~2)
		외국어(영어)	136(4)	102~170(3~5)	102~170(3~5)
	실업 · 가정	기술	택 1 102(3)	택 1 136~204(4~6)	택 1 136~204(4~6)
		가정			
		기술 · 가정			
		농업			
		공업			
		상업			
		수산업			
		가사			
		자유 선택	0~6(0~1)	0~68(0~2)	0~68(0~2)
계			1,088~1,156 (32~34)	1,088~1,156 (32~34)	1,088~1,156 (32~34)
특별활동			68~(2~)	68~(2~)	68~(2~)
총계			1,156~1,224 (34~36)	1,156~1,224 (34~36)	1,156~1,224 (34~36)

출처 : 문교부(1987). 중학교 교육과정: 국가교육과정정보센터, www.ncic.re.kr

제5차 중학교 교육과정은 제4차와 큰 차이가 없다고 할 수 있다. 교육과정 개정마다 변화가 있어 온 실업·가정과에서 그간 필수였던 과목 전체가 선택으로 변한 점이 그중 변화라고 할 수 있다. 필수인 시간만 확보되었을 뿐 학년별로 1개 과목을 선택하는 방향으로 변화되었다. 이 변화에 따라 남는 시간으로 3학년의 수학 및 과학과의 시간을 주당 1시간씩 증가시키게 되었다. 또한 자유 선택과목 시간을 학년별로 주당 0~1시간에서 0~2시간으로 확대하여 학교장 재량의 폭을 확대시켰다.

또한 전체 이수 시간 수에서 제4차 교육과정에서 1학년 수업 시간이 적었으나, 제5차에서는 교과의 최대치 시간 수가 1학년도 2, 3학년과 같이 1,156시간으로 되었고 총계 시간 수 또한 3개 학년 모두 최대 시간 수가 1,224시간으로 동일하게 되었다.

제5차 고등학교 교육과정의 각 교과별 단위 배당 기준은 〈표 18-29〉와 같다.

표 18-29　제5차 교육과정기 고등학교 교육과정 편제표(1988. 3. 31.)

교과	과목	보통 교과					전문 교과
		공통 필수	과정별 선택				실업계, 기타계 고등학교의 필수 및 선택, 일반계 고등학교의 직업 과정 선택
			인문 · 사회 과정	자 연 과 정	실업계, 기타계 및 일반계 직업 과정		
국민윤리	국민윤리	6	(6)				농업에 관한 교과
국어	국어	10	(10)				공업에 관한 교과
	문학		(4)	8	8	4	상업에 관한 교과
	작문			6	4		수산 · 해운에 관한 교과
	문법			4			가사 · 실업에 관한 교과
국사	국사	6	(4)				과학에 관한 교과
사회	정치 · 경제	6	(4)				체육에 관한 교과
	한국 지리	4	(4)				예술에 관한 교과
	세계사			4	4		
	사회 · 문화			4		4	
	세계지리			4			
수학	일반수학	8	(8)				
	수학 I			10		6	
	수학 II				18		

분류	과목						비고
과학	과학 I	10	(8) 택1				
	과학 II		(8)	8			
	물리				8		
	화학				8	4	
	생물				6		
	지구과학				6 택1		
체육	체육	6	(6)	8	8	4	
교련	교련	12	(12)				
음악	음악	4	(4) 택1			2	
미술	미술	4	(4)				
외국어	영어 I	8	(8)				
	영어 II			12	12	8	
	독일어						
	프랑스어			택1	택1	6	
	에스파냐어			10	10		
	중국어						
	일본어						
실업·가정	기술			택1	택1	4	
	가정			8	8		
	농업						
	공업						
	상업			택1	택1		
	수산업			8	8		
	가사						
	정보 산업						
교양 선택				2	2	2	
이수 단위							실업계·기타계: 82~122 직업 과정: 50~100
특별활동		12	(12)				
이수 단위 총계				204~216			

출처: 문교부(1988). 고등학교 교육과정: 국가교육과정정보센터, www.ncic.re.kr

제5차 고등학교 교육과정에서의 특징은 다음과 같다.

첫째, 이수 단위를 8, 4단위와 같이 기준 단위제로 하고 2단위 내로 증감 범위를 주는 방식을 도입하였다. 기존에는 최소에서 최대, 즉 '6~8단위'와 같이 범위를 주는 방식이었다.

둘째, 교과별로 제4차 교육과정에서 국어, 사회, 한문 등 여러 교과에 적용했던 Ⅰ·Ⅱ체제를 과학, 수학, 영어 외에는 모두 변경하고 필수와 선택이 적용되는 교과목을 통·폐합 또는 세분화하였다. 국어과는 공통 필수인 국어와 과정 선택인 문학, 작문, 문법으로 세분하였고, 사회과는 정치·경제, 한국 지리, 세계사, 사회·문화, 세계 지리 등으로 하였다. 과학과의 경우에는 과학 Ⅰ·Ⅱ, 물리, 화학, 생물, 지구 과학의 6과목으로 통합하고, 실업·가정 교과에 정보 산업이라는 과목을 신설하고 선택과목으로 부과하여 학교장 재량으로 선택하게 하였다.

셋째, 교과목의 이수 단위를 일부 조정하였으며, 자유 선택을 교양 선택으로 개정하였다.

넷째, 기타계의 경우 체육 계열 외에 과학 계열, 예술 계열 등의 전문 과목을 별도로 전문교과로 처음으로 제시하였다.

제6차 교육과정(1992. 10.~1997.): 지역화, 자율화가 시작된 교육과정

제6차 교육과정기의 고등학교 교육과정은 1992년 10월 30일 고시되었다. 우리나라는 전통적으로 중앙집권형 교육과정 체제를 유지해 왔으나, 제6차 교육과정기에 처음으로 지방분권형 교육과정 체제의 요소를 일부 도입하여, 시·도 교육청과 학교의 자율·재량 권한을 확대하였다. 즉, 교육과정의 편성과 운영에 있어서 중앙·지방·학교가 역할과 책임을 분담하는 새로운 교육과정 편성·운영 체제를 확립하였다.

제6차 교육과정은 20세기를 마무리하고 새로운 시대를 준비하는 교육 개혁의 일환으로 개정된 점에서, 기초·보통 교육의 교육 내용 면에 상당히 근본적인 변화와 교육 개혁을 시도하였다. 제6차 교육과정의 개정 중점은 ① 교육과정 결정의 분권화, ② 교육과정 구조의 다양화, ③ 교육과정 내용의 적정화, ④ 교육과정 운영의 효율화 등 네 가지로 설정하였다(교육부, 1992: 61). 이를 위해 첫째, 교육과정 결정의 분권화를 위해서는, 교육부가 전담하던 교육과정 편성·운영의 역할 분담 체제를 조정하여 시·도 교육청과 학교의 자율·재량의 권한을 확대하였다. 둘째, 교육과 정 구조의 다양화를 위해서는, 학생의 필요와 요구에 적합하게 다양한 이수 과정과 교과목을 개설하고 필수과목을 축소하는 한편, 선택과목을 확대하여 교육 내용의 획일성을 해소하였다. 셋째, 교육과정 내용의 적정화를 위해서는, 학습량과 수준을 조정하고, 교과목 체계의 개선으로 교육 내용의 적합성을 높이고 학습 부담을 줄였 다. 넷째, 교육과정 운영의 효율화를 위해서는, 학생의 적성, 능력, 진로를 고려하고 학습과 생활의 기초 능력을 신장하며, 평가 방법을 개선하였다.

제6차 중학교 교육과정 시간 배당 기준은 〈표 18-30〉과 같다.

표 18-30 │ 제6차 교육과정기 중학교 교육과정 편제표(1992. 6. 30.)

구분	학년	1학년	2학년	3학년
필수교과	도덕	68	68	68
	국어	136	170	170
	수학	136	136	136
	사회	102	136	136
	과학	136	136	136
	체육	102	102	102
	음악	68	34~68	34~68
	미술	68	34~68	34~68
	가정	68	34	34
	기술·산업	34	68	68
	영어	136	136	136
선택교과	한문	34~68	34~68	34~68
	컴퓨터			
	환경			
	기타			
특별활동		34~68	34~68	34~68
연간 수업 시간 수		1,156	1,156	1,156

출처: 국가교육과정정보센터, www.ncic.re.kr

제6차 중학교 교육과정의 특징은 다음과 같다.

첫째, 주당 시간 수 표시를 삭제하고 연간 시간 수로만 수업시간을 제시하여 융통성을 주었다.

둘째, 전 학년의 학습 부담을 줄이기 위해 주당 평균 34~36시간에서 34시간으로 하였고, 교과목을 통폐합 조정하여 필수 교과를 13개에서 11개로 축소하였다.

셋째, 중학교 교과를 필수와 선택으로 양분하고 선택 교과의 틀을 구조화하였다. 다만, 이로 인해 지금까지 필수였던 한문 교과가 처음으로 선택으로 변경되었다. 선택 교과는 한문, 컴퓨터, 환경과 그 밖에 필요한 교과를 지역과 학교의 독특한 특성과 필요에 맞게 설정하여 전 학년 주당 1~2시간 정도 운영하게 하였다.

넷째, 국사 교과가 사회과에 통합되었고, 기존 실업·가정과 8개 선택과목은 필수 교과인 '가정'과 '기술·산업' 2개 교과로 조정하여 남녀 공통으로 이수하게 하였다.

다섯째, 교육과정 문서 체제를 구체화하면서 편성·운영의 역할 분담 체제를 확립하였다. 교육부가 교육과정의 국가 수준 기준을 고시하고, 시·도 교육청이 국가 기준을 근거로 하여 당해 시·도 교육과정 편성·운영 지침을 작성하여 각 학교에 제시하고 편성·운영을 지도하며, 각 학교는 국가 기준과 시·도 지침에 근거하여 학교 실정에 맞게 학교 교육과정을 편성·운영하도록 하였다.

제6차 고등학교 교육과정 단위 배당 기준은 〈표 18-31〉과 같다.

표 18-31 제6차 교육과정기 고등학교 교육과정 편제표(1992. 10. 30.)

가. 보통 교과

교과	공통 필수과목	과정별 필수과목	과정별 선택과목
1. 윤리	윤리(6)		과정별 필수 과목에서 제외된 교과목 중에서 선택(8)
2. 국어	국어(10)	화법(4), 독서(4), 작문(6), 문법(4), 문학(8)	
3. 한문		한문 I(6), 한문 II(4)	
4. 수학	공통수학(8)	수학 I(10), 수학 II(10), 실용수학(8)	
5. 사회	공통사회(8) 국사(6)	정치(4), 경제(4), 사회·문화(4), 세계사(6), 세계지리(6)	
6. 과학	공통과학(8)	물리 I(4), 물리 II(8), 화학 I(4), 화학 II(8), 생물 I(4), 생물 II(8), 지구과학 I(4), 지구과학 II(8)	

7. 체육	체육 I(8)	체육 II(6)	
8. 교련		교련(6)	
9. 음악	음악 I(4)	음악 II(4)	
10. 미술	미술 I(4)	미술 II(4)	
11. 실업·가정		기술(8), 가정(8), 농업(6), 공업(6), 상업(6), 수산업(6), 가사(6), 정보산업(6), 진로·직업(6)	
12. 외국어	공통영어(8)	영어 I(8), 영어 II(8), 영어독해(6), 영어회화(6), 실무영어(6), 독일어 I(6), 독일어 II(6), 프랑스어 I(6), 프랑스어 II(6), 에스파냐어 I(6), 에스파냐어 II(6), 중국어 I(6), 중국어 II(6), 일본어 I(6), 일본어 II(6), 러시아어 I(6), 러시아어 II(6)	
13. 교양선택			철학, 논리학, 심리학, 교육학, 생활경제, 종교, 환경과학, 기타 중에서 선택(4)
이수 단위	70	106	12
특별활동	학급 활동 클럽 활동 (12) 단체 활동 (4)		

나. 전문 교과

교과	과목			학과
1. 농업에 관한 교과	농업 발전 농업 경영 환경 보전 임업 임산 가공 채소 ……	농업 실습 농업 기계 농업 공작 산림 토목 축산 과수 ……	농업 생산 환경 생물 공학 작물 임업 경영 영양·사료 화훼 ……	농업과, 임업과, 축산과, 원예과, 잠업과, 자영농과, 농업 토목과, 식품 가공과, 농업 기계과, 생활 과학과, 조경과, 농산물 유통과, 기타 학과
	……			

6. 과학에 관한 교과	물리 실험 지구과학 실험 컴퓨터 과학 I 고급 화학 과제 연구 I 과제 연구 II 기타	화학 실험 과학사 수학III 고급 생물 컴퓨터 과학 II 워크숍	생물 실험 전자 과학 고급 물리 고급 지구과학 과학 철학 원서 강독	
		......		
9. 외국어에 관한 교과	영어 독해 I 영어 회화 II 영어 문법 I 영미 문화 II 독일어 독해 I	영어 독해 II 영어 작문 I 영어 문법 II 영어 청해 독일어 독해 II	영어 회화 I 영어 작문 II 영미 문화 I 고급 실무 영어 독일어 회화 I	영어과, 독일어과, 프랑스어과, 에스파냐어과, 중국어과, 일본어과, 러시아어과
이수단위	82~			

출처: 국가교육과정정보센터, www.ncic.re.kr

제6차 고등학교 교육과정의 특징은 다음과 같다.

첫째, 교과 편제는 보통 교과(일반 교양 교육)와 전문 교과(직업 전문교육)로 구분하여 필요에 따라 융통성 있게 선택, 운영할 수 있는 체제로 개선하였다.

둘째, 보통 교과 중 모든 학생이 이수하는 공통 필수과목은 교육부가 지정하고, 과정별 필수과목은 시·도 교육청에서, 과정별 선택과목은 각 고등학교에서 필요에 따라 선택할 수 있도록 하였다. 중앙집권형 교육과정 체제에 지방분권형 교육과정 요소를 도입하여, 교육과정 편성·운영의 민주화를 도모하고, 지역과 학교의 창의적 자율 재량을 확대하였다.

셋째, 총 이수 단위를 204단위의 최소 단위 수 한 가지로 조정하고, 학기당 이수 과목 수를 12과목 내외로 편성하도록 하였다. 제5차 교육과정 204~216단위에 비해 총 단위 수 감축의 효과를 기대한 것이다.

넷째, 학생의 다양한 적성, 능력, 진로에 적합한 교육을 위해 다양한 수준과 특성별 과목을 대폭 신설하고, 교육 내용의 위계성이 강하여 선수 학습 능력이 과목 이수에 결정적 영향을 미치는 수학, 과학, 외국어, 한문 등의 교과는 여러 수준의 과목을 설정하여 우수아, 부진아, 진학 희망자, 비진학자 등이 제각기 능력과 필요에 따라 알맞은 과목을 선택 이수할 수 있는 길을 열어 놓았다.

제6차 교육과정기의 부분 개정(1997. 12. 12.)

1997년 12월 12일 공업계 고등학교 '2·1체제' 교육과정 고시가 있었다. 공고 2·1체제는 산업 현장에서 필요로 하는 기능 인력의 양성을 위해 산학 협동에 의해 공고 교육을 실시하도록 하는 것이다. 1, 2학년 학생들은 학교에서 이론 및 기초 실습 위주로 교육을 받고, 3학년 학생들은 산업체 현장에서 응용 실습 교육을 받게 한다는 점에서 공고 2·1체제라고 부른다.

제7차 교육과정(1997. 12. 30.~2007.): 학생중심 교육과정, 수준별 교육과정

제7차 교육과정은 1995년 5월 31일 교육개혁위원회가 마련한 정보화·세계화 시대에 대비하여 신교육 체제 수립을 위한 교육 개혁 방안, 곧 '5·31 교육개혁안'에 따라 개정된 교육과정이다. 이 개혁안은 필수과목 축소 및 선택과목 확대, 정보화·세계화 교육 강화, 수준별 교육과정의 편성·운영을 교육과정 개선 원칙으로 설정하였다.

제7차 교육과정 개정의 기본 방향은 "21세기의 세계화·정보화 시대를 주도할 자율적이고 창의적인 한국인 육성"으로 삼았다. 이에 따라 초·중등학교 공통 특징은 다음과 같다.

첫째, 국민 공통 기본 교육과정과 선택 중심 교육과정 체제를 도입하여 초·중등 12년의 교육을 10년과 2년의 교육과정으로 구분하였다.

둘째, 국어, 수학, 사회, 과학, 영어 등 5개 교과에 대하여 수준별 교육과정을 도입하였다. 국민 공통 기본 교육 기간 중 교과 특성에 따라 단계형과 심화·보충형 수준별 교육과정을, 선택 중심 교육과정 기간에는 과목 선택형 수준별 교육과정을 도입하고, 단계형 수준별 교육과정은 수학과 영어 교과에 적용하고, 심화·보충형 수준별 교육과정은 국어, 사회, 과학 교과에 적용하도록 하였다.

셋째, 재량활동을 초·중·고 모든 학교급에 신설하여 교육과정을 교과 활동, 재량활동, 특별활동의 3영역 체제로 하였다.

넷째, 교육과정 편성과 운영에 있어서 국가-지역-학교의 역할 분담과 함께 지역과 학교의 자율성을 확대하고자 하였다.

다섯째, 교육과정 평가 체제를 확립하여 교육에 대한 질 관리를 강화하도록 하였다. 이를 위해서 교과별 교육 목표의 성취 기준을 설정하고, 주기적인 학생 학력 평가, 학교 평가, 학교 교육과정 평가 체제를 도입하도록 하였다.

제7차 교육과정기 중학교 편제표는 〈표 18-32〉와 같다.

제7차 중학교 교육과정의 특징은 다음과 같다.

첫째, 재량활동을 교과 외 활동으로 신설하였다. 이에 따라 학년별로 136시간(주

표 18-32 제7차 교육과정기 중학교 교육과정 편제표(1997. 12. 30.)

구분	학교 학년	중학교		
		7	8	9
교과	국어	170	136	136
	도덕	68	68	34
	사회	102	102	136
	수학	136	136	102
	과학	102	136	136
	실과	기술·가정		
		68	102	102
	체육	102	102	68
	음악	68	34	34
	미술	34	34	68
	외국어 (영어)	102	102	136
재량활동		136	136	136
특별활동		68	68	68
연간 수업 시간 수		1,156	1,156	1,156

출처: 국가교육과정정보센터, www.ncic.re.kr

표 18–33 제7차 교육과정기 고등학교 보통 교과 편제표(1997. 12. 30.)

구분		국민 공통 기본 교과	선택과목	
			일반 선택과목	심화 선택과목
교과	국어	국어(8)	국어 생활(4)	화법(4), 독서(8), 작문(8), 문법(4), 문학(8)
	도덕	도덕(2)	시민 윤리(4)	윤리와 사상(4), 전통 윤리(4)
	사회	사회(10) (국사 4)	인간 사회와 환경(4)	한국 지리(8), 세계 지리(8), 경제 지리(6) 한국 근·현대사(8), 세계사(8), 법과 사회(6), 정치(8), 경제(6), 사회·문화(8)
	수학	수학(8)	실용 수학(4)	수학 I(8), 수학 II(8), 미분과 적분(4) 확률과 통계(4), 이산 수학(4)
	과학	과학(6)	생활과 과학(4)	물리 I(4), 화학 I(4), 생물 I(4), 지구과학 I(4) 물리 II(6), 화학 II(6), 생물 II(6), 지구과학 II(6)
	기술·가정	기술·가정(6)	정보 사회와 컴퓨터(4)	농업 과학(6), 공업 기술(6), 기업 경영(6) 해양 과학(6), 가정 과학(6)
	체육	체육(4)	체육과 건강(4)	체육 이론(4), 체육 실기(4 이상)
	음악	음악(2)	음악과 생활(4)	음악 이론(4), 음악 실기(4 이상)
	미술	미술(2)	미술과 생활(4)	미술 이론(4), 미술 실기(4 이상)
	외국어	영어(8)		영어 I(8), 영어 II(8), 영어 회화(8) 영어 독해(8), 영어 작문(8)
			독일어 I(6), 프랑스어 I(6) 스페인어 I(6), 중국어 I(6) 일본어 I(6), 러시아어 I(6) 아랍어 I(6)	독일어 II(6), 프랑스어 II(6) 스페인어 II(6), 중국어 II(6) 일본어 II(6), 러시아어 II(6) 아랍어 II(6)
	한문 교련 교양		한문(6) 교련(6) 철학(4), 논리학(4), 심리학(4), 교육학(4), 생활 경제(4), 종교(4), 생태와 환경(4), 진로와 직업(4), 기타(4)	한문 고전(6)
	이수 단위	(56)	24 이상	112 이하
재량활동		(12)		
특별활동		(4)	8	
총 이수 단위			216	

출처: 국가교육과정정보센터, www.ncic.re.kr

당 4시간)으로 교과 재량활동에 102시간, 창의적 재량활동에 34시간 이상을 배정하도록 하였다.

둘째, '가정' '기술·산업' 교과를 '기술·가정' 교과로 통합하여 남녀 공통 이수하도록 하였으며, 컴퓨터를 활용한 교육 내용을 강화하였다.

셋째, 독일어, 프랑스어, 스페인어, 중국어, 일본어, 러시아어, 아랍어 등 7과목이 포함된 '생활 외국어' 과목을 신설하였다.

넷째, 재량활동의 신설에 따라 각 교과에 배당되는 수업 시수는 전반적으로 감축·조정되었다.

제7차 교육과정기 고등학교 교육과정의 단위 배당 기준은 〈표 18-33〉과 같다.

제7차 고등학교 교육과정의 특징은 다음과 같다.

첫째, 교과 구성에서 국민 공통 기본 교육 기간인 고1과 초·중학교의 교과 명칭 통일을 위해 윤리를 도덕으로, 실업·가정을 기술·가정으로 명칭을 변경하였으며, 기술·가정은 선택에서 필수로 변경하고 교과 편제의 제시 순서가 재조정되었다.

둘째, 재량활동을 신설하고 12단위를 부여함에 따라 각 교과에 배당되는 수업 시수는 전반적으로 감축·조정하였다.

셋째, 실업계와 기타계 고등학교의 경우 체계적인 전문교육을 위해 대체 이수의 조항을 여럿 제시하여 융통성을 부여하였다.

넷째, 고등학생의 과목 선택권을 부여하였다. 선택과목 136단위 중 시·도교육청과 단위 학교는 각각 28단위 이상 지정하되, 학생이 최대 50%까지 선택할 수 있도록 하였다.

제7차 교육과정기의 부분 개정
(2004. 11. 26.; 2005. 12. 28.; 2006. 8. 29.)

제2차 교육과정 시기부터 지속적으로 '부분 개정'이 있어 왔으나 제7차 교육과정기에는 국가 교육과정 개정 논의 자체를 '부분 수시개정'의 방향으로 하면서, 특수목적고 지침 개정, 공고 2·1체제 교육과정 폐지, 수학, 영어 수준별 교육과정 폐지를 위한 교육과정 개정이 2004년부터 각각 매년 이루어졌다.

2007 개정 교육과정(2007. 2. 28.~2009.): 주5일 수업제를 계기로 개정한 교육과정

2007 개정 교육과정은 주5일제 및 주40시간 근무제 도입 등 사회·문화적 변화를 학교에 반영하여 그간 월 2회 실시하던 주5일 수업제를 전면 실시함에 따라 수업 일수의 변화와 함께 교육 내용 및 내용 체계를 개편하게 되었다.

중·고등학교에 공통된 주요 개정 내용으로, 주5일 수업제에 따라 수업 일수가 220일에서 190일로 줄어들어 수업 시간 수가 감축된 것을 예로 들 수 있다. 전반적인 교육과정과 교과 체제는 동일하되 일부 교과에서 교과 내용의 구성이 변경되었

표 18-34 | 2007 개정 교육과정기 중학교 교육과정 편제표(2007. 2. 28.)

구분	학년	7	8	9
교과	국어	170	136	136
	도덕	68	68	34
	사회		사회	
		102	·	68
			역사	
		·	102	68
	수학	136	136	102
	과학	102	136	136
	실과		기술·가정	
		68	102	102
	체육	102	102	68
	음악	68	34	34
	미술	34	34	68
	외국어(영어)	102	102	136
재량활동		102	102	102
특별활동		68	68	68
연간 총 수업 시간 수		1,122	1,122	1,122

출처: 국가교육과정정보센터, www.ncic.re.kr

는데, 예컨대 이 개정 시기에 독도 문제가 사회적으로 이슈가 되면서 한반도 주변국들의 역사 왜곡에 대하여 능동적으로 대처하고 세계화 시대에 적합한 역사 교육의 필요성 증대에 따라 '사회' 교과 내에서 중등 '역사' 과목(국사+세계사)을 독립시키고 고등학교 1학년 역사 과목 수업 시수를 주당 2시간에서 3시간으로 확대하였다. 또한 단위 학교의 교육과정 편성·운영의 자율권을 확대하여 재량활동의 하위 영역별 단위 배당을 학교에서 편성하도록 하고, 교과 집중 이수제를 도입하여 교과에 배당된 수업 시간 수를 학기 또는 학년 단위로 집중 편성할 수 있도록 허용하였다.

　2007 개정 중학교 교육과정의 편제표는 〈표 18-34〉와 같다.

　2007 개정 중학교 교육과정의 특징은 다음과 같다. 첫째, 주5일 수업제 전면 적용으로 연간 수업 시간 수가 학년별로 1,156시간에서 1,122시간으로 감축되었다. 둘째, 교과의 종류와 구성은 제7차 교육과정과 동일하다. 셋째, 재량활동이 학년별로 136시간에서 102시간으로, 주당 평균 1시간이 감축되어 3시간이 되었다.

　2007 개정 고등학교 교육과정의 편제표는 〈표 18-35〉와 같다.

표 18-35 2007 개정 교육과정기 고등학교 교육과정 편제표(2007. 2. 28.)

	국민공통기본교과			선택과목
교 과	국어	136(8)	국어	문법(6), 화법(6), 독서(6), 작문(6), 문학(6), 매체 언어(6)
	도덕	34(2)	도덕	현대 생활과 윤리(6), 윤리와 사상(6), 전통 윤리(6)
	사회	102(6)	사회	한국 지리(6), 세계 지리(6), 경제 지리(6), 한국 문화사(6), 세계 역사의 이해(6), 동아시아사(6), 법과 사회(6), 정치(6), 경제(6), 사회·문화(6)
	역사	102(6)		
	수학	136(8)	수학	수학의 활용(6), 수학I(6), 미적분과 통계 기본(6), 수학II(6), 적분과 통계(6), 기하와 벡터(6)
	과학	136(8)	과학	물리I(6), 물리II(6), 화학I(6), 화학II(6), 생명 과학I(6), 생명 과학II(6), 지구과학I(6), 지구과학II(6)
	기술·가정	102(6)	기술·가정	농업 생명 과학(6), 공학 기술(6), 가정 과학(6), 창업과 경영(6), 해양 과학(6), 정보(6)
	체육	68(4)	체육	운동과 건강 생활(4), 스포츠 문화(4), 스포츠 과학(6)
	음악	34(2)	음악	음악 실기(4), 음악과 사회(4), 음악의 이해(6)
	미술	34(2)	미술	미술과 삶(4), 미술 감상(4), 미술의 창작(6)

영어	136(8)	외국어	영어I(6), 영어II(6), 실용 영어 회화(6), 심화 영어 회화(6), 영어 독해와 작문(6), 심화 영어 독해와 작문(6)
			독일어I(6), 독일어II(6), 프랑스어I(6), 프랑스어II(6), 스페인어I(6), 스페인어II(6), 중국어I(6), 중국어II(6), 일본어I(6), 일본어II(6), 러시아어I(6), 러시아어II(6), 아랍어I(6), 아랍어II(6)
		한문	한문I(6), 한문II(6)
		교양	생활과 철학(4), 생활과 논리(4), 생활과 심리(4), 생활과 교육(4), 생활과 종교(4), 생활 경제(4), 안전과 건강(4), 환경(4), 진로와 직업(4)
		이수 단위	132
재량활동	102(6)		
특별활동	68(4)		8
총 이수 단위	1,190(70)		140

* 2007 개정 교육과정 고시문에 국민공통기본교육과정과 선택중심교육과정의 2개로 제시된 편제표를 여기서는 고1 과정과 선택중심교육과정을 합하여 1개의 표로 작성함.

2007 개정 고등학교 교육과정의 특징은 다음과 같다.

첫째, 고1의 교육과정은 국민 공통 기본 교육과정으로, 고2, 3은 별도의 선택중심 교육과정 편제표로 제시하였다.

둘째, 주5일 수업제 전면 적용으로 고등학교 3년의 총 이수 단위 수는 고1의 시간 수를 단위 수로 환산한 70단위와 합하여 210단위로, 제7차 교육과정의 216단위에 비해 6단위가 감축되었다.

셋째, 선택중심 교육과정에서 일반 선택과 심화 선택이 하나의 선택과목군으로 변경되었고 교과별로 선택과목은 대폭 변화되었다. 예컨대, 국어과의 선택과목은 제7차 교육과정에서 일반 선택인 국어 생활, 심화 선택인 화법, 독서, 작문, 문법, 문학이었는데, 2007 개정에서 문법, 화법, 독서, 작문, 문학, 매체 언어로 총 6개 선택과목의 수는 같으나 국어 생활 대신 매체 언어가 신규 선택과목으로 개발되었다.

2009 개정 교육과정(2009. 12. 23.~2015.): 학년군과 교과군, 8교과 이내, 중학교 학교스포츠클럽, 창의적 체험활동 도입

2009 개정 교육과정은 직전 교육과정으로부터 불과 2년 만에 단행된 전면 개정 교육과정이다. 짧은 시기에 이루어진 개정이므로 총론을 먼저 개정하고 2011년부터 적용하는 과정에서 다시 교과 교육과정이 개정되는 방식을 취했다. 제7차에서 2007 개정에 이르기까지 유지되어 왔던 총론의 틀에는 상당한 변화가 있었다. 초·중·고 공통의 변화된 내용은 다음과 같다.

첫째, 10년이었던 국민 공통 기본 교육과정을 공통 교육과정으로 이름을 바꾸고 기간을 9년으로 축소하여 초등학교와 중학교의 학교급별 특성을 반영하도록 하였고, 선택 중심 교육과정은 선택 교육과정으로 하고 필수를 포함한 고등학교 교육과정이 되고 기간도 확대되도록 하였다.

둘째, 학년군 및 교과군을 설정하였다. 중학교는 1~3학년으로 묶여 총 수업 시수가 배정되었다. 단일 교과인 것도 있고 합쳐진 것도 있어 '교과(군)'으로 표기하는데, 도덕과 사회가 '사회/도덕'의 교과군으로, 과학과 기술·가정이 '과학/기술·가정'으로, 음악과 미술이 '예술(음악/미술)'의 교과군으로 되었다.

셋째, 교과(군)별 20% 범위 내 수업 시수 자율 증감을 허용하였다. 총 시수는 최소 시수를 유지하면서 교과(군) 간 조정이 가능하게 하되 체육, 예술(음악/미술) 교과는 감축하여 편성할 수 없도록 하였다.

넷째, 한 학기 이수 과목 수를 '8개 이내'로 하는 교과 집중이수제를 시행하였다. 우리나라 학생들이 동시에 배우는 과목이 너무 많다는 문제에 따라 동시에 이수하는 과목 수를 줄여 학습을 적정화하고자 한 것이었으나, 중·고등학교에서 이 제도는 여러 가지로 시행에서의 문제가 제기되고 8과목 이내에 포함되지 않는 과목들을 허용하는 지침이 등장함에 따라 실제로는 8과목 이내로 시행되기 어려웠다.

다섯째, 비교과 활동을 통일하여 창의적 체험활동으로 명하여 재구조화하였다. 2009 개정 교육과정에서는 기존의 교과 외 활동, 즉 5개 영역으로 세분화되어 있던 특별활동과 2개 영역으로 세분화되어 있던 재량활동이 통합되어 '창의적 체험활동'으로 운영되고 시수도 확대되었다.

2009 개정 중학교 교육과정 편제와 시간 배당 기준은 〈표 18-36〉과 같다.

2009 개정 중학교 교육과정의 특징은 다음과 같다.

첫째, 학년군, 교과(군) 적용에 따라 제시하는 방식이 달라졌으나, 수업 시수는 2007 개정 교육과정의 교과별·학년별 시수를 총합한 수치이다.

둘째, 선택 교과가 신설되었다. 그동안 재량활동에서 교과 재량활동에 속했던 선택과목이 별도의 선택 교과로 되면서 시수가 확대되었고, 교과는 한문, 정보, 환경, 생활 외국어(독일어, 프랑스어, 스페인어, 중국어, 일본어, 러시아어, 아랍어), 보건, 진로와 직업 등이다.

셋째, 선택과목으로 진로와 직업 과목이 신규 개발되었다. 이후 2009 개정 교육과정기에 진로진학상담교사의 등장과 2015년 「진로교육법」 제정을 통해 진로교육이 활성화되는 계기가 마련되었다.

넷째, 2012년 부분 개정(2012. 7. 9.)을 통해 중학교에 '학교스포츠클럽'에 관한 필수 시수 조항을 추가하고, 8과목 이내 조항에서도 체육과 예술을 제외하도록 하고 중학교만 고시 직후인 2학기부터 실행하도록 하였다. "학교는 학생들의 건강한 심신 발달을 위해 '학교스포츠클럽 활동'을 편성·운영한다 ……. '학교스포츠클럽 활동'은 학년별 연간 34~68시간(총 136시간) 운영하며, 매 학기 편성하도록 한다." 등

표 18-36 2009 개정 교육가정기 중학교 교육과정 편제표(2009. 12. 23.)

구분		1~3학년
교과(군)	국어	442
	사회(역사 포함)/도덕	510
	수학	374
	과학/기술·가정	646
	체육	272
	예술(음악/미술)	272
	영어	340
	선택	204
창의적 체험활동		306
총 수업 시간 수		3,366

출처: 국가교육과정정보센터, www.ncic.re.kr

총론의 중학교 관련 지침에 이례적으로 학교스포츠클럽 활동 관련한 내용이 구체적으로 등장하였다. 이는 당시 학교 인성교육에 대한 사회적 요구를 반영하기 위한 것으로 평가된다.

2009 개정 고등학교 교육과정의 편제표와 선택과목은 〈표 18-37〉〈표 18-38〉과 같다.

2009 개정 고등학교 교육과정의 특징은 다음과 같다.

첫째, 고등학교 1학년 필수 과정이 형식상 사라졌다는 것이다. 제7차 교육과정에서부터 2007 개정에 이르기까지 두 번의 교육과정은 비록 '선택'을 강조했지만, 고1의 필수 과정인 공통과목이 '국민 공통 기본 교육과정'으로 있었다가 2009 개정에서는 고1 과정이 없어지고 '선택 교육과정'이 3년으로 확대되었다.

둘째, 교과(군)를 몇 개씩 묶는 기초, 탐구, 체육·예술, 생활·교양의 4개 '교과영역'을 설정하고, 교과(군)별 또는 교과 영역별 최소 이수 단위를 설정하였다.

셋째, 선택과목은 2007 개정 교육과정에서 하나의 과목군으로 일원화되어 있던 것을 다시 제7차 교육과정과 같이 몇 개의 선택과목군, 기본 선택, 일반 선택, 심화

표 18-37 2009 개정 교육과정기 일반 고등학교와 특수목적 고등학교 교육과정 편제표(2009. 12. 23.)

구분	교과 영역	교과(군)	필수 이수 단위		학교자율과정
			교과(군)	교과 영역	
교 과 (군)	기초	국어	15(10)	45(30)	학생의 적성과 진로를 고려하여 편성
		수학	15(10)		
		영어	15(10)		
	탐구	사회(역사/도덕 포함)	15(10)	35(20)	
		과학	15(10)		
	체육·예술	체육	10(5)	20(10)	
		예술(음악/미술)	10(5)		
	생활·교양	기술·가정/제2외국어/한문/교양	16(12)	16(12)	
소계			116(72)		64
창의적 체험활동			24		
총 이수 단위			204		

출처: 국가교육과정정보센터, www.ncic.re.kr

표 18-38 2009 개정 교육과정기 고등학교 선택과목 표의 일부

교과 영역	교과(군)	과목		
		기본	일반	심화
기초	국어		국어 I, 국어 II, 화법과 작문, 독서와 문법, 문학, 고전	
	수학	기초 수학	수학 I, 수학 II, 확률과 통계, 미적분 I, 미적분 II, 기하와 벡터	고급 수학 I 고급 수학 II
	영어	기초 영어	실용 영어 I, 실용 영어 II, 실용 영어 회화, 실용 영어 독해와 작문, 영어 I, 영어 II, 영어 회화, 영어 독해와 작문	심화 영어, 심화 영어 회화 I, 심화 영어 회화 II, 심화 영어 독해 I, 심화 영어 독해 II, 심화 영어 작문

······

선택과목의 3개 과목군으로 구분하여 설정하였다.

넷째, 모든 과목이 선택으로 되어 있으나 학교별로 '진로 집중 과정'을 운영하도록 하여 사실상의 문/이과 등의 계열 편성이 허용될 수 있는 길을 열어 두었다. 고1의 필수과목을 국가가 정하는 방식은 아니지만, 학교가 과정별 필수나 선택 과목을 결정하도록 했다. "학생의 진로 과정을 고려하여 교과(군)별 최소 필수 이수 단위 수로 편성"할 수 있다거나, "학교는 학생의 요구 및 흥미, 적성 등을 고려하여 진로를 적절히 안내할 수 있는 진로 집중 과정을 편성·운영"하도록 하는 규정이 그 예이다.

다섯째, 2009 개정 교육과정 시기에는 산업수요 맞춤형 고등학교, 이름하여 '마이스터고'가 고등학교 유형으로 등장하였다. 학교의 성격은 산업체 취업을 목적으로 하는 것이므로 특성화고와 유사한 학교지만 특목고의 범주에 포함되었고, 이 학교를 위한 교육과정 지침도 제시되었다.

2015 개정 교육과정(2015. 9. 23.~2022.): 문이과융합형 표방, 핵심 역량과 자유학기제

2015 개정 교육과정의 비전은 '미래사회가 요구하는 창의융합형 인재 양성'과

'학습 경험의 질 개선을 통한 행복한 학습의 구현'이다(교육부, 2017b). 21세기 들어 OECD 보고서에서 처음 등장한 핵심 역량(key competency) 교육 개념을 처음으로 국가 교육과정에 도입하였고, 이 교육과정 이전에 2013년부터 국정과제로 등장한 중학교 '자유학기제'를 교육과정에 반영하였다. 고등학교는 '문이과융합형'이라는 탈과정 개념이 적용되고 이후 대학입학시험에 영향을 주어 2015 개정 교육과정의 별칭으로 널리 알려지게 되었다.

핵심 역량의 도입은 초·중·고 모든 학교급에 공통된 것인데, 총론의 목표 차원에서 강조되고, 교과 교육과정 개발 단계에 적용되었다는 점에서 의의가 있다. 다만, 학교급별로 교육과정의 운영 측면에서 핵심 역량이 어떤 역할을 하거나 어떤 영향을 미쳤는지에 대해서는 별다른 논의가 이루어지지지 않았다. 몇몇 일선학교에서 자체적으로 학교의 핵심 역량을 선정하기도 하였으며, 교과별로 총론 6개 역량과 유사하거나 동어 반복적인 역량을 제시함으로써, 이를 수렴하는 학습자에게는 수십 개의 핵심 역량이 요구된 교육과정이기도 하다.

2015 개정 중학교 교육과정 편제와 시간 배당 기준은 〈표 18-39〉와 같다.

2015 개정 중학교 교육과정의 특징은 다음과 같다.

첫째, 자유학기제의 적용이다. 자유학기제는 편제표에는 나타나지 않지만, 「초·

표 18-39   2015 개정 교육과정기 중학교 교육과정 편제표(2015. 9. 23.)

구분		1~3학년
교과(군)	국어	442
	사회(역사 포함)/도덕	510
	수학	374
	과학/기술·가정/정보	680
	체육	272
	예술(음악/미술)	272
	영어	340
	선택	170
	소계	3,060
창의적 체험활동		306
총 수업 시간 수		3,366

출처: 국가교육과정정보센터, www.ncic.re.kr

중등교육법」에 적시되었고, 학교급별 교육과정 편성·운영 기준에 "중학교 과정 중 한 학기는 자유학기로 운영한다."로 정하여, 학교가 자유롭게 선택하도록 하고 있으며 대부분 학교가 1학년 1학기 또는 2학기를 자유학기로 운영하고 있다.

자유학기는 중간고사, 학기말고사 등 학교 차원의 일제식 지필평가를 시행하지 않고 학생 참여형 수업을 강조한다. 무엇보다 창의적 체험활동과 별도로 '자유학기 활동'이라는 체험활동을 운영하도록 하였다. 이 제도가 실험적으로 시작된 2013년부터 서울시교육청에서는 '진로집중학년제'라고 하여 자유학기를 포함하여 1학년 전체를 학생평가의 부담을 줄이고 진로교육과 학생 참여형 수업을 강조하였는데, 이것이 2015 개정 교육과정 기간에는 여러 교육청에서 '자유학년제'로 명명하고 확대된 현상을 보이게 되었다. 자유학기는 시험을 치르지 않는 한 개 학기의 등장, 지금까지 없었던 교과도 아닌 교과 유사 활동을 하도록 허용했다는 점에서 중학교 교

표 18-40 2015 개정 교육과정기 고등학교 교육과정 편제표(2015. 9. 23.)

교과 영역		교과(군)	공통과목(단위)	필수 이수 단위	자율 편성 단위
교과(군)	기초	국어	국어(8)	10	학생의 적성과 진로를 고려하여 편성
		수학	수학(8)	10	
		영어	영어(8)	10	
		한국사	한국사(6)	6	
	탐구	사회(역사/도덕 포함)	통합사회(8)	10	
		과학	통합과학(8) 과학탐구실험(2)	12	
	체육·예술	체육		10	
		예술		10	
	생활·교양	기술·가정/제2외국어/한문/교양		16	
소계				94	86
창의적 체험활동				24(408시간)	
총 이수 단위				204	

출처: 국가교육과정정보센터, www.ncic.re.kr

육에 교사와 학생 모두에게 큰 반향을 불러일으켰다.

둘째, 교과 편제는 2009 개정 교육과정과 같으나 교과군 중 '과학/기술 · 가정' 교과군이 '과학/기술 · 가정/정보' 교과군으로 '정보'가 추가, 변경되었다. 이는 소프트웨어(SW) 교육 강화의 일환으로, 정보 과목은 34시간이 보장되었다.

셋째, 편제표외 운영 지침에서 중학교 학교스포츠클럽 활동은 2009 부분 개정 시기의 내용을 일부 수정하여 그대로 강조하였다.

2015 개정 고등학교 교육과정의 편제표와 선택과목 표는 〈표 18-40〉과 같다.

2015 개정 고등학교 교육과정의 특징은 다음과 같다.

첫째, 1학년 국, 수, 영, 사(한국사 포함), 과 5개 교과(군)의 공통과목의 부활과 진로 집중과정의 삭제다. 창의융합형 인재 양성의 비전을 제시하고 문이과융합형을 표방하게 된 것은 지난 2009 개정 교육과정에 대한 검토 결과 필수과목을 따로 구분하여 다시 제시하는 것이 더 적절하다고 판단한 것으로 해석된다.

둘째, 선택과목을 일반 선택과 진로 선택으로 양분하였다. 2009 개정 시기에서

표 18-41 2015 개정 교육과정기 고등학교 교육과정 공통 및 선택과목 편제표(2015. 9. 23.)

교과 영역	교과(군)	공통과목	선택과목	
			일반 선택	진로 선택
기초	국어	국어	화법과 작문, 독서, 언어와 매체, 문학	실용 국어, 심화 국어, 고전 읽기
	수학	수학	수학 I, 수학 II, 미적분, 확률과 통계	실용 수학, 기하, 경제 수학, 수학 과제 탐구
	영어	영어	영어 회화, 영어 I, 영어 독해와 작문, 영어 II	실용 영어, 영어권 문화, 진로 영어, 영미 문학 읽기
	한국사	한국사		
탐구	사회 (역사/ 도덕포함)	통합사회	한국지리, 세계지리, 세계사, 동아시아사, 경제, 정치와 법, 사회 · 문화, 생활과 윤리, 윤리와 사상	여행지리, 사회문제 탐구, 고전과 윤리
	과학	통합과학 과학탐구실험	물리학 I, 화학 I, 생명과학 I, 지구과학 I	물리학 II, 화학 II, 생명과학 II, 지구과학 II, 과학사, 생활과 과학, 융합과학

체육 · 예술	체육	체육, 운동과 건강		스포츠 생활, 체육 탐구	
	예술	음악, 미술, 연극		음악 연주, 음악 감상과 비평 미술 창작, 미술 감상과 비평	
생활 · 교양	기술· 가정	기술·가정, 정보		농업 생명과학, 공학 일반, 창의 경영, 해양 문화와 기술, 가정과 학, 지식 재산 일반	
	제2외국어	독일어 I 프랑스어 I 스페인어 I 중국어 I	일본어 I 러시아어 I 아랍어 I 베트남어 I	독일어 II 프랑스어 II 스페인어 II 중국어 II	일본어 II 러시아어 II 아랍어 II 베트남어 II
	한문	한문 I		한문 II	
	교양	철학, 논리학, 심리학, 교육학, 종교학, 진로와 직업, 보건, 환경, 실용 경제, 논술			

출처: 국가교육과정정보센터, www.ncic.re.kr

기본-일반-심화의 구분 과목 중 기본 과목의 효용성이 떨어진다는 운영 결과에 기인한 것이다.

2022 개정 교육과정(2022. 12. 22.~): 고교학점제에 따른 고등학교 교육과정 개정

교육부에서는 2018년 8월 17일에 교육과정 개정 일정과 2022년 이후 중장기 계획을 포함한 일정표를 발표하였다(교육부, 2018). 고교학점제 단계적 도입 방안에 따라 2015 개정 교육과정 기간 동안 부분 수정이 매년 이루어졌으며, 2022 개정은 총론과 각론(교과, 비교과) 및 초등학교와 중학교까지 개정하는 전면 개정이다. 2022 개정 고등학교 교육과정은 2025년 고1에게 첫 적용이 되고, 이 교육과정에 따른 대학수학능력시험의 범위 등 대학입학시험의 골격은 2024년에 발표될 예정이다.

2022 개정 중학교 교육과정의 시간 및 단위 배당기준은 〈표 18-43〉과 같다.

표 18-42 학점제를 적용한 2022 고등학교 교육과정 개정 일정

연도	2018년	2019년	2020~2021년	2022년	2023~2024년	2025년
국가 교육과정 적용 일정	1학년: 2015 개정 2, 3학년: 2009 개정	1, 2학년: 2015 개정 3학년: 2009 개정	전 학년: 2015 개정	2020 교육과정	2020 교육과정	2022 개정 교육과정 (고1)
국가 교육과정 개정 일정		총론 개정 연구	2020년 개정 교육과정 (총론) 고시	2022 개정 교육과정 (총론, 교과) 고시		
학점제 적용 학교	연구·선도학교 + 일반학교*			고등학교		

* 2025년부터 고교학점제형 교육과정인 2022 개정 교육과정이 적용되지만, 총론 일부만 개정한 교육과정은 마이스터고, 특성화고, 일반고에 2020년부터 순차적으로 적용되었다.

표 18-43 2022 개정 교육과정기 중학교 교육과정 편제표(2022. 12. 22.)

구분		1~3학년
교과 (군)	국어	442
	사회(역사 포함)/도덕	510
	수학	374
	과학/기술·가정/정보	680
	체육	272
	예술(음악/미술)	272
	영어	340
	선택	170
	소계	3,060
창의적 체험활동		306
총 수업 시간 수		3,366

* 국가교육과정정보센터, www.ncic.re.kr

2022 개정 중학교 교육과정의 특징은 편제표에 의하면 2015 개정 교육과정과 같다. 다만, 지침을 통해 변경된 사항들로 몇 가지가 있다. 첫째, 정보 과목은 기존 34시간에서 68시간 이상 편성할 수 있도록 지침이 변경되었다. 둘째, 운영 지침에서 '학교자율시간'과 '진로연계교육'이 새로 제시되었다. 학교자율시간은 학교에서 선택과목을 자유롭게 개설, 운영할 수 있는 연간 최대 68시간가량의 공간을 중학교에도 마련한 것이고, 진로연계교육은 학교급 간 연계를 위한 교육 활동을 강조한 것이다.

2022 개정 고등학교 교육과정의 편제표와 선택과목 표는 〈표 18-44〉와 같다.

2022 고등학교 교육과정의 특징은 전체적으로 고교학점제의 도입에 따른 교육과정 재구조화에 있다. 2017년부터 4년 이상 진행된 학점제 관련 정책연구 결과와 연구·선도학교의 운영 경험이 대폭 수용되었다. 구체적으로, 첫째, 학점제를 적용함에 있어서 과목 선택을 방해할 수 있는 소지가 되는 걸림돌로서 교과 영역이 폐지되었다.

표 18-44 2022 개정 교육과정기 일반고 및 특목고 교육과정 편제표(2022. 12. 22.)

교과(군)	공통 과목	필수 이수 학점	자율 이수 학점
국어	공통국어1, 공통국어2	8	
수학	공통수학1, 공통수학2	8	
영어	공통영어1, 공통영어2	8	
사회 (역사/도덕 포함)	한국사1, 한국사2	6	
	통합사회1, 통합사회2	8	학생의 적성과 진로를 고려하여 편성
과학	통합과학1, 통합과학2 과학탐구실험1, 과학탐구실험2	10	
체육		10	
예술		10	
기술·가정/정보/ 제2외국어/ 한문/교양		16	
소계		84	90
창의적 체험활동		18(288시간)	
총 이수 학점		192	

* 국가교육과정정보센터, www.ncic.re.kr

표 18-45 2022 개정 고등학교 교육과정 보통 교과(2022. 12. 22.)

교과(군)	공통과목	선택과목		
		일반 선택	진로 선택	융합 선택
국어	공통국어1, 공통국어2	화법과 언어, 독서와 작문, 문학	주제 탐구 독서, 문학과 영상, 직무 의사소통	독서 토론과 글쓰기, 매체 의사소통, 언어생활 탐구
수학	공통수학1, 공통수학2 기본수학1, 기본수학2	대수, 미적분 I, 확률과 통계	기하, 미적분 II 경제 수학, 인공지능 수학, 직무 수학	수학과 문화, 실용 통계, 수학과제 탐구
영어	공통영어1, 공통영어2 기본영어1, 기본영어2	영어 I, 영어 II, 영어 독해와 작문	영미 문학 읽기, 영어 발표와 토론, 심화 영어, 심화 영어 독해와 작문, 직무 영어	실생활 영어 회화, 미디어 영어, 세계 문화와 영어
사회 (역사/ 도덕 포함)	한국사1, 한국사2 통합사회1, 통합사회2	세계시민과 지리, 세계사, 사회와 문화, 현대사회와 윤리	한국지리 탐구, 도시의 미래 탐구, 동아시아사 역사기행, 정치, 법과 사회, 경제, 윤리와 사상, 인문학과 윤리, 국제 관계의 이해	여행지리, 역사로 탐구하는 현대 세계, 사회문제 탐구, 금융과 경제생활, 윤리문제 탐구, 기후 변화와 지속가능한 세계
과학	통합과학1, 통합과학2 과학탐구실험1, 과학탐구실험2	물리학, 화학, 생명과학, 지구과학	역학과 에너지, 전자기와 양자, 물질과 에너지, 화학반응의 세계, 세포와 물질대사, 생물의 유전, 지구시스템과학, 행성우주과학	과학의 역사와 문화, 기후 변화와 환경생태, 융합과학 탐구
체육		체육1, 체육2	운동과 건강, 스포츠 문화, 스포츠 과학	스포츠 생활 1, 스포츠 생활 2

예술		음악, 미술, 연극	음악 연주와 창작, 음악 감상과 비평, 미술 창작, 미술 감상과 비평	음악과 미디어, 미술과 매체
기술· 가정/ 정보		기술·가정	로봇과 공학세계, 생활과학탐구	창의 공학 설계, 지식 재산 일반, 생애 설계와 자립, 아동발달과 부모
		정보	인공지능 기초, 데이터 과학	소프트웨어와 생활
제2외국어/ 한문		독일어, 프랑스어, 스페인어, 중국어, 일본어, 러시아어, 아랍어, 베트남어	독일어 회화, 프랑스어 회화, 스페인어 회화, 중국어 회화, 일본어 회화, 러시아어 회화, 아랍어 회화, 베트남어 회화, 심화 독일어, 심화 프랑스어, 심화 스페인어, 심화 중국어, 심화 일본어, 심화 러시아어, 심화 아랍어, 심화 베트남어	독일어권 문화, 프랑스어권 문화, 스페인어권 문화, 중국 문화, 일본 문화, 러시아 문화, 아랍 문화, 베트남 문화
		한문	한문 고전 읽기	언어생활과 한자
교양		진로와 직업, 생태와 환경	인간과 철학, 논리와 사고, 인간과 심리, 교육의 이해, 삶과 종교, 보건	인간과 경제활동, 논술

출처: 국가교육과정정보센터, www.ncic.re.kr

둘째, 학기별 과목 이수가 가능하도록 해야 한다는 방향에 따라 필수인 공통과목과 선택과목 모두 동일 단위 수인 4학점을 기본 단위 수로 하고, 증감 운영도 1학점으로 최소화하였다.

셋째, 선택과목의 과목군을 기존 2개에서 일반 선택, 진로 선택, 융합 선택의 3개로 변경하였다.

넷째, 학기당 이수 과목으로 개발하면서 보통 교과의 선택과목 수가 대폭 증가되었다. 이번 개정에서는 교과 간, 교과 내 연계와 통합이 강조되었으나, 그에 못지않게 현실적으로 특목고의 폐지 정책에 따라 과거 특목고용으로 제시된 전문 교과의 과목들이 대거 기존 보통 교과 과목들과 통폐합된 것도 선택과목 증가의 중요한 원인이라고 할 수 있다.

다섯째, 학생 선택이 원활한 과목 구성을 위해 각 교과에서는 선택과목의 매력도를 높이기 위해 과목 명칭에 대해 그간 관례적으로 붙이던 I, II 방식을 지양하고 과목명에서 과목 내용을 유추하기 쉽게 개선하였다.

 활동과제

○ 1945년 이후 2022 개정 교육과정에 이르기까지 국가 수준 중학교 교육과정의 개정의 계기와 그것이 반영된 교육과정의 특징과 문제점에 대해 논의해 보자.

○ 1945년 이후 2022 개정 교육과정에 이르기까지 국가 수준 고등학교 교육과정의 개정의 계기와 그것이 반영된 교육과정의 특징과 문제점에 대해 논의해 보자.

○ 21세기 들어 이루어진 2007 개정 이후 2022 개정에 이르기까지의 중학교 및 고등학교 교육과정의 변화가 이전 시대와 다른 점을 찾아보고 이에 대해 논의해 보자.

제**19**장 북한의 학제와 교육과정[1)]

이 장의 목표

1. 1945년 이후 현재에 이르기까지 북한의 학제의 변화를 설명할 수 있다.
2. 북한의 국가 수준 교육과정의 특징을 최근 개정 2013년 교육과정에 기초하여 설명할 수 있다.

생각해 볼 문제

1. 북한 교육에서 교육과정의 역할은 무엇인가?
2. 북한 학교교육에서 교육과정 외에 학생들에게 영향력이 큰 것은 무엇인가?

1945년 8월 일제강점기가 끝나 식민 지배로부터 자유와 해방의 시기가 도래하였으나, 우리 민족은 예기치 않게 남북이 분단되고, 1950년 6월부터 3년간 전쟁까지 치르고 이후 21세기 현재까지 분단된 남북한 시기를 겪고 있다. 해방 직후 남한에서는 급작스러운 해방으로 일제강점기에 이루어진 교육의 인적·물적 인프라가 그대로인 채 미군정청 학무국 주도로 교육체제 재편이 이루어졌다. 당장 일본어를 학교의 공용어로 사용하고 일본을 모국으로 여겨 교육하게 된 국어, 지리, 역사 과목 등의 시급한 변화가 특별 지침, 편제표 수정 등으로 이어진 것과 유사하게 북한에서도 긴급한 교육 체계의 변화가 모색되었다. 이 장에서는 1945년 8월 15일 해방 이후

---

1) 이 장은 제227회 북한법연구회 월례발표회 자료 김진숙(2016), '북한의 '전반적 12년제 의무교육'에 따른 학제와 교육과정 개편: 평가와 전망' 및 이를 토대로 한 『KDI 북한경제리뷰』 2016년 6월호의 김진숙(2016), '북한의 '전반적 12년제 의무교육'에 따른 학제와 교육과정 개정 동향'에 기초한 것이다.

2012년 학제 개편에 이르기까지 북한에서 수립된 교육체제의 변화와 김정은 집권 시기 2013년 개정 교육과정의 특징을 다룬다.

북한 학제의 변화

1945년 이후 현재까지의 북한 학제의 변화를 남한 학제와 비교한 표는 〈표 19-1〉 과 같다.

표 19-1 해방 이후 북한 학제의 변화

연령	남한	북한				
17	고등학교 (3)					
16		고급중학교 (3)				고급중학교(3)
15			고급중학교 (3)**		고등중학교(6) (1978년부터 2002년 9월까지)/ 중학교(6) (2002년부터 2012년까지)	고급기술중학교 (3)
14	중학교 (3)			중학교 (5)		
13		초급중학교 (3)	초급중학교 (3)**			초급중학교 (3)
12						
11						
10						
9	초등학교 (6)	인민학교 (4~5)	인민학교 (4)	인민학교 (4)	소학교(4) (2002년 9월부터 개명)	소학교 (5)
8						
7						
6						
5	유치원 (3)	유치원 높은반 (1)	유치원 높은반 (1)	유치원 높은반 (1)	유치원 높은반 (1)	유치원 높은반 (1)
4			낮은반(1)	낮은반(1)	낮은반(1)	낮은반(1)
3						
연령/ 연도	1992년 이후*	1946~1950 '5년제초등 의무교육'	1953~1958 '4년제 초등 의무교육' '7년제 중등 의무교육'	1967 '9년제 전반적 기술의무교육' (인 4+중 5)	1972~1975 '전반적 11년제' (유 1+소 4+ 고중 6)	2012년 이후 현행 '전반적 12년제' (유 1+소 5+ 초중 3+고중 3)
	남한	북한				

* 남한 초중고 6-3-3제는 1951년부터, 유치원은 1991년 12월에 법령을 개정하고, 1992년 3월부터 2년제 → 3년제 체제로 운영함.

** 초급중학교와 고급중학교는 1959년부터 통합하고 중학교로 개명.

해방 이후 북한 학제 변화의 특징은 다음과 같다.

첫째, 북한의 1946년부터 2012년까지 총 5회 정도로 여러 번 학제 개편이 이루어 졌다. 학제 개편 시기는 발표와 적용 시기, 학교 명칭 및 의무교육 개편 시기가 각각 다른 경우도 많아 복잡하다.

둘째, 학제 개편에서 초등학교, 중학교, 고등학교 각 학교급 학교의 명칭도 변화되 었다. 초등학교 단계는 일찍이 일제의 잔재인 국민학교를 인민학교로 변경하였고,[2] 2002년부터 소학교를 사용하고 있다. 중등학교는 중학교와 고등학교 단계가 3-3제 를 사용하다가 5년 및 6년의 통합체제를 하다가 다시 3-3제를 사용하고 있다.

표 19-2 북한 학제 중 의무교육의 변화

연도	의무교육 내용	비고
1950년	5년제 초등의무교육 * 전반적 초등의무교육제 실시에 관한 법령 채택(1949. 9. 10.)	6·25전쟁으로 중단
1956년	4년제 초등의무교육 * 전후 복구 위해 '일하면서 배우는 학교체제' 구축	
1958년	7년제 중등의무교육 (인민교육 4년, 중학교 3년)	
1967년	9년제 전반적 기술 의무교육 (인민교육 4년, 중학교 5년) * 중등일반교육과 기초기술교육, 교육과 생산을 결합	기술인력 양성을 목적 기존 3년제 중학교에 2년제 기술학교 통합
1972년	11년제 전반적 의무교육 [유치원 1년, 소학교 4년, (고등)중학교 6년] * 1975년 11년제 무상의무교육 전면적 실시	당 제5기 제4차 전원회의('72. 7. 2.) 北, 세계 최초 11년제 의무교육 선전 '02년 인민학교 → 소학교, 고등중학교 → 중학교로 명칭변경
2012년	12년제 전반적 의무교육 공표 (유치원 1년, 소학교 5년, 초급중 3년, 고급중 3년) * 2017년 12년제 무상의무교육 전면적 실시	당 제13기 제5차 최고인민회의('17. 4. 11.) 北 전역 실시 공표

출처: 통일부 북한정보포털, http://nkinfo.unikorea.go.kr

2) 남한의 경우 '국민학교'는 1996년에 이르러서야 '초등학교'로 변경하게 되었다.

셋째, 의무교육이 점차 확대되어 현재는 고등학교급에 이르기까지 유치원 1년과 초-중등 학교급 전체 학년을 총괄하는 12년에 이르고 있으며, 이를 '전반적 12년 제 의무교육'이라고 한다. 처음 의무교육은 5년(인민학교)에서 시작하여 4년(인민학교)-7년(인민학교 4년+중학교 3년)-11년(유치원 1년+소학교 4년+중학교 6년)-12년 (유치원 1년+소학교 5년+초중학교 3년+고중학교 3년)으로 확대되었다. 중등학교가 의무교육 대상에 포함된 1958년부터 학제의 명칭에 '중등'이 사용되기 시작하였다.

북한의 학교 현황과 2012년 개편 신학제의 특징

북한의 학교 현황

새 학제와 교육과정은 북한사회에 대한 국제사회에서의 평가, 어려워진 경제사정을 감안할 때 비교적 혁신적이고 미래지향적인 것으로 나타나서, 김정은 정권의 교육과정 개정을 통한 정치적 의도, 그 실효성 등에 대해 비판적 분석이 이루어지고 있다. 예컨대 자생적 시장화 확산과 빈부격차 확대, 빈곤계층 아동이 증가하는 현실 속에서 교육적 위기와 김정은 시대의 출범이라는 정치적 환경 속에 이루어진, 내적으로는 북한주민의 지지 획득과 대외적으로는 북한체제 홍보 목적의 정책으로 보는 시각이 주를 이루고 있다(조정아, 2014: 177-206). 사실, 교육과정 외에도 OECD 등 국제사회에 보고된 북한의 공식적인 교육 관련 기초 통계 자료를 보면 겉으로 드러난 교육의 지표는 양호한 것들도 있어 정보의 진위와 관련한 의문을 갖게 한다.

국가 수준에서 학교 교육과정을 개발할 경우에는 가르칠 교원, 배우는 학생, 장소 등의 운영에 따른 인적·물적 인프라가 기반이 되어야 한다. 북한의 인구는 2천 5백만 정도로 남한의 절반이지만, 초등학교의 수(4,800개교)는 우리(5,934개교)의 절반보다 훨씬 많다. 교육 기초 통계를 볼 때 북한 지역 학교, 유치원, 초등학생 수는 인구 대비 남한에 비해 많으며, 교원 수는 초·중등학교 약 18만 명, 유치원 포함 21만 8천 명에 달하여, 남한의 초·중등학교 42만 9천 명, 유치원 포함 47만 7천 명의 47% 정도에 해당한다. 유치원(2년), 소학교(4년)의 연한이 남한보다 1년씩 적은 구 학제 때의 통계임과 교사 대 학생 비율을 고려하면 북한 유치원 교사 1인당 18.3명으로 남한의 1인당 13.4명보다 약간 많으며, 초·중등학교에서는 북한 교사 1인당 23명으로 남한 교사 1인당 14.9명(초), 14.3명(중)보다 많은 것으로 나타난다.[3]

표 19-3 | 남한과 북한의 교육 기초 통계 비교

		남한	북한*
	총 인구(2013)	510,220,000	24,895,000
학교 수	유치원	8,826	13,638
	초등학교(소학교)	5,934	4,800
	중학교(초급중학교)	5,512	4,600*
	고등학교(고급중학교)	(3,186 + 2,326)	
	대학교	1,538 (339개 대학 + 대학원)	480
학생 수	유치원	318,150	706,678
	초등학교(소학교)	2,728,509	1,489,835
	중학교(초급중학교)	3,557,283	2,341,963*
	고등학교(고급중학교)	(1,717,911 + 1,839,372)	
	대학교	3,225,000 (2,894,405 + 대학원)	1,980,125
교원 수	유치원	48,530	37,000
	초등학교(소학교)	182,672	69,000*
	중학교(초급중학교)	113,349	112,000*
	고등학교(고급중학교)	134,488	

주: 남북한 모두 가장 최근의 것을 인용함. 북한의 수치는 동일한 해의 수치가 아니며, 2015년 유네스코 자료, 북한 공식 자료의 간접인용 자료가 혼재되어 있음. 또한 학제 개편 이전 자료이므로 중·고등학교가 함께 제시됨. *를 표시한 숫자는 2003년 자료임.[4]

---

3) 2003년 자료에서 교사 대 학생 비율은 전 학교급 평균 1 : 21로 나타났다(DPRK National Commission for UNESCO, 2003).

4) DPRK National Commission for UNESCO(2003). National Plan of Action on Education for All. 그 이외 자료들의 경우, 남한은 통계청 「장래인구추계」(www.kosis.kr, 접속일자: 2016. 10. 30.), 북한은 유네스코 (www.uis.unesco.org, 접속일자: 2016.10.30); 한국교육개발원 교육통계서비스(www.kess.kedi.re.kr, 접속일자: 2016.10.30.); DPR of Korea(2008); DPRK(2014); 유니세프(http://www.childinfo.org/ files/ EAPR _Korea_DPR.pdf, 접속일자: 2016.10.30.); 이윤진(2014)을 재인용하였다.

전반적 12년제 의무교육제의 의미

　북한이 대내외적으로 자랑하는 대표적인 교육의 특징은 세계 최장 무상 의무교육과 이에 기반한 학제라는 점이다. 실제 남한이 아직 초등학교 6년만을 의무교육으로 하고 있던 1975년에 이미 북한은 유치원부터 고등학교 단계까지[5] 2-4-6의 학제와 그중 유치원 높은반 1년만을 포함한 1-4-6의 11년제 의무교육을 실시하였다.

표 19-4 　북한의 2012년 전체 학제

나이	의무교육 기간	신학제 개편안			성격
24		대학원			고등교육
23		(3~5년)			
22					
21		대학교			
20		(4~5년)			
19			사범대학(3년)	고등전문학교(3년)	
18					
17	전반적 12년제 의무교육	고급중학교(3년)			중등교육
16					
15					
14					
13					
12		초급중학교(3년)			
11					
10					
9		소학교(5년)			초등교육
8					
7					
6					
5		유치원(높은반 1년)			유아교육
4		(낮은반 1년)			
3					
2		탁아소			보육
1					

자료: 유니세프, www.childinfo.org

---

5) 2012년 학제 개편 전까지 북한의 중등교육은 6년제 중학교로 중·고등학교가 통합된 형태였다.

2012년 학제 개편은 37년 만에 이루어진 것으로, 이후 현재 북한 학제는 유-초-중-고-대의 연한을 2-5-3-3-3~5제로 하고 유치원 1년(높은반)을 포함하여 초 · 중등교육 전체 12년을 무상 의무교육으로 한다. 북한의 2013 개정 교육과정은 2012년에 발표한 '전반적 12년제 의무교육제'의 후속 조치로, 교육과정 총론에서도 학제가 강조되고 있다.

북한이 2012년 발표한 학제 개편안은 어려워진 북한 사정에 비추어 볼 때는 다소 의아한 것이었다. 전 세계적으로 대부분의 나라는 9년 내지 10년간의 의무교육이 실시되고 있다. 북한의 학제는 〈표 19-4〉와 같다.

북한 신학제 개편안의 특성과 의의는 다음과 같다.

첫째, 기존 6년제였던 중등학교를 2개로 분리하여 유-초-중-고의 4개 학교급 체제로 개선함으로써 종국교육(terminal education)으로 직업 직전단계 또는 대학 진학 준비단계인 후기중등교육(upper secondary education)의 고등학교 교육을 강화하려 하였다.

둘째, 4년제 소학교를 5년제로 늘려서 전체적으로 교육 연한을 늘려 초등교육의 질을 개선하고, 국제적 수준에 부합하도록 하였다.

셋째, 실효성 논란에도 불구하고 무료 의무교육 연한을 12년으로 확대하고 홍보함으로써 김정은 정권의 치적으로 활용하였다.

2012년 학제의 변화와 2013년 교육과정 개정

김정은 집권 후 1년이 채 안 된 2012년 9월, 북한에서는 소학교를 4년제에서 5년제로 1년 연장함으로써, 중등학교를 초급중학교와 고급중학교로 분리하는 학제개편안, 소위 '전반적 12년제 의무교육'제도를 전격적으로 발표하고 교육과정[6] 개정을 예고하였다.[7] 이에 따라 2013년에 새 교육과정이 발표되고 바로 다음해인 2014년 4월부터 북한 전역의 유 · 초 · 중등학교에 적용되고 있다.

---

6) 북한에서 교육과정은 총론과 교과를 통틀어서 국가 수준에서 '교육강령'이라고 하며, 이 장에서는 교육과정으로 통칭하지만, 문맥에 따라 북한의 명칭인 교육강령을 혼용한다.

7) 『로동신문』 2012년 9월 26일.

북한 교육강령은 남한 교육과정과 마찬가지로 국가 수준의 교육과정이다. 국가 교육과정이 갖는 의미는 교육법과의 관련성, 전국 공통의 기준이자 지역 및 학교 수준 교육의 대표성, 그리고 공식적인 교육과정의 측면에서 살펴보는 것은 북한 학제 및 교육강령을 이해하는 데 참고가 될 수 있다.

교육법의 하위 및 유사 문서로서의 교육과정

교육과정은 발표할 때 '고시(告示)'한다고 하여 법에 적용하는 표현을 사용하며, 남한의 경우 「교육기본법」 「유아교육법」 「초·중등교육법」의 하위 문서이자 긴밀한 관련을 맺는 문서이다.

그런데 이러한 위계 관계로 법 아래 문서이기도 하지만, 특정 항목들은 때로 법과 대등한 위치로 분담하여 기술되기도 한다. 〈표 19-5〉는 '총론 항목'[8]이 법과 교육과정에 각각 기술된 남한과 북한의 현황을 비교한 것이다.

북한에도 학교교육에 관련하여 사회주의 교육에 관한 테제, 「헌법」, 조선민주주의인민공화국 「교육법」 「어린이보육교양법」 등을 통해 규정하고 있다(김대희, 조용호, 2000). 또한 표에 제시한 바와 같이, '총론 항목'으로 여겨지는 각 항목들 중 상당 부분을 교육과정과 동시에 제시하거나 분담하여 제시하는 등 남한과 유사한 방식을 취하고 있다.

전국 공통의 기준이자 지역 및 학교 수준 교육의 대표성

북한 교육과정은 국가 수준 교육과정(national curriculum)이다. 세계 각국은 대부분 국가 교육과정을 갖고 있으며, 국가 수준에서 교육과정을 갖지 않은 나라로는 미국, 독일이 있다. 이 두 나라도 주 수준 교육과정과 함께 국가 수준의 법령, 교과 기준(standard), 공통의 지침들을 통해 각각 필요한 사항에 대해 유·초·중등학교 교육의 국가적 공통성을 유지하고 있다. 국가 수준 교육과정은 전국 모든 학교에 적용되는 공통의 기준이면서 각 지역별·학교별로 적용되고 있는 교육의 지향점과 실상을 대표하는 문서이기도 하다.

---

8) 총론에 담고 있는 내용이 국가별로, 또 역사적으로 변함에 따라 일반적으로 교과 편제와 시간, 교육목표와 같이 '총론이라고 가정하는 것'을 본 연구자는 '총론 항목'으로 명하였다(김진숙 21, 2011: 49-73).

표 19-5 남북한 교육과정 '총론 항목'이 교육과정 또는 교육법에 제시된 현황

구분	총론 항목	남한	북한	비고
학제와 교육과정의 구성	1. 학제	×	○	남한은 교육법에 제시됨
	2. 학교급 교육과정의 구성	○	○	
	3. 교육과정의 특징	○	○	
교육목표	4. 교육적 인간상	○	○	
	5. (학교급) 교육목적	○	○	
교육과정의 영역과 교과	6. 영역 및 교과 구성	○	○	
교육시간	7. 학사력	×	○	남한은 교육법에 제시됨
	8. 수업 일수	○	○	
	9. 수업 주수	○	○	
	10. 주당 교과별 수업 시수	×	○	남한은 연간 수업 시수로 제시됨
	11. 학년별·교과별 수업 시수	×	○	남한은 학년군별 교과(군)별 시수로 제시됨
	12. 연간 수업 시수	○	○	
	13. 하루 수업 시간	×	○	북한은 초, 중, 고 학교급별로 하루 최대 시수가 제시됨
학교 교육과정 지침	14. 단위 학교 교육과정 편성 지침	○	○	
교수·학습방법과 평가 및 기타 교육과정 지원	15. 범교과 주제	○	×	북한은 제시되지 않음
	16. 교수·학습방법	○	○	
	17. 특수한 요구 학생 고려	○	×	북한은 제시되지 않음
	18. 교과서 및 교재	○	×	북한은 교과에서 제시됨
	19. 지역사회 연계	○	×	북한은 제시되지 않음
	20. 방과후 학교, 보호	○	○	북한의 과외활동은 창체와 방과후 학교 포함된 것
	21. 학생 평가	○	○	
교육과정 운영 지원	22. 국가의 지원	○	×	북한은 제시되지 않음
	23. 국가 수준 평가	○	×	
	24. 교육청의 학교 지원 사항	○	×	북한은 제시되지 않음
	26. 비정규 학교, 특성화 학교 운영 지침	○	×	북한은 제시되지 않음

공식적인 교육과정

교육과정은 학교에서 이루어지고 있는 교육의 대부분을 설명해 주는 공식적 교육과정이지만, 학교에서는 이외에도 다양한 교육의 실제(practice)가 존재한다. 공식적인 교육과정과 학교에서 이루어지는 교육과의 차이는 교육과정 실행(implementation) 정도, 잠재적 교육과정(hidden curriculum) 등으로 설명할 수 있다.

실제 교육과정, 즉 교육과정 실행과 문서에 차이가 있다는 것은, 국가 교육과정 문서에서 제시된 교육 계획들이 실제 북한 전국 각 지역 모든 학교에서 어느 정도 실행되는지, 많은 탈북학생들의 증언에서처럼 의무교육이 실제로 시행되지 못하는 지역은 얼마나 되는지, 교육과정의 각 내용들이 얼마나 충실하게 수행되는지에 대한 차이가 존재한다는 것이다.

잠재적 교육과정은 교육내용 중심으로 기술된 공식적 교육과정보다 때로 학생에게 더 큰 영향을 미치는 교육의 실제가 있음을 말해 주는 수사적이고 비판적인 표현이다. 예컨대, 북한의 경우 생활지도가 철저하게 이루어지면서 학교 문화, 교사를 통해 이루어지는 교육은 수업 시간에 교과 내용 전달보다도 강력한 효과를 발휘할 수 있다. 또 교과서는 교육과정 자체가 아니지만, 학생에게 직접 전달되는 매체로서 김일성 가계 우상화와 사회주의 이념 교육의 효율적인 도구가 된다.

이 장에서는 이러한 교육강령의 국가 수준 교육과정 문서로서의 특성에 기초하여 북한의 2012 학제 개편안과 이에 따른 2013 개정 교육과정의 내용을 소개하고, 사회주의 이념과 김일성 가계에 대한 우상화로 포장되고 점철된 특수국가인 북한에서 새롭게 시도되고 있는 교육 개혁의 특성을 비판적으로 분석하고자 한다.

북한의 2013 개정 교육과정–교육강령

북한에서는 국가 수준의 교육과정을 '교육강령'이라고 하며,[9] 남한의 교육부와 유사 기관인 교육위원회에서 발간하는 공적 문서이다. 교육강령은 총론과 교과를 통틀어 지칭하는 말이고, 총론은 그중 '과정안'인데 "학교 전반의 총체적인 학업 진

---

9) 이 장에서는 북한의 교육강령을 교육과정과 문맥에 따라 혼용하였다.

행계획, 즉 학업 진행과정과 학년별 과목 및 이수 시간 수 등을 규정하는 것"으로 정의된다. 교과 교육과정은 '교수요강'으로 불리며, "학과목의 교수과정 조직과 교수내용 및 교수방법을 규제하는 교육강령의 중요 구성 부분"으로 정의된다(백과사전출판사, 1995: 600). '과정안'은 총론을 칭하기도 하고, 학교 교육과정에 대한 규정 및 학교 수준의 교육강령 전체를 칭하기도 한다(교육위원회 2013a: 2013b; 2013c). 북한 유치원의 경우도 초·중등교육과는 별도의 교육과정을 갖고 있고 법에서 정한 '어린이 교양강령'이 규정되어 있지만, '유치원 과정안'으로 총론 및 교과를 포함하고 있는 점에서 남한과 유사하다(양옥승, 2014: 259-280). 요컨대 남한에서는 '교육과정'이 보편적으로 쓰는 말인 반면, 북한에서는 '교육강령' '과정안' '교수요강'을 사용하고 있다.

2013 개정 교육과정의 내용 중 전반적인 개정과 교과 편제에서의 특징, 목적, 교과서 및 교수학습, 평가 등에 나타난 특징은 〈표 19-6〉과 같다.

표 19-6 남북한 교육과정 용어 및 총론의 의미 비교

	남한	북한

명칭	• 누리과정(유치원 교육과정)
	  −교육과정(총론 및 영역)
	• 교육과정(초등학교, 중학교, 고등학교, 특수학교)
	  −교육과정 총론
	  −교과 교육과정
	  −창의적 체험활동 교육과정
		• 어린이보육교양강령(유치원, 탁아소)
		  −유치원과정안(총론 및 교과)
		• 교육강령(소학교, 초급중학교, 고급중학교)
		  −과정안(총론)
		  −교수요강(교과 교육과정)

발간처	• 교육부	• 교육위원회**
교육과정 총론의 의미	• 학교교육의 일반적 방향과 강조점을 나타낸 교육과정 구성 방향, 각급 학교의 교육목표, 교과 및 비교과 활동의 편제와 시간 배당 그리고 교육과정 운영 지침을 제시한 교육과정의 총괄적 부분*	• 학교 전반의 총체적인 학업 진행계획, 즉 학업 진행과정과 학년별 과목 및 그 시간 수 등을 규정하는 것

* 신세호 외(1981)의 정의 중 '특별활동'을 '비교과 활동'으로 수정함.
** 북한 최고인민위원회 내각 산하 기구로서 남한의 교육부에 해당함.

북한의 2013 개정 교육과정의 특징

교육강령의 '머리말'에는 김정은 시대에 북한 교육이 추구하는 정책이 교육과정으로 구현되어 있다. 그 특징은 다음과 같다. 첫째, 김정은 집권에 따른 지도력 강화를 위한 북한 특수 교과로 과거 김일성, 김정숙, 김정일 3개 교과에 김정은 관련 과목이 추가되어 총 4개 교과가 초·중·고 학교급별로 일관되게 교육되고 있다.

둘째, 인문사회과학과 과학기술교육의 기본 소양교육을 강조한다. 남한의 2015 개정 교육과정에서 문이과융합형으로 표현한 인문사회, 과학기술 공통의 기본 내용을 강조하고 있다.

셋째, 창의 융합형 인재 양성으로, 창의적인 인재 양성을 지향하고 있다. 즉, 영역 공통의 기초 지식과 창의성을 강조하는데, 사회과학(인문학 포함) 분야와 자연과학 분야 모두에서 '기초 지식교육' 및 '창조적 능력'을 강조하고 있다.

넷째, 정보기술의 강조로, 남한 2015 개정 교육과정에는 소프트웨어 교육이 제시되었고, 북한에서는 소학교부터 정보기술이 2년간 필수 교과화 되어 있다는 점이다.

다섯째, 영어 교과의 강조이다. 소학교 4학년부터 2년간 영어가 필수이며, 중·고등학교에서도 모두 필수이고, 심지어 고등학교 단계에서는 국어보다 영어의 시수가 더 많다.

교육목표

북한의 교육목표는 법령인 「사회주의헌법」과 「교육법」 '교육강령'에 제시되어 있다. 교육이념, 교육목적, 교육목표를 구분하여 「교육기본법」 「초·중등교육법」, 교육과정에 제시하고 있는 남한의 경우와 매우 유사하다. 북한은 교육이념-전반적 12년제 총적목표-학교급별 교육목적-도달목표-교과별 목표-교과별·학년별 목표의 체계 등 교과에 이르기까지 보다 세분화되고 위계적인 목표체계를 갖고 있다.

북한 교육의 목표는 2013 개정 교육과정에서도 마찬가지로 교육이념부터 학교급별 도달목표에 이르기까지 사회주의 이념과 김일성 가계의 우상화 내용이 전면에 등장한다. 교육이념은 "사회주의 교육학의 원리를 구현하여 후대들을 사회와 인민을 위하여 투쟁하는 견결한 혁명가로…… 지덕체를 갖춘 주체형의 새 인간"(「사회주의 헌법」) "자주적인 사상의식과 창조적인 능력을 가진 인재"(「교육법」) 등으로 사회주의 이념을 강조한다.

학교급별 목표에서는 '목적'을 통해 예컨대 "소학교 교육의 목적은 혁명적 세계관의 골격의 기초를 형성시키면서 학생들이 우리말을 기본적으로 습득하고 활용하며……"라고 하고, '도달목표'를 통해 "백두산 절세위인들에 대한 끝없는 충정의 마음을 간직하며 혁명적 세계관의 골격을 세울 수 있는 기초를 닦아 주고 정직한 도덕품성을 갖추도록 하는 것이다. ……"라고 하여 역시 사회주의 이념이 강조된다. 교과별 목표에서도 '교수목적'을 통해, 예컨대 소학교 국어과에서 "우리 말과 글을 통하여 학생들에게 자주적인 사상의식과 김정일 애국주의 정신을 심어 주고 다정다감한 정서를 키워 주며…… 초급중학교 국어교육을 원만히 받을 수 있는 능력을 키워 주는 데 있다."라고 하여 사회주의와 우상화 교육이 강조된다. 다만, 목표체계에서 이념성과 우상화가 보이지 않는 부분은 학교·교과별 교수목표와 학년별 교수목표에서이다.

교육과정의 영역 및 교과

북한 교육과정은 교과와 비교과로 구분된다는 점에서 남한과 같다. 남한은 과거 특별활동, 재량활동으로 사용하던 비교과의 명칭을 2009 개정 교육과정부터 '창의적 체험활동'으로 사용하고 있는데, 북한에서 비교과는 '학교 과외활동'이라는 명칭을 사용하고 있다. 학교 과외활동에는 3개의 하위 영역이 있고 그중 '과외학습' '과외체육'은 3개 학교급별 공통이며 소학교와 초급중학교에는 '소년단 생활'이, 고급중학교에는 '청년 동맹생활'이 있다. 이 3개의 하위 영역 중 '과외체육'은 남한의 '학교스포츠클럽 활동'과 명칭 및 내용에 있어 매우 유사하다. '소년단 생활' '청년 동맹생활'은 북한체제 유지를 위한 조직생활 활동이다.

교과의 경우, 북한 특수 교과와 그 외의 일반 교과로 구분된다.[10] 모든 학교급에는 "어린 시절–혁명 활동–혁명 력사"로 구분한 "위대한 수령 김일성 대원수님, 위대한

---

10) 북한에서는 별도의 범주를 마련하지 않으며, '북한 특수 교과'는 선행연구들에서는 '정치사상 교과'로 칭하는 경우가 많다.

령도자 김정일 대원수님, 항일의 녀성영웅 김정숙 어머님, 경애하는 김정은 원수님"
의 4개 교과가 설정되어 있다. 이번 2013 교육강령에서 김정은 과목이 추가되었다.
이 외에도 일반 교과 중 '사회주의 도덕' '사회주의 도덕과 법'은 도덕 과목의 성격이
면서 사회주의의 내용을 담고 있다. 일반 교과의 수는 학교급별로 초·중·고별로
9-12-19개로 되어 있다(〈표 19-7〉 참조).[11]

소학교 단계 교과 구성의 특징은 소학교 단계에서 영어와 정보기술 교과가 필수
로 되어 있다는 것이다. 사회 과목으로 역사, 지리, 일반사회가 제시되지 않는 이유
는 지리는 자연 속에 포함되어 있고, 역사는 따로 다루지 않고, 일반사회는 사회주
의도덕에 포함되어 있기 때문이다.

표 19-7 북한의 학교급별 교과 구성 비교

	소학교	초급중학교	고급중학교
북한 특수 교과	1. 위대한 수령 김일성 대원수님 어린 시절 2. 위대한 령도자 김정일 대원수님 어린 시절 3. 항일의 녀성영웅 김정숙 어머님 어린 시절 4. 경애하는 김정은 원수님 어린 시절	1. 위대한 수령 김일성 대원수님 혁명활동 2. 위대한 령도자 김정일 대원수님 혁명활동 3. 항일의 녀성영웅 김정숙 어머님 혁명활동 4. 경애하는 김정은 원수님 혁명활동	1. 위대한 수령 김일성 대원수님 혁명 력사 2. 위대한 령도자 김정일 대원수님 혁명 력사 3. 항일의 녀성영웅 김정숙 어머님 혁명 력사 4. 경애하는 김정은 원수님 혁명 력사
계	4	4	4
일반 교과	사회주의도덕, 국어, 영어, 수학, 자연, 정보기술, 체육, 음악무용, 도화공작	사회주의도덕, 국어, 영어, 조선력사, 조선지리, 수학, 자연과학, 정보기술, 기초기술, 체육, 음악무용, 미술	사회주의도덕과 법, 현행 당정책 심리와 론리, 국어문학, 한문, 영어, 력사, 지리, 수학, 물리, 화학, 생물, 체육, 예술, 정보기술, 기초기술 공업기초, 농업기초, 군사 활동 초보, 자동차(뜨락또르)
계	9	12	20

---

11) 북한의 고급중학교 교육강령에 제시되는 편제표에서는 자동차(뜨락또르)를 포함하지 않고 공업(농업)
기초를 반영하여 18개와 특수 교과 4개를 합쳐 22개 과목이라 하였으나, 선택과목으로 자동차 과목의 교
수요강이 제시되어 이 장에서는 포함시킨다.

고등학교 단계에서 지역 또는 학교의 특성에 따라 일부 선택이 설정되어 있다. '공업기초'와 '농업기초'는 지역에 따라 설정하도록 하며, '륜전기재운전수'를 양성하는 고급중학교 3학년에서는 '자동차(뜨락또르)' 과목을 '기초기술'이나 '공업기초' 대신 고3에서 운영할 수 있다.

교육 시간

북한 교육과정에서는 다소 복잡하고 정교한 시간 기준을 제시하고 있다. 북한 교육 시간의 규정은 〈표 19-8〉과 같다.

북한에서 학생 생활의 시간 규정은 학교 수업일을 중심으로 이분화하는 독특한 셈법으로 구성된다. 즉, 1년을 수업일과 방학일로 나누고, 이 안에 일요일, 국경일 등이 포함되는 구조이므로, 실제 학교 등교일은 〈표 19-8〉에서와 같이 공휴일을 빼고 환산할 필요가 있다. 또 환산하더라도 실제 수업 일수는 주 6일 수업제로 연간 240일 이상, 266일에 이르는 과다한 수업일로 구성되어 있다.

수업 시수는 남한의 수업 시간과, 교과 시간 배당, 흔히 편제표로 지칭하는 것은 북한에서는 '교수진행계획' '학업진행계획'으로 나누어 상세히 제시되어 있다.

표 19-8 북한의 수업 일수, 방학 일수, 수업 주수

교육 시간 항목	북한 교육강령에서의 설명
학사력	4월 1일~다음해 3월 31일: 주 6일제 수업
수업 일수*	소학교: 283일(242일)*, 초급중학교: 310일(266일)*, 고급중학교(1~2학년): 310일(266일)*, 고급중학교(3학년): 279일(240일)*
방학 일수*	소학교: 82일(71일)*, 초급중학교: 55일(48일)*, 고급중학교: 55일(48일)*
연간 수업 주수	소학교, 초급중학교: 40주, 고급중학교 1학년: 40주, 2학년: 40주, 3학년: 37주
학기당 교과 수업 주수	소학교 1학년, 2학년, 4학년, 5학년: 18/16주, 소학교 3학년: 19/16주, 초급중학교: 18/16주, 고급중학교 1학년: 15/15주, 2학년: 14/14주, 3학년: 13/10

* 북한의 수업 일수와 방학 일수는 북한의 기준 시간으로 일요일, 국경일을 포함하여 제시한 것이며, ( ) 안은 본 연구자가 일요일, 국경일을 뺀 실제 일수로 환산한 수임.
자료: 교육위원회(2013a, 2013b, 2013c).

표 19-9 북한 소학교의 '학업진행계획'

번호	학업 형태	단위＼학년	1	2	3	4	5
1	주당 시간 수에 따르는 교수	주	34	34	35	34	34
2	집중적으로 진행할 교수	주	2	2	1	2	2
3	새 학년도 및 새 학기 준비	(일)	(10)	(10)	(10)	(10)	(10)
4	명절 휴식	주	2	2	2	2	2
5	방학	주	12	12	12	12	12
	계	주	52	52	52	52	52

자료: 교육위원회(2013a).

표 19-10 북한 소학교 편제표

번호	과목	학년 / 주수 / 총 시간	1 18/16	2 18/16	3 19/16	4 18/16	5 18/16
1	위대한 수령 김일성 대원수님 어린 시절	171	1	1	1	1	1
2	위대한 령도자 김정일 대원수님 어린 시절	171	1	1	1	1	1
3	항일의 녀성영웅 김정숙 어머님 어린 시절	34	1				
4	경애하는 김정은원수님 어린 시절	171	1	1	1	1	1
5	사회주의도덕	171	1	1	1	1	1
6	국어	1197	7	7	7	7	7
7	영어	136				2	2
8	수학	821	4	5	5	5	5
9	자연	250	1주	1주	2	2	2
10	정보기술	52				1주	1주
11	체육	462	2 1주	2 1주	2 1주	2 1주	2 1주
12	음악무용	342	2	2	2	2	2

13	도화공작	342	2	2	2	2	2
	주당 시간 수		22	22	224	26	26
	계, 학년별 교수 시간 수	4820	792	792	864	936	936
	과외학습	(900)	(5)	(5)	(5)	(5)	(5)
	소년단생활	(432)			(4)	(4)	(4)
	과외체육	(513)	(3)	(3)	(3)	(3)	(3)

자료: 교육위원회(2013a).

　수업 시수에서 북한이 총 시수, 교과별 시수에서 남한보다 대체로 많은 편이며 국어, 영어, 수학, 과학의 경우 중·고등학교 단계로 올라갈수록 남한보다 더 많이 배운다(〈표 19-11〉, 〈표 19-12〉 참조). 다만, 고등학교의 경우 남한은 최소 이수 시수만 제시하고 있고, 학교·학생별로 선택한 결과에 따라 과목별 이수 시간이 달라질 수 있어 일률적으로 남북한 비교는 어려운 측면이 있다.

표 19-11　북한의 이수 시간이 남한보다 더 많은 교과목*(중학교)

남한(2015)		북한(2013)		
과목명	최소 이수 시간	과목명	총 시간 수	
국어	442	국어	510	510
수학	374	수학	578	578
영어	340	영어	408	408
창의적 체험활동	306	과외학습	(540)	1,278
		소년단생활	(432)	
		과외체육	(306)	
과학/기술· 가정/정보	680	자연과학	510	804
		정보기술	192	
		기초기술	102	

* 북한 특수 교과(김일성, 김정숙, 김정일, 김정은 관련 4개 교과)의 시수는 제외함.

표 19-12 북한의 이수 시간이 남한보다 더 많은 교과목*(고등학교)

남한(2015)		북한(2013)		
교과목	최소 이수 시간	과목명	총 시간 수	
국어	170	국어문학	215	215
수학	170	수학	368	368
영어	170	영어	243	243
사회(역사/도덕 포함)	170	력사	104	266
		지리	81	
		사회주의도덕과 법	81	
과학	204	물리	331	799
		화학	248	
		생물	220	
기술 · 가정/제2외국어/ 한문/교양	272	정보기술	111	590
		기초기술	272	
		한문	81	
		심리와 론리	34	
		공업(농업)기초	92	
창의적 체험활동	408	과외학습	465	1,080
		청년 동맹생활	372	
		과외체육	243	

* 남한의 경우 필수 이수 단위를 시간으로 환산함. 비교불가한 고등학교 북한 특수 교과(김일성, 김정일, 김정숙, 김정은 관련 4개 교과), 군사 교과(현행 당정책, 군사활동초보)의 시수는 제외함.

교수학습방법, 교과서, 평가 지침

북한의 교육과정 문서에는 총론과 교과를 통해 교수학습과 교과서 집필방법, 평가를 위해 구체적인 지침과 예시가 제시된다. 교수학습방법과 교과서 집필방법은 각 교과 교육과정에서 상세하게 다루고 있다. 특히 교과서 집필방법을 남한과 달리 교육과정에 제시하는 것은 북한 교육이 이념과 우상화 등 정치적 목적으로 활용되는 가장 중요한 역할을 하고 있다. 실제 교과 교육과정 내용에서는 이념과 무관한 '순수' 교육내용이 제시된 경우가 상당히 많이 발견되지만, 교육의 수요자인 학생과 지도 교사는 교과서를 통해 수업을 하게 되는데, 여기서 이념으로 점철된 교육내용으로 전환된다.

또한 북한 교육과정에서는 평가 역시 구체적인 기준과 예시가 제시되고 있다. 평가의 특징은 학교와 교사 수준에서 성취 여부를 판단할 수 있는 기준을 국가에서 제공한다는 점이다. 다음은 총론에서 특별히 수영을 강조하면서 제시한 평가의 예시이다.

> 수영은 헤엄친 거리에 따라 해당 학년의 체육 과목 1학기 성적에 포함시켜 평가하며 해마다 헤엄친 거리를 학적부에 정확히 기록하고 졸업학년에서 500m 이상을 헤엄칠 때 합격으로 평가하도록 한다(교육위원회, 2013c).

또 학교에서는 개별 교사가 아닌 학교가 종합적인 평가 기준을 정하도록 학교에 '학교 학업성적평가위원회'를 두고 학교 단위에서 평가 기준을 정하도록 한다.
학업성적평가는 학교학업성적평가위원회의 지도 밑에 진행하도록 한다.

① 학교학업성적평가위원회는 학기, 학년 말마다 교장을 책임자로 하여 5~7명으로 구성한다.
② 학교학업성적평가위원회는 교원들의 학업성적 평가정형을 장악 지도한다(교육위원회, 2013c).

중간고사나 학기말고사는 수업 중에 하는 것이 아니라 교과 수업 시간에서 별도로 산정하도록 하며, 수행평가 및 과정 중심의 평가를 강조하고 있다.

① 시험 기간은 매 학년에서 1학기 1주, 2학기 2주로 하도록 한다.
② 학업성적평가는 학기, 학년 말에 진행하는 시험과 평상시 교수내용 소화 정도, 과외학습 및 활동정형에 대한 료해(이해) 검열을 배합하여 진행하도록 한다(교육위원회, 2013c).

북한 2013 개정 교육과정에 대한 평가

세계 각국의 교육정보를 자국의 정보처럼 쉽게 접할 수 있는 21세기에, 북한의 정보에 대해서는 알려지지 않거나, 알려진 경우에도 진위를 알기 어려워 신뢰할 수 없는 경우가 많다. 교육과정 문서의 경우, 어느 나라나 문서에서 밝히고 있는 수준과 그것이 실행되는 것에는 차이가 있다. 이 장에서는 북한의 국가 수준 교육과정이 북한 전역의 유·초·중등학교에서 어느 정도로 실행되고 있는가에 대한 실체적 정보에 의문을 가진 상태에서 김정은 시대의 학제와 교육과정 정책을 소개하였다.

2012년 학제 개편안, 2013년 교육강령에서 드러난 북한 교육과정의 동향을 평가하면 다음과 같다.

국제 동향에 따른 북한 학제의 변화: 남북한 공통성 확대

첫째, 북한 학제는 초·중등교육 11년으로 국제적인 평균 12년에 가깝게 개편되었으며, 이는 남북한의 공통성이 확대된 것으로 해석된다. 보통 '학제'라 함은 학교급의 구성, 연령별 시작 시기와 마침 시기, 의무교육에 관한 정보를 포함하고 있다. 이번 북한의 학제 개편안은 남한의 교육법, 교육과정에 기술된 내용과 비교해 볼 때 공통점은 다음과 같다.

ㄱ 남북한 모두 교육과정 외에 관련 교육법에 학제 관련 내용이 중복 기술되어 있다.
ㄴ 학제는 남북한 모두 유-초-중-고의 4개 학교급으로 구성되어 있다.
ㄷ 유치원의 경우 별도의 교육법(남-「유아교육법」, 북-「어린이보육교양법」)을 통해 제시한다.
ㄹ 유치원 및 초등학교 취학연령은 남북한 공통으로 국제표준의 '만' 나이로 표시하고 있다.

반면, 차이점은 다음과 같다.

㉠ 학제 및 의무교육 규정의 장소: 남한은 교육법에만 기술, 북한은 교육법, 교육
　과정에 모두 기술되어 있다.

㉡ 유치원은 명칭이 같고, 연한은 남한 3년, 북한 2년으로 남한이 1년 길며, 북한
　은 연령별로 탁아소–유치원이 분리된 반면, 남한은 만 2세까지는 어린이집,
　만 3~5세까지는 유치원–어린이집이 공존한다.

㉢ 초등학교 연한은 남한 6년, 북한 5년이다.

표 19–13　남북한의 학제와 학교급별 교육과정 구성 비교

남한(2015)	북한(2013)
「유아교육법」 제2조(정의) 1. "유아"란 만 3세부터 초등학교 취학 전까지의 어린이를 말한다.	「어린이보육교양법」 제36조 국가는 모든 어린이들에게 유치원의 높은반에서 1년 동안의 학교전의무교육을 준다. 〈중략〉
「교육기본법」 제8조(의무교육) ① 의무교육은 6년의 초등교육과 3년의 중등교육으로 한다. 제9조(학교교육) ① 유아교육·초등교육·중등교육 및 고등교육을 하기 위하여 학교를 둔다.	「보통교육법」 제2장 무료의무교육의 실시 〈전반적 12년제 의무교육을 실시함에 대하여〉 〈교육강령〉 Ⅰ. 전반적 12년제 의무교육의 위치와 사명, 총적목표 전반적 12년제 의무교육은 5~17세에 이르기까지…… 가장 철저한 무료의무교육이다.〈중략〉 Ⅱ. 소학교교육강령
「초·중등교육법」 제46조(수업 연한) 고등학교의 수업 연한은 3년으로 한다. 〈누리과정(2012)〉 4. 만 3~5세아의 발달 특성을 고려하여 연령별로 구성한다.	1) 학제 소학교는 5년제이다. 소학교에서는 1년간의 학교전의무교육을 받은 6살의 어린이들을 받아 5년간 교육을 진행한다.〈중략〉
〈교육과정(2015)〉 Ⅱ. 학교급별 교육과정 편성·운영의 기준 초등학교 1학년부터 중학교 3학년까지의 공통교육과정과 고등학교 1학년부터 3학년까지의 선택 중심 교육과정으로 편성·운영한다.	머리말 전반적 12년제 의무교육 강령에는 중등 일반교육*의 총적목표와 그를 실현하기 위한 교종별 교육강령들이 밝혀져 있다.

* 북한에서는 고급중학교 교육까지 초·중등교육을 '중등 일반교육'으로 칭함.

ⓔ 초·중등학교 명칭은 초등학교(북: 소학교), 중학교(북: 초급중학교), 고등학교
(북: 고급중학교)로 각각 다르다.

국제 동향에 따른 교육내용의 변화–핵심 역량, 문이과통합, 창의력

둘째, 북한의 교육정책은 교육의 지향점, 교육내용, 교육방법, 평가 등 여러 가지
교육과정의 측면에서 글로벌 스탠더드에 맞게 변화하고 있다는 점이다. 그것이 북
한의 핵개발과 같은 군사적인 정치적 목적에 있건, 해외 유학파 김정은의 영향이건,
북한의 교육은 과거 김정일 시대인 1994년 '실리주의' 정책을 표방한 이래로(이교덕
외, 2007) 보다 더 국제적 표준에 맞도록 했다. 초등교육의 연한 확대, 중·고등학교
의 분리 및 일부 고등학교의 지역별 선택과목 도입을 통한 후기중등교육 강화, 외국
어 중 영어 능력 신장, 과학기술교육의 강조가 이번 교육과정 개정에 포함되어 있어
변화된 동향을 보이고 있다. 또한 통합과 융합을 강조하는 시대적 흐름에 맞게 교과
통합, 문이과 통합형을 강조하고, 교수·학습 및 평가에서도 학습자의 수행을 강조
하고 있다.

표 19-14 남북한 교육과정의 인간상과 개정의 특징 비교

남한(2015)	북한(2013)
이 교육과정이 추구하는 인간상을 구현하기 위해 교과 교육을 포함한 학교교육 전 과정을 통해 중점적으로 기르고자 하는 핵심 역량은 다음과 같다.〈중략〉다. **폭넓은 기초 지식을 바탕으로** 다양한 전문 분야의 지식, 기술, 경험을 융합적으로 활용하여 새로운 것을 창출하는 **창의적 사고 역량**	2. 전반적 12년제 의무교육의 총적목표〈중략〉전반적 12년제 의무교육의 총적목표는 자라나는 모든 새 세대들에게 **자주적인 사상 의식과 창조적 능력**을 키워 주어 그들을 **지덕체를 겸비한 전면적으로 발전된 선군혁명인재**로 키우는 것이다.〈중략〉2) 학생들에게 중등 일반지식을 충분히 주는 기초 위에서 **정보기술교육과 기초기술교육을 옳게 배합하여 창조적 능력**을 키워 주는것이다.(1) **사회과학 분야의 일반 기초지식교육을 강화**하여 학생들이 사회에 대한 일반 지식과 그 활용 능력을 갖추도록 하는 것이다.−국어와 문학에 대한 일반 기초지식과 그 활용 능력을 완성하는 것이다.

철저한 교화를 통한 체제 안정의 도구로서 교육의 기능

셋째, 북한은 체계적이고 구체적이며 상세한 교육과정을 통해 국민의 교화 (indoctrination) 및 체제 안정을 도모하고 있다는 점이다. 학교교육이 공산주의 사회에서 주민 감시와 통제의 수단으로 활용되어 온 점은 주지의 사실이지만, 북한의 교육강령을 보면 수업 시간, 교과서, 교수·학습방법, 평가와 같은 세밀한 사항까지 국가에서 일률적인 기준을 제시하고 있어, 학교와 교사는 따르기만 하면 되는 교육과정이다. 남한의 경우 지역 및 학교 자율화 정책에 따라 국가에서 정하는 것과 학교의 자율이 균형을 이루도록 했다. 이는 교사의 교육과정 역량을 강화하여 전반적인 교육의 질 향상에 기여하고자 노력한 최근의 경향에 비추어 보면, 남북한 교육과정 정책에서 큰 차이를 보이는 부분이다.

교육과정의 이론 측면에서 이를 해석해 보자면, 국가 수준에서 개발한 교육과정의 최종 귀착지는 학교 그리고 교사이다. 국가 교육과정을 학교에서 실행하는 정도를 평가하는 것에는 충실도 관점(fidelity perspective), 상호적응 관점(mutual adaptation perspective), 교육과정 생성 관점(curriculum enactment perspective) 등 세 가지 관점이 있을 수 있다. 교육과정 실행에 관한 이들 세 가지 관점은 의도된 교육과정의 엄격한 적용 정도와 교사의 자율성 정도를 두 축으로 하는 선에서 [그림 19-1]과 같이 위치시킬 수 있다.

국가 수준의 교육과정을 갖고 있는 경우 남한이든 북한이든 학교가 국가 교육과

[그림 19-1] 교육과정 실행에 대한 세 가지 관점[12]

---

12) 박소영, 이수정, 최병택, 소경희, 이재기(2008). 국가 교육과정의 평가 체제 연구(II)-학교 교육과정 계획·
    운영·성과 평가를 중심으로. 한국교육과정평가원 연구보고 RRC 2008-4, p. 97: 김진숙(2016)에서 재인용
    하였다.

정을 준수해야 하는 원칙적인 면에서 충실도가 중요하지만, 남한의 교육과정에서는 국가 교육과정 자체에서 학교의 상호적응, 교육과정 생성 관점을 함께 강조하여

표 19-15 남북한 학교 교육과정 편성·운영 지침의 비교

남한	북한
「초·중등교육법」 제4장 학교 제23조(교육과정 등) ① 학교는 교육과정을 운영하여야 한다. 〈초등학교〉 나. 교육과정 편성·운영 기준 1) 학교는 모든 교육 활동을 통해 학생의 기본 생활 습관, 기초 학습 능력, 바른 인성을 함양할 수 있도록 교육과정을 편성·운영한다. 〈중략〉 3) 학교는 각 교과의 기초적, 기본적 요소들이 체계적으로 학습되도록 교육과정을 편성·운영한다. 〈중략〉 〈학교급 공통사항〉 III. 학교 교육과정 편성·운영 1. 기본 사항 가. 학교는 이 교육과정을 바탕으로 학교 실정에 알맞은 학교 교육과정을 편성·운영한다. 나. 학교는 학교 교육과정 편성·운영 계획을 바탕으로 학년(군)별 교육과정 및 교과(목)별 교육과정을 편성할 수 있다. 다. 학교 교육과정은 모든 교원이 전문성을 발휘하여 참여하는 민주적인 절차와 과정을 거쳐 편성한다. 라. 교육과정의 합리적 편성과 효율적 운영을 위해 교원, 교육과정 전문가, 학부모 등이 참여하는 학교 교육과정 위원회를 구성하여 운영하며 ……	「교육법」 교원은 교육강령에 기초하여 담당과목의 교수안을 작성하여야 한다. 작성한 교수안은 집체적 협의를 거쳐 완성한다. 제36조(교육강령의 집행) 교육기관은 교육강령을 어김없이 집행하여야 한다. 〈교육강령〉 (1) 학교교무행정은 과정안집행을 위한 교육 역량을 잘 편성하여야 한다. (2) 학교교무행정은 과정안집행을 위한 조건 보장을 책임적으로 하여야 한다. (3) 학교교무행정은 학교의 구체적 실정에 맞게 현실적이며 합리적인 과정안 집행 계획을 세워야 한다. (4) 교원들을 교수준비를 빈틈없이 하여야 한다. (5) 교원들은 사회주의교육의 본성적 요구에 맞게 교수활동을 조직진행하여야 한다. (6) 학교교무행정은 과정안집행과정에 대한 지도통제사업을 강화하며 과정안 집행정형에 대한 총화사업을 실속 있게 하여야 한다.

학교 나름의 자율성을 발휘하는 특색 있는 교육과정을 장려하고 있다고 할 수 있다. 이에 비해 북한의 교육과정은 충실도에 집중된 교육과정 실행 관점하에 개발된 것이라고 볼 수 있다.

남한의 국가 교육과정 지침의 대부분은 "학교는……"이라는 주어가 있거나, 주어가 없는 경우는 이것이 생략된 것이라고 볼 수 있다. 또한 항목에 있어서도 학교급별, 학교급 공통으로 학교 교육과정 편성·운영에 대한 지침이 상당히 많은 분량을 차지하고 있다.

반면, 북한에서 학교 교육과정의 의미는 국가 수준 교육과정의 엄정한 실행을 강조하고 있다. 북한의 교육강령에 따르면 〈표 19-15〉에서와 같이 학교안의 '학교교무행정'으로 불리는 남한의 교무부장의 역할과 일반 교원들의 역할을 구분해서 서술하며 학교 수준에서 교육과정과 관련해서는 국가 수준에서 정한 교육강령을 충실히 수행하도록 하고 있다.

다만, "(3) 학교교무행정은 학교의 구체적 실정에 맞게 현실적이며 합리적인 과정안 집행 계획을 세워야 한다."라고 한 구절을 볼 때 과정안 집행 계획, 즉 학교 교육과정 운영 계획은 학교 실정에 맞게 효율적인 운영을 강조하고 있음을 볼 수 있다.

새로운 교육적 실험: 분과형에서 통합형으로, 수업 시간의 유연한 운영, 국제 동향의 적용

넷째, 이념적 도구로서의 한계에도 불구하고 북한에서 새로운 교육적 실험이 시도되고 있다. 그 예는 2013 개정 교육과정에서 시도한 교육과정 통합(curriculum integration)으로, 그 이전에 세분화된 과학 과목들이 초급중학교의 경우 통합된 '자연과학'으로 제시된다든가, 소학교의 경우 '자연' 과목에서 사회와 과학이 통합된 형태를 갖고 있다는 점이다.

북한의 교육과정에 대한 분석과 평가에 따르면, 남북한은 지난 70여 년간 서로 다르게 진행해 온 교육의 맥락에도 불구하고 교육과정의 구조, 개정의 배경에서 글로벌 스탠더드를 따르기 위한 노력 등에서 많은 유사성을 발견할 수 있었다. 최근 통일을 대비하여 교육계에서도 다양한 남북한 통합 노력을 연구하고 있는데, 공통점의 발견은 매우 고무적인 현상이라고 할 수 있다. 예컨대 문이과 통합형, 창의 융합적인 인재 양성 등 교육의 지향점 설정이나, 북한의 학제가 과거에 비해 남한과 유사한

표 19-16 북한 초급중학교 '학업 진행 계획'

번호	학업 형태	학년 단위	1	2	3
1	주당 시간 수에 따르는 교수	주	34	34	34
2	집중적으로 진행할 교수	주	2	2	2
3	시험	주	3	3	3
4	나무 심기	주	1	1	1
5	새 학년도 및 새 학기 준비	(일)	(10)	(10)	(10)
6	명절 휴식	주	2	2	2
7	방학	주	8	8	8
	계	주	52	52	52

유-초-중-고의 형태와 연한에 상당한 정도로 근접하도록 변화된 점, 교과-비교과의 구분이나 과외체육 영역 설정, 주당 교과 시간 수 설정 외에 연간 '집중교수' 주간을 설정하여 교육내용을 체험학습 중심으로 블록타임(block scheduling)을 설정한 것 등은 남북한 통합 교육과정 구상에 있어 바람직한 지점을 보여 준다.

교육과정 문서의 실행에 대한 우려의 시각과 다양한 해석

다섯째, 북한의 국가 교육과정 문서의 실행에 대한 우려의 시각과 다양한 해석이 있다. 열악한 경제 상황의 북한에서 새 교육과정은 국제 동향에 따라 선진적으로 개선된 측면이 있지만, 이 교육과정이 실제로 전국 초·중등 학생에게 어느 정도 실행되고 있는지, 과연 '전반적 12년제 의무교육'은 의무적으로 모든 학생들에게 구현되고 있는지 등에 대한 정보가 잘 알려지지 않거나 북한 정부의 공식 문서가 신뢰를 주지 못하는 측면이 있다.

또한 교육과정을 포장한 것은 의무교육제 및 학교급 연한의 1년 확대, 교육내용의 개선이지만, 김정은 체제 등장 이후 정치적인 목적 속에 교육과정을 개정함으로써 교육을 더욱 강력하게 정치적인 도구로 활용하려는 의도가 확인된다.

이에 따라 북한의 학제와 교육과정 개편안에 대해서 부정적인 측면에서 보자면 아무래도 북한의 정치적 체제와 정책의 국제적 이단성이 체제 홍보와 유지를 위해 교육에 투영되고 있고, 그 결과로 주민들 의식은 앞으로도 그 영향하에 있을 것이라는 점이다. 일본의 역사 교과서 왜곡에 대해 우려를 하고 있는 이유와 마찬가지로, 북한에서 주민들이 어릴 때 교육과정의 정치도구화로 인해 잘못 배운 교육의 결과가 평생 그들의 의식과 삶에 미치는 영향은 향후 통일을 대비하여 극복해야 할 과제라고 할 것이다.

 활동과제

○ 1945년 이후 2012년까지 북한 학제의 변화의 특징을 남한과 비교하여 논의해 보자.

○ 김정은 집권 후 2012년 학제 개편 및 2013년 개정 교육과정의 변화가 이전 시대와 다른 점을 찾아보고 이에 대해 논의해 보자.

제**20**장 **북한의 교과 교육과정**[1]

이 장의 목표

1. 북한의 학교교육에서 국가 수준 교육과정의 역할에 대해 설명할 수 있다.
2. 북한 교과 교육과정의 특성을 남한과 비교하여 설명할 수 있다.

생각해 볼 문제

1. 북한 교육을 이해하기 위해 교과 교육과정 외에 교과서를 분석해야 하는 이유는 무엇인가?
2. 북한에서 국가 수준 교과 교육과정의 의미와 특징은 무엇인가?

북한의 2012년 학제 개편과 후속 교육과정 개정

2017년은 북한의 교육에 있어 중요한 성과가 있는 해라고 선전되었다. 2012년 발표한 신학제가 모든 학교급, 학년에 적용이 완료된 첫 학년도인 것이다(통일부, 2017. 3. 29.). 북한에서는 2011년 12월 김정일 사망 후 김정은이 집권한 지 1년도 채 되기 전인 2012년 9월 최고인민회의 제12기 제6차 회의를 통해 '전반적 12년제 의무교육제'라는 학제 개편안을 발표하고 후속 교육과정(교육강령) 개편을 예고하였다. 후속 교육과정은 다음해인 2013년에 발표되었고, 2014년부터 전국의 모든 초·

---

1) 이 장은 『KDI 북한경제리뷰』 2017년 8월호의 김진숙(2017), '북한 김정은 체제의 교과교육 동향'을 수정한 것이다.

중등학교에 연차적으로 여건이 되는 학교부터 적용하여, 2017년에는 모든 학교에 적용이 마무리된 것으로 2017년 4월 최고인민회의 제13기 제5차 회의를 통해 보고되었다. 이 회의에서는 학제 개편안 이후 4년 동안에 전국적으로 1,500여 개의 학교를 건설하거나 증축하고, 1만 790여 개의 교실들을 신축했으며 수많은 교구비품들을 생산 · 보장하였다고 선전 홍보하였다. 북한 교육위원회 김승두 위원장은 "전반적 12년제 의무교육이 전면적으로 실시되었지만 아직 전반적인 중등 일반교육은 발전하는 시대의 요구에 따라서지 못하고 있다."며, 2013년에 개정한 제1차 강령의 후속으로 "초등 및 중등 교육을 원리교육화하는 원칙"에서 2017년 현재 제2차 전반적 12년제 의무교육 강령을 개발할 계획임을 밝히기도 하였다.[2]

김정은 체제 학제 개편안에서 북한의 학교는 유치원−소학교−초급중학교−고급중학교 체제를 갖추게 되었다. 학제 개편은 1972년의 '11년제 의무교육제', 즉 2-4-6제 중 의무교육을 1-4-6[유치원 중 1년−인민학교 4년−(고등)중학교 6년]제로 정한 지 근 40년 만에 이루어진 것으로, 이후 현재 북한 학제는 유−초−중−고의 연한을 2-5-3-3제로 하고, 그중 유치원 1년(높은 반)을 포함하여 초 · 중등교육 11년까지 전체 12년을 무상 의무교육으로 한다. 북한은 의무교육을 세계 최고 수준이라고 홍보하기 때문에 유치원의 총 연한보다는 1년 의무교육과 초 · 중등교육의 총 연수를 내세워 '전반적 의무교육 12년제'로 칭한다. 또한 이번 학제 개편 시, 중등학교가 '중학교'에서 '초급중학교'와 '고급중학교'로 분리되고, 고급중학교와 별도의 실업계 학교인 '기술고급중학교'를 100여 개 개설한 것으로 보도된다.[3]

남한의 경우 유−초−중−고를 3-6-3-3제로 하고 초등학교와 중학교 합 9년을 의무교육으로 하는데, 이에 비하면 북한의 소학교는 남한보다 1년 연한이 적으면서 유치원 1년과 고등학교(고급중학교) 단계까지 의무교육을 실시한다.

2013 개정 교육과정[4]은 2012년에 발표한 '전반적 12년제 의무교육제'의 후속 조

---

2) 『로동신문』 2017년 4월 12일.

3) 기술고급중학교는 다음과 같이 설립의 근거가 밝혀진다. "새로운 교종인 기술고급중학교를 시범적으로 내오는 데 맞게 일반고급중학교들에서는 중등 일반지식을 위주로 교육하고 기술고급중학교들에서는 일반교육과 함께 해당 지역의 경제 · 지리적 특성에 맞는 기초기술교육을 주기 위한 준비사업을 책임적으로 하겠습니다."(『로동신문』 2014년 9월 26일).

4) 북한에서 2013년에 발표한 교육강령의 공식 명칭은 '제1차전반적12년제의무교육강령'이다. 이 장에서는

치이다. 북한에서 국가 수준의 교육과정은 '교육강령'이라고 하며,[5] 남한 교육부에 준하는 국가 수준의 기구인 '교육위원회'에서 발간하는 공적 문서이다. 세계 각국에서 교육과정은 curriculum, framework, program, 요령(要領), 지인(指引), 총강(總綱), 총론(總論)이라는 보통명사를 사용한다(김진숙 외, 2011). 그런데 북한에서는 국가 수준의 교육과정에 대해서만 '교육강령'으로 구별하고, 교육강령에 포함된 총론은 과정안, 교과는 교수과정안으로 칭한다.

교육강령은 총론과 교과를 통틀어 지칭하는 말이고, 총론은 그중 '과정안'인데, "학교 전반의 총체적인 학업 진행 계획, 즉 학업 진행 과정과 학년별 과목 수 및 이수 시간 수 등을 규정하는 것"으로 정의된다. 교과 교육과정은 '교수요강'으로 불리며, "학과목의 교수과정 조직과 교수 내용 및 방법을 규제하는 교육강령의 중요 구성부분"으로 정의된다(백과사전출판사, 1995: 600). '과정안'은 총론을 칭하기도 하고, 학교 교육과정에 대한 규정 및 학교 수준의 교육강령 전체를 칭하기도 한다(교육위원회, 2013a; 2013b; 2013c).

이 장에서는 2013 개정 교육과정을 중심으로 북한 김정은 체제에서 교과의 구조와 이를 통해 가르치는 내용과 방법의 동향을 제시하고자 한다. 북한 교과 교육과정의 구조도라고 할 수 있는 편제의 신구 및 남북한 비교를 통해 북한 교과 교육과정의 동향을 살펴보고, 교과 교육과정의 내용과 교과서 사례를 통해 교과 교육내용의 동향을 예시하고자 한다. 이 장에서는 북한이 전통적으로 교육을 통해 사회주의적 인간형을 기르고자 교육을 대폭 활용하고 모든 교육을 이념화하고 있다는 주지의 사실 외에도 교육학적인 면에서 어떠한 특징을 가지고 있고, 직간접적으로 이 교육이 추구하는 방향이 무엇인가를 드러내 보고자 한다.

남한에서 2015년에 개정한 교육과정을 '2015 개정 교육과정'이라고 공식적으로 칭하는 것과 대별되도록 '2013 개정 교육과정'이라고 칭한다.

5) 이 장에서는 특별하게 구분할 경우를 제외하고 북한의 교육강령을 교육과정으로 칭한다.

북한 2013 개정 교육과정의 교과 편제

김정은 체제 북한의 2013 교육과정 개정 중 편제 측면에서 교과교육의 특징은 다음의 세 가지 측면으로 구분할 수 있다.

김일성 가계 우상화의 계보를 잇는 정치사상 교과교육

하나는 김정은 체제의 공고화를 위한 정치사상적 교과 및 내용의 확충이다. 정치사상 교육은 별도의 교과, 그리고 모든 교과를 통해 전반적으로 이루어진다. 편제를 통해서는 이 중 별도 교과를 통한 정치사상교육의 체계를 확인할 수 있다.

세계 각국에서 유례를 찾아볼 수 없는 1인 독재 및 3대를 잇는 가계 우상화를 위해 북한 특수교과로 과거 김일성, 김정숙, 김정일 3개 교과(예: 초급중학교의 '위대한 수령 김일성 대원수님 혁명활동') 외에 김정은 관련 과목(예: '경애하는 김정은 원수님 혁명활동')이 추가되었다. 이로써 김일성, 김정숙, 김정일, 김정은 이름을 붙인 4개 교과가 초중고 각 학교급별로 일관되게 교육되고 있다.

이 외에 소학교, 초급중학교 단계의 '사회주의도덕', 고급중학교 단계의 '사회주의도덕과 법', '현행당정책', '심리와 론리', '군사활동초보' 등은 북한사회를 끌고 가는 정치사상 교과를 대표한다. 위의 북한 특수교과가 북한 체제 및 개인 우상화와 관련된 것이라면 이 교과들은 사회주의[6] 이념과 도덕에 관련되는 내용을 교육하는 교과이다.

북한 소학교를 예를 들어보면, 정치사상 교과는 김일성 가계 우상화 4개 교과와 '사회주의도덕'이라 할 수 있다. 이 교과들은 보통 주당 1시간씩 교육되는데, 학년별로 교과가 4~5개에 달하기 때문에 주당 4~5시간, 즉 거의 매일 1시간의 직접적인 이념교육이 이루어진다고 할 수 있다.

---

6) 과거 '공산주의도덕'의 교과명하에 내용에서는 공산주의, 사회주의를 같이 사용했으나, 교과 명칭을 '사회주의도덕' 및 '사회주의도덕과 법'으로 변경하여 통일하였다.

표 20-1 북한의 학교급별 특수 및 일반 교과 구성 비교

	소학교	초급중학교	고급중학교
특수 교과	위대한 수령 김일성 대원수님 어린 시절, 위대한 령도자 김정일 대원수님 어린 시절, 항일의 녀성영웅 김정숙어머님 어린 시절, 경애하는 김정은 원수님 어린 시절	위대한 수령 김일성 대원수님 혁명활동, 위대한 령도자 김정일 대원수님 혁명활동, 항일의 녀성영웅 김정숙어머님 혁명 활동, 경애하는 김정은 원수님 혁명 활동	위대한 수령 김일성 대원수님 혁명 력사, 위대한 령도자 김정일 대원수님 혁명 력사, 항일의 녀성영웅 김정숙어머님 혁명 력사, 경애하는 김정은 원수님 혁명 력사
계	4	4	4
일반 교과	사회주의도덕, 국어, 영어, 수학, 자연, 정보기술, 체육, 음악무용, 도화공작	사회주의도덕, 국어, 영어, 조선력사, 조선지리, 수학, 자연과학, 정보기술, 기초기술, 체육, 음악무용, 미술	사회주의도덕과 법, 현행당정책, 심리와 론리, 국어문학, 한문, 영어, 력사, 지리, 수학, 물리, 화학, 생물, 체육, 예술, 정보기술, 기초기술, 공업기초, 농업기초, 군사활동초보, 자동차(뜨락또르)*
계	9	12	20

* 고급중학교 단계에서 '자동차(뜨락또르)'는 편제표에는 제시되지 않았으나 교과목으로 활용되는 선택과목임.
출처: 교육위원회(2013a; 2013b; 2013c).

표 20-2 북한 소학교의 정치사상 교과 시간 구성

번호	과목	학년 / 주수 총시간	1 / 18/16	2 / 18/16	3 / 19/16	4 / 18/16	5 / 18/16
1	위대한 수령 김일성 대원수님 어린 시절	171	1	1	1	1	1
2	위대한 령도자 김정일 대원수님 어린 시절	171	1	1	1	1	1
3	항일의 녀성영웅 김정숙어머님 어린 시절	34	1				
4	경애하는 김정은원수님 어린 시절	171	1	1	1	1	1
5	사회주의도덕	171	1	1	1	1	1

글로벌 스탠더드에 맞추기 위한 일부 교과 구성

두 번째는 글로벌 스탠더드에 맞추어 교육의 경쟁력을 강화하려는 변화이다. 이를 위해 다음과 같은 사항이 주목된다. 앞서 제시한 학제 개편안에서 초등교육을 기존 4년제에서 5년제로 전환해서 초·중등교육은 11년이 되도록 하고 중등교육 6년을 전기 3년과 후기 3년으로 분리한 점, 교육과정에서는 인문사회과학과 과학기술교육의 기본 소양교육을 강조하는 점, 창의적인 인재 양성을 지향하여 영역 공통의 기초지식과 창의성을 강조하는 점, 정보기술의 강조로 소학교부터 정보기술이 2년간 필수 교과화 되어 있다는 점, 영어 교과의 강조로 소학교 4학년부터 2년간 영어가 필수이며 중·고등학교에서도 모두 필수이고 심지어 고등학교 단계에서는 국어보다 영어의 시수가 더 많다는 점 등이다.

학교급별로 구체적으로 제시하면, 먼저 소학교의 경우, 2008년 9월부터 소학교 3학년 이상 학생들에게 영어 및 컴퓨터 교육을 실시하고 있었으며, 2013 개정을 통해 시수가 주당 1시간에서 2시간으로 증배되었다. 컴퓨터 또한 '정보기술'의 명칭으로 개편되어 소학교, 초급중학교, 고급중학교에 같은 명칭으로 사용되며, 수업 시수는 주당 1시간에서 연간 1주로 집중 이수하는 형식으로 변화되었다. 2013 개정 교육과정에서는 자연, 체육, 정보기술에 적용된 '1주'와 같은 '집중적으로 진행하는 교수' 시간이 생긴 것도 블록 스케줄링(block scheduling)과 같은 글로벌 스탠더드에 따른 동향이라고 할 수 있다.

초급중학교에서는 '외국어'로 칭하던 영어 과목을 '영어'로 하고, 시수도 2, 3학년에서 주당 1시간씩 증배되었다. 수학은 1, 2학년에서 1~2시간씩 감소되었으며, 과학 시수가 대폭 증가되었다. 2, 3학년에서 물리, 화학, 생물로 각각 배우던 과학은 '자연과학'의 통합교과로 하여 1학년부터 3학년까지 매 학년마다 주당 5시간을 이수하도록 하였다. 초급중학교 1~3학년에 가르치지 않던 컴퓨터는 '정보기술'의 명칭으로 매 학년마다 2주씩 가르치게 되었고 실습도 '기초기술' 과목으로 매주 1시간씩 가르치게 되었다. 초급중학교 체육과 정보기술도 소학교와 마찬가지로 '집중적으로 진행하는 교수' 시간을 적용하여 연중 1주, 2주씩 시간을 할당하였다.

고급중학교에서도 초급중학교와 마찬가지로 '외국어'로 칭하던 영어 과목을 '영어'로 명칭을 변경하였고, 시수는 개정 전과 같지만, 상대적으로 국어 시간이 감소

표 20-3 북한 소학교 신구 편제 비교

교과목	1996년 및 2008년 개정				2013년 개정				
	1학년	2학년	3학년	4학년	1학년	2학년	3학년	4학년	5학년
위대한 수령 김일성 대원수님 어린 시절	1	1	1	2	1	1	1	1	1
위대한 령도자 김정일 원수님 어린 시절	1	1	1	2	1	1	1	1	1
항일의 녀성영웅 김정숙 어머님 어린 시절					1	1			
경애하는 김정은 원수님 어린 시절					1	1	1	1	1
사회주의도덕	2	2	1	1	1	1	1	1	1
국어	6	6	7	8	7	7	7	7	7
영어*			1	1				2	2
수학	6	6	6	6	4	5	5	5	5
자연	2	2	2	2	1주	1주			
체육	2	2	2	2	2 1주	2 1주	1주	1주	1주
위생				1					
음악(음악무용)*	2	2	2	2	2	2	2	2	2
도화공작	2	2	1	1	2	2	2	2	2
정보기술(컴퓨터)*			1	1				1주	1주

* 2013 개정 전까지 1996년 개정 편제를 적용했으나, 일부 과목은 2008년에 개정됨. 괄호 밖은 2013 개정 시 과목명, 괄호 안은 1996년 과목명임. 영어와 컴퓨터는 2008년 9월부터 소학교 3학년 이상 학생들에게 교육을 실시해 옴. 중학교는 1998년에 '외국어' 명칭의 교과에서 영어를 교육했는데, 소학교에서는 2008년부터 적용된 교과명을 '영어'로 하고 있음.

출처: 통일교육원(2014: 245); 교육위원회(2013a).

하였기 때문에 총 시수는 국어보다 많아졌다.

수학은 전 학년에서 1~2시간씩 감소되었으며, 과학 시수는 총 시수는 같지만 학년별로 물리, 화학, 생물에 할당된 시간이 달라지게 되었다. 컴퓨터는 초급중학교와 마찬가지로 '정보기술'의 명칭으로 매 학년 시수가 약간 감소된 주당 1~2시간씩 가르치게 되었고 실습은 '기초기술' 과목으로 하여 1~3학년 전 학년에서 시수가 대폭

표 20-4 북한 초급중학교 신구 편제 비교

학년 교과목	1996년 및 2008년 개정			2013년 개정		
	1	2	3	1	2	3
위대한 수령 김일성 대원수님 혁명 활동	1	1	1	2	2	–
위대한 령도자 김정일 원수님 혁명 활동	1	1	1	–	2	2
항일의 녀성영웅 김정숙 어머님 혁명 활동				1	–	–
경애하는 김정은 원수님 혁명 활동				1	1	1
사회주의도덕	1	1	1	1	1	1
국어	5	5	4	5	5	5
한문	2	2	1	–	–	–
영어(외국어)*	4	3	3	4	4	4
력사(조선력사)*	1	1	2	1	1	2
지리(조선지리)*	2	2	2	1	1	1
수학	7	7	6	6	5	6
자연과학				5	5	5
물리		2	3	–	–	–
화학			2	–	–	–
생물		2	2	–	–	–
정보기술				2주	2주	2주
기초기술(실습)*	1주	1주	1주	1	1	1
체육	2	2	2	2(1주)	2(1주)	2(1주)
음악(음악무용)*	1	1	1	1	1	1
미술	1	1	1	1	1	1

* 괄호 밖은 2013 개정 시 과목명, 괄호 안은 1996년 과목명임. 1996년에 '외국어'로 표기했으나 2013년부터 '영어'로 표기함.
출처: 통일교육원(2014: 247); 교육위원회(2013b).

증대되었다. 거의 이념 교과에 가까운 '심리와 론리' 과목이 추가되었고, 지역에 따른 선택과목으로 공업(농업)기초가 생기게 되었다. 구 교육과정 체제에서의 '음악'은 2013 개정 교육과정에서는 음악과 미술을 통합한 교과인 '예술' 과목으로 탈바꿈하였다.

표 20-5 북한 고급중학교 신구 편제 비교

교과목 ＼ 학년	1996년 및 2008년 개정			2013년 개정		
	4	5	6	1	2	3
위대한 수령 김일성 대원수님 혁명력사	2	2	2	3(104)	2	–
위대한 령도자 김정일 원수님 혁명력사	2	2	2	–	2	4
항일의 녀성영웅 김정숙 어머님 혁명력사	1			–	1/2	–
경애하는 김정은 원수님 혁명력사				1	1	1
현행당정책	1주	1주	1주	1주 (20)	1주	1주
사회주의도덕과 법(사회주의도덕)*	1	1	1	1	1	1
심리와 론리				–	–	1주
국어문학(문학)*	4	3	2	3	2	3
한문	1	1	1	1	1	1
영어(외국어)*	3	3	3	3	3	3
력사	2	2	2	1	1	2
지리	2	2		1	1	1
수학	6	6	6	5	5/4	4
물리	4	4	4	5	4	3
화학	3	3	4	3	4	2
생물	2	3	3	3	3	2
정보기술(컴퓨터)*	2	2	2	2	1	1
기초기술(실습)*	1주	1주	1주	2주	3주	3주
공업(농업)기초				-	-	4
체육	1	1	1	1	1	1
예술(음악)*	1	1	1	1	1	1
제도	1	1		–	–	–
군사활동초보				–	1주 (48)	1주 (48)

* 괄호 밖은 2013 개정 시 과목명, 괄호 안은 1996년 과목명임. 1996년에 '외국어'로 표기했으나 2013년부터 '영어'로 표기함.

출처: 통일교육원(2014: 247); 교육위원회(2013b).

수학 및 과학을 강조한 시간 구성

세 번째는 수학과 과학 교과의 강조이다. 국어, 수학, 영어, 과학 등의 주요 교과 시간에서 대체로 북한이 남한보다 시수가 많지만, 수학, 과학의 경우는 보다 큰 차로 북한의 시수가 많다. 학교급별로 주요 교과의 시간 구성을 남한과 비교하면 〈표 20-6〉~〈표 20-8〉과 같다.

북한에서는 예체능 분야 및 자연과학, 외국어 분야에 있어 우리의 영재교육에 해당하는 '수재교육'을 시도해 왔으며, 학제 개편 이전부터 '제1중학교'를 설립하여 자연과학 분야의 수재교육을 해 왔다. 제1중학교는 "뛰어난 소질과 재능을 가진 학생들을 옳게 선발, 체계적인 교육을 시키라."라는 김정일의 지시에 따라 1984년 평양에 처음 설립된 후 이듬해 남포, 개성, 청진, 혜산 등 각 도 소재지와 특별시로 확대되었다. 1999년에는 전국 시군 마다 1개교씩 추가 신설하도록 확대되었다(통일교육원, 2014). 과학기술의 강조는 1990년대 후반 이래 이른바 강성대국 건설의 구호 아래 과학기술의 발전을 강조하면서 강화되었다. 북한당국의 수재교육 강화는 "정보

표 20-6 초등학교 단계 주요 교과*의 남북한 교과 시간 구성 비교

	남한(6년제)**							북한(5년제)						
교과	1학년	2학년	3학년	4학년	5학년	6학년	계	교과	1학년	2학년	3학년	4학년	5학년	계
국어	7	7	6	6	6	6	1,264	국어	7	7	7	7	7	1,197
수학	4	4	4	4	4	4	800	수학	4	5	5	5	5	821
영어	–	–	2	2	3	3	340	영어	–	–	–	2	2	136
과학/실과**** 과학	–***	–***	3	3	3	3	504 (슬생 96 포함)	자연	1주	1주	2	2	2	250
실과	–	–	–	–	2	2	136	정보기술	–	–	–	1주	1주	52

* 주요 주지 교과 중 사회과는 북한에서 이념 교과이므로 여기에서는 비교하지 않음.

** 남한은 편제표에서 2년의 학년군별 연간 시수만 제시되나, 이 연간 시수를 산정하기 위해 실질적으로 유지되고 있는 기본 주당 시수를 제시함.

*** 남한의 1, 2학년은 과학과 사회가 통합된 '슬기로운 생활' 교과를 통해 과학을 배우도록 함.

**** 과학/실과로 통합 기술된 시수를 교과군 통합 이전에 배정되어 실질적으로 유지되고 있는 교과 수로 환산함.

표 20-7 중학교 단계 주요 교과의 남북한 교과 시간 구성 비교

남한					북한				
교과	1학년	2학년	3학년	계	교과	1학년	2학년	3학년	계
국어	5	4	4	442	국어	5	5	5	510
수학	4	4	3	374	수학	6	5	6	578
영어	3	3	4	340	영어	4	4	4	408
과학/ 기술 · 가정/ 정보	과학	3	4	4	374		자연 과학	5	5	5	510	
	기가	2	3	3	272	680	정보 기술	2주	2주	2주	192	804
	정보	1	–	–	34		기초 기술	1	1	1	102	

* 남한은 편제표에서 2년의 학년군별 연간 시수만 제시되나, 이 연간 시수를 산정하기 위해 실질적으로 유지되고 있는 기본 주당 시수를 제시함. 과학, 기술·가정, 정보 교과군으로 통합 기술된 시수의 기준이 된 주당 교과별 시수로 환산함.

표 20-8 고등학교 단계 주요 교과 필수과목*의 남북한 교과 시간 구성 비교

남한				북한				
교과	필수 이수 단위		계	교과	1학년	2학년	3학년	계
국어	국어	10단위 (주당 5시간)	170	국어	5	5	5	510
수학	수학	10단위 (주당 5시간)	170	수학	6	5	6	578
영어	영어	10단위 (주당 5시간)	170	영어	4	4	4	408
과학	통합과학 과학탐구	12단위 (주당 6시간)	204	물리	5	4	3	331
				화학	3	4	2	248
				생물	3	3	2	220
기술 · 가정	–		–	정보 기술	2	1	1	111
				기초 기술	2주	3주	3주	272

과학~기술·가정 북한 계: 1,182

* 남한 고등학교의 1단위는 1학기(17시간)에 주당 1시간씩 수업하는 분량을 말함. 대개 2개 학기, 즉 1년에 걸쳐 편성하므로 10단위면 주당 5시간씩 1, 2학기 연속으로 배우는 수업이 됨.

산업시대 과학기술은 나라와 민족의 흥망성쇠를 좌우하는 강력한 요인이 되고 있다"며 첨단 과학기술 전문인력 양성으로 경제건설과 국가발전을 기하고자 한 데 따른 것이다(통일부, 2014).

북한에서 수학과 과학 교과는 초·중등교육 전반에 걸쳐 강조되며, 초등에서 중등 후반부로 갈수록 더 강조되는 특징을 보인다. 물론 북한의 교육 시수 총량은 전반적으로 남한보다 많은 편이지만, 교과를 통한 학습보다는 우리의 창의적 체험활동에 해당하는 비교과 활동, 즉 '과외 활동' 시수가 많고 교과의 총량은 비슷한 편이다. 전체 교과 시수 중 두드러지는 것은 국어, 영어, 수학, 과학 등 주요 교과이며 이 중 수학과 과학 시수는 남한이나 다른 국가들의 국제적 동향과 비교하면 상당히 많다고 할 수 있다.

우선, 수학은 북한에서 초등학교부터 고등학교까지 지속적으로는 수업 시간이 많이 할당되어 있다. 북한 소학교에서 수학은 주당 4-5-5-5-5시간, 초급중학교 6-5-6시간, 고급중학교는 6-5-5시간이다.

남한의 수학은 연간 총량으로 교육과정에 제시되지만 실제로 이루어지는 주당 시수로 환산하면, 초등학교 주당 4-4-4-4-4-4시간, 중학교 4-4-3시간, 고등학교 5시간 이상이다. 주당으로 보면 초등학교 2학년부터 전 학교급과 전 학년에서 북한 학생들은 남한 학생보다 주당 1시간 내지 2~3시간 더 수학 공부를 많이 하는 것이다. 학교급별 교과 시간 수의 총량은 초등학교급에서 북한이 5년 학제로 1년 적음에도 수학 수업의 총량은 남한보다 21시간이 많으며, 중학교급에서는 204시간이, 고등학교급에서는 408시간이 많아서, 초-중-고 전체 학교급에서 633시간의 격차가 발생한다. 고등학교의 경우 북한은 1년의 수업 주수가 1, 2, 3학년이 각각 30, 28, 23주이고, 남한은 전 학년 공통 34주이며, 남한은 최소 필수 단위만 제공하므로 실제 대부분의 학교가 이보다 수업을 더 많이 할 것임을 고려할 때, 고등학교 수학 수업의 남북한 격차는 북한의 적은 수업 주수에 비하면 적은 편이고, 남한의 실제 수업 시간에 비하면 격차가 많은 것으로 계산되었다고 해석된다.[7]

---

[7] 북한의 고급중학교는 남한보다 수업 주수가 적은데도 총 수업 시간 격차가 크므로, 매우 큰 차이임을 말해 준다. 다만, 남한은 최소 필수 이수 단위만 국가에서 제시하므로, 수학 수업을 이보다 더 많이 하는 학교와 학생이 있음도 가정해야 한다.

과학의 경우 북한은 초등학교급에서는 시수가 적고, 중등학교급에서 점차 많은 학습량을 갖는 것으로 나타난다. 북한 소학교에서 과학은 지리과와 통합교과인 '자연' 시간의 절반 정도이고, 초급중학교는 '자연과학', 고등학교는 물리, 화학, 생물 3개과로 구분된다. 주당 시수의 경우 소학교는 주당 1−1−1−1−1시간, 초급중학교 5−5−5시간, 고급중학교는 물리, 화학, 생물을 합하여 11−11−7시간이다. 남한의 과학은 초등학교 주당 2−2−3−3−3−3시간, 중학교 3−4−3시간, 고등학교 6시간 이상이다.

과학은 주당으로 보면 초등학교에서는 남한이 매 학년 1~2시간씩 많이 배우지만 중학교부터는 학년당 북한 학생들이 남한 학생보다 주당 1~2시간, 고등학교에서는 1학년에서 주당 5시간, 2, 3학년에서는 주당 최대 11시간을 더 배우는 것으로 나타난다. 학교급별 교과 시간 수의 총량에서 과학 수업의 총량은 초등학교급에서는 남한이 379시간이 많지만, 중학교급에서는 북한이 남한보다 136시간, 고등학교급에서는 595시간이 많아서, 초−중−고 전체 학교급에서 북한이 남한보다 352시간 더 많이 배우는 격차가 발생한다.

또한 과학과 함께 기술 교과 교육과정이 남북한 모두 존재한다. 남한은 초등학교에서 실과, 중·고등학교에서는 기술·가정 교과로 칭한다. 북한은 소학교, 초급중학교, 고급중학교에서 공히 '정보기술' 교과가 있으며, 소학교와 초급중학교에서는 연중 1주 내지 2주씩 집중이수하도록 하고 고급중학교에 오면 주당 1~2시간 교수하도록 하며, 초급 및 고급 중학교에서는 '기초기술' 교과가 있어 남한의 기술교육에 해당하는 내용을 가르치도록 한다.

요컨대 수학, 과학 모두 북한 학생들은 남한 학생보다 많이 배우며, 고등학교에서는 문이과 구분도 없고 과학 부문의 필수 3과목인 물리, 화학, 생물을 각각 매주 2시간 내지 5시간씩 배우고 있어 물리, 화학, 생물, 지구과학 등 4개 과목을 선택하여 배우는 남한의 이과 과정 학생보다도 많은 내용을 모든 학생이 배우고 있음을 알 수 있다.

북한 교과 교육내용의 동향

앞서 북한 교과 교육과정의 구조도라고 할 수 있는 편제의 신구 및 남북한 비교를 통해 북한 교과 교육과정의 동향을 살펴보았으며, 교과 교육과정의 내용이 제시되는 면에서의 특징은 다음과 같다.

교과 교육내용은 교육과정, 교과서를 통해 알 수 있다. 남한에서는 국가 교육과정을 제시하면서도 최근 학교 수준, 교사 수준에서 교육과정을 재구성하여 학생에게 의미 있는 교육이 되도록 할 것을 강조하는 추세이다. 북한 역시 2013년 교육과정 개정을 통해 "(4) 교원들은 교수 준비를 빈틈없이 하여야 한다. 교수내용을 깊이 연구하고 그에 정통하여야 한다. 학생료해사업을 구체적으로 하여야 한다. 교수진도표를 교육학적 요구에 맞게 작성하여야 한다."(교육위원회, 2013a)와 같이 교사의 학생 요구를 반영하는 교육과정 역량을 강조하고 있으면서도, 국가 수준의 공통적인 기준을 제시하는 교육과정이 근간이 되도록 한다는 점에서는 남북한이 다르지 않다고 할 수 있다.

교과 교육내용은 사실 교과별 국제적 동향과 자국 내 교육의 흐름에서 파악해야 하므로 교과 공통의 동향을 파악하는 것은 제한적이다. 다만, 북한 교과 교육은 앞서 편제 분석에서 제시한 바와 같이 정치 사상 교육을 모든 교과에 제시하는 방법을 구현하고 있다는 점 그리고 교과의 내용 제시방식에 있어서 몇 가지 공통된 특징을 갖고 있다.

정치 사상으로 포장된 교과 교육과정

북한 교과 교육을 교과서를 통해 접할 경우, 어느 교과이든지 김일성 가계 우상화로 점철된 것을 볼 수 있다. 교과 교육과정에서도 이 현상은 유사하게 나타난다. 정치 사상적 언급이 모든 교육에 이루어지고 있는 것은, 남한의 '성격'에 해당하는 '머리말', '교수목적', '교과서 집필에서 지켜야 할 원칙', '학과목 교수에서 지켜야 할 원칙' 등이다. 그러나 〈표 20-9〉에 제시된 바와 같이, 교과 교육의 본령인 내용 기술에서는 이념성이 전혀 포함되지 않은 경우도 볼 수 있다. 이에 따라 교과의 내용에서는 북한 고유의 이념교육 요소를 제외하고도 남북한의 공통점과 차이점을 발견하고 통합의 시발점을 찾기가 용이하다(김진숙 외, 2016).

북한 교과 교육과정의 머리말, 교수목적은 〈표 20-9〉[8]에서와 같이 해당 교과를 왜 가르치고 배워야 하는가를 정당화하는데, 우선적으로 김일성 교시, 김정일, 김정은의 발언 등을 활용하여, 교과의 정당화뿐 아니라 모든 교과를 통해 김일성 가계 우상화를 도모하고 있다.

표 20-9 남북한 교과 교육과정의 항목 비교 및 정치사상 교육이 제시된 항목

남한 교과	북한 교과		역할
	항목	내용	
성격	머리말	김일성 교시 문구로 시작	교과 교육의 정당화
		김정일 애국주의, 주체혁명위업, 김정은 선군혁명투사	
목표	교수목적	김정일 애국주의	교과 본연의 내용
	교수목표	×	
내용 (내용체계, 성취기준)	교수내용 (범위와 수준, 도달기준)	×(○ 또는 △)*	
–	교과서 집필에서 지켜야 할 원칙	백두산 절세위원들의 교양 등	교과서 기준
방법	학과목 교수에서 지켜야 할 원칙	김일성, 김정일, 김정은에 대한 충실성 교양 등	교수기준
평가	학업성적 평가원칙	×	학생 평가기준

* ×표시된 부분은 김일성 가계 우상화와 이념교육이 없는 부분임. 교과에 따라 일부 포함한 경우도 있음. 정치 사상 교과는 교육내용도 정치 사상을 주된 내용으로 함.

---

8) 위대한 수령 김일성 동지께서는 다음과 같이 교시하시었다. "초등교육과 중등일반교육에서는 학생들에게 사물현상의 일반적 개념과 본질, 그 변화발전법칙에 대한 기초적인 지식을 가르치며 특히 수학, 물리학, 화학, 생물학 같은 기초 과학 분야의 일반지식을 가르치는 데 기본을 두어야 한다."『김일성전집』, 제64권, p. 32: 교육위원회(2013c)에서 재인용하였다.

내용 기술

성취기준식 내용 기술: 보다 구체적인 것을 적시하는 설명

남북한 교과 교육과정을 비교함에 있어 공통점으로 지적되는 것 중의 하나는 최근 교육과정 개정에서 양자 모두 교육내용을 '성취기준'식으로 기술했다는 점이다 (김진숙 외, 2016). 성취기준식 내용 기술은 교육내용을 특정의 교수요목, 즉 교육내용의 개념(예: 식물의 광합성)이나 명제적 지식(예: 빛은 직진한다)으로 서술하지 않고, 학습자의 행동을 술어로 하여 "~를 이해한다."와 같이 기술한다는 점이다. 우리말의 특성상 주어는 생략하는 것이 공통적이다.

남한의 경우, 2015 개정 교육과정에 오면서 아예 교육내용을 '성취기준'으로 명명하게 되었으며, 북한은 '범위와 수준'에서 해당 교육내용을 성취기준식으로 진술한 후, 요약적으로 학년별 '도달기준'으로 다시 성취기준을 제시하고 있다.

남한과 비교하면 여러 교과에서 공통적으로 남한은 포괄적이고 추상적인 표현이 많은 반면, 북한은 단순하고 구체적인 표현으로 성취기준을 기술한 특징이 있다.

표 20-10 남북한 교과 교육내용의 진술의 비교사례

	남한	북한		
	성취기준	학년별 범위와 수준	내용 분야별 범위와 수준	도달기준
국어	[4국01-03]원인과 결과의 관계를 고려하며 듣고 말한다.	[듣] -수업에서 이야기를 듣고 문제점, 원인과 결과, 론거를 리해할 수 있도록 한다.	[듣] -설명과 질문, 대화 등 여러 가지 말을 듣고 문제점, 내용 차례, 론거, 원인과 결과를 알 수 있도록 한다.	-설명과 해설(700~ 800 정도)을 듣고 문제점과 내용, 차례, 론거를 리해하고, 질문을 2개 이상 제기할 수 있어야 하며 자료(어휘, 특징, 수자, 날자, 실례 등)를 취할 수 있어야 한다.

	성취기준	학년별 범위	수준	도달기준
지리	[4사03−01]지도의 기본요소에 대한 이해를 바탕으로 하여 우리 지역 지도에 나타난 지리 정보를 실제 생활에 활용한다.	[3학년 주제 2.생물과 환경] −동서남북 4방위를 알도록 한다. −임의의 장소에서 동서남북의 방향을 결정하도록 한다.	−좌우 팔을 벌리고 서서 오른팔, 왼팔의 방향이 동쪽과 서쪽이고 앞쪽과 뒤쪽이 북과 남이라는 식으로 동서남북의 자리 관계를 가리킬 수 있도록 한다. −해가 뜨거나 질 때 해를 기준으로 하여 동서남북을 가리킬 수 있도록 한다.	4방위의 방향과 방위판정법을 알고 실천에 적용할 수 있어야 한다.

* 교과별로 '학년별 범위와 수준'은 공통으로 있으며, 범위와 수준이 별도로 또는 같이 기술됨. 국어과는 '내용 분야별 범위와 수준'이라고 하여 각 영역별 범위와 수준이 따로 기술됨.
출처: 교육부(2015); 교육위원회(2013a).

수업 시간 수에 비해 적은 학습량, 쉬운 공부−나선형 교육과정

앞서 주요 교과의 남북한 시수 비교에서 북한의 교과 시수가 많은 것으로 분석되었으나, 김진숙 등(2016)의 분석에 따르면 교과 교육과정의 내용, 즉 학생의 실제 학습량은 적은 것으로 나타났다. 정량적 비교로 남북한 초등학교 국어과의 학년별·영역별 성취기준의 수를 비교하면 다음과 같다.

북한 교과 교육과정이 남한과 마찬가지로 성취기준식으로 제시되지만, 구조적으로는 '학년별 범위와 수준' '도달기준' 등 두 가지로 제시된다. 도달기준만 보면 북한의 성취기준이 1~2학년 14개로 남한의 25개에 비하면 적지만, 학년별 범위와 수준은 1~2학년 62개가 되기 때문에 남한의 성취기준의 수보다 월등히 많다.

북한의 학년별 성취기준의 수가 남한에 비해 많은 것은 남한의 성취기준에 해당하는 내용을 북한에서는 상세하고 반복적으로 제시하고 있기 때문이며, 이는 흔히 '나선형 교육과정'으로 설명되는 사례이다.

표 20-11　남북한 국어과 교육과정의 성취기준 수 비교: 초등학교

남한(2015)				북한(2013)										
	1~2학년	3~4학년	5~6학년		1학년		2학년		3학년		4학년		5학년	
					학*	도**	학	도	학	도	학	도	학	도
				글자교육	5	2								
				글씨쓰기 교육	3	0	2	1	3	1				
듣기 · 말하기	6	5	7	듣기교육	2	1	4	1	4	1	7	1	8	1
				말하기교육	6	1	11	1	10	1	11	1	10	1
읽기	5	5	6	읽기 및 쓰기 교육	2	2	9	3	11	4	11	4	13	4
쓰기	5	5	6	글짓기교육			7	2	8	1	10	1	8	1
문법	4	5	6	기초원리 지식교육	4	0	7	0	8	0	7	0	9	0
문학	5	5	6											
합계	25	25	31	합계	22	6	40	8	44	8	46	7	48	7

* 학년별 범위와 수준임.
** (학년별) 도달기준임.
출처: 김진숙 외(2016: 164).

표 20-12　남한에 비해 상세하고 반복적으로 제시하는 북한 성취기준의 예

남한(2015)	북한(2013)
[1~2학년 쓰기] 글자를 바르게 쓴다.	[1학년 글씨쓰기교육] –우리 글자를 필순을 정확히 지켜 쓸 수 있도록 한다. –기본획, 세운 글자, 눕힌 글자, 받침 없는 글자, 받침 있는 글자들을 글씨쓰기 규범에 맞게 쓸 수 있도록 한다. –글자를 쓸 때 정확한 몸자세를 취하기, 연필쥐기, 글씨쓰기, 도구 다루기에 익숙되도록 한다.
[1~2학년 듣기 · 말하기] 상황에 어울리는 인사말을 주고받는다.	[2학년 말하기] 대상에 따르는 인사말을 정확히 할 수 있도록 한다. [3학년 말하기] 정황에 따르는 인사말을 할 수 있도록 한다.

교과서: 효과적인 이념 교육과 교과 교육의 결합체

북한의 교육과정 문서에는 총론, 교과를 통한 교수·학습, 교과서 집필방법, 평가를 위한 구체적인 지침과 예시가 제시된다. 교수·학습방법과 교과서 집필방법은 각 교과 교육과정에서 상세하게 다루고 있다.

이에 따라 각 교과서에서는 교과 교육과정에서 제시한 교과서 집필방법을 구현하여 책의 처음부터 끝까지 구석구석 틈나는 대로 이념 교육적인 내용이 삽입되거나 소재, 삽화, 지문 등으로 활용된다.

이를테면 교과서에서 첫 페이지는 이 교과를 왜 배우는지에 대한 머리말 성격의 김일성, 김정일, 김정은의 직접 인용문[9]을 통해 교과를 정당화하고 있다. 또한 전혀 교과내용과 관련이 없는 우상화 내용이 교과서의 지문으로 [그림 20-1]과 같이 제공된다.

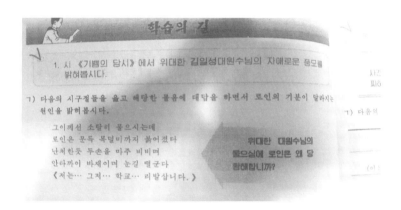

[그림 20-1] 북한 초급중학교 국어교과서

자료: 교육도서출판사(2015), 초급중학교국어3, p. 10.

---

9) 초급중학교 국어교과서에서 "령마루에서 경애하는 김정은 원수님께서는 다음과 같이 말씀하시였습니다." 언어학부문에서는 우리 말과 글의 우수성을 더욱 빛내이며 사회언어생활을 고상하고 문명하게 발전시켜 나가는 데서 제기되는 문제들을 잘 풀어야 합니다."(교육도서출판사, 2015).

교수 · 학습방법과 평가: 구체적인 방법 제시와 철저한 시행

북한 교과 교육과정에서 교수 · 학습방법은 '학과목 교수에서 지켜야 할 원칙'에서 제시된다. 여기서는 김일성, 김정일, 김정은에 대한 충성심과 함께 교과별 교수 · 학습의 기준이 제시된다.

이를테면 〈표 20-13〉의 영어과에서 앞부분은 이념 교육의 도구로서 영어과를 가르치도록 해야 한다는 지침이다. 후반부는 영어 기능, 연습, 언어 활용 능력을 강조하며, 남한의 창의적 체험활동에 해당하는 '과외활동'의 한 영역인 '과외학습'과 연계하도록 하고 있다.

또한 북한 교육과정에서는 평가의 구체적인 기준과 예시가 함께 제시되고 강조된다. 평가는 총론에서 교과 공통으로 지침이 제시되고 각 교과에서도 제시된다. 학교에서는 개별 교사가 아닌 학교가 종합적인 평가기준을 정하도록 '학교학업성적평가위원회'를 두고 학교 단위에서 평가기준을 정하도록 한다.

학업성적평가는 학교학업성적평가위원회의 지도 밑에 진행하도록 하는데, 구체적으로 ① 학교학업성적평가위원회는 학기, 학년 말마다 교장을 책임자로 하여 5~7명으로 구성하며, ② 학교학업성적평가위원회는 교원들의 학업성적 평가정형을 장악 지도한다(교육위원회, 2013c).

중간고사나 학기말고사는 수업 중에 하는 것이 아니라 교과 수업 시간에서 별도로 선정하도록 하며, 수행평가 및 과정 중심의 평가를 강조하고 있다. 교과별 '학업성적평가원칙'을 통해 평가에 대해 구체적이고 상세한 지침을 내리고 있으며, 〈표 20-14〉가 그 예이다.

표 20-13 │ 북한 교과 교육과정 교수 · 학습방법의 예: 고급중학교 영어

남한(2015)	북한(2013)
북한 교과 교육과정 교수 · 학습방법 (고급중학교 영어)	-영어교수를 통하여 학생들을 김정일 애국주의로 철저히 무장시켜 부강조국 건설에 적극 이바지하려는 높은 자각을 가지도록 교수의 당정책화를 보다 높은 수준에서 실현하여야 한다. …… -영어 기능을 높이기 위한 다양한 련습활동을 적극적으로 벌려 그것이 학생들의 종합적인 언어 활용 능력을 키워 주는 과정으로 되도록 하며 과외학습과 련속과정으로 이어지도록 하여야 한다. ……

표 20-14 북한 교과 교육과정 '학업성적평가원칙'의 예: 고급중학교 '화학'

남한(2015)	북한(2013)
북한 교과 교육과정 '학업성적평가원칙' (고급중학교 '화학')	-평가내용은 품성과 태도, 지식과 기능, 능력 등이다. 〈중략〉 교원은 학기, 학년 말 시험에 의한 평가와 평상시 평가, 정량적 평가와 정성적 평가, 학생 자체평가와 호상평가를 서로 결합하도록 하여야 한다. 평가는 시험과 실천실기 검열형식으로 진행하며 그 비중을 5:5로 한다. …… 탐구 능력, 창조적인 응용 능력 교원은 학생들로 하여금 물질탐구 활동과정에 문제를 발견하는 능력과 실험설계, 조사연구, 실험실기, 문제해결 능력을 점차 형성시키며 수값자료를 수집, 분석하고 결론을 얻어 발표, 교류하는 능력을 평가하여야 한다. 례를 들어《양초의 불타기실험》에서 다음과 같이 탐구 활동을 조직하고 평가를 진행할 수 있다. 관찰 혹은 생활 경험에 근거하여 문제를 제기할 수 있는가, 없는가, 문제에 근거하여 가설을 제기할 수 있는가, 없는가?

북한 2013 개정 교과 교육과정에 대한 평가 및 전망

　초·중등학교 교육과정 개정에는 집권세력이 향후 그 공동체를 어떻게 끌어가려고 하느냐의 비전과 전략이 반영되어 있기 때문에 세계 각국에서는 중요한 정치적 변동 후에 교육과정 개정을 포함한 교육정책의 변화를 도모하는 것이 일반적이다. 이 장에서는 북한의 김정은 체제하에 이루어진 학제와 교육과정 개편 속에서 교과교육의 동향을 소개하였으며, 이를 통해 북한 김정은 체제가 추구하는 변화의 동향을 파악하고자 하였다.

　과거 북한의 교과 교육과정 문서가 소개되지 않고 교과서 그리고 총론 편제 정도가 소개되었을 때 북한 교육에 대해서는 이념으로 점철된 교육 정도로 이해된 측면이 있었다. 이 장에서 교과 교육과정 문서와 교과서 분석을 통해 파악한 북한의 교과교육 동향을 평가하면 다음과 같다.

　첫째, 북한의 교과는 이념적인 국민의 교화 및 체제 안정을 도모하기 위한 도구로 사용된다. 이를 위해 김일성 가계 우상화 및 이념화용 별도 교과가 있고 새 교육과

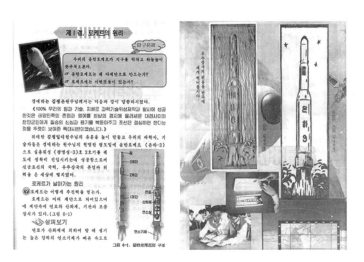

[그림 20-2] 북한 고급중학교 물리교과서

출처: 교육도서출판사(2015).

정에서 김정은까지 확대되었다. 일반 교과에서는 교과의 정당성 확보, 교과서 및 교수·학습 과정 전반을 통해 이념으로 포장된 교육이 이루어진다. 예를 들어 최근 교과서에서는 과학시간에 핵, 미사일의 원리를 직접적으로 [그림 20-2]와 같이 가르치기도 한다.

둘째, 북한의 교육은 교육의 지향점, 교과 편제, 교육내용, 교육 방법 및 평가 등 여러 가지 교육과정의 측면에서 글로벌 스탠더드에 맞게 변화하고 있다. 북한의 교육은 과거 김정일 시대인 1994년 '실리주의' 정책을 표방한 이래로 보다 더 국제적인 표준에 맞도록 했다. 학제 개편을 통한 초등교육의 연한 확대, 중·고등학교의 분리 및 일부 고등학교의 지역별 선택과목 도입 외에 영어, 정보기술의 강조, 소학교의 사회와 과학 통합교과로서의 '자연', 중학교 단계 과학 과목의 통합 교과로서의 '자연과학' 등 통합 교과체제 도입, 1주 집중교수 등 교수·학습 및 평가에서도 학습자의 수행을 강조하고 있는 점이다.

셋째, 수학과 과학 교과의 강조이다. 편제와 시간 배당 측면에서 남한과 비교할 때 북한 학생, 특히 중등학교 학생들은 매주 1~2시간 이상, 고등학교에서는 과학을 2~5시간 이상 많이 배우고 있다. 내용의 질적인 측면에 대한 비교도 이루어져야 하지만, 주요 교과 중에서 수학과 과학의 비중이 절대적으로 높다는 것은 현재 북한 김정은 체제가 과학기술, 궁극적으로는 군사적 역량 강화라는 방향을 향해 교육을 비롯한 사회 전 분야에서 일관된 노력이 경주되고 있음을 보여 준다.

넷째, 교과 교육내용 전달의 효율성이다. 북한 교과교육의 내용은 남한과 비교하면 시간은 많이 책정했지만, 배울 내용은 적고, 철저한 평가를 통해 배운 내용에 대해 이수, 미이수를 판별하는 방식으로 전달된다는 점에서 효율적으로 평가된다. 교육과정 개정 시 교과 간 시수 배정방식 등에서 흔히 '교과 이기주의'로 칭하는 교과 간 갈등이 존재하는 남한에 비해 사회주의 국가에서는 모든 것을 당이 결정하고, 고등학교에서 거의 전 과목이 필수과목으로 되어 있는 특수한 상황이 역설적으로 이를 뒷받침하는 배경일 것이다.

결국 북한 교과 교육의 효율성은 일부 인정할 수밖에 없으며, 이는 북한 학교 학생들의 학교에 대한 좋은 기억으로 남한에서 많은 학습량과 경쟁으로 힘들어하는 학생들의 경험과 대비된다. 탈북학생들은 북한 학교의 장점을 "학업에 대한 스트레스 없고, 학생 개개인을 잘 챙겨 주며 선생님들이 학생들에게 정성을 다해 가르쳐 주는 점"이라고 응답하였다(김진숙 외, 2016). 또 전반적으로 재미있고 유쾌하며, 수업 시간이 짧고 공부가 이해하기 쉬운 점, 시험이 주관식이어서 학생의 실제 실력을 알 수 있는 점, 경쟁이 아닌 공부 잘하는 사람이 못하는 친구를 이끌어 줄 수 있는 점 등이 좋았다는 의견이 나타났다.

물론 교사 출신 북한이탈주민들[10])에 따르면, 북한에서는 대학 진학률이 낮아 학업에 대한 동기 유발이 되지 않고, 어차피 교사들도 높은 수준으로 독려하기보다 쉬운 내용을 중심으로 교육한다는 점 또한 주요한 배경요인이 된다. 그리고 이러한 좋은 기억 외에 획일화된 체제하에 교사의 체벌, 학생의 노동 투입 등의 기억이 탈북학생들에게 학교의 어두운 기억으로 남아 있다는 점도 기억해야 할 것이다.

이 장에서 분석하고 평가한 바에 따르면, 북한 교과 교육의 동향은 북한 교육, 북한체제 동향의 일면을 보여 준다. 전반적으로 체제 존립과 유지의 과제를 갖고 있는 김정은 체제에서 북한 교육과정은 세계적으로 독특한 필수 교과 중심, 이념화 교육의 틀 속에서도 수학과 과학의 강조, 영어 및 정보 과목의 투입, 선택과목 도입 등 생존을 위한 변신이 도모되고 있다. 북한 교육의 체제가 변하고 있고, 그 중심에는 교과 교육의 형식과 내용의 변화가 자리하고 있다. 남한 및 세계 동향과 같이 학생

---

10) 남한에서 교사 출신 북한이탈주민은 흔히 'NK교사'로 칭한다.

의 행동 변화를 중심으로 교과 교육내용을 기술하는 '성취기준'식 내용 진술, 학생
의 수행을 강조하는 평가에서의 동향은 북한 교육에서도 미미하게나마 학생을 중
심으로 하는 교육과정의 움직임이 시도되고 있음을 전망하게 만든다.

 활동과제

○ 북한 교과 교육과정의 형식적인 특징을 남한과 비교하여 논의해 보자.

○ 2013년에 개정된 북한 교과 교육과정의 특징을 논하고 남북한 통합 교육과정의 방향에
　 대해 논의해 보자.

| 부록 |

부록 1 개화기부터 일제강점기까지 학제의 변화

1-1 갑오·광무개혁기 학제

연령/연도		
21	성균관 경학과	
21	(한성)사범학교(4년, 속성과 6개월)	
20		
19		무관학교
18		광무(礦務)학교
17	중학교(심상과 4년, 고등과 3년)	우무(郵務)학교
16	외국어학교[한(漢)·일 4년,	전무(電務)학교
15	법, 아, 덕, 영 5년)	육군양성학교
14	상공학교(4년)]	육군사관학교
13		육군유년학교
12		종인(宗人)학교(심상과 2, 고등과 3)
11		법관양성소
10	소학교	의학교
9	(심상과 3년, 고등과 2~3년)	
8		
7		
연령/연도	1895~1905	

출처: 한용진 외(2010: 96) 학제도, 김진숙 외(2010)를 참고하여 이 책의 15~19장에 제시된 학제 표의 형식과 같이 작성함. 원문 관보(官報)에 제시된 그림에서는 소학교 입학연령 7세 외에 다른 중등 이상의 학교들은 입학연령이 중학교 17세, 외국어학교 15세, 상공학교 17세, 한성사범학교 20세, 성균관경학과 20세 등 소학교 졸업과 연계되어 정확하게 구분되어 기재되어 있지 않음. 표 우측의 기타 학교들은 연한, 입학연령 등이 기재되어 있지 않음.

1-2 통감부 시기부터 제4차 조선교육령 시기 학제의 변화

연령	1906	1911	1922	1938	1943~1945
21	성균관				
20	성균관				
19			전문학교 (3~4년) 대학(4년)	전문학교(3년) 대학(4~5년)	전문학교(3~4년) 대학(5~6년) 고등사범학교(4년)
18	사범학교(7) / 고등학교(5) 고등여학교(5) 외국어학교(4~5) / 실업학교(3)	전문학교 (3~4년)			
17					
16					
15		고등보통학교 (4, 사범과 5) 여자고등보통학교(3) 실업학교(3)	중학교/고등보통학교(5) 고등여학교/여자고등보통학교(5) 사범학교(남, 여 5~6년) 실업학교(3~5년) 직업학교(3~5년)	중학교(5년) 고등여학교(5년) 사범학교(남 7년, 여 6년) 실업학교(3~5년) 직업학교(3~5년)	중학교(4년)*** 고등여학교(4년) 사범학교(5년) 실업학교(3~5년) 실업보습학교(2~3년)
14					
13					
12					
11	보통학교(4)*	보통학교(4)* 소학교(6, 일본인용)**	보통학교(6) 소학교(심상소학교, 고등소학교)**	소학교(심상소학교, 고등소학교)**	국민학교(초등과 6, 고등과 8)
10					
9					
8					
7					
6					
연령/연도	1906	1911	1922	1938	1943~1945
	통감부시기	제1차 조선 교육령시기	제2차 조선 교육령시기	제3차 조선 교육령시기	제4차 조선 교육령시기

* 통감부와 제1차 조선교육령시기 학제도에서는 '8세'를 취학연령으로 표기한 반면, 제2차부터 제4차까지 조선교육령시기에는 6세로 표기되어 있음. 만 나이임.

** 제1차 조선교육령시기에는 「조선공립소학교규칙」(1912~1922년)에 따라 '내지인(일본인)'을 위한 학교는 소학교로, 조선인을 위한 학교는 보통학교로 칭함. 제2차 조선교육령시기에는 「소학교규정」(1922~1938년) 기간에 보통학교와 소학교가 병행됨. 제3차 조선교육령시기에는 소학교로 통일됨. 제4차 조선교육령시기 직전 1941년 「국민학교규정」 이후 소학교는 다시 국민학교로 명칭을 변경함.

*** 전시체제에 중등학교 연한이 축소됨.

출처: 국가법령정보센터에 제시된 해당 시기 법령(법령 > 근대법령, www.law.go.kr)과 한용진 외(2010); 김진숙 외(2010)를 참고하여 이 책의 15~19장에 제시된 학제 표의 형식과 같이 작성함.

부록 2   개화기 교육 관련 주요 법령

시기구분	특징	교육 관련 주요 법령
갑오개혁 이전 1881~1893	신교육 태동	−육영공원절목(育英公院節目)(1886. 9. 17.) −연무공원직제절목(練武公院職制節目)(1888. 8. 29.) −배재학당合同(1895. 2. 16.)
갑오개혁 시기 1894~1896	신학제 도입	−학부관제 제정(1895. 3. 25. 칙령46: 학무아문을 학부로 개칭) −법관양성소규정(1895. 3. 25. 칙령47) −한성사범학교관제(1895. 4. 16. 칙령80) −외국어학교관제(1895. 5. 10 칙령88) −훈련대사관(訓練隊士官)양성소관제(1895. 5. 16. 칙령91) −한성사범학교부속소학교규정(1895. 7. 24. 학부령1) −소학교령(1895. 7. 19. 칙령145) −보조공립소학교규칙(1896. 2. 20. 학부령1) −소학교교칙대강(1896. 8. 12. 학부령3) −종두의(種痘醫)양성규정(1896. 11. 7. 칙령180) −무관학교관제(1896. 1. 11. 칙령2)
광무개혁 시기 1897~1904	대한제국 선포	−무관학교관제개정(1898. 5. 4./7. 2./8. 31./1899. 11. 21. 칙령11/24/34/조칙) −의학교관제(1899. 3. 24. 칙령7) −중학교관제(1899. 4. 4. 칙령11) −상공학교관제(1899. 6. 24. 칙령28) −의학교규칙(1899. 7. 5. 칙령9) −외국어학교규칙개정(1900. 6. 27. 학부령11) −광무(鑛務)학교관제(1900. 9. 4. 칙령31) −중학교규칙(1900. 9. 3. 학부령12) −전무(電務)학교규칙(1900. 10. 25. 通信院令7) −우무(郵務)학교규칙(1900. 11. 1. 通信院令6) −혜민원관제(1901. 10. 16. 칙령18) −상공업학교관제(1904. 6. 8.) −법관양성소규칙(1904. 7. 30. 법부령2) −육군연성학교관제, 육군유년학교관제, 무관학교관제개정(1904. 9. 24. 조칙) −광제원관제(1905. 2. 26. 칙령21)

통감부 시기 1905~1910	일제 통감부 설치	−보통학교령(1906. 8. 27. 칙령44) −고등학교령(1906. 8. 27. 칙령42) −사범학교령(1906. 8. 27. 칙령41) −외국어학교령(1906. 8. 27. 학부령21) −농상공부소관 농림학교관제(1906. 9. 11. 농상공부령48) −공업전습소관제(1907. 2. 1. 칙령6) −의학교관제폐지, 대한의원관제(1907. 3. 1. 칙령9) −학부편찬보통학교교과용도서발매규정(1907. 7. 3. 학부령7) −학부직할학교 및 공립학교관제(1907. 12. 13. 칙령55) −고등여학교령(1908. 4. 2. 칙령56) −사립학교령(1908. 8. 26. 칙령62) −학회령(1908. 8. 26. 칙령63) −교과용도서검정규정(1908. 8. 28. 학부령16) −학부편찬교과용도서발매규정(1908. 9. 15. 학부령18) −실업학교령 시행규칙(1909. 4. 26. 칙령56) −고등여학교령시행규칙(1909. 7. 5. 학부령2) −사범학교령시행규칙(1909. 7. 5. 학부령3) −고등학교령시행규칙(1909. 7. 5. 학부령4) −외국어학교령시행규칙(1909. 7. 5. 학부령5) −보통학교령시행규칙(1909. 7. 5. 학부훈령7)

출처: 한용진 외(2010: 40-41).

부록 3 일제강점기 교육 관련 주요 법령

시기	제 · 개정 내역	
1차	1911년 8월 23일 칙령 제229호 조선교육령(1911년 11월 1일 시행)	
		1911년 10월 20일 조선총독부령 제100호 보통학교 규칙
		1911년 10월 20일 조선총독부령 제101호 고등보통학교 규칙
		1911년 10월 20일 조선총독부령 제102호 여자고등보통학교 규칙
		1911년 10월 20일 조선총독부령 제113호 실업학교 규칙
		1911년 10월 20일 조선총독부령 104호 사립학교규칙
		1919년 12월 1일 조선총독부령 제807호 고등보통학교 규칙 개정
		1919년 12월 1일 조선총독부령 제808호 여자고등보통학교 규칙 개정
		1915년 3월 24일 조선총독부령 제24호 개정사립학교규칙
		1918년 2월 21일 조선총독부령 제18호 서당규칙
	1920년 11월 10일 칙령 제 529호 조선교육령 개정	
		1920년 11월 12일 조선총독부령 제181호 보통학교 규칙 개정
		1920년 11월 12일 조선총독부령 제180호 고등보통학교 규칙 개정
		1921년 4월 11일 조선총독부령 제54호 고등보통학교 규칙 개정
		1921년 4월 11일 조선총독부령 제55호 여자고등보통학교 규칙 개정
2차	1922년 2월 4일 칙령 제19호 조선교육령(1922년 4월 1일 시행)	
		1922년 2월 20일 조선총독부령 제8호 보통학교 규정
		1922년 4월 14일 경기도 보통학교규정 시행세칙 제정(총독부관보 1922. 4. 17.)
		1922년 2월 20일 조선총독부령 제9호 실업학교 규정
		1922년 2월 20일 조선총독부령 제16호 고등보통학교 규정
		1922년 2월 17일 조선총독부령 제14호 여자고등보통학교 규정
		1922년 2월 칙령 제11호 유치원 규정
	1929년 4월 18일 칙령 제 82호 조선교육령 개정	
		1929년 4월 18일 조선총독부령 제35호 사범학교 규정 개정
		1929년 6월 20일 조선총독부령 제58호 보통학교규정 개정
		1029년 6월 17일 조선총독부령 제55호 서당규칙 개정
		1929년 12월 31일 조선총독부령 제14호 여자고등보통학교규정 개정
		1931년 1월 7일 조선총독부령 제2호 고등보통학교 규정 개정
		1932년 1월 18일 조선총독부령 제13호 고등보통학교 규정 개정

3차	1938년 3월 3일 칙령 제103호 조선교육령(1938년 4월 1일 시행)	
		1938년 3월 15일 조선총독부령 제24호 소학교 규정
		1938년 3월 15일 조선총독부령 제25호 중학교 규정
		1938년 3월 15일 조선총독부령 제26호 고등여학교 규정
4차	1943년 3월 8일 칙령 제113호 조선교육령(1943년 4월 1일 시행)	
		1941년 3월 31일 조선총독부령 제90호 국민학교 규정
		1943년 1월 중등학교령(수업 연한 4년으로 단축)
		1943년 3월 27일 조선총독부령 제58호 중학교 규정
		1943년 3월 27일 조선총독부령 제59호 고등여학교 규정
		1943년 3월 27일 조선총독부령 제60호 실업학교 규정
		1943년 3월 27일 조선총독부령 제61호 실업보습학교규정
5	1945년 5월 21일 칙령 제320호 전시교육령	
		1945년 7월 1일 전시교육령 시행규칙

출처: 한용진 외(2010: 61).

부록 4　개화기 국가 수준 교육과정 원문 체계표

시기별	학교별		교과별	
갑오개혁 이전 시기 (1881~1893)	소학교(보통학교)		교육	
	중학교(고등학교, 고등여학교)			
갑오개혁 시기 (1894~1896)	사범학교(한성사범학교)		수신	수신, 윤리
광무개혁 시기 (1897~1904)	외국어 학교	영어학교	국어	국어, 독서
		일어학교		작문, 한문, 습자
		법어학교	수학(산술)	수학(산술), 기하
통감부 시기 (1905~1910)		아어학교	이과(理科)	이과(理科), 박물(博物)
		한어학교		물리, 화학
		덕어학교	지리(지지)	본국지리, 세계지리
	무관학교	(육군)무관학교	역사	본국역사, 세계역사
		육군연성학교	도화(圖畵)	
		육군유년학교	체조	
	실업학교	농업(농림)학교	음악(창가)	
		공업(공업전습소)	실업	공업/농업/상업/수산/
		상업학교		법률/정치/경제/의학/
		광무(鑛務)학교		측량/가사/수예 등
		전무(電務)학도	외국어	일어, 영어 등
		우무(郵務)학도		
		실업보습학교		
		여자잠업강습소		
	의학교(대한의원 부속 의학교)			
	법학교(법관양성소)			
	유치원			
	성균관 등[1]	경학원(경학과)		
		종인학교(수학원)		

출처: 김진숙 외(2010: 170). 출처에서는 해당 표 제목을 국가교육과정정보센터(NCIC) 개발을 위한 '교육과정 원문 인벤토리 체계표'로 되어 있음.

---

1) 성균관 등은 성균관 경학원 종인학교(수학원)을 포함하는 전통 교육기관을 지칭한다.

부록 5　일제강점기 초등학교(보통학교, 소학교, 국민학교)의 교육과정 편제표

5-1　제1차 조선교육령기 보통학교 편제표(1911. 10. 20.)

교과목 \ 학년 시수, 과정	제1학년 시수	제1학년 과정	제2학년 시수	제2학년 과정	제3학년 시수	제3학년 과정	제4학년 시수	제4학년 과정
수신	1	수신의 요지	1		1		1	
국어	10	독방, 해석, 회화, 암송, 서취, 작문, 습자	10		10		10	
조선어급 한문	6	독방, 해석, 암송, 서취, 작문	6		5		5	
산술	6	정수	6		6	정수, 소수, 제등수, 주산	6	분수, 비례, 보합산, 구적, 주산
리과					2	자연계의 사물현상 및 그 이용	2	인신, 생리 및 위생의 대요
창가 체조	3	단음창가 유희, 보통체조	3		3		3	
도화		자재화						
수공		간이한 세공						
재봉급 수예		운침법, 보통의류의 봉법, 간이한 수예		보통의류의 봉법과 재법, 간이한 수예		의류의 수선법		
농업초보						농업초보 및 십습		
상업초보						상업초보		
계	26		26		27		27	

출처: 「보통학교 규칙」(1911. 10. 20. 조선총독부령 제100호): 국가법령정보센터, www.law.go.kr

5-2 제2차 조선교육령기 보통학교 편제표(1922. 2. 10.)

교과목	학년	매주교수시수	제1학년	매주교수시수	제2학년	매주교수시수	제3학년	매주교수시수	제4학년	매주교수시수	제5학년	매주교수시수	제6학년
수신		2	도덕의 요지	2	도덕의 요지	2	도덕의 요지	2	도덕의 요지	2	도덕의 요지	2	도덕의 요지
국어		10	발음 가나·일상수지의 문자 및 간이한 보통문의 읽기·쓰기·작문·말하기	12	가나·일상수지의 문자 및 친근하고 쉬운 보통문의 읽기·쓰기·작문·말하기	12	일상수지의 문자 및 친근하고 쉬운 보통문의 읽기·쓰기·적기·말하기	12	일상수지의 문자 및 친근하고 쉬운 보통문의 읽기·쓰기·작문·말하기	9	일상수지의 문자 및 친근하고 쉬운 보통문의 읽기·쓰기·작문·말하기	9	일상수지의 문자 및 친근하고 쉬운 보통문의 읽기·쓰기·작문·말하기
산술		5	100 이하의 수의 읽기·쓰기 20 이하의 수의 범위 안의 가감승제	5	1000 이하의 수의 읽기·쓰기 100 이하의 수의 범위 안의 가감승제	6	통상의 가감승제	6	통상의 가감승제와 소수의 읽기·쓰기 및 간이한 가감승제 (주산 가감)	4	정수·소수·제등수 (주산 가감)	4	분수·보합산 (주산 가감승제)
일본역사										2	일본역사의 대요	2	전 학년의 계속
지리										2	일본지리의 대요	2	전 학년의 계속, 만주, 기타 외국지리의 대요

과목	시수	요지	시수	요지	시수	요지	시수	요지	시수	요지	시수	요지
이과							2	식물·동물·광물 및 자연의 현상, 통상의 물리화학상의 현상	2	식물·동물·광물 및 자연의 현상, 통상의 물리화학상의 현상	2	식물·동물·광물 및 자연의 현상,통상의 물리화학상의 현상, 인신 생리의 초보
도화		(단형 간단한 형체)		(단형 간단한 형체)	1	(단형 간단한 형체)	1	간단한 형체	남 2 녀 1	간단한 형체	남 2 녀 1	간단한 형체
창가		평이한 단음창가		평이한 단음창가	1	평이한 단음창가	1	평이한 단음창가	2	평이한 단음창가	2	평이한 단음창가
체조	4	체조 교련 유희	4	체조 교련 유희	3	체조 교련 유희	3	체조 교련 유희	3	체조 교련 유희	3	체조 교련 유희
재봉							2	운침법, 통상의 의류의 바느질·수선	3	통상의 의류의 바느질·수선	3	통상의 의류의 바느질·재단·수선
수공		간이한 세공		간이한 세공		간이한 세공		간이한 세공		간이한 세공		간이한 세공
계	21		23		25		남 27 녀 29		남 28 녀 30		남 28 녀 30	

출처: 「소학교규정」(1922. 2. 10. 조선총독부령 제6호): 국가법령정보센터, www.law.go.kr

5-3 제3차 조선교육령기 소학교 편제표(1938. 3. 15.)

교과목	학년	매주교수시수	제1학년	매주교수시수	제2학년	매주교수시수	제3학년	매주교수시수	제4학년	매주교수시수	제5학년	매주교수시수	제6학년
수신		2	국민도덕의 요지	2	국민도덕의 요지	2	국민도덕의 요지	2	국민도덕의 요지	2	국민도덕의 요지	2	국민도덕의 요지
국어		10	발음 가나·일상수지의 문자 및 친근하고 쉬운 보통문의 읽기·쓰기·작문·말하기	12	가나·일상수지의 문자 및 친근하고 쉬운 보통문의 읽기·쓰기·작문·말하기	12	일상수지의 문자 및 친근하고 쉬운 보통문의 읽기·쓰기·작문·말하기	12	일상수지의 문자 및 친근하고 쉬운 보통문의 읽기·쓰기·작문·말하기	9	일상수지의 문자 및 친근하고 쉬운 보통문의 읽기·쓰기·작문·말하기	9	일상수지의 문자 및 친근하고 쉬운 보통문의 읽기·쓰기·작문
조선어		4	발음 언문·일상수지의 문자 및 친근하고 쉬운 보통문의 읽기·쓰기·작문·말하기	3	언문·일상수지의 문자 및 친근하고 쉬운 보통문의 읽기·쓰기·작문·말하기	3	일상수지의 문자 및 친근하고 쉬운 보통문의 읽기·쓰기·작문·말하기	2	일상수지의 문자 및 친근하고 쉬운 보통문의 읽기·쓰기·작문·말하기	2	일상수지의 문자 및 친근하고 쉬운 보통문의 읽기·쓰기·작문·말하기	2	일상수지의 문자 및 친근하고 쉬운 보통문의 읽기·쓰기·작문·말하기
산술		5	100 이하의 수의 읽기·쓰기 및 간이한 계산	5	1000 이하의 수의 읽기·쓰기 및 간이한 계산	6	정수의 계산	6	정수의 계산·소수의 읽기·쓰기 및 간이한 계산	4	정수의 계산, 소수의 계산, 분수의 계산	4	비례 보합산
국사										2	국사의 대요	2	전 학년의 계속

지리									2	일본 지리의 대요	2	전 학년의 계속, 만주 및 지나 기타 외국 지리의 대요
이과							2	식물·동물·광물 및 자연의 현상, 통상의 물리화학상의 현상	2	식물·동물·광물 및 자연의 현상, 통상의 물리화학상의 현상	2	식물·동물·광물 및 자연의 현상, 통상의 물리화학상의 현상, 인신생리위생의 초보
직업							남 2 녀 1	농업·공업·상업 또는 수산 등에 관한 사항의 대요	남 3 녀 1	농업·공업·상업 또는 수산 등에 관한 사항의 대요	남 3 녀 1	농업·공업·상업 또는 수산 등에 관한 사항의 대요
도화		단형 간단한 형체		단형 간단한 형체	1	단형 간단한 형체	1	간단한 형체	남 2 녀 1	간단한 형체	남 2 녀 1	간단한 형체
수공	1	간이한 세공	1	간이한 세공	1	간이한 세공	1	간이한 세공	1	간이한 세공	1	간이한 세공
창가	4	평이한 단음창가	4	평이한 단음창가	1	평이한 단음창가	1	평이한 단음창가	2	평이한 단음창가 (간이한 중음창가)	2	평이한 단음창가 (간이한 중음창가)
체조		체조 교련 유희 및 경기		체조 교련 유희 및 경기	3	체조 교련 유희 및 경기	3	체조 교련 유희 및 경기	남 3 녀 2	체조 교련 유희 및 경기	남 3 녀 2	체조 교련 유희 및 경기

과목	제1학년	제2학년	제3학년	제4학년 내용	시수	제5학년 내용	시수	제6학년 내용	시수
가사 및 재봉				의식주, 간병, 운침법, 통상의 의류의 바느질·재담·수선	3	의식주, 간병, 일가 경제의 대요, 통상의 의류의 바느질·재·수선 (간이한 수예)	4	의식주, 간병, 일가 경제의 대요, 통상의 의류의 바느질·재·수선 (간이한 수예)	4
계	26	27	29	남 32 녀 34		남 34 녀 34		남 34 녀 34	

출처:「소학교규정」(1938. 3. 15. 조선총독부령 제24호): 국가법령정보센터, www.law.go.kr

5-4　제4차 조선교육령기 국민학교 편제표(1941. 3. 31.)

교과	과목	제1학년 시수	내용	제2학년 시수	내용	제3학년 시수	내용	제4학년 시수	내용	제5학년 시수	내용	제6학년 시수	내용
국민과	수신	11	국민도덕	12	동	2	동	2	동	2	동	2	동
	국어	11	읽기, 듣기, 말하기, 작문쓰기	12	동	9	읽기, 듣기, 말하기, 작문	8	동	7	동	7	동
	국사									2	국사의 대요	2	동
	지리							1	환경의 관찰	2	지리의 대요	2	동
이수과	산수	5	산수일반	5	동	5	동	5	동	5	동	5	동
	이과	5	자연의 관찰	5	동	1	동	2	이과일반	2	동	2	동

과	과목												
체련과	무도									5 (남)	무도의 간이 기초 동작	5 (남)	동
	체조	5	유희체조 위생	6	동	5	체조교련 유희경기 위생	5	동	4 (여)	동	4 (여)	동
예능과	음악		창가감상 기초연습		동	2	동	2	동	2	동	2	동
	습자					1	가나 해서 감상	1	동	1	가나 해서 행서 감상	1	동
	도화	2	형상의 간취 표현 감상	2	동	2	동	3 (남)	동	3 (남)	동	3 (남)	동
	공작		공작		동		동	2 (여)	동	2 (여)	동	2 (여)	동
	가사 (여)							3	가사초보	4	동	4	동
	재봉 (여)								재봉초보		동		동
직업과	농업 공업 상업 수산							3 (남) 1 (여)	농업공업 상업수산 등의 초보 실습	3 (남) 1 (여)	동	3 (남) 1 (여)	동
매주 수업 총시수		23		25		27		32		34		34	

* 해당 규정에서는 초등과 6년과 고등과 2년을 더해 8년제를 운영하는 학교의 초등과 6년 편제표와 6년만 운영하는 국민학교의 2종의 편제표가 따로 제시됨. 위의 표는 6년만 운영하는 국민학교용임.

출처: 「국민학교규정」(1941. 3. 31. 조선총독부령 제90호): 국가법령정보센터, www.law.go.kr

부록 6   일제강점기 중등학교(고등보통학교, 중학교)의 교육과정 편제표

6-1 제1차 조선교육령기 고등보통학교 편제표(1911. 2. 17.)

교과목	시수·과정	1학년 시수	1학년 과정	2학년 시수	2학년 과정	3학년 시수	3학년 과정	4학년 시수	4학년 과정
수신		1	수신의 요지	1	좌동	1	좌동	1	좌동
국어		8	읽기, 해석, 회화, 암송, 받아쓰기, 작문	8	좌동	7	좌동, 문법	7	좌동
조선어 및 한문		4	읽기, 해석, 암송, 받아쓰기, 작문	4	좌동	3	좌동	3	좌동
역사				2	본방역사	2	외국역사	2	좌동
지리		2	본방지리				외국지리		지문
수학		4	산술	4	좌동	4	대수, 기하	4	좌동, 주산
이과		3	식물	4	동물, 인신의 생리 및 위생	3	물리 및 화학 (광물을 포함)	3	좌동
실업 및 법제경제						6	농업 또는 상업	6	좌동 법제경제
습자		2	해서, 행서	1	좌동				
도화			자재화		좌동	1	자재화, 용기화	1	좌동
수공		3	나무, 대나무 및 금속 등의 세공	3	좌동				
창가			단음창가		좌동		좌동		좌동
체조		3	보통체조	3	좌동	3	좌동 기계체조	3	좌동
영어						(2)	발음, 해석, 받아쓰기 등	(2)	좌동
계		30		30		30 (32)		30 (32)	

출처: 「고등보통학교규칙」(1911. 10. 20. 조선총독부령 제111호): 국가법령정보센터, www.law.go.kr

6-2 제2차 조선교육령기 중학교 편제표(1922. 2. 17.)

학과목 \ 학년	1학년	2학년	3학년	4학년	5학년
수신	1	1	1	1	1
국어 및 한문	8	8	6	5	5
외국어	6	7	7	5	5
역사	3	3	3	3	3
지리					
수학	4	4	5	4	4
박물	2	2	2	2	–
물리 및 화학	–	–	2	4	4
법제 및 경제	–	–	–	–	2
실업	–	–	–	2	2
도화	1	1	1	1	1
창가	1	1	–	–	–
체조	3	3	3	3	3
계	29	30	30	30	30

출처:「중학교규정」(1922. 2. 17. 조선총독부령 제13호): 국가법령정보센터, www.law.go.kr

6-3 제3차 조선교육령기 중학교 편제표(1938. 3. 15.)

학과목 \ 학년	1학년	2학년	3학년	4학년	5학년
수신	2	2	2	1	1
공민과				2	2
국어 한문	7	7	6	5	5
조선어	2	2	1	1	1
역사	3	3	3	3	3
지리					
외국어	5	5	6	5	5
수학	3	3	5	5	4
이과	3	3	3	4	4
실업	2	2	2	2	3
도화	1	1	1	1	1
음악	1	1	1	1	1
체조	5	5	5	5	5
계	34	34	35	35	35

출처: 「중학교규정」(1938. 3. 15. 조선총독부령 제25호): 국가법령정보센터, www.law.go.kr

6-4 제4차 조선교육령기 중학교 편제표(1943. 3. 27.)

학과목 \ 학년		1학년	2학년	3학년	4학년
국민과	수신	1	1	2	2
국민과	국어	5	5	5	5
국민과	역사	3	3	3	3
국민과	지리				
이수과	수학	4	4	4	5
이수과	물상	4	4	6	5
이수과	생물				
체련과	교련	3	3	3	3
체련과	체조	4	4	3	3
체련과	무도				
예능과	음악	1	1	3	3
예능과	서도	1	1		
예능과	도화	2	2		
예능과	공작				
실업과		2	2	2(2)	2(2)
외국어과		4	2	(4)	(4)
수련		3	3	3(2)	3(2)
매주 총 수업 시수		37	37	38	38

* 이 표는 4년제 중학교를 위한 것이며, 야간 수업 과정은 3년제로 별도의 편제표가 제시됨.

출처: 「중학교 규정」(1943. 3. 27. 조선총독부령 제58호): 국가법령정보센터, www.law.go.kr

부록 7 북한의 2013년 개정 교육과정(교육강령)의 소학교, 초급중학교, 고급중학교 총론[2]

1. 소학교 과정안

……

"과정안은 누구도 어길수 없고 마음대로 변경시킬 수도 없습니다. 과정안을 정확히 집행하는 것이 교무행정일군들의 기본임무입니다."

1) 학제

소학교는 5년제이다.

소학교에서는 1년간의 학교전의무교육을 받은 6살의 어린이들을 받아 5년간 교육을 진행한다.

2) 학기 구분

구분　학년	1학기		2학기		학년계	
	학업기간 (일수)	방학기간 (일수)	학업기간 (일수)	방학기간 (일수)	학업 일수	방학 일수
1~5	4. 1.~7. 15. (106) 8. 16.~9. 30. (46)	7. 16.~8. 15. (31)	10. 1.~12. 29. (90) 2. 19.~3. 31. (41)	12. 30.~2. 18. (51)	288	82

－새 학년도 개교일은 4월 1일로 한다. 4월 1일이 일요일인 경우에는 2일을 새 학년도 개교일로 한다.

－학기는 두 학기로 나누며 1학기는 4월부터 9월까지, 2학기는 10월부터 다음해 3월까지로 한다.

---

2) 이 자료는 김진숙 외(2015; 2017)에 제시된 북한의 학교급별 교육강령의 총론 중 일부이다. 교육강령은 3개 학교급별로 총론과 교과가 합본된 형태이며, 교육위원회(2013a, 2013b, 2013c) 저작의 '제1차 전반적 12년제 의무교육강령'이 원제목이다. 여기에서는 교육강령 총론 초반부에 김일성 3부자 어록 및 찬양글이 포함된 머리말, 목적, 목표 및 일부 문장을 제외한 '과정안', 즉 교육과정 편제표와 교육과정 운영에 관한 사항을 제시한다.

-방학은 학년도마다 2회 진행한다.

3) 과목 설정

소학교에서는 13개의 과목을 설정한다.

① 위대한 수령 김일성 대원수님 어린 시절

② 위대한 령도자 김정일 대원수님 어린 시절

③ 항일의 녀성영웅 김정숙 어머님 어린 시절

④ 경애하는 김정은 원수님 어린 시절

⑤ 사회주의도덕

⑥ 국어

⑦ 영어

⑧ 수학

⑨ 자연

⑩ 정보기술

⑪ 체육

⑫ 음악무용

⑬ 도화공작

4) 학업진행계획

번호	학업 형태	단위 \ 학년	1	2	3	4	5
1	주당 시간 수에 따르는 교수	주	34	34	35	34	34
2	집중적으로 진행하는 교수	주	2	2	1	2	2
3	새 학년도 및 새 학기준비	(일)	(10)	(10)	(10)	(10)	(10)
4	명절 휴식	주	2	2	2	2	2
5	방학	주	12	12	12	12	12
	계	주	52	52	52	52	52

-교수는 40분 단위로 한다.

-아침등교를 비롯한 하루일과는 학교가 실정에 맞게 정하여 시(구역), 군인민위원회 교육부의 승인을 받아 집행하도록 한다.

－학교는 학업진행계획에 기초하여 학년도별로 학교의 구체적인 실정에 맞게 학업진행 과정표를 작성하여 새 학년도가 시작되기 1개월 전에 교원들에게 알려 주어 필요한 준비를 갖추도록 한다.

－과외시간과 방학기간을 리용하여 자기 지방에 있는 혁명전적지와 혁명사적지, 조국해방전쟁사적지, 계급교양거점들에 대한 참관을 기본으로 하면서 과학, 교육, 문화 기관들과 공장, 기업소, 협동농장, 명승지견학, 등산 등을 조직하도록 한다.

－소년단 야영을 가는 학급은 야영기간만큼 미진된 과정안을 학교 자체로 보충하도록 한다.

－학교는 방학기간 학생들의 휴식을 충분히 보장하면서 그들의 년령 심리적 특성에 맞는 여러 가지 다양한 사업들을 교육교양적 의의가 있게 진행하도록 한다.

－새 학년도 및 새 학기 준비기간은 10일로 하며 새 학년도 준비는 3월 25일부터 3월 31일까지 7일간, 새 학기 준비는 9월 28일부터 9월 30일까지 3일간 진행하도록 한다.

－졸업식은 3월 28일 전에 진행하도록 한다.

5) 교수진행계획

번호	과목	학년 주수 총 시간	1 18/16	2 18/16	3 19/16	4 18/16	5 18/16
1	위대한 수령 김일성 대원수님 어린 시절	171	1	1	1	1	1
2	위대한 령도자 김정일 대원수님 어린 시절	171	1	1	1	1	1
3	항일의 녀성영웅 김정숙 어머님 어린 시절	34	1				
4	경애하는 김정은 원수님 어린 시절	171	1	1	1	1	1
5	사회주의도덕	171	1	1	1	1	1
6	국어	1197	7	7	7	7	7
7	영어	136				2	2
8	수학	821	4	5	5	5	5
9	자연	250	1주	1주	2	2	2
10	정보기술	52				1주	1주

11	체육	462	2 1주	2 1주	2 1주	2 1주	2 1주
12	음악무용	342	2	2	2	2	2
13	도화공작	342	2	2	2	2	2
	주당 시간 수		22	22	224	26	26
	계, 학년별 교수 시간 수	4820	792	792	864	936	936
	과외학습	(900)	(5)	(5)	(5)	(5)	(5)
	소년단 생활	(432)			(4)	(4)	(4)
	과외체육	(513)	(3)	(3)	(3)	(3)	(3)

- 주당 시간 수에 따라 진행하는 기본교수는 하루에 5시간을 넘지 않게 조직하여 토요일에 3~5학년을 2시간 진행하도록 한다.
- 과목교수를 주당 시간 수에 따라 진행하는 것을 기본으로 하면서 교수내용과 학생들의 소화 정도에 맞게 련이어 조직할 수 있다. 이 경우에 해당 학기의 과목교수 시간 수를 초과하거나 미달하여 집행하는 편향이 나타나지 않도록 한다.
- '수영'은 '체육' 과목 1학기 교수시간에서 날씨조건을 고려하여 하루 또는 며칠씩 나누어 집중적으로 진행하도록 한다.
- '자연' 과목에서 1, 2학년은 계절적 특성에 맞게 자연관찰을 하루씩 진행하여 총 1주일 집행한다.
- 4, 5학년 '정보기술' 과목교수는 교육조건을 고려하여 몇 시간 또는 하루, 며칠씩 나누어 집중적으로 할수 있다.
- 학교과외활동은 다음과 같이 조직진행하도록 한다.
  - 과외학습은 하루 1시간(토요일 제외)씩 기본교수와 같이 진행한다.
  - 소년단 생활은 백두산절세위인들을 따라 배우는 학습과 사회정치활동을 비롯하여 소년단조직에서 진행하는 사업들로 한다.
  - 과외체육은 체육교수를 하지 않는 날을 기본으로 진행한다.

6) 학업성적평가

- 학업성적평가는 학교학업성적평가위원회의 지도 밑에 진행하도록 한다.
  - 학교학업성적평가위원회는 학기, 학년 말마다 교장을 책임자로 하여 5~7명으로 구

성한다.

- ●학교학업성적평가위원회는 교원들의 학업성적 평가정형을 장악 지도한다.
- ─학업성적평가는 모든 과목들에서 시험을 치지 않고 평상시에 정상적으로 진행하는 수업 중 교수내용소화정형과 숙제수행정형, 과외학습활동정형에 대한 료해검열을 통하여 진행하도록 한다.
- ─학기말 또는 학년말 학업성적평가에서 락제점수를 받은 학생에 대해서는 학습지도를 실속 있게 하여 반드시 퇴치하도록 한다.
- ─'사회주의도덕'은 사회주의 도덕규범을 알고 학습과 생활에 구현한 정형에 따라 '모범' '보통' '락후'로 평가하도록 한다.
- ─'성적중'에 기록되는 모든 평가는 정확하여야 하며 그에 대한 담보는 학업성적평가위원회를 대표하여 교장과 학급담임교원이 수표하도록 한다.
- ─학교는 '학생성적평가종합표'를 원안으로 영구보존하도록 한다.

7) 과정안 집행에서 지켜야 할 요구

(1) 학교교무행정은 과정안 집행을 위한 교육력량을 잘 편성하여야 한다.
- ─새 학년도 시작 전에 과정안 집행에 필요한 교원 수를 보장하여야 한다.
- ─학교의 구체적 실정에 맞게 학년별로 분과를 구성하여야 한다.
- ─국가 기준(학급당 학생 수 40명까지)에 따라 학급을 조직하고 학급담임교원을 임명하여야 한다.

(2) 학교교무행정은 과정안 집행을 위한 조건 보장을 책임적으로 하여야 한다.
- ─교실을 배치하고 꾸리는 사업을 교육학적 요구에 맞게 하여야 한다.
- ─교과서 보장사업을 책임적으로 하며 학생들이 학용품을 잘 준비하도록 하여야 한다.
- ─과정안 집행에 필요한 교육시설과 설비, 비품들을 보장하고 교육자원, 학습자원을 잘 조성하여야 한다.

(3) 학교교무행정은 학교의 구체적 실정에 맞게 현실적이며 합리적인 과정안 집행계획을 세워야 한다.
- ─학교사업을 정규화, 규범화할 수 있도록 학교의 구체적 실정에 맞게 과정안의 학업진행계획에 준하여 학년도별 학업진행계획을 작성하여야 한다.

−과정안의 교수진행계획을 집행하기 위한 학기별 교수 시간표를 작성하여야 한다.

(4) 교원들은 교수 준비를 빈틈없이 하여야 한다.

−교수내용을 깊이 연구하고 그에 정통하여야 한다.

−학생료해사업을 구체적으로 하여야 한다.

−교수 진도표를 교육학적 요구에 맞게 작성하여야 한다.

−모범교수안을 깊이 연구하고 그 요구대로 교수하기 위한 구상을 충분히 하여야 한다.

−교수요강에 예시된 관찰과 실험, 련습을 비롯한 실천교육의 교수형태들을 정확히 집행할 수 있도록 교수 수단의 종수와 량을 충분히 확보하여야 한다.

(5) 교원들은 사회주의교육의 본성적 요구에 맞게 교수활동을 조직 진행하여야 한다.

−교수를 철저히 당정책화하여야 한다.

−교수활동에서 온갖 낡고 뒤떨어진 주입식 방법들을 완전히 뿌리 뽑고 우리 식의 우월한 교수방법, 깨우쳐 주는 교수방법을 전면적으로 철저히 구현하여야 한다.

−과정안에 규정된 과목별 교수 총 시간 수를 교수형태별로 어김없이 집행하여야 한다.

−교수과정에서 교수내용에 대한 학생들의 소화 정도를 정상적으로 검열하며 학기말, 학년말에 학업성적을 정확히 평가하여 제정된 문건에 기록하고 총화하는 사업을 잘하여야 한다.

(6) 학교교무행정은 과정안 집행과정에 대한 지도통제사업을 강화하며 과정안 집행정형에 대한 총화사업을 실속 있게 하여야 한다.

−과정안 집행과정에 대한 지도통제사업을 강화하여야 한다.

−과정안 집행정형을 실속 있게 총화하고 개선대책을 세워야 한다.

2. 초급중학교 과정안

......

"과정안을 정확히 만든 다음에는 그것을 어김없이 집행하여야 합니다."

1) 학제

초급중학교는 3년제이다.

초급중학교에서는 5년간의 소학교 교육을 맡은 11살의 학생들을 받아 3년간의 교육을 진행한다.

2) 학기 구분

구분 학년	1학기		2학기		학년계	
	학업기간 (일수)	방학기간 (일수)	학업기간 (일수)	방학기간 (일수)	학업 일수	방학 일수
1~3	4. 1.~7. 24. (115) 8. 16.~9. 30. (46)	7. 25.~8. 15. (22)	10. 1.~12. 29. (90) 2. 1.~3. 31. (59)	12. 30.~1. 31. (33)	310	55

- 새 학년도 개교일은 4월 1일로 한다. 4월 1일이 월요일인 경우에는 2일을 새 학년도 개
교일로 한다.
- 학기는 두 학기로 나뉘며 1학기는 4월부터 9월까지, 2학기는 10월부터 다음해 3월까지
로 한다.
- 방학은 학년도마다 2회 진행한다.

3) 과목설정

초급중학교에서는 16개의 과목을 설정한다.

① 위대한 수령 김일성 대원수님 혁명활동

② 위대한 령도자 김정일 대원수님 혁명활동

③ 항일의 녀성영웅 김정숙 어머님 혁명활동

④ 경애하는 김정은 원수님 혁명활동

⑤ 사회주의도덕

⑥ 국어

⑦ 영어

⑧ 조선력사

⑨ 조선지리

⑩ 수학

⑪ 자연과학

⑫ 정보기술

⑬ 기초기술

⑭ 체육

⑮ 음악무용

⑯ 미술

4) 학업진행계획

번호	학업 형태	단위 학년	1	2	3
1	주당 시간 수에 따르는 교수	주	34	34	34
2	집중적으로 진행할 교수	주	2	2	2
3	시험	주	3	3	3
4	나무 심기	주	1	1	1
5	새 학년도 및 새 학기 준비	(일)	(10)	(10)	(10)
6	명절 휴식	주	2	2	2
7	방학	주	8	8	8
	계	주	52	52	52

－교수는 45분 단위로 한다.

－아침등교를 비롯한 하루일과는 학교가 실정에 맞게 정하여 시(구역), 군인민위원회 교육부의 승인을 받아 집행하도록 한다.

－학교는 학업진행계획에 기초하여 학년도별로 학교의 구체적인 실정에 맞게 학업진행 과정표를 작성하여 새 학년도가 시작되기 1개월 전에 교원들에게 알려 주어 필요한 준비를 갖추도록 한다.

－과외시간과 방학기간을 이용하여 자기 지방에 있는 혁명전적지와 혁명사적지, 조국해방전쟁사적지, 계급교양거점들에 대한 참관을 기본으로 하면서 과학, 교육, 문화 기관들과 공장, 기업소, 협동농장, 명승지견학, 등산 등을 조직하도록 한다.

－소년단 야영을 가는 학급은 야영기간만큼 미진된 과정안을 학교 자체로 보충하도록 한다.

－매 학년 나무 심기 1주 가운데서 봄에 4일간은 나무 심기를 하고 가을에 3일간은 나무 열매 따기를 진행하도록 한다.

－학교는 방학기간 학생들의 휴식을 충분히 보장하면서 그들의 년령 심리적 특성에 맞는 여러 가지 다양한 사업들을 교육교양적 의의가 있게 진행하도록 한다.

- 새 학년도 및 새 학기 준비기간은 10일로 하며 새 학년도 준비는 3월 25일부터 3월 31일까지 7일간, 새 학기 준비는 9월 28일부터 9월 30일까지 3일간 진행하도록 한다.
- 졸업식은 3월 28일 전에 진행하도록 한다.

5) 교수진행계획

번호	과목	학년 / 총시간	1 / 주수 18/16	2 / 18/16	3 / 18/16
1	위대한 수령 김일성 대원수님 혁명활동	136	2	2	
2	위대한 령도자 김정일 대원수님 혁명활동	136		2	2
3	항일의 녀성영웅 김정숙 어머님 혁명활동	34	1		
4	경애하는 김정은 원수님 혁명활동	102	1	1	1
5	사회주의도덕	102	1	1	1
6	국어	510	5	5	5
7	영어	408	4	4	4
8	조선력사	136	1	1	2
9	조선지리	102	1	1	1
10	수학	578	6	5	6
11	자연과학	510	5	5	5
12	정보기술	192	2주	2주	2주
13	기초기술	102	1	1	1
14	체육	204	2(1주)	2(1주)	2(1주)
15	음악무용	102	1	1	1
16	미술	102	1	1	1
	주당 시간 수		32	32	32
	계, 학년별 교수 시간 수	3,456	1,152	1,152	1,152
	과외학습	(540)	(5)	(5)	(5)
	소년단 생활	(432)	(4)	(4)	(4)
	과외체육	(306)	(3)	(3)	(3)

−주당 시간 수에 따라 진행하는 기본교수는 하루에 6시간을 넘지 않게 조직하며 토요일에는 4시간 진행하도록 한다.

−과목교수를 주당 시간 수에 준하여 진행하는 것을 기본으로 하면서 교수내용과 학생들의 소화 정도에 맞게 련이어 조직할 수 있다. 이 경우에 해당 학기의 과목교수 시간 수를 초과하거나 미달하여 집행하는 편향이 나타나지 않도록 한다.

−'체육' 과목에서 수영은 7~8월 해양체육월간에 소년단조직과의 협동하에 매 학년에서 1주 이상씩 집중적으로 진행하도록 한다.

−'정보기술' 과목교수는 교육조건을 고려하여 몇 시간 또는 하루, 며칠씩 나누어 집중적으로 할 수 있다

−학교과외활동은 다음과 같이 조직진행하도록 한다.

- 과외학습은 하루 1시간(토요일 제외)씩 기본교수와 같이 진행한다.
- 소년단생활은 백두산절세위인들을 따라 배우는 학습과 사회정치활동을 비롯하여 소년단조직에서 진행하는 사업들로 한다.
- 과외체육은 체육교수를 하지 않는 날을 기본으로 진행한다.

6) 학업성적평가

(1) 학교학업성적평가위원회는 학기, 학년 말마다 교장을 책임자로 하여 5~7명으로 구성한다.

(2) 학교학업성적평가위원회는 교원들의 학업성적 평가정형을 장악 지도한다.

−시험기간은 매 학년에서 1학기 1주, 2학기 2주로 하도록 한다.

−시험과목은 학기에 배운 모든 과목들로 하도록 한다.

−학업성적평가는 학기, 학년 말에 진행하는 시험과 평상시 교수내용 소화 정도, 과외학습 및 활동정형에 대한 료해검열을 배합하여 진행하도록 한다.

−수영은 헤엄친 거리에 따라 해당 학년의 체육과목 1학기 성적에 포함시켜 평가하여 해마다 헤엄친 거리를 학적부에 정확히 기록하고 졸업학년에게 200m 이상을 헤엄칠 때 '합격'으로 평가하도록 한다.

−2학기 시험은 학년말 시험으로 하며 시험내용은 해당 학년에서 배운 모든 교수내용을 포함하도록 한다.

−학기말 또는 학년말 학업성적평가에서 락제점수를 받은 학생에 대해서는 학습지도를

실속 있게 하여 반드시 퇴치하도록 한다.

-'사회주의도덕'은 사회주의 도덕규범을 알고 학습과 생활에 구현한 정형에 따라 '모범' '보통' '락후'로 평가하도록 한다.

-'성적증'에 기록되는 모든 평가는 정확하여야 하며 그에 대한 담보는 학업성적평가위원회를 대표하여 교장과 학급담임교원이 수표하도록 한다.

-학교는 '학생성적평가종합표'를 영구보존하도록 한다.

7) 과정안 집행에서 지켜야 할 요구

(1) 학교교무행정은 과정안 집행을 위한 교육력량을 잘 편성하여야 한다.

-학년도 시작 전에 과정안 집행에 필요한 교원 수를 보장하여야 한다.

-학교의 구체적 실정에 맞게 분과를 구성하여야 한다.

-국가 기준(학급당 학생 수 40명까지)에 따라 학급을 조직하고 담임교원을 임명하여야 한다.

-전공과목을 맡기는 원칙에서 과정안에 반영된 모든 학과목 교수를 어김없이 집행하도록 교수분담을 하여야 한다.

(2) 학교교무행정은 과정안 집행을 위한 조건 보상을 책임적으로 하여야 한다.

-교실을 배치하고 꾸리는 사업을 교육학적 요구에 맞게 하여야 한다.

-교과서 보장사업을 책임적으로 하며 학생들이 학용품을 잘 준비하도록 하여야 한다.

-과정안 집행에 필요한 실험실습실을 비롯한 교육시설과 설비, 비품들을 보장하고 교육자원, 학습자원을 잘 조성하여야 한다.

(3) 학교교무행정은 학교의 구체적 실정에 맞게 현실적이며 합리적인 과정안 집행계획을 세워야 한다.

-학교사업을 정규화, 규범화할 수 있도록 학교의 구체적 실정에 맞게 과정안의 학업진행계획에 준하여 학년도별 학업진행계획을 작성하여야 한다.

-과정안의 교수진행계획을 집행하기 위한 학기별 교수 시간표를 교육학적 요구에 맞게 작성하여야 한다.

(4) 교원들은 교수 준비를 빈틈없이 하여야 한다.

　─담당한 학과목들의 교수내용을 깊이 연구하고 그에 정통하여야 한다.

　─담당한 학급의 구성상태와 학습 및 생활정형을 구체적으로 료해하여야 한다.

　─형태별 교수와 일반적 단계에 준하면서 교수내용과 교수대상의 특성을 타산하여 교수
　　목적을 달성할수 있도록 교수안을 잘 작성하여야 한다.

　─교수요강에 예견된 모든 교수형태들을 정확히 집행할수 있는 교수 수단의 종수와 량을
　　확보하여야 한다.

(5) 교원들은 주체의 사회주의교육의 본성적 요구에 맞게 교수활동을 조직 진행하여야 한다.

　─교수를 철저히 당정책화하여야 한다.

　─교수활동에서 필기전달식 방법, 암기식 방법과 같은 온갖 낡고 뒤떨어진 주입식 방법
　　들을 완전히 뿌리뽑고 우리 식의 우월한 교수방법, 깨우쳐 주는 교수방법을 전면적으
　　로 철저히 구현하여야 한다.

　─과정안에 규정된 과목별 교수 총 시간 수를 교수형태별로 어김없이 집행하여야 한다.

　─학생들의 학업성적을 정확히 평가하여야 한다.

(6) 학교교무행정은 과정안 집행과정에 대한 지도통제사업을 강화하여 과정안 집행정형에
　　대한 총화사업을 실속 있게 하여야 한다.

　─과정안 집행과정에 대한 지도통제사업을 잘하여야 한다.

　─과정안 집행정형을 실속 있게 총화하고 개선대책을 세워야 한다.

3. 고급중학교 과정안

　　　　　……

"과정안은 우리 당의 교육정책과 혁명실천의 요구를 반영하여 해당 전문가 육성에 필요한
모든 교육학적 공정이 빠지지 않도록 세밀하게 만들어야 합니다."

1) 학제

고급중학교는 3년제이다.

고급중학교에서는 3년간의 초급중학교 교육을 받은 14살의 학생들을 받아 3년간의 교육을
진행한다.

2) 학기 구분

구분 / 학년	1학기		2학기		학년계	
	학업 기간 (일수)	방학 기간 (일수)	학업기간 (일수)	방학기간 (일수)	학업 일수	방학 일수
1~2	4. 1.~7. 24. (115) 8. 16.~9. 30. (46)	7. 25.~8. 15. (22)	10. 1.~12. 29. (90) 2. 1.~3. 31. (59)	12. 30.~1. 31. (33)	310	55
3			10. 1.~12. 29. (90) 2. 1.~2. 28. (28)	12. 30.~1. 31. (33)	279	55

－새 학년도 개교일은 4월 1일로 한다.

－4월 1일이 일요일인 경우에는 2일을 새 학년도 개교일로 한다.

－학기는 두기로 나누며 1학기는 4월부터 9월까지, 2학기는 10월부터 다음해 3월까지로 한다.

－방학은 학년도마다 2회 진행한다.

3) 과목 설정

고급중학교에서는 22개의 과목을 설정한다.

① 위대한 수령 김일성 대원수님 혁명력사

② 위대한 령도자 김정일 대원수님 혁명력사

③ 항일의 녀성영웅 김정숙 어머님 혁명력사

④ 경애하는 김정은 원수님 혁명력사

⑤ 현행당정책

⑥ 사회주의도덕과 법

⑦ 심리와 론리

⑧ 국어문학

⑨ 한문

⑩ 영어

⑪ 력사

⑫ 지리

⑬ 수학

⑭ 물리

⑮ 화학

⑯ 생물

⑰ 체육

⑱ 예술

⑲ 정보기술

⑳ 기초기술

㉑ 공업(농업)기초

㉒ 군사활동초보

4) 학업진행계획

번호	학업 형태	단위 / 학년	1	2	3
1	주당 시간 수에 따르는 교수	주	30	28	23
2	집중적으로 진행할 교수	주	3	4	6
3	시험	주	3	3	3
4	견학	주			1
5	붉은청년근위대훈련	주		1	
6	나무 심기	주	1	1	1
7	생산로동	주	3	3	3
8	동맹생활총화	(일)	(2)	(2)	(3)
9	명절 휴식	주	2	2	2
10	새 학년도 및 새 학기 준비	(일)	(10)	(10)	(10)
11	방학	주	8	8	8
	계	주	52	52	48

－교수는 45분 단위로 한다.

－아침등교를 비롯한 하루일과는 학교가 실정에 맞게 정하여 시(구역), 군인민위원회 교육부의 승인을 받아 집행하도록 한다.

－학교는 학업진행계획에 기초하여 학년도별로 학교의 구체적인 실정에 맞게 학업진행

과정표를 작성하여 새 학년도가 시작되기 1개월 전에 교원들에게 알려 주어 필요한 준
비를 갖추도록 한다.

−집중적으로 진행하는 교수('현행당정책' '심리와 론리' '기초기술' '군사활동초보')는 학기에
관계없이 진행하도록 한다.

−'견학'(3학년)은 원칙적으로 도안에서 조직하며 교원, 학생답사권을 받은 경우에는 지정
된 지역에서 정해진 기간 내에 진행하도록 한다.

−과외시간과 방학시간을 리용하여 자기 지방에 있는 혁명전적지와 혁명사적지, 조국해
방전쟁사적지, 계급교양거점들에 대한 참관을 기본으로 하면서 과학, 교육, 문화 기관
들과 공장, 기업소, 협동농장, 명승지견학, 등산 등을 조직하도록 한다.

−가고 오는 기간을 포함하여 '붉은청년근위대훈련'은 7일간, '생산로동'은 21일간으로 하
도록 한다.

−매 학년 나무 심기 1주 가운데서 봄에 4일간은 나무 심기, 가을에 3일간은 나무 열매 따
기를 진행하도록 한다.

−학년말 동맹생활총화는 1, 2학년에서 학년말시험이 끝난 다음 2일간, 3학년에서 졸업
전 동맹생활총화는 졸업시험이 끝난 다음, 2월 25일부터 27일 기간 진행하도록 한다.

−새 학년도 및 새 학기 준비기간은 10일로 하며 새 학년도 준비는 3월 25일부터 3월 31일
까지 7일간, 새 학기 준비는 9월 28일부터 9월 30일까지 3일간 진행하도록 한다.

−학교는 방학기간 학생들의 휴식을 충분히 보장하면서 그들의 년령심리적특성에 맞는
여러가지 다양한 사업들을 교육교양적의의가 있게 진행하도록 한다.

−졸업식은 3월 15일 전에 진행하도록 한다.

5) 교수진행계획

번호	과목	학년 총 시간　　주수	1 18/16	2 18/16	3 19/16
1	위대한 수령 김일성 대원수님 혁명력사	160	3(104)	2	
2	위대한 령도자 김정일 대원수님 혁명력사	148		2	4
3	항일의 녀성영웅 김정숙 어머님 혁명력사	42		1/2	

4	경애하는 김정은 원수님 혁명력사	81	1	1	1
5	현행당정책	88	1주(20)	1주	1주
6	사회주의도덕과 법	81	1	1	1
7	심리와 론리	34			1주
8	국어문학	215	3	2	3
9	한문	81	1	1	1
10	영어	243	3	3	3
11	력사	104	1	1	2
12	지리	81	1	1	1
13	수학	368	5	5/4	4
14	물리	331	5	4	3
15	화학	248	3	4	2
16	생물	220	3	3	2
17	체육	81	1	1	1
18	예술	81	1	1	1
19	정보기술	111	2	1	1
20	기초기술	272	2주	3주	3주
21	공업(농업)기초	92			4
22	군사활동초보	96		1주(48)	1주(48)
	주당 시간 수		34	34	34
	계, 학년별 교수 시간 수	3 258	1 122	1 136	1 000
	과외학습	(465)	(5)	(5)	(5)
	청년동맹생활	(372)	(4)	(4)	(4)
	과외체육	(243)	(3)	(3)	(3)

-주당 시간 수에 따라 진행하는 기본교수는 하루에 6시간을 넘지 않게 조직하며 토요일
 에는 4시간 진행하도록 한다.

-과목교수를 주당 시간 수에 준하여 진행하는 것을 기본으로 하면서 교수내용과 학생들
 의 소화 정도에 맞게 련이어 조직할 수 있다. 이 경우에 해당 학기의 과목교수 시간 수
 를 초과하거나 미달하여 집행하는 편향이 나타나지 않도록 한다.

-'현행당정책' 교수는 경애하는 김정은 동지의 로작학습제강이 내려가는 데 따라 학기
 에 관계없이 배워 주도록 한다.

—'체육' 과목에서 수영은 7~8월 해양체육월간에 청년동맹조직과 협동하여 매 학년에서 1주 이상씩 과외에 집중적으로 진행하도록 한다.

—'정보기술' 과목교수는 교육조건을 고려하여 몇 시간 또는 하루, 며칠씩 나누어 집중적으로 할수 있다.

—'공업(농업)기초' 과목은 지역과 지대적 특성에 따라 도시 및 공업지역의 학교들에서는 '공업기초', 농촌지역의 학교들에서는 '농업기초'로 설정하도록 한다.

—'공업기초'와 '농업기초' 과목의 교육내용에서 기계, 금속, 광업, 수산, 림 업, 농산, 축산을 비롯한 지역, 지대적 특성에 맞는 구체적인 기초기술내용들은 시(구역), 군 교원재교육강습소가 편성하고 인민위원회 교육부의 비준을 받아 학교들에 시달한다.

—류전기재운전수를 양성하는 학교들에서는 3학년 '기초기술과목'과 '공업(농업)기초'과목 대신에 '자동차(뜨락또르)'과목교수를 하도록 한다.

—'군사활동초보' 과목교수는 2학년에서 붉은청년근위대훈련으로 하며 3학년에서는 하루씩 야외숙영의 방법으로 초보적인 군사활동 능력을 키워 주도록 한다.

—학교과외활동은 다음과 같이 조직 진행하도록 한다.

●과외학습은 하루 1시간(토요일 제외)씩 기본교수와 같이 진행한다.

●청년동맹생활은 백두산절세위인들을 따라 배우는 학습과 사회정치활동을 비롯하여 청년동맹조직에서 진행하는 사업들로 한다.

●과외체육은 체육교수를 하지 않는 날을 기본으로 진행한다.

6) 학업성적평가

—학업성적평가는 학교학업성적평가위원회의 지도 밑에 진행하도록 한다.

●학교학업성적평가위원회는 학기, 학년 말마다 교장을 책임자로 하여 5~7명으로 구성한다.

●학교학업성적평가위원회는 교원들의 학업성적 평가정형을 장악 지도한다.

—시험기간은 매 학년에서 1학기 1주, 2학기 2주로 하도록 한다.

—시험과목은 학기에 배운 모든 과목들로 하도록 한다.

—학업성적평가는 학기, 학년 말에 진행하는 시험과 평상시 교수내용 소화 정도, 과외학습 및 활동정형에 대한 료해검열을 배합하여 진행하도록 한다.

—'현행당정책'에서 배운 내용은 해당 학년의 '경애하는 김정은 원수님 혁명력사' 과목에

포함시켜 시험을 치도록 한다.

- 수영은 헤엄친 거리에 따라 해당 학년의 체육 과목 1학기 성적에 포함시켜 평가하며 해마다 헤엄친 거리를 학적부에 정확히 기록하고 졸업학년에서 500m 이상을 헤엄칠 때 '합격'으로 평가하도록 한다.
- 2학기 시험은 학년말 시험으로 하며 시험내용은 해당 학년에서 배운 모든 교수내용을 포함하도록 한다.
- 학기말 또는 학년말 학업성적평가에서 락제점수를 받은 학생에 대해서는 학습지도를 실속 있게 하여 반드시 퇴치하도록 한다.
- '사회주의도덕'은 사회주의 도덕품성을 갖추고 학습과 생활에 구현한 정형에 따라 '모범' '보통' '락후'로 평가하도록 한다.
- 성적중에 기록되는 모든 평가는 정확하여야 하며 그에 대한 담보는 학업성적평가위원회를 대표하여 교장과 학급담임교원이 수표하도록 한다.
- 학교는 '학생성적평가종합표'를 영구보존하도록 한다.

7) 과정안 집행에서 지켜야 할 요구

(1) 학교교무행정은 과정안 집행을 위한 교육력량을 잘 편성하여야 한다.
- 학년도 시작 전에 과정안 집행에 필요한 교원 수를 보장하여야 한다.
- 학교의 구체적 실정에 맞게 분과를 구성하여야 한다.
- 국가 기준(학급당 학생 수 40명)에 따라 학급을 조직하고 담임교원을 임명하여야 한다.
- 교원들의 전공을 고려하면서도 과정안에 반영된 모든 학과목 교수를 어김없이 집행할 수 있도록 교수분담을 하여야 한다.

(2) 학교교무행정은 과정안 집행을 위한 조건 보장을 책임적으로 하여야 한다.
- 교실을 배치하고 꾸리는 사업을 교육학적 요구에 맞게 하여야 한다.
- 교과서 보장사업을 책임적으로 하며 학생들이 학용품을 잘 준비하도록 하여야 한다.
- 과정안 집행에 필요한 실험실습실을 비롯한 교육시설과 설비, 비품들을 보장하고 교육자원, 학습자원을 잘 조성하여야 한다.

(3) 학교교무행정은 학교의 구체적 실정에 맞게 현실적이며 합리적인 과정안 집행계획을 세워야 한다. 교수진도표를 교육학적 요구에 맞게 작성하여야 한다.

－학교사업을 정규화, 규범화할 수 있도록 학교의 구체적 실정에 맞게 과정안의 학업진행계획에 준하여 학년도별 학업진행계획을 작성하여야 한다.

－과정안의 교수진행계획을 집행하기 위한 학기별 교수 시간표를 교육학적 요구에 맞게 작성하여야 한다.

(4) 교원들은 교수 준비를 빈틈없이 하여야 한다.

－담당한 학과목들의 교수내용을 깊이 연구하고 그에 정통하여야 한다.

－담당한 학급의 구성상태와 학습 및 생활정형을 구체적으로 료해하여야 한다.

－교수 진도표를 교육학적 요구에 맞게 작성하여야 한다.

－형태별 교수에서 교수내용과 교수대상의 특성을 타산하여 교수목적을 달성할수 있도록 교수안을 잘 작성하여야 한다.

－교수요강에 예견된 모든 교수형태들을 정확히 집행할 수 있는 교수 수단들의 종수와 량을 확보하여야 한다.

(5) 교원들은 주체의 사회주의교육의 본성적요구에 맞게 교수활동을 조직 진행하여야 한다.

－교수를 철저히 당정책화하여야 한다.

－교수활동에서 들이먹이는 방법, 암기식 방법과 같은 온갖 낡고 뒤떨어진 주입식 방법들을 완전히 뿌리 뽑고 우리 식의 우월한 교수방법, 깨우쳐 주는 교수방법을 전면적으로 철저히 구현하여야 한다.

－과정안에 규정된 과목별 교수 총 시간 수를 교수형태별로 어김없이 집행하여야 한다.

－학생들의 학업성적을 정확히 검열평가하여야 한다.

(6) 학교교무행정은 과정안 집행과정에 대한 지도통제사업을 강화하며 과정안 집행정형에 대한 총화사업을 실속 있게 하여야 한다.

－과정안 집행과정에 대한 지도통제사업을 강화하여야 한다.

－과정안 집행정형을 실속 있게 총화하고 개선대책을 세워야 한다.

📖 참고문헌

제1장

박현숙(2015). 백제의 교육기관과 인재양성. 신라문화유산연구원. 신라국학과 인재양성. 민속원.

엘리아데(2005). 이은봉 역. 성과 속. 한길사.

우메네 사토루(1990). 김정환・심성보 역. 세계교육사. 풀빛.

고명사(1995). 오부윤 역. 한국교육사연구. 대명출판사.

『구당서』권199상, 열전 149, 고려.

『삼국사기』권4, 신라본기, 진흥왕. 한국사데이터베이스. http://db.history.go.kr

『삼국사기』권38, 잡지7, 직관상. 한국사데이터베이스. http://db.history.go.kr

『삼국유사』, 권1, 제1 기이, 고조선 왕검조선. 한국사데이터베이스. http://db. history.go.kr

『후한서』권85, 동이열전 제75, 한.

EBS(2013). 인류원형탐험: 어느 소년의 성인식, 에티오피아 하마르족 1부. 2013년 4월 26일.

제2장

『고려사』권74, 인종 15년 9월. 한국사데이터베이스. http://db. history.go.kr

『도은집』권4 증이생서. 한국학종합 DB. http://db.mkstudy.com

제3장

박종배(2003). 조선시대 학교의례 연구. 서울대학교 대학원 박사학위논문(미간행).

박종배(2005). 사서(四書) 중심 유학(儒學) 교육과정의 성립과 그 의의. 한국교육사학, 27(2), 한국교육사학회.

박종배(2006). 조선시대의 학령(學令) 및 학규(學規). 한국교육사학, 28(2), 한국교육사학회.

박종배(2010). 학규(學規)에 나타난 조선시대 서원교육의 이념과 실제. 한국학논총 제33집, 국민대학교 한국학연구소.

박종배(2011). 조선시대 유학 교육과정의 변천과 그 특징. 한국교육사학, 33(3), 한국교육사학회.

박종배(2013). 조선시대 문묘 향사 위차의 특징과 그 교육적 시사―명·청 시기 중국과의 비교를 중심으로―, 한국교육사학, 34(3), 한국교육사학회.

제4장

강명숙(1998). 조선 중기 초등교육에 관한 시론적 연구: 교재분석을 중심으로. 교육사학회 교육사학연구 제8집.

공자.『논어』.

김경미(2003).『동몽선습』의 역사교육적 의미. 한국교육사학, 25(2).

류부현(1989).『동몽선습』의 서지적 연구. 중앙대학교대학원 석사학위논문.

맹자.『맹자』.

문태순(2003). 童蒙先習의 교육적 의의에 대한 연구. 한국교육사학, 25(1).

박덕원(1983).『동몽선습』의 교육과정적 고찰. 부산외국어대학논문집 제1집.

박동수(1986).『동몽선습』의 아동교과서적 의의와 저자 이설에 관한 연구. 함양박씨종친회.

박세무(1541).『동몽선습』.

박영태 외(2009). 조선시대『童蒙先習』과 제7차『유치원 교육과정』비교 연구. 동아대학교 석당연구원. 石堂論叢 44집.

신창호(2011).『동몽선습(童蒙先習)』에 나타난 아동교육과정의 특징. 한국교육사학, 33(3).

양호환 외(2009). 역사교육의 이론. 서울: 책과함께.

장정호(2006). 조선시대 독자적 동몽 교재의 등장과 그 의의. 유아교육학논집, 10(1).

장희구(1994). 朝鮮時代 初等課程 敎材內容 分析考察―『童蒙先習』을 中心으로. 漢字漢文敎育 창간호.

정선영 외(2001). 역사교육의 이해. 서울: 삼지원.

주자(1187).『소학』.

최봉영(1984).『동몽선습』연구. 항공대학교논문집 제22집.

홍후조(2011). 알기 쉬운 교육과정. 서울: 학지사.

『조선왕조실록』한국사데이터베이스. http://db.history.go.kr

제5장

김대식(2011). 조선 초 십학(十學) 제도의 설치와 변천. 아시아교육연구, 12(3), 서울대학교 교육연구소(아시아태평양교육발전연구단). 태조실록.

『고려사』 제77 지 권 제31, 백관2, 제사도감 각색.

『대전회통』 한국사데이터베이스. http://db.history.go.kr

『성종실록』 5년(1474) 11월 27일. 한국사데이터베이스. http://db.history.go.kr

『태조실록』 1년(1392) 9월 24일. 한국사데이터베이스. http://db.history.go.kr

제6장

김언순(2005). 조선시대 여훈서에 나타난 여성의 정체성 연구. 한국학중앙연구원 박사학위 논문.

김언순(2009). 18세기 宗法사회 형성과 사대부의 가정 敎化: 가훈서를 중심으로. 사회와 역사 통권 제83호, 한국사회사학회, 117-156쪽.

김훈식(1996). 朝鮮初期 三綱行實圖 보급의 대상. 仁濟論叢, 12(1). 인제대학교.

박주(1990). 조선시대의 정표정책. 일조각.

박주(2000). 조선시대 효와 여성. 국학자료원.

이혜순, 김경미(2002). 한국의 열녀전. 월인.

『삼강행실도』

『성종실록』 12년(1481) 4월 21일. 한국사데이터베이스. http://db.history.go.kr

『동국신속삼강행실도』

『여사서』

『열녀전』

『소학』

제7장

유영익(1990). 갑오경장연구. 서울: 일조각.

윤건차(1987). 한국근대교육의 사상과 운동. 서울: 청사.

이광린(1974). 한국개화사연구. 서울: 일조각.

『한성순보』 제15호, 1884.3.18.: 한국정신문화연구원(1993). 한국교육사료집성(개화기편 5),

성남: 한국정신문화연구원.

고종실록 고종 23년(1886. 8. 1.), 고종 23년(1886. 8. 10.), 고종 24년(1887. 12. 25.). 조선왕
　　　조실록 https://silok.history.go.kr

제8장

이윤미(2007). 교육사연구에서 담론적 분석의 의미와 활용: 선교사 자료 〈The Korea Mission
　　　Field〉(1905-1941)의 독법을 중심으로. 한국교육사학, 29(1).

"Deductions from Federal Council Statistics", The Korea Mission Field, 1928. 1, p. 15.

한규원(2003). 한국 기독교학교의 민족교육 연구. 국학자료원.

"Teaching Teachers", The Korea Mission Field, 1906. 9., pp. 205-206.

The Korea Mission Field, 연세대학교 학술문화처도서관 https://dcollection.yonsei.ac.kr/

제9장

강윤호(1973). 개화기의 교과용 도서. 교육출판사.

국립중앙도서관 대한민국신문아카이브. www.nl.go.kr/newspaper

국사편찬위원회(2002). 신편한국사. 한국사데이터베이스. http://db.history.go.kr

김선양(1999). 현대한국교육사상사. 경기: 양서원.

민경배(1974). 한국민족교회형성사론. 연세대학교출판부.

손인수(1998). 신교육의 발단과 근대학교의 설립. 연세의사학, 2(2).

이정식(2002). 초대 대통령 이승만의 청년시절. 동아일보사.

정재걸, 이혜영(1994). 한국 근대 학교교육 100년사 연구(I). 한국교육개발원.

한용진(2005). 개화기 일본 민간단체 설립 학교 고찰. 동양학, 38.

제10~11장

朝鮮總督府 官報, 文敎の朝鮮. 한국사데이터베이스. http://db.history.go.kr

學部(1910). 普通 敎育學. 韓國政府印刷局.

岡久雄(1940). 朝鮮敎育行政.帝国地方行政学会朝鮮本部

小田省吾(1917). 朝鮮總督府編纂敎科書槪要. 朝鮮總督府 學務局.

朝鮮初等敎育會研究會(1937). (小學校普通學校)改正學校體操敎授細目. 大學社.

朝鮮總督府學務局 編(1941). 國民學校體鍊科敎授要項竝實施細目. 朝鮮公民敎育會.

강명숙(2010). 일제강점기 교육과정 제시 체계와 초등교육과정의 변천. 교육사학연구, 20(2).

강명숙(2011). 일제강점기 보통학교『직업』교과의 도입과 그 성격. 교육사학연구, 21(2).

유봉호(1992). 한국교육과정사연구. 교학연구사.

이혜영 외(1997). 한국근대 학교 교육 100년사 연구—일제강점기의 학교교육. 한국교육개발원.

정재철(1995). 일제의 대한국식민지교육정책사. 일지사.

한용진 외(2010). 우리나라의 1945년 이전 국가수준 교육과정. 한국교육과정평가원.

함종규(2003). 한국교육과정변천사연구—조선조 말부터 제7차 교육과정까지. 교육과학사.

제12장

「고등보통학교규칙」, 1911. 10. 20.

문부성교육사편찬회(1939). 명치이후교육제도발달사, 제5권.

해주공립고등보통학교(1932). 해주공립고등보통학교 학교경영 및 학교개람.

『新東亞』1964년 11월호.

제13장

「실업학교규칙」(1911. 10. 20.)

이만규(1988). 조선교육사. 거름.

이원호(1996). 한국 신교육사 총서 10 실업교육. 한국교육학회 교육사연구회.

정재철(1985). 일제의 대한국식민지교육정책사. 일지사.

조선총독부(1932). 소화5년 조선총독부통계년보.

조선총독부(1941). 소화14년 조선총독부통계년보.

조선총독부내무부학무국 편(1914). 실업교육요람.

조선총독부학무국학무과(1938). 실업학교규정. 조선학사예규.

학부(1910). 실업학교설립인가청원서식.

제14장

박영석(1987). 한인소년병학교 연구: 헤스팅스 한인소년병학교를 중심으로. 한국독립운동사연구, 1.

박주신(2000). 간도한인의 민족교육운동사. 아세아문화사.

서중석(2003). 신흥무관학교와 망명자들. 역사비평사.

윤춘병(1998). 전덕기 목사와 상동 청년학원 고찰. 나라사랑, 97.

이명화(1990). 상해에서의 한인 민족교육운동. 한국독립운동사연구, 4.

이명화(1999). 대한민국임시정부의 교육정책과 활동. 역사와실학, 12.

이명화(2005). 클래어몬트 한인학생양성소 운영과 국어교육. 한국독립운동사연구, 25.

이명화(2008). 도산의 교육관과 초기 미주 한인사회의 교육. 한국독립운동사연구, 31.

장규식(2008). 1900~1920년대 북미 한인유학생사회와 도산 안창호. 한국근현대사연구, 46.

제15~18장

교육부(2017a). 2015 개정 교육과정 총론 해설 초등학교. 국가교육과정정보센터. www.ncic.re.kr

교육부(2017b). 2015 개정 교육과정 총론 해설 중학교. 국가교육과정정보센터. www.ncic.re.kr

교육부(2017c). 2015 개정 교육과정 총론 해설 고등학교. 국가교육과정정보센터. www.ncic.re.kr

김진숙, 박순경, 민용성, 문미옥, 김영옥, 양옥승, 이기숙, 나정, 임재택(2006). 유치원 총론 교육과정 개정 시안 연구 개발. 한국교육과정평가원 연구보고 CRC 2006-41.

김진숙(2012). 일제강점기부터 제1차 교육과정기 교육과정 문서 체계 분석: 총론과 교과의 분화와 독립. 한국교육사학, 34(1).

이상금(1987). 한국근대유치원교육사. 서울: 이화여자대학교출판문화원.

국가교육과정정보센터. www.ncic.re.kr

네이버 지식백과. http://terms.naver.com.

에듀넷티클리어. https://www.edunet.net

제19~20장

교육부(2015). 초등학교 교육과정. 교육부고시 제2015-80호 [별책 2].

김대희, 조용호(2000). 남북한 교육법제비교연구. 2000년도 남북법제 연구보고서. 법제처.

김정원, 김지수, 양희준, 강구섭, 나귀수, 신동훈, 김선(2015). 남북한 학제 비교 및 통합방안 연구. 한국교육개발원, 연구보고RR2015-12.

김진숙(2016). 북한의 '전반적 12년제 의무교육'에 따른 학제와 교육과정 개정 동향. KDI 북한경제리뷰, 2016년 6월호.

김진숙(2017). 북한 김정은 체제의 교과교육 동향. KDI 북한경제리뷰, 2017년 8월호.

김진숙, 김민성, 박창언, 이미경, 강보선, 박수련(2016). 통일 대비 남북한 통합 교육과정 연구 (II). 한국교육과정평가원. 연구보고 RRC 2016-2.

김진숙, 박순경, 이민형, 강보선, 주주자, 심광택, 김한종, 이인정(2017). 통일 대비 남북한 통합 교육과정 연구III-총론, 중등 국어과, 중등 사회과를 중심으로. 한국교육과정평가원 연구보고 RRC 2017-4.

김진숙, 박은아, 정채관, 김창환(2015). 통일 대비 남북한 통합 교육과정 연구I. 한국교육과정평가원 연구보고 RRC 2015-10.

김진숙, 최정아, 지혜영, 김주현(2011). 국가 교육과정 총론 항목의 제시 방식에 대한 국제 동향분석. 교육과정연구, 29(3), 49-73.

김혜정(2002). 개화기부터 미군정기까지의 국어와 교육과정에 대한 개괄적 고찰. 국어교육연구, 10.

박도훈, 홍후조(1999). 교육과정과 교육평가. 문음사.

신세호, 곽병선, 김재복(1981). 敎育課程改定案(總論)의 硏究·開發. 한국교육개발원.

양승실, 공병호, 김현정(2010). 의무교육의 세계적 동향과 발전방안 연구 (교육부 정책과제보고서). 서울: 한국교육개발원.

양옥승(2014). 통일대비 북한의 영유아 교육보육 시스템 분석, 생태유아교육, 13(4).

이교덕, 임순희, 조정아, 이기동, 이영훈(2007). 새터민의 증언으로 본 북한의 변화. 통일연구원.

이윤진(2014). 통일 대비 영유아교육·보육 통합 방안 모색. 육아정책연구소 2014년 제1차 육아선진화 포럼-통일 대비 육아지원 방향 및 정책 과제. 세미나자료 2014-04.

조정아(2014). 김정은 시대 북한 교육정책 방향과 중등교육과정 개편. 통일정책연구, 23(2).

유네스코 www.uis.unesco.org

유니세프 www.childinfo.org

통계청 www.kosis.kr

한국교육개발원 교육통계서비스 http://kess.kedi.re.kr

북한자료

교육위원회(2013a). 제1차 전반적 12년제 의무교육 강령(소학교). 교육위원회 주체 102.

교육위원회(2013b). 제1차 전반적 12년제 의무교육 강령(초급중학교). 교육위원회 주체 102.

교육위원회(2013c). 제1차 전반적 12년제 의무교육 강령(고급중학교). 교육위원회 주체 102.

로동신문(2017). 전반적 12년제의무교육을 실시함에 대한 법령집행총화에 대하여. 웹우리동포(2017.4.12.) http://whttp://web-uridongpo.com/wp/wp-content/uploads/2017/04/rodong_nk170412_03.html

백과사전출판사(1995). 조선대백과사전. 평양: 백과사전출판사.

조선민주주의인민공화국 형법(2005).

통일교육원(2014). 2014 북한이해. 통일부 통일교육원. www.uniedu.go.kr

통일부(2017). 北, '전반적 12년제 의무교육' 전면 실시 발표 및 김정은의 '후대사랑' 선전. 북한정보포털(2017.3.29). https://nkinfo.unikorea.go.kr/nkp/trend/viewTrend.do

DPRK(2003). National Commission for UNESCO. National Plan of Action on Education for All. DPRK Ministry of Education.

DPRK(2014). Education for All 2015 National Review—Education for All National EFA 2015 Review. DPR Korea Education Commission.

부록 참고문헌

김진숙, 김영준, 서민철, 김태훈(2010). 국가 교육과정의 정보 공유 시스템 KICE-NCIS 구축 연구: 시스템과 정보의 고도화. 한국교육과정평가원 연구보고 RRC 2010-7-1.

한용진, 강명숙, 김대식, 이명실, 정미량(2010). 우리나라의 1945년 이전 국가 수준 교육과정. 한국교육과정평가원 연구보고 RRC 2010-7-2.

*개화기~일제강점기 법령
법제처 국가법령정보센터(http://www.law.go.kr) 근대법령

저자 소개

김진숙(Kim Jinsook)

이 책의 전체를 기획하고, 제4부 '1945년 해방 이후 교육과정'(제15~20장) 및 '부록'을 집필하였다. **한국교육과정평가원의 전 연구위원으로 중앙대학교, 이화여자대학교, 가톨릭대학교에서 강의하고 있다.** 이화여자대학교 교육학과를 졸업하고 동 대학원 석사와 박사과정에서 교육과정을 전공하였으며, 숭실사이버대학교(구, KCU) 교육학부 조교수를 역임한 바 있다. 2007 개정부터 2022 개정까지 국가 수준 유-초-중-고 학교급별 교육과정 개발 연구를 수행해 왔으며, 교육과정을 중심으로 창의성 교육, 교육과정 국제비교, 남북한 통합 교육과정, 고교학점제, 진로교육 등 여러 주제와 관련하여 연구해 왔다. 주요 논문으로는 「중국의 2022년 개정 초·중학교 교육과정 탐구」(2022), 「한국, 중국, 일본의 초중등학교 비교과 교육과정 비교」(2022), 「아일랜드 개정 중학교 교육과정(JC)의 특징과 시사점 고찰」(공동, 2022), 「독일의 1990년 통일 전후 과도기의 교육과정 통합」(공동, 2020) 등이 있다.

강명숙(Kang Myungsook)

이 책의 1945년 이전 교육과정 부분을 공동 기획하였으며, 제10장 '일제강점기 조선교육령과 교육과정'을 집필하였다. **배재대학교 교직부 교수다.** 연세대학교 교육학과를 졸업하고 서울대학교 대학원 석사와 박사과정에서 교육사를 전공한 후 한국 근현대 교육사 분야의 연구를 하고 있다. 주요 저서로는 『대학과 대학생의 시대』(서해문집, 2018), 『사립학교의 기원: 일제 초기 학교 설립과 지역사회』(학이시습, 2015), 역서로는 『교육정책(2): 일제강점기 교육논설』(공역, 동북아역사재단, 2020), 자료집으로 『교육정책(1): 교육칙어와 조선교육령』(동북아역사재단, 2020)이 있다.

김경미(Kim Kyungmee)

제14장 '일제강점기 국외 민족학교 교육과정'을 집필하였다. **전 독립기념관 연구원이다.** 연세대학교 정치외교학과를 졸업하고 동 대학원 교육학과 석사와 박사과정에서 한국교육사를 전공하였다. 독립기념관에서는 교육센터 실장으로 독립운동사 교육을 담당한 바 있다. 주요 저서로는 『한국 근대교육의 형성』(혜안, 2009), 『일제의 식민지배와 일상생활』(공저, 혜안, 2004), 『일제 파시즘 지배 정책과 민중생활』(공저, 혜안, 2004) 등이 있다.

김대식(Kim Daesik)

제5장 '조선시대 전문교육 교육과정'을 집필하였다. **경인교육대학교 교육학과 교수다.** 서울대학교 교육학과를 졸업하고 동 대학원 석사와 박사과정에서 교육사학을 전공하였다. 조선대학교 교육학과 조교수를 역임한 바 있다. 한국교육사 및 일본교육에 대한 연구를 수행하였다. 조선시대 유학교육의 방법, 일본 에도시대의 시쥬크(私塾) 교육, 문인(門人) 교육 등 교육사학 분야 중 교육 문화와 방법 영역에 초점을 두고 연구해 왔다. 주요 논문으로는 「조선후기 향약의 교육 활동: 봉화 성주지역 사례를 중심으로」(2021), 「한강(寒岡) 정구(鄭逑)의 강회(講會) 시행과 그 특성」(2019), 「인조-효종 시기 명유(名儒)들의 학술 교류: 송시열, 윤휴, 윤선거 등을 중심으로」(2017), 「권상하 문하(門下)의 강학(講學) 활동 연구: 강문팔학사(江門八學士)를 중심으로」(2015), 「화서학파(華西學派)의 습례(習禮)와 행례(行禮) 공부」(2014), 「조선 초 십학(十學) 제도의 설치와 변천」(2011), 「나카에 도주(中江藤樹)의 문인(門人)공동체와 도주서원」(2010) 등이 있다.

김언순(Kim Eonsoon)

제6장 '조선시대 여성 교육과정'을 집필하였다. **청주교육대학교 교육학과 전 강사이며,** 이화여자대학교, 한양대학교, 홍익대학교 등에서 교육사 및 교육철학, 교육학개론 등을 강의하였다. 이화여자대학교 교육학과를 졸업하고, 동 대학원 석사과정에서 교육사회학을, 한국학중앙연구원 박사과정에서 교육사를 전공하였다. 연구의 주된 관심 분야는 조선사회의 유교화 과정에서 여성교육과 가정교육의 기능, 유교적 여성상의 형성과정과 영향, 공교육과 기본권, 교육자치 등이다. 주요 논문으로는 「학교자치 확대에 따른 학부모의 교육 참여 방안 연구」(공동, 2019), 「기본권으로서 교권에 대한 논의: 교권 보호의 출발점」(2014), 「개화기 여성교육에 내재된 유교적 여성관」(2010), 「조선 여성의 성인(聖人) 지향의 의미」(2009), 「18세기 종법사회 형성과 사대부의 가정 교화: 가훈서를 중심으로」(2009), 「조선시대 여훈서에 나타난 여성의 정체성 연구」(2005), 저서로는 『예와 수신으로 정의된 몸』(공저, 경인문화사, 2011) 등이 있다.

박종배(Park Jong-Bae)

제3장 '조선시대 유학 교육과정'을 집필하였다. **동국대학교 교육학과 교수다.** 서울대학교 교육학과를 졸업하고 동 대학원 석사와 박사과정에서 교육사를 전공하였다. 설총의 석독구결(釋讀口訣)이 한국 고대 교육에 끼친 영향에서부터 근대 전환기 전통교육체제의 새로운 활로 모색과 좌절에 이르기까지 한국교육사의 여러 문제를 연구해 왔으며, 한국교육사 연구에 도움이 되는 몇 가지 주제를 중심으로 중국과 일본의 교육사에 관한 연구도 수행하였다. 그 중요성에도 불구하고 아직 제대로 연구가 이루어지지 않고 있는 주제들에 집중하여 한국교육사의 공백을 메우고 체계를 바로 세워 나가는 데 도움이 되고자 하는 마음으로 교육사 연구에 힘쓰고 있다. 주요 논문으로는 「고려와 조선전기 지방 의학교육의 변천」(2022), 「퇴계와 율곡의 경서 석의(釋義) 및 언해(諺解)의 교육사적 의의」(2021), 「설총의 석독구결(釋讀口訣)과 한국 고대의 유학교육」(2018), 「읍지(邑誌)에 나타난 조선 후기의 무학(武學)」(2016), 「조선시대 문묘 향사 위차의 특징과 그 교육적 시사: 명·청

시기 중국과의 비교를 중심으로」(2012),「학규(學規)에 나타난 조선시대 서원교육의 이념과 실제」
(2010),「학규를 통해서 본 조선시대의 서원 강회」(2009) 등이 있다.

박철희(Park Cheolhee)

제12장 '일제강점기 중등학교 교육과정'을 집필하였다. **경인교육대학교 교육학과 교수다**. 서울대
학교 사회학과를 졸업하고 동 대학원 교육학과 석사와 박사과정에서 교육사회학을 전공하였다.
주된 관심 분야는 교육역사사회학, 교육복지, 교육정책, 다문화교육, 교사교육 등이다. 주요 논문
으로는「한국 유아교육과 보육 통합의 역사적 고찰」(2021),「초등교원 양성체제 발전 방안 연구」
(2020),「교사학습공동체의 실태와 활성화 방안: 강원도 지역을 중심으로」(공동, 2017)는「다문화
학생 밀집학교의 교육현실과 과제: 서울 서남부 지역 초등학교를 중심으로」(공동, 2016),「일제강
점기 중등학생의 일기를 통해 본 식민교육」(2016),「미국의 소수자 교육정책 연구: 원주민과 멕시
코계 미국인 언어교육정책을 중심으로」(2014) 등이 있다.

신창호(Shin Chang Ho)

제4장 '조선시대 아동 교육과정'을 집필하였다. **고려대학교 교육학과 교수다**. 고려대학교 교육학
과를 졸업하고 한국학중앙연구원 한국학대학원 석사(철학), 고려대학교 대학원에서 박사(교육사
철학)를 취득하였다. 경희대학교 교육대학원 교수를 역임하였고, 한국교육철학학회장, 한국교육
사학회 편집위원장, 한국교육학회 부회장을 역임하였다. 동양의 전통 교육을 중심으로 고전의 현
대 교육학적 독해 작업을 지속적으로 수행해 왔다. 연구의 주된 관심 분야는 동서양 고전의 교육학
적 풀이와 현대교육적 의미 부여다. 주요 저서로는『교육철학잡기』(박영스토리, 2021, 2022, 2023),
『조선유학의 교육철학사상 변주』(경인문화사, 2020),『율곡 이이의 교육론』(경인문화사, 2015),『유
교의 교육학 체계』(고려대학교출판부, 2012),『대학, 유교의 지도자 교육철학』(교육과학사, 2010)
등이 있다.

안경식(An Gyeongsik)

제1장 '고대사회의 교육과정'을 집필하였다. **부산대학교 교육학과 교수다**. 국립대만대학에서「당
대(唐代) 정토종 중생교화의 교육적 의의」로 박사학위를 취득하였다(1992). 동아대학교 교육학과
교수를 거쳐 북경제2외국어대학, 상해상과대학, 히로시마대학에서 교환교수, 객원교수를 역임하
였다. 한국교육사학회, 한국교육사상학회의 회장을 역임하였으며, 한국교육철학학회, 한국종교교
육학회, 한국불교학회 등에서 활동 중이다. 주요 저서로는『신라인의 교육, 그 문명사적 조망』(학
지사, 2019),『한국 전통 아동교육사상』(개정판, 학지사, 2005),『소파 방정환의 아동교육운동과 사
상』(학지사, 1999) 등이 있다. 최근 논문으로는「교육사의 관점에서 본 반구대암각화」(2023),「한국
교육사상의 기반으로서 원시종교」(2022) 등이 있다. 관심 영역은 동아시아 고대교육, 종교교육, 아
동교육 등이다.

오성철(Oh Seongcheol)

제11장 '일제강점기 보통학교(소학교, 국민학교) 교육과정'을 집필하였다. **서울교육대학교 교수다**. 서울대학교 교육학과를 졸업하고 동 대학원 석사와 박사과정에서 교육역사사회학을 전공하였다. 『식민지 초등교육의 형성』(교육과학사, 2000)을 비롯해 식민지교육에 대한 저서와 논문이 있으며, 『근대 동아시아의 학생문화』(서해문집, 2018), 「근대교육 형성의 동아시아적 특질에 관한 시론적 고찰: 일본근대교육의 특질을 중심으로」(2022), 「오천석과 난바라 시게루의 민주교육론 비교」(2017), 「전후 동아시아의 교육개혁 비교연구: 한국, 대만, 일본을 중심으로」(2014) 등 동아시아 근현대교육에 관한 저서와 논문도 발표한 바 있다. 최근에는 한국 현대교육사에 관한 연구에 집중하고 있으며, 관련된 연구로는 「한국의 초등의무교육제 형성 연구」(2021), 「한국전쟁의 교육적 영향에 관한 시론」(2020), 「한국 학제 제정과정의 특질, 1945~1951」(2015), 「한국 현대교육사의 시기 구분에 대한 시론」(2015), 「한국 교육법 제정의 특질: 교육이념과 학교행정을 중심으로」(2014) 등을 발표했다. 한편, 「유길준의 교육 개념에 대한 연구」(2015) 등 교육개념사 연구도 진행하고 있다.

이명실(Lee Myungsil)

제13장 '일제강점기 실업학교 교육과정'을 집필하였다. **숙명여자대학교 기초교양학부 교수다**. 숙명여자대학교 교육학과를 졸업하고, 동 대학에서 교육학 석사학위를 받았다. 일본의 쓰쿠바(筑波)대학에서 교육기초학 전공으로 일본교육사연구실에서 공부하였으며, 일제강점기 사회교육정책사 연구로 박사학위를 취득하였다. 한국교육사학회장을 역임하였으며, 한국의 근대교육과 일본의 근현대교육에 관심을 가지고 연구를 진행해 왔다. 주요 저서로는 『논쟁으로 보는 일본 근대교육의 역사』(살림터, 2017), 『조선근대교육의 사상과 운동』(공역, 살림터, 2016), 『식민지 제국 일본의 문화통합』(공역, 역사비평사, 2008) 등이 있다. 이 밖에도 한국과 일본의 근현대교육의 역사에 관한 다수의 논문이 있다. 현재는 '근대 한일 교육관계의 역사'에 관해, 그리고 1945년 이전에 일본에서 발행된 잡지를 중심으로 '근대 일본의 교육저널리즘과 조선교육'을 주제로 연구를 진행 중이다.

이윤미(Lee Yoonmi)

제8장 '개화기 사학(미션계) 교육과정'을 집필하였다. **홍익대학교 교육학과 교수다**. 이화여자대학교 교육학과(역사 부전공)를 졸업하고, 이화여자대학교 대학원에서 석사학위(교육철학), 미국 위스콘신–매디슨대학교에서 박사학위(비교교육사)를 받았다. 미국 Pacific Basin Research Center 박사후연구원, 이화여자대학교 교육학과 대우전임강사, 한국교육개발원 부연구위원 등을 역임한 바 있다. 한국교육학회 이사, 한국교육사학회 회장 등을 역임했으며, 현재는 한국교육사학회 고문이사, 한국교육철학학회 운영이사로 활동하고 있다. 국제비교 관점에서 한국근현대교육사를 설명하는 것에 관심이 있으며, 근대공교육제도의 형성 및 이념적 배경 등과 관련한 사회문화사적 분석에 관심을 가져 왔다. 주요 저서로는 『Modern Education, Textbooks, and the Image of the Nation: Politics of Modernization and Nationalism in Korean Education, 1880~1910』(Routledge, 2000), 『한국의 근대와 교육: 서구적 근대성을 넘어』(문음사, 2006) 등이 있으며, 「Paedagogica

Historica, History of Education」(UK),「Educational Philosophy and Theory, Journal of Educational Administration and History」(UK),「Oxford Education Review, Curriculum Inquiry」 등 국내외 학술지에 다수의 논문을 게재하였다.

정미량(Jeong Meeryang)
제7장 '개화기 관학 교육과정'을 집필하였다. **한국학중앙연구원의 책임연구원이다.** 연세대학교 사학과를 졸업하고 석사와 박사과정에서 근현대철학 및 교육사를 전공하였다. 연구의 주된 관심 분야는 근현대 유학생사, 조선족 교육사, 다문화교육 및 통합교육 등이다. 주요 저서로는『글로벌 시대의 다문화교육』(공저, 한국학중앙연구원출판부, 2019),『사라진 스승: 다시 교사의 길을 묻다』(공저, 현암사, 2019),『Korean Education: Educational Thought, Systems, and content』(공저, 한국학중앙연구원 출판부, 2018),『발로 찾아 쓴 조선족 근현대 교육사』(대한민국학술원 우수학술도서, 살림터, 2016),『1920년대 재일조선유학생의 문화운동: 개인과 민족, 그 융합과 분열의 경계』(문화체육관광부 우수학술도서, 지식산업사, 2012) 등이 있다.

최광만(Choi Kwangman)
제2장 '고려시대 유학 교육과정'을 집필하였다. **충남대학교 교육학과 교수다.** 서울대학교 교육학과를 졸업하고 동 대학원에서 교육사를 전공하여,「고려시대 국자감 중심 교육체제의 형성 과정」으로 박사학위를 받았다. 주요 저서로는『조선 후기 교육사 탐구』(충남대학교출판문화원, 2017),『조선 시대 교육사 탐구』(충남대학교출판문화원, 2013)가 있고, 주요 논문으로는「19세기 서원 강학활동 사례 연구:『호계강록』을 중심으로」(2012),「17세기『학교등록』분석」(2011),「17세기 공도회의 운영과 성격」(2008),「반계 유형원의 교육개혁론 분석」(2004),「조선 전기 도회의 성격」(2000) 등이 있다. 최근에는 조선시대의 과시제도와 강학활동에 관심을 두고 있다.

한용진(Hahn Yong-Jin)
이 책의 1945년 이전 교육과정 부분을 공동 기획하였으며, 제9장 '개화기 사학(민간계) 교육과정'을 집필하였다. **고려대학교 교육학과 교수다.** 고려대학교 교육학과를 졸업하고, 동 대학원 석사와 박사과정에서 교육사철학을 전공하였다. 일본 문부성 초청 유학생으로 나고야대학교 비교교육학 연구실에서 한국과 일본의 고등교육을 연구하였으며, 귀국 후 민족문화추진회(현 한국고전번역원) 국역연수원(3년 과정)에서 한학을 공부하며 동아시아 교육을 폭넓게 비교 연구하였다. 한국교육사학회장, 안암교육학회장, 한국일본교육학회장과 한국비교교육학회 부회장, 기타 여러 학회 학술지의 편집위원장을 역임하였다. 주된 관심 분야는 동서양의 교육사상사와 교육제도사, 교육문화사, 교육개념사 등이다. 주요 저서로는『기초주의의 세계』(공저, 학지사, 2021),『근대 한국 교육개념의 변용』(공저, 학지사, 2020),『근대 한국 고등교육 연구』(고려대학교민족문화연구원, 2013),『근대 이후 일본의 교육』(도서출판 문, 2010) 등이 있으며, 역서로는『일본의 교육인간학』(공역, 고려대학교출판문화원, 2020),『한국 근대대학의 성립과 전개』(교육과학사, 2001) 등이 있다.

한국 교육과정 변천사

-고대부터 남북한 교육과정까지-

A History of Korean Curriculums:

From Ancient era to South and North Koreas

2024년 9월 20일 1판 1쇄 인쇄
2024년 9월 30일 1판 1쇄 발행

지은이 • 김진숙 · 강명숙 · 김경미 · 김대식 · 김언순 · 박종배 · 박철희 · 신창호
안경식 · 오성철 · 이명실 · 이윤미 · 정미량 · 최광만 · 한용진

펴낸이 • 김진환

펴낸곳 • ㈜학지사

04031 서울특별시 마포구 양화로 15길 20 마인드월드빌딩

대표전화 • 02-330-5114   팩스 • 02-324-2345

등록번호 • 제313-2006-000265호

홈페이지 • http://www.hakjisa.co.kr

인스타그램 • https://www.instagram.com/hakjisabook

ISBN 978-89-997-3232-4 93370

정가 24,000원

저자와의 협약으로 인지는 생략합니다.
파본은 구입처에서 교환해 드립니다.

이 책을 무단으로 전재하거나 복제할 경우 저작권법에 따라 처벌을 받게 됩니다.

출판미디어기업 **학지사**

간호보건의학출판 **학지사메디컬** www.hakjisamd.co.kr
심리검사연구소 **인싸이트** www.inpsyt.co.kr
학술논문서비스 **뉴논문** www.newnonmun.com
교육연수원 **카운피아** www.counpia.com
대학교재전자책플랫폼 **캠퍼스북** www.campusbook.co.kr